**Bernd vom Berg,
Peter Groppe**

Das 8051er Lehrbuch

Der Einstieg in die Mikrocontroller-Technik
am Beispiel der 8051er-Familie

Elektor-Verlag, Aachen

© 1997 Elektor - Verlag GmbH, Aachen

Alle Rechte vorbehalten.

Die in diesem Buch veröffentlichten Beiträge, insbesondere alle Aufsätze und Artikel sowie alle Entwürfe, Pläne, Zeichnungen und Illustrationen sind urheberrechtlich geschützt. Ihre auch auszugsweise Vervielfältigung und Verbreitung ist grundsätzlich nur mit vorheriger schriftlicher Zustimmung des Herausgebers gestattet.
Die Informationen im vorliegenden Buch werden ohne Rücksicht auf einen eventuellen Patentschutz veröffentlicht. Bei der Zusammenstellung von Texten und Abbildungen wurde mit größter Sorgfalt vorgegangen. Trotzdem können Fehler nicht vollständig ausgeschlossen werden. Verlag, Herausgeber und Autoren können für fehlerhafte Angaben und deren Folgen weder eine juristische Verantwortung noch irgendeine Haftung übernehmen.
Für die Mitteilung eventueller Fehler sind Verlag und Autoren dankbar.

Umschlaggestaltung: Ton Gulikers, Segment, Beek (NL)
Satz und Aufmachung: Ulrich Weber, Aachen
Druck: Giethoorn - NND, Meppel, Niederlande

Printed in the Netherlands
979009-1

ISBN 3-89576-045-5
Elektor-Verlag, Aachen

Inhaltsverzeichnis

1. Vorwort 5
2. Voraussetzungen 9
3. Die Grundinstallationen und das Arbeiten mit diesem Buch 13
4. Der 15-Minuten-Schnelleinstieg 19
5. Wie alles begann und was daraus wurde 21
6. Die 8051er-Mikrocontroller-Familie 25
7. Das 80C537er-TFH-System 39
    7.1 Der Aufbau und die Inbetriebnahme des 80C537er-TFH-Boards 41
    7.2 Die zwei Betriebsarten des 80C537er-TFH-Boards 46
    7.3 Das INTEL-HEX-Format und die Erstellung eines eigenen Programm-EPROMs 53
8. Der Mikrocontroller-Kurs, Teil 1: Die Programmierung in Pascal51 59
    8.1 Lektion 1 : Die 80C537er-TFH-Programmierumgebung und das erste Pascal-Programm 61
    8.2 Lektion 2 : Die Grundlagen der Programmerstellung in Pascal 66
    8.3 Lektion 3 : Bits, Bytes und Zahlensysteme 81
    8.4 Lektion 4 : Die Pascal-Variablen und die Pascal-Arithmetik 97
    8.5 Lektion 5 : Der Betrieb des Terminals und der ASCII-Code 121
    8.6 Lektion 6 : Betrachtungen zum Datenspeicherbereich und zu den
          Special-Function-Registern (SFRs) 137
    8.7 Lektion 7 : Der Betrieb der Real-Time-Clock (RTC) 150
    8.8 Lektion 8 : Die Boolesche Algebra und weitere Pascal51er-Programm-Konstrukte . 180
    8.9 Lektion 9 : Der Einsatz des internen 80C537er-A/D-Wandlers 205
    8.10 Lektion 10 : Die digitalen I/O-Ports des 80C537ers 241
    8.11 Lektion 11 : Prozeduren und Funktionen in Pascal 268
    8.12 Lektion 12 : Interrupts 309
    8.13 Lektion 13 : Die Grundlagen der Datenübertragung 344
    8.14 Lektion 14 : Der Betrieb der internen seriellen Schnittstellen des 80C537ers . . 366
    8.15 Lektion 15 : Die Timer/Counter 0 und 1 des 80C537ers 385
    8.16 Lektion 16 : Die Zähler-, Vergleichs- und Einfangeinheit (CCU) des 80C537ers 402
    8.17 Lektion 17 : Der letzte Schliff 413
9. Der Mikrocontroller-Kurs, Teil 2 Die Zusatzkarte 1 "Die Mensch-Maschine-
   Schnittstelle" 423
    9.1 Lektion 18 : Der Anschluß und der Betrieb eines alphanumerischen LC-Displays . . 427
    9.2 Lektion 19 : Die Abfrage der Matrix-Tastatur, der Betrieb der Einzel-Taster,
       der Einzel-LED's, des Summers und der Erweiterungsmöglichkeiten 442
    9.3 Lektion 20 : Die Audio-Ausgabe 453
10. Der Mikrocontroller-Kurs, Teil 3: Die Zusatzkarte 2: "Die digitale I/O-Erweiterung" . 457
    10.1 Lektion 21 : Der Betrieb der digitalen I/O-Erweiterungskarte 461

    Literaturverzeichnis und Bezugsquellen 467
    Stichwortverzeichnis 471

*"Los ordenadores son inútiles.
Sólo pueden darte respuestas"*

*"Computer sind unnütz.
Sie können Dir nur Antworten geben"*

Pablo Picasso

1. Vorwort

Mikrocontroller – diese kleinen Wunderwerke der Technik, diese Zauberlehrlinge der 90er-Jahre, finden sich heute in vielen Bereichen unseres Lebens wieder.
Unmittelbar zu erkennen ist ihre Arbeit in elektronischen Maschinensteuerungen, in Fernsehgeräten und in Videorecordern.
Unscheinbar werkeln sie aber auch in normalen Gegenständen des täglichen Lebens: in elektronisch geregelten Zahnbürsten sorgen sie für unseren einwandfreien "Biß", durch die Anzeige der digitalen Personenwaage jagen sie uns jeden Morgen einen Schreck ein und als letztes großes Gebiet erobern sie mittlerweile die Welt der Spielzeuge, angefangen von der sprechenden Puppe bis hin zur elektronisch gesteuerten Modelleisenbahn.
Aber nicht nur die endgültig sichtbaren "Auswirkungen" des Mikrocontroller-Einsatzes sind faszinierend, sondern auch die direkte Beschäftigung mit diesen Bausteinen und die eigene Entwicklung der zugehörigen Hard- und Software sind hochinteressant.
Um daher ein solides Mikrocontroller-Grundwissen systematisch zu vermitteln, haben wir dieses Lehrbuch geschrieben, es durch ein passendes Mikrocontroller-System ergänzt, so daß insgesamt

Das 80C537er-TFH-System

entstanden ist. Es wurde geschaffen als

"Universelles Mikrocontroller-Experimentalsystem für Ausbildung, Lehre, Forschung und Entwicklung"

für all diejenigen, die sich mit Mikrocontrollern beschäftigen wollen oder müssen:

- Schüler an Berufs-, Fachober- und Technikerschulen
- Studenten an Fachhochschulen
- Studenten an Universitäten
- Ingenieure in der Praxis, in Forschung und Entwicklung
- Alle anderen Interessierten.

Das gesamte Lehr- und Lern-Konzept dieses 80C537er-TFH-Systems steht dabei auf den drei Säulen des modernen Mikrocontroller-Unterrichts:

1. Säule: Das Lehrbuch

In 17 Grundlektionen und 4 besonderen Anwendungslektionen werden zunächst von Anfang an die Grundlagen der µC-Technik erläutert, wobei der Schwerpunkt auf ein schnelles Verständnis der

1. Vorwort

Zusammenhänge und auf die Durchführung sofortiger Programmbeispiele gelegt wird. Durch die Verwendung der höheren Programmiersprache "Pascal" wird gerade dem Anfänger ein problemloser Einstieg ermöglicht, und lernhemmende "Anfangs-Frustrationserlebnisse" werden weitgehend vermieden.

In jeder Lektion wird eine Vertiefung des Hard- und Software-Wissens durchgeführt, und vielfältig vorhandene Programme vermitteln unmittelbare Erfolgserlebnisse.

Der Aufbau der einzelnen Grundlektionen entspricht einem didaktisch erprobten System:

- An Anfang jeder Lektion erhält der Leser eine Übersicht über diejenigen Ziele, die mit der Bearbeitung des nachfolgenden Stoffes verfolgt werden.
- Jede Lektion selber stellt, in sich abgeschlossen, zunächst eine wesentliche Funktionsbaugruppe eines Mikrocontrollers in allgemeiner Form vor (z.B. die serielle Schnittstelle) und danach erfolgt der konkrete Transfer des Wissens auf den vorliegenden Mikrocontroller (80C537), der so Schritt für Schritt hard- und softwaremäßig erschlossen wird.
- Besonders wichtige Zusammenhänge und Ergebnisse werden in speziellen "Merke-Abschnitten" dargestellt, die durch eine Randmarkierung hervorgehoben werden.
- Jede der Grundlektionen wird mit Übungsaufgaben abgeschlossen, die sowohl theoretisches Wissen "abfragen", als auch Realisierungen praktischer Programme beinhalten.
  Natürlich sind alle Lösungen auf der beigefügten CD enthalten.
- Zusätzliche Erläuterungen zu Themen "rechts und links" vom Mikrocontroller (z.B. die Vorstellung der Zahlensysteme oder die Grundlagen der Datenübertragung) runden die ersten 17 Lektionen ab.

In den 4 Anwendungslektionen wird das Mikrocontroller-System durch Zusatzkarten erweitert und der Lernende erfährt, wie man Displays und Tastaturen anschließt, wie eine interessante Sprachausgabe realisiert werden kann und wie die Anzahl der digitalen Ein- und Ausgänge eines Mikrocontroller-Systems nahezu beliebig erweiterbar ist.

Umfangreiche Anhänge mit wichtigen allgemeinen Informationen und speziellen Daten zum verwendeten Mikrocontroller-System runden das Lehrbuch ab.

2. Säule: Das universelle Mikrocontroller-Experimentalsystem

Parallel zum Lehrbuch wurde ein universelles Mikrocontroller-Experimentalsystem geschaffen, das aus einem Mikrocontroller-Board und mehreren Zusatzkarten besteht. Das theoretische Wissen und alle Programmbeispiele aus dem Lehrbuch können sofort vom Lernenden mit diesem Mikrocontroller-System nachvollzogen werden. Lediglich ein beliebiger PC, ein Netzteil und das elektrotechnische Grundwerkzeug (Lötkolben, Seitenschneider, etc.) sind für den weiteren Betrieb notwendig.

1. Vorwort

3. Säule: Die Betriebssoftware und die Erweiterungen

Die "Schnupper-Software" zur Pascal-Programmentwicklung, zum Test der Programme, verschiedene nützliche Hilfsprogramme und alle Programme aus dem Lehrbuch sind auf der beiliegenden CD enthalten.
Als "Höhepunkt" wurde ein kleines Betriebssystem für das universelle Mikrocontroller-Experimentalsystem entwickelt, in dem der Lernende bereits fertige Pascal-Routinen zum Betrieb der wichtigsten Systemkomponenten vorfindet, die er beliebig verwenden und erweitern kann.

Darüber hinaus werden ständig neue Zusatzkarten zu diesem System entwickelt, u.a. Telefonkarten-Leser mit Code-Schloß-Funktion, Datenübertragung über die Netzleitung, mittels Funk und Infrarot, etc.

**Ihrem erfolgreichen Einstieg in die Welt der Mikrocontroller steht
also nichts mehr im Wege !**

Bei der Realisierung dieses Lehrbuchs und des Mikrocontroller-Experimentalsystems haben wir viele Anregungen und Unterstützung bekommen.
Unser besonderer Dank gilt Herrn O'Niel V. Som für die Entwicklung der Pascal51er-Schnupper-Version und Herrn Felix Schober von der Firma PHYTEC Meßtechnik GmbH, die uns das 80C537er-Monitor-Programm kostenlos zur Verfügung gestellt hat.
Für die Entwicklung der Zusatzkarte 2 "Die digitale I/O-Erweiterung" und für zahlreiche Hardware-Hinweise gebührt unser Dank Herrn Dipl.-Ing. Horst Pertek und Herrn Rolf Brüggenthies.
Dem Elektor-Verlag, insbesondere unserem Lektor Herrn Dr. Martin Seiwert, danken wir für die angenehme und konstruktive Zusammenarbeit.

Zu guter Letzt gilt unser Dank allen Studenten und Mitarbeitern des Fachbereiches Elektrotechnik der Technischen Fachhochschule "Georg Agricola" zu Bochum, die uns mit ihren "dummen Fragen" immer wieder auf den Boden der Mikrocontroller-Tatsachen zurückgeholt haben.

Bochum, im Mai 1997

Bernd vom Berg
Peter Groppe

2. Voraussetzungen

Die Voraussetzungen, die Sie zur effektiven Arbeit mit diesem Lehrbuch und dem Mikrocontroller-Experimental-System schaffen müssen, sind minimal:

1) Sie benötigen einen Standard-IBM-kompatiblen *PC-AT-Rechner* (es reicht hier sogar ein 286er !) mit:

- 640 kByte Hauptspeicher
- einer Harddisk (freier Speicherplatz ca. 2 MByte)
- einem 3,5", 1,4 MByte Diskettenlaufwerk
- CD-ROM-Laufwerk *
- einer parallelen Centronics Druckerschnittstelle (LPT1)
- einer seriellen Schnittstelle (COM1)
- optional: eine zweite serielle Schnittstelle (COM2)
- einem CGA-, EGA- oder VGA-Monitor
- einem DOS-Betriebssystem in der Version 3.30 oder höher
- einem beliebigen Drucker und
- Grundkenntnisse im "Umgang mit DOS" oder mit einer auf DOS aufgesetzten Bedienoberfläche (XTREE, PC-TOOLS, etc.)

2) Eine voll funktionsfähige PC-gestützte *Pascal51er-Entwicklungs- und Programmierumgebung* ist auf der beiliegenden CD vorhanden und muß nur noch auf Ihrem Rechner installiert werden.

> » **Wichtig: "Die Pascal51er-Entwicklungsumgebung"**
> *Die uns von Herrn O'Niel V. Som freundlicherweise für dieses Buch zur Verfügung gestellte Version der Pascal51er-Entwicklungsumgebung ist lediglich eine Schnupper-Version, mit der Sie zwar alle Beispiel-Programme aus den Lektionen programmieren und nachvollziehen können, die aber zur Entwicklung größerer Projekte nicht geeignet ist, da sie wesentliche Einschränkungen enthält:*
>
> - *Die maximale Programmlänge beträgt 100 Zeilen, wobei Leerzeilen mitgezählt werden. Nicht gezählt werden dagegen Kommentarzeilen.*
> - *Die Gleitkomma-Arithmetik wird nicht unterstützt.*
> - *Die Schlüsselworte asm, usr, type und record sind ausgeschlossen.*

Es ist also auf jeden Fall empfehlenswert, daß Sie sich die Vollversion dieses sehr effektiven Programmierwerkzeuges kaufen.

---

* *Leser, die über kein CD-ROM-Laufwerk verfügen, können beim Verlag eine Diskette anfordern.*

2. Voraussetzungen

3) Die in diesem Buch entwickelten und vorgestellten praktischen Programmierbeispiele und die Übungsaufgaben (die ebenfalls auf der beiliegenden CD enthalten sind), sind auf jedem 80C537er-System (mit Einschränkungen auch auf jedem 8051er-System) lauffähig, sofern dieses mit einem geeigneten Download-/Upload-Monitorprogramm ausgestattet ist.
Von den Autoren ist speziell zu diesem Lehrbuch ein leistungsfähiges *Mikrocontroller-Experimental-System* entwickelt worden, das durch sinnvolle Zusatzkarten erweiterbar ist. Die komplette Hard- und Software-Ausstattung dieses Systems erlaubt einen sofortigen Einstieg in die Mikrocontroller-Technik, ohne daß noch besondere Anpassungen und Erweiterungen notwendig sind (s. Kapitel 7).
Sie können alle Platinen zu diesem Experimentalsystem bei den Autoren bestellen (s. Kapitel 13) oder sich selbst eine geeignete Hardware aufbauen. In den Anhängen zu diesem Buch sind dazu als Anregungen alle Schaltpläne der Systemkarten veröffentlicht.

4) Wenn Sie das "Experimental-Stadium" verlassen haben und eigene Programme fest in das Mikrocontroller-System einbauen wollen, so benötigen Sie ein geeignetes *EPROM-Programmiergerät* und ein entsprechendes *Löschgerät* für diese Art von Speicherbausteinen.
Eine Auswahl von *Bezugsquellen* für diese Geräte finden Sie im Kapitel 13.

5) Um die Ergebnisse Ihrer Entwicklungs- und Programmiertätigkeit sinnvoll überprüfen zu können, benötigen Sie ferner ein stabilisiertes Netzteil (5 V, mindestens 800 mA), ein (Digital)Multimeter und als nützliche (aber nicht unbedingt notwendige) Ergänzung ein einfaches Elektronenstrahloszilloskop.
Der Umgang mit dem Lötkolben und mit anderen "Elektronik-Werkzeugen" (Pinzette, Seitenschneider, etc.) sollte für Sie kein Problem darstellen.

6) Weitere Voraussetzung müssen Sie nicht erfüllen, insbesondere benötigen Sie *keinerlei Vorwissen* bezüglich des Umganges mit Mikrocontrollern.

Lediglich der Spaß am Lernen neuer Zusammenhänge und Techniken und ein gewisses logisches Grundverständnis sollte bei Ihnen vorhanden sein.

> » *Wichtig: "Der 80C537er-Mikrocontroller"*
> *Dieses Lehrbuch verfolgt in erster Linie das Ziel, dem Mikrocontroller-Neuling den schnellen und einfachen Einstieg in die faszinierende Welt der Mikrocontroller-Technik zu ermöglichen. Damit auch sofort ein realer Bezug zu den Mikrocontrollern hergestellt wird, steht der sehr leistungsfähige Mikrocontroller 80C537 der Firma Siemens im Mittelpunkt dieses Buches. An ihm werden wesentliche Punkte aus den Gebieten Aufbau, Technik und Programmierung von Mikrocontrollern erläutert.*
>
> *Der 80C537er wird dementsprechend nur als Beispiel-Mikrocontroller verwendet, und daher ist dieses Buch ein **Mikrocontroller-Lehrbuch** und **keine vollständige 1:1-Übersetzung** des englischsprachigen Datenbuches der Firma Siemens zum 80C537er.*

2. Voraussetzungen

Darüber hinaus werden hier auch nur die Hauptbaugruppen dieses Mikrocontrollers vorgestellt und bei weitem nicht alle Einheiten des 80C537ers detailliert besprochen und untersucht.

Für ein tiefergehendes (Profi-)Verständnis des 80C537ers ist ein gründliches Studium des Hersteller-Handbuches unumgänglich !

» **<u>Wichtiger Hinweis:</u> "Die Verwendung des 80C537er-TFH-Systems"**
Das gesamte 80C537er-TFH-System darf nur zu persönlichen Aus- und Weiterbildungszwecken benutzt werden.
Eine gewerbliche und/oder kommerzielle Verwendung jeglicher Systemkomponenten (z.B. im Rahmen von Steuerungs- und Überwachungsanlagen) ist nicht zulässig !

3. Die Grundinstallationen und das Arbeiten mit diesem Buch

Die Installation der µC-Entwicklungssoftware und der Aufbau der benötigten Hardware ist einfach durchzuführen und teilt sich in sechs Schritte auf:

1. Die Installation der Pascal51er-Software

Das auf der beiliegenden CD enthaltene Softwarepaket zur Entwicklung der Programme für das 80C537er-µC-System muß zunächst auf Ihrem PC installiert werden.
Auf der CD finden Sie die nachfolgende Verzeichnisstruktur (das CD-Laufwerk sei Ihr Laufwerk D):

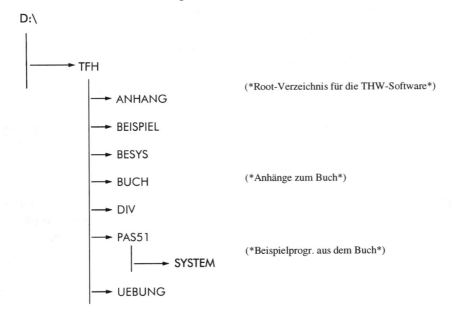

Um Ihnen jeweils die letzten aktuellen Daten und Informationen zukommen zu lassen, befindet sich im Root-Verzeichnis (D:\TFH) die Datei *read.me*, in der der neueste Stand der Software und auch weitere Hinweise zur Installation der Software auf Ihrem PC enthalten sind.

> » **Wichtig: "Die read.me-Datei"**
> *Bevor Sie nun loslegen, lassen Sie sich bitte erst den Inhalt der read.me-Datei ausdrucken. Dort finden Sie die aktuellsten Informationen darüber, wie es nun weitergeht.*

3. Die Grundinstallationen und das Arbeiten mit diesem Buch

2. Zusammenbau und Inbetriebnahme des 80C537er-TFH-Boards

Alle Programme, Beispiele und Übungsaufgaben aus diesem Buch sind natürlich auch als reine "Trockenübungen" ohne eine entsprechende µC-Hardware nachvollziehbar, aber das ist bei weitem nicht so effektiv.

Für ein sinnvolles Lernen empfehlen wir Ihnen daher, sich ein geeignetes 80C537er-µC-System anzuschaffen, z.B. das speziell zu diesem Buch entwickelte 80C537er-TFH-Board.
Wie Sie diese Hardware zusammenbauen und in Betrieb nehmen, können Sie in der Beschreibung zur Platine bzw. im Kapitel 7.1 nachlesen.
Für eigene Entwicklungen finden Sie in den Anhängen die entsprechenden Schaltpläne.

3. Anfertigung des Schnittstellenkabels

Für die Verbindung zwischen Ihrem PC und dem 80C537er-TFH-Board benötigen Sie ein serielles Schnittstellenkabel, das wie folgt verdrahtet werden muß, *Abb.3.1*:

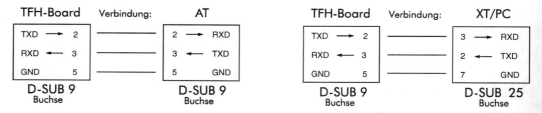

Abb.3.1: Das serielle Schnittstellenkabel

Bitte beachten Sie: Bei einer AT-Verbindungsleitung werden die Anschlüsse 2, 3 und 5 direkt durchverbunden. Bei einer XT-Verbindung müssen die Anschlüsse 2 und 3 vertauscht werden, und Signal Ground liegt am Anschluß 7!

4. Aufbau des Gesamtsystems

Die *Abb.3.2* zeigt Ihnen nun den Aufbau des gesamten Mikrocontroller-Experimental-Systems.

Sollten Sie einen PC mit nur einer seriellen Schnittstelle (COM1) besitzen, so kann die Maus entfallen und der Anschluß des 80C537er-TFH-Boards erfolgt dann an COM1. Die mitgelieferte Betriebssoftware unterstützt beide Schnittstellen COM1 und COM2 gleichermaßen.

Kommen wir nun zum wichtigsten Abschnitt:

3. Die Grundinstallationen und das Arbeiten mit diesem Buch

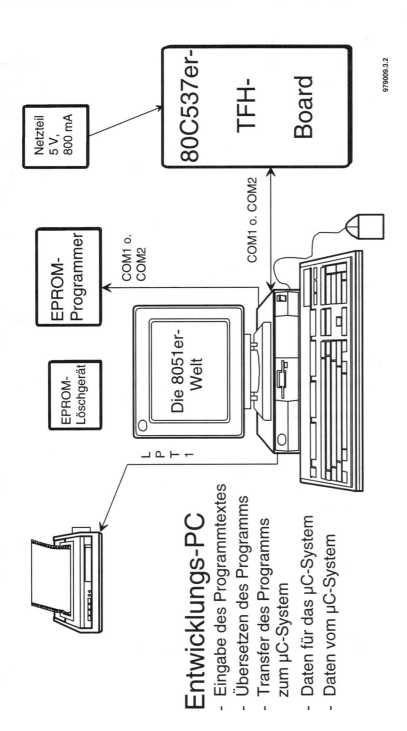

Abb.3.2: *Das Mikrocontroller-Experimental-System*

3. Die Grundinstallationen und das Arbeiten mit diesem Buch

5. Das Arbeiten mit diesem Buch

Diejenigen unter unseren Lesern, die sofort und ohne lange Vorreden "loslegen" wollen, können jetzt zum Kapitel 4 "vorrücken" und wenn die µC-Hardware einwandfrei läuft, direkt mit dem µC-Kurs im Kapitel 8 beginnen. Sie sollten aber trotzdem später noch einmal an diese Stelle zurückkehren.

Das gesamte Lehrbuch ist in sechs verschiedene Hauptteile gegliedert:

1) Die Kapitel 1-4 beinhalten den allgemeinen Einstiegs- und Start-Teil zu diesem Buch.

2) In den Kapiteln 5 und 6 erfolgt ein kurzer Überblick über die µC-Technikgeschichte und die Vorstellung der hier gewählten µC-Familie.

3) Das Kapitel 7 ist der Beschreibung der konkret eingesetzten µC-Hardware gewidmet, deren Aufbau und deren Inbetriebnahme.

4) Ab dem Kapitel 8 startet dann der erste Teil des µC-Kurses. Die hierbei zu bearbeitenden Grundlektionen 1 bis 17 haben alle den gleichen Aufbau:

- zuerst werden die Lernziele vorgestellt, die wir mit dieser Lektion beim "Lernenden" verfolgen. Nach Bearbeitung einer solchen Lektion sollten Sie immer zu diesen Lernzielen zurückblättern und sich "gewissenhaft" die Frage stellen, ob Sie alles verstanden haben.
- Nach der Festlegung der Ziele erfolgt zunächst ein allgemeiner Teil, in dem Grundsätzliches zu µC's, zu den Funktionseinheiten eines µC's und zur Programmerstellung erläutert wird.
- Danach erfolgt der Transfer dieses allgemeinen Wissens auf den hier konkret vorliegenden µC, den 80C537er.
- Viele Beispiele untermauern den praktischen Lektionen-Teil, wobei natürlich alle Programme auf der beiliegenden CD enthalten sind.
- Innerhalb jeder Lektion werden wesentliche Sachverhalte durch

> » *Wichtige Hinweise: " ..... "*

und durch

> ! *Merke-Hinweise: " ..... "*

speziell hervorgehoben.
Diese Ausführungen sollte sich ein zukünftiger µC-Experte besonders verinnerlichen.

3. Die Grundinstallationen und das Arbeiten mit diesem Buch

Für Leser, die bereits über gewisse Grundkenntnisse verfügen, ist die

 Die Experten-Ecke: " ..... "

gedacht, in der Sie spezielle Hinweise auf tiefergehende Sachverhalte finden.

- Und am Ende jeder Grundlagenlektion finden Sie etwas, das in keinem vernünftigen Lehrbuch fehlen darf:

Die Übungsaufgaben

Hier sind Sie nun aufgefordert, objektiv zu überprüfen, ob Sie die Lernziele der Lektion erreicht haben oder ob Sie einige Stellen besser noch einmal nacharbeiten sollten.

Diese Übungsaufgaben teilen sich auf in theoretische Fragen, deren Antworten Sie in den Lektionen finden und in praktische Programmieraufgaben, deren Lösungen ebenfalls auf der beiliegenden CD enthalten sind.

5) In den nachfolgenden Kapiteln 9 und 10 bzw. in den Lektionen 18 bis 21 werden Ihnen, dem frischgebackenen µC-Experten, sinnvolle Erweiterungen (in Form von zwei Zusatzkarten) zum 80C537er-TFH-System vorgestellt.
Da Sie nun bereits über ein fundiertes Grundwissen verfügen, fallen die Erläuterungen etwas knapper und kompakter aus und Sie müssen sich ab jetzt auch schwerpunktmäßig mit *englischsprachigen Datenblättern* auseinandersetzen.
Das große Ziel in diesen Lektionen ist u.a. die Entwicklung eines kleinen Betriebssystems für das 80C537er-TFH-System.
Obwohl ab jetzt die Übungsaufgaben entfallen, sollten Sie nicht alles als "wunderbar gegeben hinnehmen", sondern selbst Problemstellungen entwickeln und diese dann auch zu Ihrer Zufriedenheit lösen.
Denn gerade da wir uns mit einer der fortschrittlichsten Techniken beschäftigen, gilt hier besonders der uralte Schulspruch:

Nur Übung macht den (µC)Meister !

6) Anhänge mit vielfältigen Zusatzinformationen und die Schlußkapitel mit Begriffserläuterungen und den Bezugsquellen für die benötigten Materialien runden dieses Lehrbuch ab.

3. Die Grundinstallationen und das Arbeiten mit diesem Buch

6. Der Inhalt der beiliegenden CD

Weitergehende Informationen zum Inhalt der CD finden Sie in der **read.me-Datei** auf der CD im Root-Verzeichnis D:\TFH.

4. Der 15-Minuten-Schnelleinstieg

Die Voraussetzungen zur Bearbeitung dieses Kapitels sind:

- daß Sie die Installationen aus dem vorhergehenden Kapitel ordnungsgemäß durchgeführt haben und
- daß das 80C537er-TFH-Board (oder eine andere 8051er-Entwicklungshardware) ordnungsgemäß aufgebaut und in Betrieb genommen worden ist.

Für die ersten *blitzschnellen Erfolgserlebnisse* müssen Sie nun die folgenden Schritte durchführen:

1. Start der Pascal51er-Entwicklungsumgebung
Wechseln Sie in das Unterverzeichnis TFH\PAS51 und rufen Sie auf: nilied.
Damit befinden Sie sich in der integrierten Pascal51er-Entwicklungsumgebung.

2. Aufruf des Terminal-Programms
Wählen Sie das Pull-Down-Menü "Program" an und klicken Sie dort auf den Unterpunkt "Terminal". Das Terminal-Programm wird nun gestartet; und auf dem Bildschirm erscheint das Terminal-Grundbild (Ihr PC arbeitet ab jetzt als Terminal).

3. Das Herunterladen des ersten *Demo-Programms* auf das 80C537er-TFH-Board
Betätigen Sie den Reset-Taster am 80C537er-TFH-Board. Auf dem Terminal-Bildschirm erscheint die Rückmeldung des Boards.
Drücken Sie nun die F2-Taste und geben Sie als Input-File: *mess_rtc.hex*, abgeschlossen mit der RETURN-Taste, ein. Das Programm wird nun vom PC zum 80C537er-TFH-Board heruntergeladen.

4. Start des Demo-Programms
Wenn der Ladevorgang beendet ist (# steht alleine als Letztes auf dem Bildschirm), so starten Sie das Programm durch die Eingabe von g0, abgeschlossen mit der RETURN-Taste.
Folgen Sie nun den Anweisungen auf dem Bildschirm: bei diesem Programm müssen Sie zuerst die Uhr auf dem 80C537er-TFH-Board stellen, und danach werden kontinuierlich die Spannungswerte an den Eingängen 0 und 1 des A/D-Wandlers erfaßt (Kanal 0 und Kanal 1).
Sie können jetzt an diesen beiden Kanälen eine variable Spannung im Bereich von 0 bis +5 V (nicht mehr und auch keine negativen Spannungen !, s. Kapitel 11.6) anschließen und sich die gewandelten Meßwerte auf dem Terminal-Monitor ansehen.
(Die Jumper auf dem 80C537er-TFH-Board müssen hierzu geeignet gesteckt sein, s. Beschreibung zum 80C537er-TFH-Board)

4. Der 15-Minuten-Schnelleinstieg

5. Die geordnete Beendigung des Programms
Zur Beendigung des Programms betätigen Sie den Reset-Taster am 80C537er-TFH-Board. Danach drücken Sie die Taste F1 und geben auf die erscheinende Frage y ein. Sie befinden sich nun wieder in der Pascal51er-Entwicklungsumgebung und von dort kommen Sie durch Eingabe von ALT-X wieder zu DOS zurück.

6. Das Herunterladen des zweiten Demo-Programms auf das 80C537er-TFH-Board
Führen Sie nun die Schritte 1 bis 4 für das zweite Demo-Programm *termbib.hex* durch. Dieses Programm zeigt Ihnen die vielfältigen Möglichkeiten zur Informationsdarstellung auf dem Terminal-Monitor, die Sie von Seiten des 80C537er-TFH-Boards aus haben, d.h. der Mikrocontroller alleine steuert die Anzeigemöglichkeiten des Monitors.
Starten Sie einfach die SUPERDEMO und Sie erhalten so einen Überblick über die Möglichkeiten der Terminal-Ansteuerung.

Natürlich werden wir auf all die hier von Ihnen durchgeführten Schritte im weiteren Verlauf des Buches noch detailliert eingehen.

5. Wie alles begann und was daraus wurde

Ein bißchen Technikgeschichte muß in jedem vernünftigen Lehrbuch vorangestellt werden, und so beginnen wir dieses Kapitel mit drei wahrhaft klassischen Zitaten:

"Ich glaube, es gibt einen weltweiten Bedarf an vielleicht fünf Computern"
Thomas Watson, IBM-Chef, 1943

"In Zukunft könnte es Computer geben, die weniger als 1,5 Tonnen wiegen"
Fachblatt "Popular Mechanics", 1949

"Aber ... wozu soll er gut sein ?"
Ein IBM-Ingenieur über die Idee des Mikroprozessors, 1968

Für den heutigen "wissenden Leser" stellt sich daher die Frage:
"Wie kam es nun zu der, diese Experteneinschätzungen total überrollenden Entwicklung der Mikrocontroller in den vergangenen 26 Jahren ?"

Setzen wird den Anfangsstartpunkt unserer Betrachtungen einmal willkürlich auf das Jahr 1941: Der deutsche Ingenieur Konrad Zuse entwickelt die erste, in Relaistechnik gefertigte, *betriebsfähige* Rechenanlage, den Z3. Durch Die Verwendung von elektromechanischen Schaltelementen (Relais) konnten zwar Rechenvorgänge realisiert werden, diese aufwendige und "leistungsfressende" Technik stellte aber leider eine Sackgasse für weitere Entwicklungen dar. Sechs Jahre später kam es jedoch zum entscheidenden Durchbruch.
In den Bell-Laboratorien "erfanden" die drei Wissenschaftler J. Bardeen, W. H. Brattain und W. B. Shockley den Transistor und erhielten dafür 1956 den Nobelpreis in Physik.
Unmerklich und von keinem Experten vorhersehbar, war damit die Keimzelle zur Geburt des Mikrocontrollers gelegt worden. Es dauerte nämlich noch gut 23 Jahre, bis die ersten µC's das Licht der Welt erblickten.
Aber bereits die Entwicklung des Transistors an sich und die damit einhergehenden Verdrängung der Elektronenröhre setzte eine technische Revolution in Gang, die bis heute ihres Gleichen sucht.
Von nun an ging es Schlag auf Schlag:

- 1958 entwickelte Jack Kilby bei Texas-Instruments den ersten Integrierten Schaltkreis (IC, Integrated Circuit) und legte damit den Grundstein für die wohl bekannteste Logik-Familie, die 74er-Familie.
- 1960 erschien dann der erste Elektronenrechner, der vollständig aus Transistoren aufgebaut war. Hersteller war eine amerikanische Firma, die sich eigentlich mit Schre**IBM**aschinen beschäftigte.

5. Wie alles begann und was daraus wurde

Und dann, 1971 *erschien er*: der erste 4 Bit Mikroprozessor (µP), der TMS 1000, ebenfalls von Texas-Instruments entwickelt und hergestellt.

Ein µP enthält, ganz grob gesprochen, alle notwendigen Funktionseinheiten zur ordnungsgemäßen Abarbeitung eines Programms auf einem einzigen Silizium-Chip. Jedoch müssen alle notwendigen Zusatz-Bausteine, wie Programm- und Datenspeicher, A/D-Wandler, Display-Steuereinheiten, Drucker-Ansteuerschaltungen, Uhren- und Kalenderbausteine noch als externe Bausteine an diesen µP angeschlossen werden.

An dieser Stelle haben sich die Entwicklungsingenieure der großen Halbleiterfirmen jahrelang eine ganz einfache Frage gestellt:
"Der µP-Baustein ist ein integrierter Silizium-Chip, und die anderen notwendigen Zusatz-Bausteine sind auch integrierte Silizium-Chips. Warum kann man nicht alles auf einen einzigen Silizium-Chip integrieren und somit eine Menge Platz sparen ?"

Die Anwort auf diese Frage war ebenso einfach:
"In der Vergangenheit war man technologisch gar nicht in der Lage, außer dem µP noch andere Einheiten mit auf dem selben Chip zu integrieren. Man war froh, wenn der Prozessor auf einen Chip paßte, was in den Anfangstagen der Prozessor-Technik auch nicht immer selbstverständlich war."

Dann kam das Jahr 1976: eine andere amerikanische Firma, die **INT**elligente **EL**ektronik entwickeln wollte, brachte weltweit den ersten *Single-Chip-Mikrocontroller (µC)*, den 8048er auf den Markt. Ein elektronischer Baustein also, der neben dem µP-Kern bereits Daten- und Programmspeicher, Zähler/Zeitgeber und digitale I/O-Port-Gruppen auf nur einem Chip, in nur einem Gehäuse, vereinte.
Die erste 8-Bit-Mikrocontroller-Familie, die *MCS48-Familie* (Microcontroller-System 48) war geboren worden.
Vier Jahre später, 1980, gelang der Firma INTEL mit der zweiten Generation der Single-Chip-µC's, genauer gesagt mit dem *8051er, DER große Wurf* auf dem Gebiet der µC's.

Dieser "Mikrocontroller-Opa" ist heute der Ahnherr einer der weltweit bedeutendsten 8-Bit-µC-Familie (MCS51-Familie), mit mehr als 250 verschiedenen Familienmitgliedern, hergestellt von den größten Halbleiterproduzenten auf diesem Globus.

Danach war die weitere Entwicklung nicht mehr aufzuhalten: INTEL vergab Herstellungslizenzen für die Schaffung weitere Familienmitglieder an die Firmen Siemens, Philips, AMD, Dallas, OKI, etc.
Nun wachten auch andere große Halbleiterhersteller auf. Die Firma Motorola konnte ihre eigenen µC-Familien (z.B. die 68HC05er-Familie) als eine der stärksten Konkurrenten zur 8051er-Familie auf dem Weltmarkt plazieren,

5. Wie alles begann und was daraus wurde

Heutzutage besitzt jede Firma von "Rang und Namen" eigene µC-Familien:

- ST62er-Familie von SGS-THOMSON [1]
- H8-Familie von Hitachi
- PIC-Familie von Microchip
- etc.

Einige Zahlen, natürlich aus der 8051er-Welt, sollen abschließend die heutige Situation auf dem µC-Markt schlaglichtartig beleuchten, *Tab. 5.1*:

Jahresdaten für 1995: 8-Bit-Mikrocontroller allgemein:

- Anteil der 8-Bit-µCs am gesamten Controller-Markt (4-, 8-, 16-, 32-Bit Controller): 67%
- Umsatz der 8-Biter: 5 Mrd. Dollar weltweit, 10% davon in Deutschland getätigt
- Verkaufte Stückzahlen 1995: 1,8 Mrd. Stück weltweit.
- Geschätzter Mengenzuwachs bis zum Jahr 2000: jährlich 30%
- Geschätzte Stückzahlen für 1998: 4 Mrd. Stück weltweit.
- Zukünftig: Verstärkter Anteil der 16-Biter: für 1996 geschätzt: 22% Marktanteil am Gesamt-Controller-Markt.

Die 8051er-Familie:

- Weltmarktanteil bei den 8-Bitern: 25-30%

8051er-Hersteller: z.B. Philips

- Marktanteil am 8051er-Weltmarkt: 25-30%
- Herstellung von 75 verschiedenen Mitgliedern der 8051er-Familie unterschiedlichster Ausstattung
- geplante Produktion für 1998: 250 Mio Stück pro Jahr, d.h.

Pro Werktag 1 Mio. Stück verschiedenster 8051er-Bausteine !
(und das nur bei Philips !)

Tab.5.1: Der 8051er-Weltmarkt

Diese recht beeindruckenden Daten, die natürlich bei den Herstellern anderer µC's ähnlich aussehen, lassen die Zukunft des µC-Marktes klar erkennen.

5. Wie alles begann und was daraus wurde

Aber eine weiter Tatsache ist ebenfalls nicht zu übersehen: der starke Trend zu den 16-Bit-µC's. Und auch hier hat die 8051er-Familie wieder Meilensteine gesetzt: mit den 8051**XA** (extended Architecture)-Konzept von Philips und der MCS251-Familie von INTEL wird ein großer Leistungssprung von der 8-Bit- in die 16-Bit-Klasse vollzogen. Das besondere daran ist, daß das 8-Bit-8051er-Wissen vollständig weiterverwendet und nur entsprechend ergänzt werden muß.

Sie sehen also, eine tiefergehende Beschäftigung mit den Grundlagen der 8051er-Familie hat "schon etwas für sich".

6. Die 8051er-Mikrocontroller-Familie

Im vorherigen Kapitel war bereits sehr viel von µC-Familien die Rede. Der aus der menschlichen Umwelt stammende Familien-Begriff kann durchaus sehr sinnvoll auch auf µC-Bausteine transferiert werden, denn für den Anwender, insbesondere für den Software-Entwickler, ist solch ein Familien-Konzept von "lebensnotwendiger" und entscheidender Bedeutung.

Die Grundlage einer µC-Familie ist der *Stammbaustein*, hier der 8051er mit genau festgelegten Familieneigenschaften. Alle nachfolgend entwickelten *Kinder-* und *Enkel*-Bausteine besitzen somit immer dieselben Grundfunktionalitäten wie der "Opa" (Prinzip der Vererbung):

- identisch aufgebaute Kerneinheiten,
- gleicher Satz von internen Arbeitsspeichern,
- gleicher Satz von Zustandsspeichern (Flags),
- identischer Ablauf der Interrupt-Bearbeitung,
- etc.

Aber die *wichtigste Eigenschaft* aller Bausteine einer Familie ist, analog wie bei einer menschlichen Familie:

Alle Familienmitglieder sprechen die gleiche Sprache !

Der Anwender muß also nur einmal eine einzige Programmiersprache lernen (z.B. die Assembler-Sprache oder Pascal) und nur einmal die hardwaremäßige Grundstruktur des µC-Kerns und der µC-Arbeitsregister (Special-Function-Register) verstehen. Danach kann er sofort alle anderen µC's der Familie gleich handhaben und programmieren, wobei lediglich die neuen Eigenschaften neuer Familien-Mitglieds-Controller zu beachten sind.

Ein Beispiel soll dieses verdeutlichen:
In einer ersten Entwicklung haben Sie ein Meßwerterfassungs- und Übertragungssystem mit dem 8051er-µC aufgebaut und programmiert. Damit sind Ihnen die grundlegenden Hard- und Software-Eigenschaften der 8051er-Familie bekannt geworden.
Als nächste Aufgabe sollen Sie eine LC-Display-Einheit mit einem Tastatur-Block entwickeln. Hier können Sie nun sinnvollerweise einen anderen, leistungsfähigeren µC aus der 8051er-Familie einsetzen, z.B. den 80C535er. Damit ergeben sich für Sie die folgenden Vorteile:

- Sie brauchen keine neue Sprache für diesen µC zu lernen, denn der 80C535er wird in der absolut identischen Sprache programmiert wie der bereits bekannte 8051er.
- Sie kennen bereits 80% der internen Hardwarestruktur des neuen µC's 80C535 (die Kernbaugruppen und die Arbeitsregister sind ja identisch mit denen des 8051ers)

6. Die 8051er-Mikrocontroller-Familie

- Sie müssen sich lediglich die neuen erweiterten Funktionen des 80C535ers näher ansehen, die Sie für die Displayansteuerung und die Tastaturabfrage verwenden wollen.

Die Entwicklungszeit für das neue Produkt, das auf einem anderen Familien-Mitglied basiert, wird somit auf ein Minimum reduziert.

Betrachten wir nun die 8051er-C-Familie etwas näher. Die *Tab.6.1* zeigt die charakteristischen Kenndaten des "Ur-Bausteins 8051", und in der *Abb.6.1* ist sein Blockschaltbild dargestellt:

- 8 Bit CPU
- 4 kByte internes ROM, extern erweiterbar auf bis zu 64 kByte EPROM, ROM-lose Version: 8031
- 128 Byte internes RAM, davon 16 Byte bitadressierbar, extern erweiterbar auf bis zu 64 kByte RAM
- 4 * 8 Bit-Ports, d.h., bis zu 32 digitale I/O-Anschlüsse stehen dem Anwender zur Verfügung
- 2 * 16 Bit Zähler/Zeitgeber
- Voll-Duplex serielle Schnittstelle (USART)
- 5 Interrupt-Quellen, 2 Interrupt-Prioritäts-Ebenen
- ON-Chip-Oszillator- und Taktschaltung: 1,2 MHz – 18 MHz maximale Betriebsfrequenz
- Erweiterter Befehlssatz des 8048ers u.a. nun Multiplikations-, Divisions-, Subtraktions- und Vergleichsbefehle, insgesamt 255 Assembler-Befehl, davon:
    - 44% Ein-Byte-Befehle
    - 41% Zwei-Byte-Befehle
    - 15% Drei-Byte-Befehle
- Bei 12 MHz-Taktfrequenz gilt:
    - 58% der Befehle werden in 1 µs
    - 40% der Befehle werden in 2 µs
    - 2% der Befehle (8 Bit Multiplikation bzw. Division) werden in 4 µs abgearbeitet
- Verschiedene Arbeitstemperatur-Bereiche verfügbar:
  0 .. +70°C, -40 .. +85 °C, -40 .. +110°C

Tab.6.1: Die Kenndaten des 8051ers

Wenn Sie hier Vieles noch nicht verstehen, so macht das rein gar nichts, das Verständnis wächst in diesem Lehrbuch Seite für Seite.

6. Die 8051er-Mikrocontroller-Familie

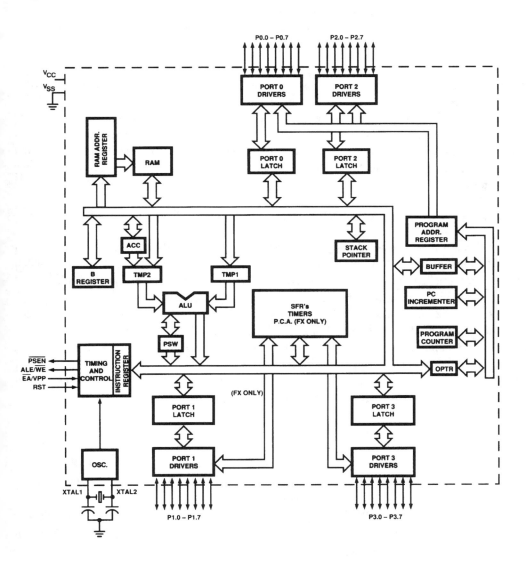

Abb.6.1: Das Blockschaltbild des 8051ers

6. Die 8051er-Mikrocontroller-Familie

Da wir uns in diesem Buch schwerpunktmäßig mit der Hochsprachenprogrammierung auseinandersetzen werden, ist das genaue Verständnis aller *Kernbaugruppen* des Blockschaltbildes nicht wesentlich, da der Hochsprachenprogrammierer mit diesen Einheiten nicht unmittelbar in Berührung kommt: "Der µC ist zunächst eine *Black-Box*, die das macht, was ich programmiere !"

So

- führt die Kernbaugruppe "Arithmetisch-Logische-Einheit (ALU)" alle Berechnung und Verknüpfungen aus, die vom Programm vorgegeben werden,
- sorgt die Kernbaugruppe "Befehlsdekoder" für die korrekte Interpretation der Befehle,
- dient der Daten-Pointer für die korrekte Adressierung des externen Datenspeichers,
- ist der Stack-Pointer in Verbindung mit der Kernbaugruppe Stack-Speicher für die Ablage der Rücksprungadressen bei der Ausführung von Unterprogrammen und Interrupt-Service-Routinen zuständig,

aber von all dem merkt der Hochsprachen-Programmierer nichts.

Die korrekte Ansteuerung und Abfrage dieser Kernbaugruppen erledigt der Programmübersetzer auf der Grundlage des vorgegebenen Programms, und wenn dieses Hochsprachenprogramm selber fehlerfrei geschrieben worden ist, funktioniert auch das gesamte µC-System einwandfrei.
Vergleichen Sie das Ganze mit dem Kauf eines luxuriösen Cabriolets:
Zuerst setzten Sie sich in das Auto hinein, klappen das Verdeck herunter, drehen ein Paar Runden durch die Stadt und durch die Umgebung, probieren die 200 W-Stereo-Anlage gebührend aus, checken die Schaltung und die Instrumente, so daß Sie den Wagen perfekt beherrschen und nutzen können. Der Spaß am Fahren steht hier eindeutig im Vordergrund.
Erst beim ersten Ölwechsel schaut man unter die Motorhaube und fragt sich, was genau läuft hier eigentlich ab, damit der Flitzer sich auch bewegt (die eingefleischten Auto-Fans mögen uns diese Ignoranz verzeihen).

Genauso ist es hier mit diesem Lehrbuch: Sie stützen sich zunächst auf eine fertige und getestete Hardware ab und entwickeln sofort einfache und effektive Programme zur Lösung Ihrer Problemstellungen. Der Spaß an einem "in 5 Minuten voll funktionsfähigen µC-System", also die schnellen Erfolgserlebnisse, stehen hier eindeutig im Vordergrund.
Wenn Sie dann fit sind und den µC programmtechnisch beherrschen, so daß er Ihre Wünsche erfüllt, wird die weitergehende Frage: "Was läuft eigentlich *intern* in solch einem µC (in solch einem µC-System) ab ?" in einem zweiten Band dieser Lehrbuchreihe beantwortet.

Wichtig für uns sind hier vielmehr die **Funktionen der Zusatzbaugruppen** auf dem µC-Chip, die seine besondere, nach außen hin wirksame, Leistungsfähigkeit bestimmen (vergl. die 200 W-Stereo-Anlage und das 5-Gang-Schaltgetriebe beim Cabriolet):

6. Die 8051er-Mikrocontroller-Familie

- Wie werden die digitalen I/O-Ports angesprochen ?
- Wie arbeitet man mit den Zähler-/Zeitgeber-Einheiten ?
- Wie werden Zeichen über die serielle Schnittstelle ausgesendet und empfangen ?
- Wie werden Interrupts abgearbeitet ?
- etc.

Mit all diesen Punkten werden wir uns deshalb aufs ausführlichste beschäftigen, denn die stürmische technische Entwicklung in den letzten 16 Jahren hat es ermöglicht, daß der "alte 8051er-Kern" gemäß dem Familienkonzept auf vier Gebieten wesentlich verbessert werden konnte:

1. Verringerung der Leistungsaufnahme des µC's
"Opa" 8051 (NMOS-Technik): 125–160 mA je nach Betriebsfrequenz.
"Enkel" 80C51 (CMOS-Technik): 20–30 mA je nach Betriebsfrequenz.

2. Erhöhung der Arbeitsgeschwindigkeit (Taktfrequenz) des µC's
8051: max. 8 MHz Taktfrequenz.
Neuester Siemens-Enkel SAB-C501: max. 40 MHz Taktfrequenz.

3. Herabsetzung der µC-Betriebsspannung
8051: 5 V Betriebsspannung.
Neuester Philips-Enkel P80C51: Betrieb ab 1,8 V möglich.
Speziell in Verbindung mit dem ersten Punkt können solche µC-Bausteine nun ganz hervorragend in batterieversorgten und/oder solargespeisten Geräten eingesetzt werden.

4. Erweiterungen der ON-Chip-Funktionalitäten
Wie bereits erwähnt, unterscheidet sich ein Mikrocontroller von einem Mikroprozessor dadurch, daß dem µC eine Menge von Zusatzbausteinen auf dem Chip mitgegeben werden.
Solche zusätzlichen Funktionseinheiten nennt man *ON-Chip-Peripherie-Einheiten* und durch sie wird die Funktionalität, d.h. die Leistungsfähigkeit und die Kompaktheit, eines µC-Bausteins wesentlich gesteigert.

Die *Tab.6.2* zeigt zusammengefaßt die Vorteile solch einer verstärkten Integration von zusätzlichen Baustufen mit auf dem µC-Siliziumchip:

- **Die Anzahl der einzusetzenden Bauteile wird drastisch reduziert:**
    - → der Platinenaufbau wird einfacher
    - → die Anzahl der möglichen Fehlerquellen sinkt
    - → die Zuverlässigkeit der Schaltung steigt
    - → die Systeme werden kleiner

6. Die 8051er-Mikrocontroller-Familie

- **Die Systeme nehmen weniger Leistung auf:**
  - → die entstehende Verlustwärme wird geringer
  - → die Lebensdauer der Bauteile erhöht sich
  - → die Zuverlässigkeit der Schaltung steigt

- **Die Timing-Problem beim Anschluß externer Bausteine fallen weg:**
  - → der Entwurf der Systeme vereinfacht sich
  - → Das Zusammenspiel zwischen den einzelnen Einheiten funktioniert reibungslos, wird vom µC-Hersteller garantiert und braucht daher vom Entwickler nicht besonders untersucht bzw. beachtet werden.

- **Die Systeme werden preiswerter.**

Tab.6.2: Die Vorteile von ON-Chip-Peripherie Einheiten

Auf dem Gebiet dieser zusätzlichen ON-Chip-Peripherie-Einheiten für den 8051er-Kern wurden die größten Fortschritte erzielt; einige Schwerpunkte der aktuellen Entwicklungen sollen hier kurz aufgeführt werden:

Speicherausstattungen
Auf dem Chip selber können immer größere Programm- und Datenspeichereinheiten integriert werden (ROM, EPROM, EEPROM, FLASH EPROM, RAM).

Timer-Baugruppen
Immer komplexere Zähler-/Zeitgeber-Einheiten werden ON-Chip aufgebracht.

Serielle Schnittstelleneinheiten
Von einfachen USART-Blöcken bis hin zu vollständigen Kommunikationsprozessoren für komplexe Busprotokolle (I^2C-Bus, PROFIBUS, etc.) reicht das Spektrum der Datenübertragungsbaugruppen.

Kopplungsbaugruppen zur Ankopplung an die "Analoge Außenwelt"
Hier sind A/D- und D/A-Wandlerstufen mit Auflösungen von 8 bis 12 Bit und mit bis zu 12 gemultiplexten Ein- bzw. Ausgängen zu nennen. Echte analoge Spannungskomparatoren ergänzen diese Vielfalt.

Zeit- und Kalenderbaugruppen

6. Die 8051er-Mikrocontroller-Familie

Anzeigebaugruppen
zur Ansteuerung von LED- und LCD-Anzeigen.

Datenverschlüsselungsbaugruppen
zum Einsatz solcher µC's in sicherheitsrelevanten Umgebungen: z.B. "Geld-Chip-Karten" oder Krankenversicherungs-Karten mit automatischer Selbstzerstörung der Daten bei unbefugtem Zugriff.

Verschiedene weitere Zusatzbaugruppen
- Implementierung einer schnellen Recheneinheit speziell für 32/16-Bit Multiplikation/Division
- Power-Down-Stufen zur Reduzierung der Leistungsaufnahme des Chips

Verbesserungen am Chip selber
EMV optimierte µC's zum Einsatz in *sehr* störbehafteten Umgebungen (z.B. Kfz-Bereich)

Es läßt sich daher generell sagen, daß sich die 8051er-Familie im wesentlichen in drei wichtige Richtungen weiterentwickelt hat. Die *Abb.6.2* zeigt einen Ausschnitt aus dem weitverästelten Stammbaum dieser Familie:

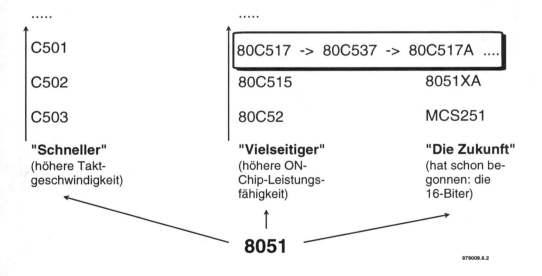

Abb.6.2: Die Entwicklungstendenzen der 8051er-Familie und der 8051er-Familien-Stammbaum (Auszug) [2]

6. Die 8051er-Mikrocontroller-Familie

Trotz all dieser Veränderungen und Ergänzungen ist die wesentliche Kernaussage des Familienkonzepts immer erhalten geblieben:

> **Haben Sie einmal eine Programmiersprache für den 8051er gelernt, so können Sie alle Bausteine aus der Familie damit programmieren und Sie brauchen sich nur ganz gezielt mit den neuen Erweiterungen zu beschäftigen !**

Damit sind wir dann auch schon beim zweiten wichtigen Punkt einer µC-Familie angelangt: den Programmiersprachen.

Die *Tab.6.3* zeigt eine Übersicht über die wichtigsten Sprachen für 8051er-µC's:

Die "Ur-Sprache", für alle Anwendungen geeignet:
  Assembler51 (ASM51)

Hochsprache der ersten Generation:
  Programming Language for Microcontrollers PL/M51

Hochsprachen für schnelle und einfache bis komplexe Lösungen:
  BASIC52
  Pascal51

Heutiger Stand der Technik, Profi-Hochsprache der neuesten Generation:
  C51

Spezial-Hochsprachen für besondere Anwendungen z.B. in der Meß-, Steuer- und Regelungstechnik:
  Fuzzy51
  Forth51
  Modula51
  Control51

Tab.6.3: Die Programmiersprachen für die 8051er-Familie

Die grundlegendste Sprache ist die Maschinensprache, auch *Assembler-Sprache* genannt. Mit ihr lassen sich äußerst kompakte und am schnellsten ablaufende Programme schreiben. Aber leider ist der Umgang mit Assembler nicht ganz einfach und gerade für den "Anfänger" sehr gewöhnungsbedürftig. Auch ist die Leistungsfähigkeit der einzelnen Assembler-Befehl nicht sehr groß.

Um hier wesentlich angenehmere Arbeitsbedingungen für den menschlichen Programmierer zu schaffen, wurden die *Hochsprachen* entwickelt: Sie enthalten sehr leistungsfähige Befehle mit denen man schnell gute und optimale Programm-Ergebnisse erzielen kann.

Die Nachteile hierbei sind, daß der entstehende Programmcode nicht immer so kompakt ist wie ein reines Assembler-Programm und daß Hochsprachenprogramme oft etwas langsamer ablaufen als Assembler-Programme.

6. Die 8051er-Mikrocontroller-Familie

> **! Merke: "Die Hochsprachen"**
> *Hochsprachen-Befehle sind nichts anderes als eine Ansammlung von Assembler-Befehlen, die, nacheinander ausgeführt, die programmtechnische Realisierung des jeweiligen Hochsprachenbefehls darstellen.*
> *Hochsprachenbefehle werden also immer auf Assembler-Befehle zurückgeführt und dazu benötigt man einen sogenannten* **Compiler (Übersetzer)**. *Dieser setzt die einzelnen Hochsprachenbefehle in geeignete Assembler-Befehlsfolgen um, die dann vom µC bearbeitet werden können.*
> *Mit anderen Worten: ist solch ein Compiler vom Hersteller gut entwickelt worden, so erhält man eine optimale Umsetzung der Hochsprachenbefehle in Assembler-Befehle: das resultierende Assembler-Programm ist kurz, kompakt und läuft schnell ab.*
> *Ist der Compiler dagegen "nicht so gut entwickelt" worden, so ist das endgültige Assembler-Programm länger und läuft langsamer ab als ein Programm, das direkt in Assembler programmiert wurde.*

Bereits hier sollten Sie sich schon mit einer wichtigen Tatsache vertraut machen: *die beiden grundsätzlichen Forderungen bei der µC-Programmierung:*

1) Das Programm soll möglichst klein und kompakt sein (damit man nicht so viel Programmspeicherplatz benötigt)
2) Das Programm soll möglichst schnell ablaufen (damit z.B. die Regelung einer hochtourig laufenden Maschine optimal durchgeführt werden kann)

schließen sich im allgemeinen immer gegenseitig aus !

Ein schnell ablaufendes Programm hat sehr oft nicht die kleinst mögliche Länge, und andererseits läuft ein kompaktes Programm meistens nicht am schnellsten ab. Hier sind dann immer geeignete Kompromisse zwischen Länge und Laufzeit einzugehen.

Kommen wir nun zurück zu den 8051er-Hochsprachen: die erste, die entwickelt wurde, war PL/M51. Sie war bereits sehr leistungsfähig, ist aber heute leider in "Vergessenheit" geraten.
Den heutigen Stand der Technik repräsentiert ohne Zweifel die Sprache *C51* für den Profi-Programmierer. Hierin liegt dann aber auch schon das Problem: für einen absoluten "Neuling", ohne jedes Programmierwissen und ohne jede Programmiererfahrung, ist die erstmalige Beschäftigung mit C51 wie ein "satter Sprung ins kalte Wasser", denn neben dem noch unbekannten Wesen "Mikrocontroller" kommen bei C51 jetzt noch die Probleme mit einer Programmiersprache hinzu, die sehr komplex aufgebaut ist und vom Programmierer eine sehr hohe Disziplin beim Programmieren erfordert.
Mit anderen Worten: die Beschäftigung mit C51 ist zwar heutzutage unerläßlich, aber erst in Form eines zweiten Schrittes in die µC-Welt sinnvoll.

6. Die 8051er-Mikrocontroller-Familie

Der erste Schritt für einen Neueinsteiger ist das "Vertraut werden" mit dem µC an sich und mit einer einfacheren, aber deshalb nicht weniger leistungsfähigen Programmiersprache, wie z.B. BASIC oder Pascal.

Da Pascal51 nun eine Sprache ist, mit der man sehr einfach Programme für alle Mitglieder der 8051er-Familie erstellen kann, werden wir in diesem Lehrbuch das notwendige Wissen zu dieser Sprache vermitteln.

Die zuletzt in der Tab.6.3 aufgeführten 8051er-Programmiersprachen sind Sonderentwicklungen für ganz bestimmte Bereiche der Technik, die aber immer mehr an Bedeutung gewinnen, wie z.B. die Fuzzy-Logik.
Aber auch hier gilt:

> **! Merke: "Der Umstieg auf eine andere Programmiersprache"**
> *Wenn Sie sich erst einmal mit dem µC bzw. mit dem grundlegenden Konzept einer µC-Familie vertraut gemacht haben und eine Programmiersprache beherrschen, dann ist der Umstieg auf eine andere Programmiersprache relativ einfach.*

Zumindest mit C51 sollten Sie sich nach dem Durcharbeiten dieses grundlegenden Buches etwas näher beschäftigen.
Für den anspruchsvollen Hobby-Bereich und sogar noch weit darüber hinaus bis in den Industriebereich hinein, ist Pascal51 absolut ausreichend.

> **» Wichtig: "Die verwendete Hardware"**
> *Für die eingesetzte Hardware (den eingesetzten µC) ist es völlig egal, mit welcher Programmiersprache Sie programmieren: Letztendlich erzeugen alle Hochsprachen-Compiler als "Endprodukt" ein mehr oder weniger gut optimiertes Assembler-Programm, das in den Programmspeicherbereich (in den Programmspeicherbaustein) des µC-Systems geladen und dann problemlos vom µC abgearbeitet wird. Der µC merkt also gar nicht, womit Sie sein Programm erstellt haben.*

6.1 Der 80C517er-Familienzweig

Nachdem nun im vorherigen Kapitel hauptsächlich die Software-Frage geklärt worden ist, kommen wir nun zur Auswahl eines geeigneten 8051er-Familienmitgliedes für das µC-Entwicklungs- und Experimental-System.

Wenn Sie sich noch einmal die Abb.6.2 ansehen, so erkennen Sie, daß in Bezug auf die ON-Chip-Leistungsfähigkeit der 80C517er-µC-Zweig eine 8051er-Familienlinie mit Spitzenprodukten darstellt (Zitat des Herstellers: "Der SAB80C517 – Unser 8-Bit-Elefant").

Aufgrund der sehr großen Vielseitigkeit der µC's dieses 8051er-Astes haben wir einen Baustein daraus zum Kernstück der hier verwendeten µC-Hardware gemacht und so entstand das *80C537er-TFH-System* (s. Kapitel 7).

Der µC 80C517 ist innerhalb der 8051er-Familienstruktur als einer der "Vater-Bausteine" anzusehen, von dem wiederum eine Reihe von "Kinder-Bausteinen" abgeleitet worden sind.

Die *Tab.6.1.1* zeigt die grundsätzlichen Kenndaten dieses 8051er-Ablegers:

- Kompletter 8051er-µC-Kern
- 8 kByte ON-Chip-Programmspeicher-ROM (nur beim 80C517er)
- ROMlose Version: 80C537er
- 256 Byte ON-Chip RAM
- 256 direkt adressierbare Bits
- 1 µs-Befehlszykluszeit bei 12 MHz Taktfrequenz
- 64 der 111 Assembler-Befehle werden in einem Befehlszyklus abgearbeitet
- Externer Programm- und Datenspeicher jeweils bis auf 64 kByte ausbaubar
- 8-Bit-A/D-Wandler mit:
  - 12 gemultiplexten Eingängen
  - Programmierbarer Referenzspannung
  - Externem/internem Wandlungsstart
- Zwei 16-Bit-Zähler-/Zeitgeber-Einheiten
- Leistungsfähige Compare-/Capture-Einheit (CCU) mit einer weiteren 16-Bit-Zähler-/Zeitgeber-Einheit und einem weiteren 16-Bit-High-Speed-Zähler für schnelle Vergleichs-Funktionen:
  - ein 16-Bit Reload-/Compare-/Capture-Register
  - vier 16-Bit-Compare-/Capture-Register, eines davon kann im 9-Bit-Concurrent-Compare Modus arbeiten
  - acht schnelle 16-Bit-Compare-Register
- Arithmetik-Einheit für Division, Multiplikation, Shift- und Normalisierungs-Operationen
- Acht Data-Pointer für die indirekte Adressierung von Programmspeicher und externem Datenspeicher

6. Die 8051er-Mikrocontroller-Familie

- Erweiterte Watchdog-Eigenschaften:
  - 16 Bit programmierbarer Watchdog-Timer
  - Oszillator-Watchdog
- Neun Ports:
  - Sieben bidirektionale digitale 8-Bit-Ports
  - Ein 8-Bit-Port und ein 4-Bit-Port für analoge und digitale Eingangssignale
- Zwei voll-duplex serielle Schnittstellen mit eigenen Baud-Rate-Generatoren
- Interrupt-System mit vier Interrupt-Prioritätsstufen und 14 Interrupt-Vektoren
- Drei Energie-Spar-Modi:
  - Slow-Down-Mode
  - Idle-Mode
  - Power-Down-Mode

Tab.6.1.1: Die Kenndaten des 80C517er-Familienzweiges

In der *Abb.6.1.1* ist das funktionale Blockschaltbild des 80C517ers abgebildet.

Für unsere Anwendungen besitzt der 80C517er jedoch eine Eigenschaft, die wir nicht benötigen: er enthält einen internen ON-Chip-Programmspeicher vom "ROM-Typ" und das bedeutet, daß das µC-Programm vom µC-Hersteller bei der Fertigung des µCs fest und unveränderbar auf dem µC-Chip eingebrannt wird.
Solche µC-Bausteine werden von der Großindustrie bevorzugt eingesetzt, wenn Geräte wie z.B. Waschmaschinen, Videorecorder oder ABS-Systeme in der Automobilindustrie zu 10.000den oder in Millionen Stückzahlen hergestellt werden.
Man entwickelt in diesen Fällen einmal die benötigte Software, testet sie gründlich aus und, da sie später niemals mehr geändert wird, d.h. für den Rest der Lebensdauer des Gerätes ihren Dienst in diesem versieht, kann man dem µC-Hersteller sagen: "Bitte 100.000 80C517er mit diesem Programm herstellen".
Das Programm wird nun fest im 80C517er eingebrannt und kann danach durch keinen Effekt mehr verändert oder zerstört werden, auch nicht durch Ausschalten der Betriebsspannung.

Die Vorteile sind nun:

- man braucht keine zusätzlichen externen Programmspeicherbausteine im System einzubauen, das System wird also kleiner und kompakter
- solche vom Hersteller fest programmierten µC, die in großen Stückzahlen hergestellt werden, sind sehr preiswert.

6.1 Der 80C517er-Familienzweig

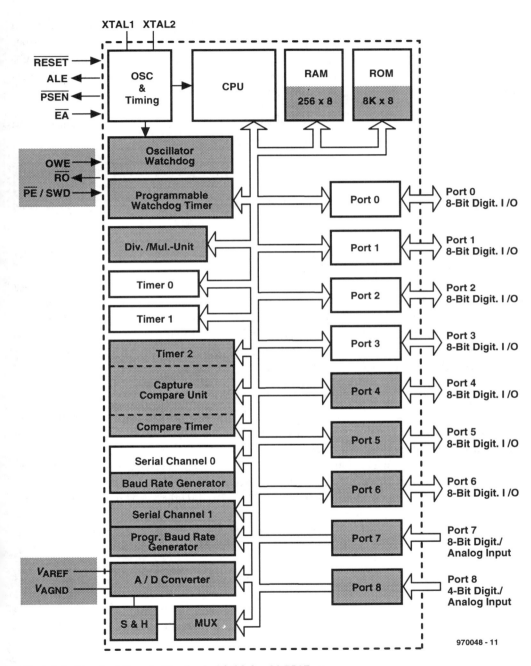

Abb.6.1.1: Das funktionale Blockschaltbild des 80C517ers

6. Die 8051er-Mikrocontroller-Familie

Allerdings gibt es bei dieser Art von Chips auch einen sehr großen und kritischen Nachteil: wenn sich z.B. einige Wochen nach der Fertigung der 100.000 µC-Bausteine noch ein Programmfehler herausstellt, so können Sie diesen unter keinen Umständen mehr beheben, die Chips haben also nur noch *Schrott-Wert*, und als verantwortlicher Software-Entwickler werden Sie dann ein sehr interessantes Gespräch mit den Worten beginnen: "Chef, ich hätte da mal ein kleines Problem ..."

Für unsere Lerntätigkeit dagegen benötigen wir keinen solchen unlöschbaren Programmspeicher, denn im Verlaufe der Lektionen werden Sie

Programme ändern, Programme korrigieren, Programme neu schreiben, etc.

Wir brauchen also einen externen, immer wieder löschbaren Programmspeicher und einen µC ohne internes ROM.

Daher kommt hier ein 80C537er zum Einsatz, der die gleichen Eigenschaften wie ein 80C517er aufweist, nur eben kein internes ROM besitzt.
Als Programmspeicher für die Entwicklungsphase dient ein RAM-Baustein, der jeder Zeit mit einem neuen oder einem geänderten Programm geladen werden kann, der allerdings seinen Speicherinhalt verliert, wenn man die Betriebsspannung abgeschaltet (die auf dem 80C537er-TFH-Board vorhandene Batterie-Pufferung dient nur zur Pufferung des Echtzeituhren-Chips im betriebsspannungslosen Zustand). Sie müssen also nach jeder Inbetriebnahme des 80C537er-TFH-Boards zuerst immer Ihr gewünschtes Programm einladen.

Eine Weiterentwicklung in diesem 80C517er-Familienzweig sind die A-Typen, also der 80C517Aer bzw. der 80C537Aer, die ON-Chip auch noch einen 2 kByte großen Datenspeicher besitzen. Bei kleineren Anwendungen kann man so einen weiteren externen Speicherbaustein einsparen, wenn dieser interne Datenspeicherbereich ausreicht (darüber hinaus besitzt ein 80C537Aer noch zusätzliche Verbesserungen gegenüber dem normalen 80C537er, z.B. einen echten 10-Bit-A/D-Wandler, erweiterte CCU-Funktionen, zusätzliche Interrupt-Vektoren, etc.) [4].
Diese A-Versionen können ebenfalls auf dem 80C537er-TFH-Board eingesetzt werden, in diesem Buch beschränken wir uns aber auf das Arbeiten mit dem "80C537er-nicht-A-Typ".

7. Das 80C537er-TFH-System

Als einfaches, jedoch leistungsfähiges Entwicklungs- und Experimental-System für den Einstieg in die µC-Technik wurde an *der Technischen Fachhochschule (TFH) "Georg Agricola" zu Bochum* das 80C537er-TFH-System entwickelt, das fortlaufend weiter ausgebaut wird, *Abb.7.1*:

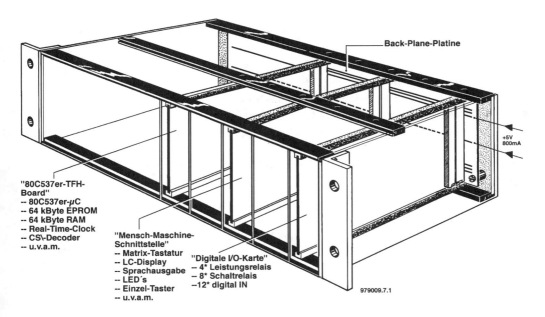

Abb.7.1: Das 80C537er-TFH-System

Der Grundbaustein dieses modular ausgelegten Systems ist das 80C537er-TFH-Board. Das besondere an dieser µC-Karte ist, daß alle relevanten Anschlüsse des µC-Systems auf eine 96-poligen VG-Leiste geführt sind, so daß Erweiterungs- und Zusatzkarten sehr einfach hinzugefügt werden können.

Als zentrales Verbindungselement für alle Einheiten dient eine entsprechende Back-Plane-Platine, die eine beliebige Anzahl von Steckplätzen haben kann und auf der alle 96 Leitungen 1:1 untereinander verbunden sind.

7. Das 80C537er-TFH-System

Die Karten selber sind alle im Europa-Format (160 mm · 100 mm) ausgelegt, so daß als mechanischer Träger des gesamten Systems die bewährte 19"-Gehäusetechnik mit dem weiten Spektrum an Zubehörteilen zum Einsatz kommen kann (Bezugsquellen s. Kapitel 13).

Bisher sind zwei Zusatzkarten entwickelt worden, die ebenfalls in diesem Buch vorgestellt und eingesetzt werden:

- Zusatzkarte 1: "Die Mensch-Maschine-Schnittstelle" und die
- Zusatzkarte 2: "Die digitale I/O-Erweiterung".

Weitere Karten und Komponenten werden in Kürze hinzukommen, so daß ein universell einsetzbares µC-System entsteht:

- Telefonkarten-Leser mit Code-Schloß-Funktionen
- Karte für die Datenübertragung über das 230V-Netz
- Karte für die Funk-, Infrarot- und LWL-Datenübertragung
- Schnittstellenkarte für den Einsatz von PCMCIA-Speicherkarten

- Solargenerator für den autarken Betrieb eines 80C537er-TFH-Systems mit Funk-Datenübertragung.

- etc.

7.1 Der Aufbau und die Inbetriebnahme des 80C537er-TFH-Boards

Das 80C537er-TFH-Board und alle Zusatzkarten können bei den Autoren als Bausätze bezogen werden, und in den dort beigefügten Dokumentationen sind alle notwendigen Schritte zum Aufbau, zum Test und zur Inbetriebnahme dieser Karten ausführlich beschrieben.

In diesem Kapitel erfolgt daher nur eine kurze Beschreibung zur µC-Karte.
Die Leistungsdaten des Boards sind in der *Tab.7.1.1* zusammengefaßt, die *Abb.7.1.1* zeigt das Blockschaltbild und die *Abb.7.1.2* das Schaltbild.

- Leistungsfähiger 80C537er-µC
- Optimierte Speicheraufteilung für die Software-Entwicklung
- Monitor-Programm für Programm-Down- und Upload sowie für Daten-Down- und Upload und zum Programmtest auf Assembler-Ebene vorhanden.
- Zwei bzw. drei verschiedene Betriebsarten wählbar:
  - Monitor-Mode zum Test von Programmen mit:
    ca. 32 kByte RAM für Code-Download
    ca. 32 kByte RAM für Datenspeicherung
  - Stand-Alone-Betrieb mit:
    64 kByte Programmspeicher
    64 kByte Datenspeicher
  - Betrieb mit Emulator
- Zwei serielle ON-Chip-Schnittstellen vorhanden. Dadurch ist eine Kommunikation mit anderen Systemen (z.B. mit einem zweiten PC) möglich, ohne daß der Entwicklungs-PC abgeklemmt werden muß.
- ON-Board-Real-Time-Clock (RTC): Uhrzeit und Datumsinformationen verfügbar, Batteriepufferung bei Spannungsausfall.
- ON-Board-Chip-Select (CS\)-Dekoder mit 16 CS\-Adreßausgängen.
- Zusätzlicher ON-Board-Watchdog-Chip mit Betriebsspannungsüberwachung vorhanden.
- Programmierung in allen 8051er-Hochsprachen (Pascal51, C51, Modula51, etc.) und in Assembler51 möglich.

Tab.7.1.1: Die Leistungsdaten des 80C537er-TFH-Boards

7. Das 80C537er-TFH-System

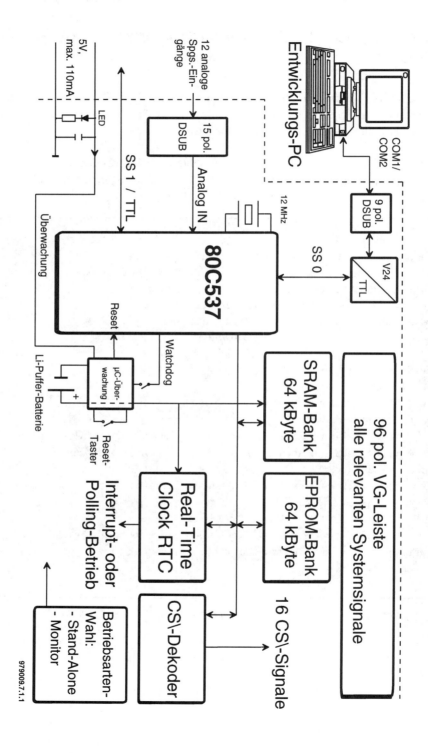

Abb.7.1.1: Das Blockschaltbild des 80C537er-TFH-Boards

7.1 Der Aufbau und die Inbetriebnahme des 80C537er-TFH-Boards

Die Belegungen der 96poligen VG-Leiste und der beiden D-SUB-Stecker sind in den Tabellen *Tab.7.1.2*, *Tab.7.1.3* und *Tab.7.1.4* aufgeführt.

	a	b	c
1	VCC	VCC	VCC
2	P47	/Y1	VAREF
3	P46	/INT0	P45
4	P44	—	P43
5	P42	/Y2	P40
6	P41	/Y3	RES
7	/Y0	/LL	/RES
8	—	/Y4	/RO
9	/Y5	/PSEN	/Y6
10	/Y7	—	/Y13
11	/Y8	/Y14	/Y12
12	/Y9	P66	/Y11
13	/Y10	P67	P63
14	P65	P64	P60
15	T0	TXD1	RXD1
16	INT6	/INT1	T1
17	CLKO	/INT3	A15
18	ALE	T2	/WR
19	A14	/INT2	A13
20	A12	T2EX	A8
21	A7	INT5	A9
22	A6	INT4	A11
23	A5	P50	/RD
24	A4	P52	A3
25	A2	P57	A10
26	A1	P55	D7
27	A0	P56	D6
28	D0	P53	D5
29	D1	P51	D4
30	D2	P54	D3
31	VBATT	VBATT	VBATT
32	GND	GND	GND

Tab.7.1.2: Die Belegung der VG96-Messerleiste

	D-SUB 15
1	AGND
2	AN1
3	AN3
4	AN5
5	AN7
6	AN11
7	AN9
8	AN8
9	AN0
10	AN2
11	AN4
12	AN6
13	VAREF
14	AN10
15	AGND

Tab.7.1.3: Die Belegung der 15poligen D-SUB-Buchse (Analog-Eingänge)

	D-SUB9
1	—
2	TXD0
3	RXD0
4	—
5	GND
6	—
7	—
8	—
9	+5V

Tab.7.1.4: Die Belegung der 9poligen D-SUB-Buchse (Schnittstelle zum Entwicklungs-Rechner (PC))

7. Das 80C537er-TFH-System

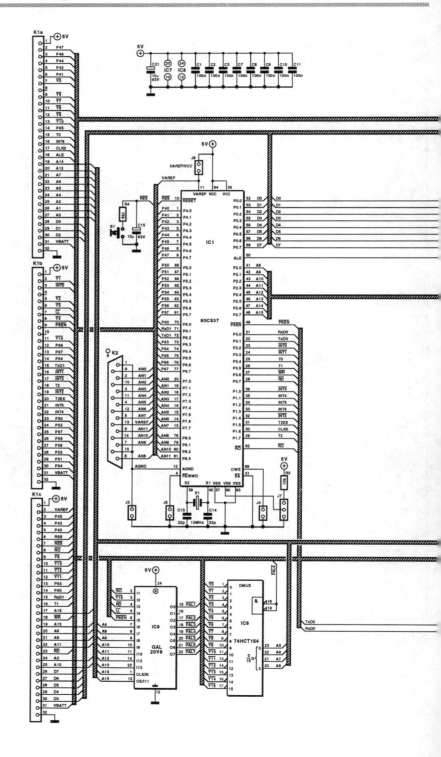

7.1 Der Aufbau und die Inbetriebnahme des 80C537er-TFH-Boards

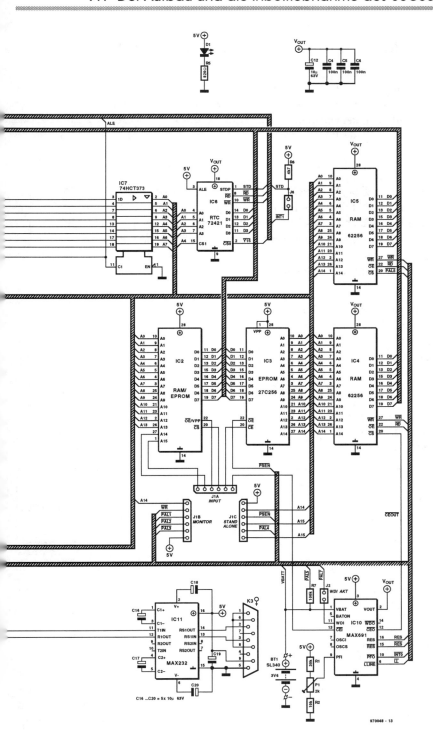

Abb.7.1.2: Das Schaltbild des 80C537er-TFH-Boards

7.2 Die zwei Betriebsarten des 80C537er-TFH-Boards

Wichtig für den Anwender sind die zwei Grundbetriebsarten des 80C537er-TFH-Boards, die über entsprechende Jumper eingestellt werden und die sich wesentlich in ihren Funktionen und in der jeweiligen Speicheraufteilung unterscheiden.

Der Monitor-Betrieb

In dieser Betriebsart können über die serielle Schnittstelle SS0 des 80C537er-TFH-Boards die entwickelten Programme (im INTEL-HEX-Format, s. Kapitel 7.3) vom PC aus in das 80C537er-System transferiert werden. Dieser Modus ist für die Programm-Entwicklungsarbeit gedacht und bleibt daher für die gesamte Zeit des Arbeitens mit diesem Buch fest eingestellt.
Die *Abb.7.2.1* zeigt die Speicheraufteilung in dieser Betriebsart (sehr oft werden hexadezimale Zahlen auch durch ein tiefgestelltes '$_H$' gekennzeichnet):

Program und Data Memory

0000_H		
	RAM 62256 (Programm u. Datenspeicher)	IC2
$7EFF_H$		
$7F00_H$		
	Datenspeicherbereich des Monitorprogrammes (verb. Speicherbereich I)	IC2
$7FFF_H$		
8000_H		
	RAM 62256 (Nur Datenspeicher)	IC5
$FDFF_H$		
$FE00_H$		
	CS\ Adreßbereich (verb. Speicherbereich II)	
$FFFF_H$		

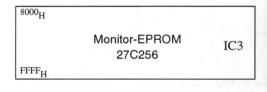

Abb.7.2.1: Die Speicheraufteilung im Monitor-Betrieb

Das EPROM IC3 enthält das sogenannte *Monitor-Programm*. Dieses ermöglicht in Zusammenarbeit mit dem Senderprogramm auf der PC-Seite den komfortablen Transfer des auszutestenden Programms auf das 80C537er-TFH-Board (Monitor-Programm = Empfangsprogramm). Gleich-

7.2 Die zwei Betriebsarten des 80C537er-TFH-Boards

zeitig wird der empfangene Programmcode automatisch in den RAM-Speicher IC2 abgelegt. Dieser Speicherbaustein verhält sich also von außen gesehen wie ein fernladbarer Programmspeicherbaustein, der das auszutestende Programm aufnimmt. Nachdem der Transfer beendet ist, kann das Programm gestartet und ausgetestet werden.

Nach dem Start des transferierten Programms "schaltet" sich das Monitor-Programm weg, und das zu testende Programm übernimmt die Kontrolle über das gesamte System.
Erst durch einen Reset bzw. durch das Aus- und Einschalten der Betriebsspannung wird der alte Zustand wieder hergestellt, d.h., das Monitor-Programm wird wieder aktiv und kann ein neues auszutestendes Programm vom PC aus empfangen.

Wesentlich in dieser Betriebsart ist die korrekte Aufteilung des zur Verfügung stehenden Gesamtspeicherbereiches in einen

- *Programmspeicherbereich* und in einen
- *Datenspeicherbereich.*

Beispiel:
Sie haben ein Programm zur Erfassung und Verarbeitung von 20 unterschiedlichen Meßwerten geschrieben. Solch ein "Programm-Endergebnis" teilt sich immer in zwei unterschiedliche "Teilergebnisse" auf:

1) In den *Programmcode*: Hierin sind alle Anweisungen enthalten, die der µC zur ordnungsgemäßen Realisierung Ihrer Wünsche nacheinander ausführen muß.
   Dieser Programmcode wird in einem Speicherbereich abgelegt, der *Programmspeicher* heißt.

2) In den *zu reservierenden Datenspeicherbereich*: da Sie hier ja Meßdaten erfassen und bearbeiten wollen, benötigen Sie besondere Speicherplätze, um dieses Daten abzulegen, um Zwischenergebnisse Ihrer Berechnung speichern und um die Endergebnisse geeignet aufbewahren zu können, bis diese abgerufen werden. Alle diese Speicherplätze dienen der Ablage von Daten und haben somit mit der eigentlichen Programmausführung zunächst nichts zu tun. Diese Datenspeicherplätze faßt man zum *Datenspeicherbereich* zusammen, der ebenfalls im µC-System im Form von Speicherbausteinen zur Verfügung gestellt werden muß.

Da der Programm- und der Datenspeicherbereich jeweils nur eine begrenzte Größe haben, muß man ihre Aufteilung genauestens organisieren und verwalten, damit keine Überlappungen (Doppelbelegungen) oder unbrauchbare Lücken entstehen.

7. Das 80C537er-TFH-System

> » **Wichtig: "Der dem Anwender im Monitor-Betrieb zur Verfügung stehende Speicherbereich"**
> In der Monitor-Betriebsart stehen dem Anwender in der Grundeinstellung die folgenden Speicherressourcen zur Verfügung:
>
> - Maximaler Speicherbereich für das **zu testende Programm**: Baustein IC2. Solch ein RAM (Random Excess Memory)-Baustein des Types 62256 hat insgesamt eine Speicherkapazität von 32 kByte (= 32.768 Byte). Hiervon können Sie für Ihr zu testendes Programm aber nur den Adreßbereich von
>
> 0000_H - $7eff_H$ (0 - 32.511), also nur 32.512 Byte
>
>   benutzen.
>
>   ***Größer darf Ihr Programm niemals werden !***
>
>   denn die restlichen 256 Bytes benötigt das Monitor-Programm für seine Arbeit (verbotener Datenspeicherbereich !).
>
> - Maximaler Speicherbereich für die **Daten**, mit denen das auszutestende Programm arbeitet (IC5):
>
>   Adreßbereich 8000_H - $fdff_H$ (32.768 - 65.023), also nur 32.256 Byte
>
>   ***Größere Datenmengen können niemals verarbeitet werden !***
>
> Wenn nur kleinere Datenmengen verarbeitet bzw. nur ein kleines Programm getestet werden soll, so kann IC5 auch entfallen. Programm und Daten werden dann in IC2 abgelegt, wobei natürlich auch hierbei der gesamte zur Verfügung stehende Speicherplatz von 32.512 Byte (Adreßbereich 0000_H - $7eff_H$) nicht überschritten werden darf.

Bei fast allen Hochsprachen-Compilern kann daher über entsprechende Steuerbefehle eingestellt werden, wo im Speicherbereich des µC-Zielsystems der Programmcode-Bereich und wo der Datenspeicherbereich anfangen bzw. liegen soll.

Beim Pascal51er-Compiler ist dafür die mitgelieferte Steuerdatei *nilipas.cfg* (NiliPascal-Configuration) zuständig. Sie finden dort die entsprechenden Steueranweisungen für die Speicherverteilung, die Sie beliebig ändern können.

7.2 Die zwei Betriebsarten des 80C537er-TFH-Boards

Es bedeuten:

CODE = Startadresse für den Programmspeicherbereich
  Beim 80C537er-TFH-System immer auf $0000 setzen.

DATA = Startadresse für den Datenspeicherbereich.
  Grundeinstellung: DATA = $8000.

($ bedeutet, daß die folgende Zahl zum Hexadezimalsystem gehört, und die Umrechnung in das Dezimalsystem wird in der Lektion 3 noch ausführlich beschrieben)
Der Datenspeicherbereich wird grundsätzlich immer hinter dem Programmspeicherbereich abgelegt, also muß immer gelten: DATA > CODE !

Wichtig bei diesen Festlegungen ist:

- daß sich beide Bereiche nicht überschneiden. Sie müssen also wissen, wie groß Ihr benötigter Programm- und Datenspeicherbereich ist (wie Sie die Größe dieser Bereiche ermitteln, erfahren Sie im Kapitel 7.3).
- daß Sie mit Ihren Festlegungen nicht in zwei verbotene Datenspeicherbereiche geraten:
  Verbotener Datenspeicherbereich I: Datenspeicherbereich für das Monitor-Programm.
  Verbotener Datenspeicherbereich II: CS\-Adreßbereich für die externen Peripherie-Einheiten.
- daß auch wirklich das IC2 und bei Bedarf auch das IC5 auf dem Board eingesetzt ist, denn das Monitor-Programm prüft nicht, ob die Speicherbausteine da sind oder nicht. Im "nicht vorhandenen Fall" werden die Daten einfach ins Leere geschrieben und sind verschwunden.

Beispiel:
Betrieb ohne IC5, Programm- und Datenbereich sind gemeinsam im IC2 abgelegt, *Abb.7.2.2*.

Mit den dort gewählten Steuereinstellungen:

CODE = 0000
DATA = 30000($7530)

darf das zu testende Programm maximal 30000 Byte groß sein (Adreßbereich: 0 bis 29999) und der Datenbereich läuft von Adresse 30000 bis Adresse 32.511 (7eff$_H$), er kann also maximal 2.512 Byte umfassen.

Weiterhin wichtig ist noch die Beachtung des verbotenen Speicherbereiches II, des sogenannten *Chip-Select (CS\)-Adreßbereiches* von fe00$_H$ bis ffff$_H$. Die Speicherplätze aus diesem Bereich dienen zur Ansteuerung der Peripherie-Einheiten. Was das ist und wie das alles funktioniert, werden

7. Das 80C537er-TFH-System

Sie noch ganz genau erfahren. Zu beachten ist hier nur, daß Sie in diesen Bereich absolut keine Daten hineinlegen dürfen.

```
0000H  ┌─────────────────────────────┐
       │   RAM 62256                 │
       │   (Programmspeicher)    IC2 │
752FH  └─────────────────────────────┘
7530H  ┌─────────────────────────────┐
       │   RAM 62256                 │
       │   (Datenspeicher)       IC2 │
7EFFH  └─────────────────────────────┘
7F00H  ┌─────────────────────────────┐
       │   Monitorprogramm           │
       │   (verb. Speicherbereich I) IC2 │
7FFFH  └─────────────────────────────┘
FE00H  ┌─────────────────────────────┐
       │   CS\ Adreßbereich          │
       │   (verb. Speicherbereich II)│
FFFFH  └─────────────────────────────┘

8000H  ┌─────────────────────────────┐
       │   Monitor EPROM             │
       │   27C256              IC3   │
FFFFH  └─────────────────────────────┘
```

Abb. 7.2.2: Speicheraufteilung bei CODE=0000, Data=30000

```
0000H  ┌─────────────────────────────┐
       │   RAM 62256                 │
       │   (Programmspeicher)    IC2 │
7EFFH  └─────────────────────────────┘
7F00H  ┌─────────────────────────────┐
       │   Monitorprogamm            │
       │   (verb. Speicherbereich I) IC2 │
7FFFH  └─────────────────────────────┘
8000H  ┌─────────────────────────────┐
       │   RAM                       │
       │   (Datenspeicher)       IC5 │
FDFFH  └─────────────────────────────┘
FE00H  ┌─────────────────────────────┐
       │   CS\ Adreßbereich          │
       │   (verb. Speicherbereich II)│
FFFFH  └─────────────────────────────┘

8000H  ┌─────────────────────────────┐
       │   Monitor EPROM             │
       │   27C256              IC3   │
FFFFH  └─────────────────────────────┘
```

Abb. 7.2.3: Speicheraufteilung bei CODE=0000_H, DATA=8000_H und Verwendung von IC5

7.2 Die zwei Betriebsarten des 80C537er-TFH-Boards

Beispiel:
Betrieb mit IC5, Maximalausbau des Systems im Monitor-Betrieb, Grundeinstellung für den Betrieb mit dem 80C537er-TFH-Board, *Abb.7.2.3*.

Mit den hier gewählten Steuereinstellungen:

CODE = 0000
DATA = $8000

kann man Programme mit der Maximalen Größe von 32.512 Byte laden und testen und der zur Verfügung stehende Datenbereich läuft von der Adresse 8000_H bis zur Adresse $fdff_H$, ist also insgesamt 32.256 Byte groß.

> » **Wichtig: "Die Festlegung der Speicherbereichsverteilung"**
> *Falsche Eintragungen bei der Speicherbereichsfestlegung für das Code- und das Datenspeichersegment in dieser Steuerdatei können bewirken, daß sich Daten- und Programmspeicher gegenseitig überschreiben, also gegenseitig auslöschen und das gesamte System abstürzt.*
> *Ebenso ist es möglich, daß Sie Daten in IC5 ablegen wollen, IC5 aber gar nicht eingebaut ist, diese Daten also ins "Leere" geschrieben werden. Auch hier ist dann ein kritischer Systemabsturz unvermeidbar.*
> *Am besten ist es daher, wenn Sie das IC5 mitbenutzen und die von uns vorgegebenen Grundeinstellungen unverändert übernehmen. Sie haben dann automatisch den Maximalausbau des Systems ausgewählt und eingestellt und brauchen nie mehr Änderungen an der Steuerdatei nilipas.cfg vorzunehmen.*

Der Stand-Alone-Betrieb

Durch das Umstecken entsprechender Jumper wird diese Betriebsart ausgewählt: man hat das endgültige Programm fertiggestellt, ausgetestet, in einen Programmspeicherbaustein (in ein EPROM) gebrannt und will nun das Board alleine (also "Stand-Alone") in der gewünschten Zielanlage einsetzen. Daher wird das "Programm-Test-Monitor-EPROM" (IC3) aus seiner Fassung entfernt und die in diesem Modus jetzt vorliegende Speicheraufteilung zeigt die *Abb.7.2.4*.

Wenn Ihr Programm eine Gesamtlänge von kleiner gleich 32 kByte hat, so reicht ein EPROM-Speicherbaustein des Typs 27C256 (=32 kByte Speicherkapazität) aus. Dieser wird im Steckplatz des IC2 eingebaut.
Ist das Programm jedoch größer, so müssen Sie ein zweites EPROM des Typs 27C256 brennen und dieses in die Fassung von IC3 einsetzen.

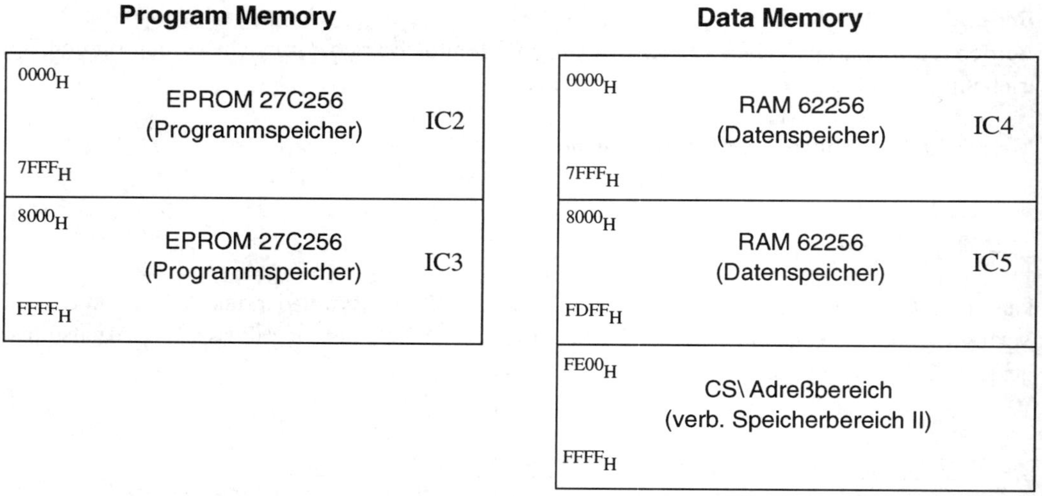

7. Das 80C537er-TFH-System

Program Memory

0000_H		
	EPROM 27C256 (Programmspeicher)	IC2
$7FFF_H$		
8000_H		
	EPROM 27C256 (Programmspeicher)	IC3
$FFFF_H$		

Data Memory

0000_H		
	RAM 62256 (Datenspeicher)	IC4
$7FFF_H$		
8000_H		
	RAM 62256 (Datenspeicher)	IC5
$FDFF_H$		
$FE00_H$		
	CS\ Adreßbereich (verb. Speicherbereich II)	
$FFFF_H$		

Abb.7.2.4: Die Speicheraufteilung im Stand-Alone-Betrieb

Die Gesamtlänge Ihres Programms darf also 64 kByte nicht überschreiten.
Für die Speicherung Ihrer Daten stehen Ihnen jetzt die RAM-Bausteine IC4 und IC5 fast vollständig zur Verfügung.
Der verbotenen Datenspeicherbereich I aus dem Monitor-Betrieb entfällt hier, d.h., Sie können ihn problemlos mitbenutzen. Nur der verbotene Datenspeicherbereich II, der CS\-Adreßbereich, ist natürlich auch hier für Ihre Speicherzwecke tabu.
Sie erhalten somit bei der Bestückung beider ICs einen durchgängigen Datenspeicherbereich von 0000_H bis $fdff_H$, also insgesamt 65.024 Bytes.
Wird IC5 dagegen nicht bestückt, so läuft dieser Bereich von 0000_H bis $7fff_H$ (= 32 kByte = 32.768 Byte).

Wie bereits erwähnt, ist dieser Stand-Alone-Betriebs-Modus nur für Endanwendungen gedacht und wird daher in diesem Grundlagenbuch nicht verwendet, da wir uns ja hier immer nur im "Entwicklungszustand" befinden.

Gleichzeitig kann der Stand-Alone-Modus auch für den Betrieb mit einem *Emulator* verwendet werden. Auf diese Möglichkeit zur profimäßigen Softwareentwicklung wird hier aber nicht näher eingegangen.

7.3 Das INTEL-HEX-Format und die Erstellung eines eigenen Programm-EPROMs

Sie haben nun ein Programm fertiggestellt und möchten es zu Testzwecken in das 80C537er-TFH-Board transferieren oder ein endgültiges, dauerhaftes Programm-EPROM damit programmieren. Um dieses zu realisieren, müssen Sie noch etwas über die Arbeitsweise eines Hochsprachen-Compilers erfahren.

Jeder Compiler erzeugt, nach einigen Zwischenarbeitsschritten, eine endgültige Programmcode-Datei, in der die einzelnen Befehle Ihres Hochsprachenprogramms so in den Assembler-Code übersetzt worden sind, daß der µC sie verstehen und abarbeiten kann.

Diese Endergebnis-Datei nennt man die *HEX-Datei* und sie hat fast immer, bei gleichem Dateinamen wie das Ursprungsprogramm, die Datei-Endung ".hex", so auch beim hier verwendeten Pascal51er-Compiler.

Haben Sie die Installation der Software korrekt durchgeführt, dann befindet sich im Pascal51er-Hauptverzeichnis auch die Datei *p1.hex*.

Wenn Sie sich diese Datei z.B. mit einem Textverarbeitungssystem einmal anschauen, dann werden Sie erkennen, daß diese Datei einen besonderen Aufbau hat: die einzelnen Befehle werden im HEX-Code dargestellt und sie sind in einer besonderen Art und Weise angeordnet. Dieses Darstellungsformat ist quasi genormt und heißt das *INTEL-HEX-Format*.

In der Vergangenheit hatte fast jeder µC-Hersteller (genauer gesagt: jeder Hochsprachen-Compiler-Hersteller) für seine µC-Familie zunächst ein eigenes Format für den Aufbau der HEX-Datei entwickelt.

Der Nachteil war, daß für jede µC-Familie die entsprechenden Zusatz-Hilfsgeräte, z.B. die EPROM-Programmiergeräte, immer neu angeschafft werden mußten. Das war aufwendig und wirtschaftlich nicht mehr zu vertreten.

Im Laufe der Zeit haben sich daher international nur zwei wesentliche HEX-Datei-Formate zur Darstellung von µC-Assembler-Programmen durchgesetzt:

- das INTEL-HEX-Format (zunächst entwickelt für die INTEL-Prozessoren und -Controller)
- das Motorola-S-Format (zunächst entwickelt für die Motorola-Prozessoren und -Controller).

Heutzutage sind alle Compiler für die unterschiedlichsten µC-Familien in der Lage, zumindest eines dieser Formate als Endergebnis zu erzeugen und das hat nun einen wesentlichen großen Vorteil: Alle Zusatzgeräte, die man zur Erstellung von µC-Programmspeicherbausteinen oder zum Austesten von µC-Programmen benötigt, arbeiten auf jeden Fall immer mit diesen beiden Formaten zusammen, so daß man bei keiner Gerätekombination "Hochsprachen-Compiler µC-Programmier- und Test-Hilfsmittel" Verständigungsprobleme befürchten muß.

Im wesentlichen werden diese beiden universellen Standardformate für drei Aufgaben eingesetzt:

7. Das 80C537er-TFH-System

1) Für das Herunterladen (den *"Download"*) von zu testenden Programmen vom Entwicklungsrechner (hier: PC) zum Zielsystem (hier: 80C537er-TFH-Board). Der "Programm-Sender" sendet die Progamm-Datei, die in einem der beiden Standardformate vorliegt, aus. Der "Programm-Empfänger" empfängt diese Datei, setzt voraus, daß diese in einem Standardformat vorliegt und kann diese daher automatisch entsprechend weiterverarbeiten.
Diesen Download werden wir in den nachfolgenden Lektionen permanent anwenden, um unsere Programme auf dem 80C537er-TFH-Board auszutesten.

2) Für den Betrieb von *Programmiergeräten*: wenn Sie einen Programmspeicherbaustein (ein EPROM) erstellen wollen, so benötigen Sie dazu ein spezielles Programmiergerät. Der Transfer des einzuprogrammierenden Programmes vom Entwicklungsrechner in die Programmiereinheit geschieht ebenfalls auf der Grundlage eines der beiden Standardformate.

3) Für den Einsatz von *High-Tech-µC-Entwicklungs- und Testsystemen* (Kosten: ab 5.000 DM aufwärts), den sogenannten *Emulatoren*. Auch hier erfolgt der Datenaustausch zwischen dem Entwicklungsrechner und dem Emulator auf der Basis dieser Standardformate.

> **!** *Merke: "Die Hexadezimal-Zahlen"*
> *In den folgenden Betrachtungen muß mit Hexadezimal-Zahlen (HEX-Zahlen) gerechnet werden, die durch ein nachgestelltes '$_H$' gekennzeichnet sind. Wenn Sie noch nicht wissen, was das ist, so ist das auch nicht tragisch, denn in Lektion 3 wird Ihnen das alles noch sehr genau erklärt, und danach werden Sie auch diese Ausführungen verstehen. Im Moment schadet es überhaupt nicht, wenn Sie noch keinen "Durchblick" haben.*

In diesem Lehrbuch werden wir das INTEL-HEX-Format verwenden, und die *Abb.7.3.1* zeigt den Inhalt der Datei *p1.hex* in diesem Format.

```
:200000000201AD0000000000000000000000000000000000000000000000000000000030
:20002000000000023240EF8E62582FA08E63583F9A802120090A882A98322E58228F582F88B
:20004000E58339F583F922E82AF8E93BF92274028EF0A4FEC0F074028FF0A4D0F025F0FF70
:20006000E5822EF582E5833FF583228882898378307C02E0F608A3DCFAAE82AF838A828BA7
:200080008378307C02E6F008A3DCFAAA82AB8322AE00AF01800685080685090790011141221
:2000A000004E220508E508700205092212009C8012850082850183A802A90380061200A353
:2000C000120096E8F0A3E9F022120090800312009 6E0F8A3E0F9221200CE1508E508B4FF22
:2000E000021509221200D7AA00AB011200CE223099FDC299F59922E4937001221200EFA3FE
:2001000080F5C3E89AF8E99BF922E96BA2E75006E9A2E774FF22120102E9A2E74822C2D5CC
:20012000EB30E70CB2D5F4FBEAF42401FA50010BE930E705B2D51201A12230D5031201A1C4
:20014000022C08275F010E4FCFDFEFFC3E833F8E933F9EE33FEEF33FFC3EE9AF582EF9B4035
:2001600003FFAE82B3EC33FCED33FDD5F0DDC3D0822212011EC007120141A804A905D0070C
:2001800012013A22C007C083898312011E120141A806A907E58330E7031201A1D083D00797
:2001A00022E9F4F9E8F42401F850010922758155759852758920758DFA438780D28E9001D3
:2001C000147804E4F0A3D8FCF50AF50BF4F0A3F0780EE47904F608D9FC0201FCA882A983BF
:2001E0001200BD221200D7888289831200F722740D1200EF740A1200EF2280FE750802754F
:20020000090090021112 01DC1201E41201EF0201FA48616C6C6F2C20686965722062696E10
:2002200020696368202100000000000000000000000000000000000000000000000000029
:00000001FF
```

Abb.7.3.1: Die Datei p1.hex

7.3 Das INTEL-HEX-Format und die Erstellung eines eigenen Programm-EPROMs

Diese Darstellungsart eines μC-Programms ist für den menschlichen Programmierer zunächst vollkommen unverständlich, und auch nachdem wir wissen, wie die einzelnen Zeilen zu interpretieren sind, nicht besonders brauchbar. Zwei Punkte sind hier jedoch wesentlich:

1) Der μC versteht diesen Programmcode und kann ihn ausführen.
2) Sie können aus dieser Datei die absolute Länge Ihres Programms ermitteln.

Dazu müssen wir uns den Aufbau einer einzelnen Zeile etwas näher ansehen, *Abb.7.3.2*:

```
1. Zeile von p1.hex:

:20000000201AD0000000000000000000000000000000000000000000000000000030
:a  b  c                            d                                                                e
```

Es bedeuten:

: ≡ Startzeichen für jede Zeile
a ≡ Anzahl der Nutzbytes pro Zeile, hier 20_H, also 32 Nutzbytes
b ≡ Zieladresse, ab der im Programmspeicher die Nutzdatenbytes abgelegt werden, hier also ab der Adresse 0000_H.
Die zweite Zeile von p1.hex wird daher ab der Adresse 0020_H = 32 abgelegt, usw..
c ≡ Typ des nachfolgenden Datenblocks:
   00 ≡ Programm-Daten
   01 ≡ End-of-File-Block, also letzte Zeile in der HEX-Datei
d ≡ Datenblock mit den Programmcode-Daten, hier 32 Byte lang
e ≡ Check-Summe über die Zeile, dient zur Datensicherung, d.h. zur Erkennung von Datenübertragungsfehlern

Abb.7.3.2: Der Aufbau einer Programmcode-Zeile im INTEL-HEX-Format

Wichtig für die Längenbestimmung ist immer *die vorletzte Zeile einer HEX-Datei*, denn das ist die letzte Programmcode-Zeile (die letzte Zeile der HEX-Datei ist ja die "Ende-Markierungs-Zeile" für diese Datei und diese Zeile enthält keine relevanten Programmcode-Daten mehr), *Abb.7.3.3*:

```
:200220002069636820210000000000000000000000000000000000000000000000029
 a   b
```

Abb.7.3.3: Die vorletzte Zeile der Datei p1.hex

7. Das 80C537er-TFH-System

> » **Wichtig: "Die Bestimmung der Länge eines Programms aus der INTEL-HEX-Datei"**
> Maßgebend für die Längenberechnung eines Programms sind hier das "a-" und das "b-Feld" der vorletzten Zeile der HEX-Datei. Hier erhält man:
>
> $a \equiv 20_H$ Nutzbytes enthält die letzte Programmcode-Zeile
> $b \equiv$ diese 20_H Nutzbytes werden im Programmspeicher ab der Adresse 0220_H abgelegt,
>
> d.h. das gesamte Programm p1.hex ist $0220_H + 20_H = 240_H =$ **576 Byte lang**.
>
> Die Programmlängenberechnung ist dann besonders wichtig, wenn Sie mit Ihrem auszutestenden Programm an die Grenze des Programmspeichers kommen, s. Kapitel 7.2.
> Bei den hier im Buch vorgestellten Programmen brauchen Sie sich allerdings keine Sorgen zu machen, daß Sie kritische Programmgrößen erhalten.
> Wenn Sie jedoch eigene komplexe und große Programme schreiben, so sollten Sie ab und zu überprüfen, ob das gesamte Programm noch kleiner gleich 32.512 Byte ist bzw. die größte mögliche Programmspeicher-Adresse von $7eff_H$ noch nicht überschritten wird, denn sonst können Sie das Programm mit der hier verwendeten Entwicklungs- und Testumgebung nicht austesten.

Wollen Sie nun mit dem vom Compiler erzeugten Programmcode im INTEL-HEX-Format einen Programmspeicherbaustein programmieren, so benötigen Sie dazu erst einmal sogenannte EPROM's (Erasable Programmable Read Only Memory, löschbarer Programmspeicher). Das sind Speicherbausteine, die Sie mit Programmcodes beschreiben können und später

- wenn Sie Änderungen am Programm durchgeführt haben oder
- wenn Sie Fehler im Programm behoben haben oder
- wenn Sie ein komplett neues Programm verwenden wollen

dann wieder komplett löschen und neu beschreiben können.

Solche Lösch- und Wiederbeschreib-Vorgänge sind je nach Baustein (je nach Bausteinhersteller) einige 100mal durchführbar.
Sie sehen also, EPROM's sind, im Vergleich zu ROM-Speichereinheiten, sehr gut für Entwicklungszwecke geeignet.
Um diese beiden Vorgänge (EPROM beschreiben, EPROM löschen) durchzuführen, benötigen Sie zwei Geräte:

- ein EPROM-Programmiergerät, mit dem Sie beliebige EPROMs programmieren können und
- ein EPROM-Löschgerät, mit dem Sie die EPROMs wieder löschen können.

7.3 Das INTEL-HEX-Format und die Erstellung eines eigenen Programm-EPROMs

Während die Bedienung des Löschgeräts sehr einfach ist:

"EPROM's werden durch 10 – 20 minütige Bestrahlung mit UV-Licht wieder gelöscht"

ist die Benutzung des Programmiergerätes von Hersteller zu Hersteller verschieden und Sie müssen sich jeweils die Bedienungsanleitung genau durchlesen. Insbesondere wenn Sie ein Programm einprogrammieren wollen, das größer als 32 kByte ist, müssen Sie zwei Speicherbausteine des Typs 27C256 einsetzten, da ein Chip dieser Art nur eine Speicherkapazität von 32 kByte hat.
Wie Sie diese beiden Bausteine nacheinander programmieren können, entnehmen Sie ebenfalls der Bedienungsanleitung zum EPROM-Programmiergerät.
Im Kapitel 13 finden Sie einige Bezugsquellen für EPROM-Programmierer- und Löschgeräte.

Zum Abschluß dieses Kapitel ist noch zu klären, wie Sie die Größe des benötigten Datenspeicherbereiches bestimmen, da dieser Wert wichtig ist für die Datenspeicher-Größen-Festlegung, speziell im Monitor-Betrieb des 80C537er-TFH-Boards (s. Kapitel 7.2).
Diese Berechnung ist nicht ganz einfach und daher können wir hier nur Abschätzungen durchführen. Wie Sie in Lektion 4 noch erfahren werden, belegt jede verwendete Pascal51er-Variable eine bestimmte Anzahl von Bytes im Datenspeicher. Wenn Sie nun überschlägig den Speicherbedarf all Ihrer definierten Pascal-Variablen zusammenrechnen und 10% hinzu addieren, so bekommen Sie ungefähr die Größe des von Ihrem Programm belegten Datenspeicherbereiches, der ja die maximale Ausdehnung von 32.256 Bytes (Adreßbereich von 8000_H bis $fdff_H$) nicht überschreiten darf.

Abb. 7.3.4: Das fertige 80C537-Board

8. Der Mikrocontroller-Kurs, Teil 1: Die Programmierung in Pascal51

In diesem ersten Teil des µC-Kurses befassen wir uns mit der Programmierung des 80C537ers in der höheren Programmiersprache "Pascal", die für den "µC-Neueinsteiger" den großen Vorteil aufweist, daß sie aufgrund ihrer Nähe zur Programmiersprache "BASIC" sehr einfach zu verstehen und anzuwenden ist ("Ein bißchen BASIC kann jeder").

Die Experten-Ecke:
Pascal51 ist sicherlich eine sehr wenig verbreitete Programmiersprache für 8051er-Mikrocontroller, sie bietet sich aber hervorragend für den Ersteinstieg in die µC-Programmierung an, da sie für den Neuling wesentlich einfacher zu verstehen und zu handhaben ist als z.B. C51 und zunächst weit weniger detaillierte Hardwarekenntnisse voraussetzt als es bei Assembler51 der Fall ist.
Aussage eines wahren C51-Experten: "Um vernünftige C51er-Programme zu schreiben, ist eine Einarbeitungszeit von mindestens 3 Monaten notwendig" und das erscheint uns für den ersten Einstieg in die µC-Technik als zu lange und als zu "frustrationsreich".

Der hier verwendete Pascal51er-Dialekt ist sehr stark an das Standard-Pascal angelehnt, also vergessen Sie all die nützlichen Prozeduren und Funktionen, die Sie z.B. vom PC-Pascal 7.0 und höher kennen, und kehren sie zu den "Wurzeln" von Prof. Nikolaus Wirth, dem Entwickler von Pascal, zurück.

Sie werden im Verlauf dieses ersten Kursteils sowohl den Aufbau und den Betrieb eines 8051er-µC's am Beispiel des 80C537ers als auch den Umgang mit Pascal51 kennenlernen, wobei der Schwerpunkt auf der praktischen Anwendung von Pascal liegt und nicht auf einer exakten Beschreibung dieser Sprache. Weiterführende Betrachtungen zu Standard-Pascal im allgemeinen finden Sie in [5].

Das hier verwendete Pascal51 wurde von Herrn O'Niel V. Som entwickelt und stellt dem Anwender eine komplette Programmierumgebung mit Text-Editor, Cross-Compiler, Assembler, Simulator und Terminal-Programm zur Verfügung ("NiliPascal").

Wie jedoch bereits in Kapitel 2 erwähnt wurde, handelt es sich bei der diesem Buch beigefügten Version um eine "Schnupper-Version". Die Vollversion (Handbuch und Diskette) können Sie ebenfalls im Elektor-Verlag erwerben, [6].

8. Der Mikrocontroller-Kurs, Teil 1: Die Programmierung in Pascal51

! Merke:
Sie müssen sich hier jedoch immer vor Augen halten, daß in der industriellen 8051er-Welt zu über 80% in C51 und zu über 15% in Assembler51 programmiert wird. Für den ersten Einstieg in die µC-Technik, zur Erfahrungssammlung und für den anspruchsvollen Hobby-Bereich ist die Sprache Pascal51 jedoch optimal geeignet. Sollten Sie jedoch später einmal in der Industrie tätig werden, so ist eine Auseinandersetzung mit der Sprache C, egal mit welchen Mikrocontrollern Sie sich beschäftigen müssen, unumgänglich.

8.1 Lektion 1: Die 80C537er-TFH-Programmierumgebung und das erste Pascal-Programm

> Lernziele:
>
> In dieser ersten Lektion erhalten Sie einen Überblick über Ihre Arbeitsumgebung, d.h. Sie erfahren, wie Sie ein Pascal51er-Programm auf dem PC schreiben, es übersetzen lassen, es zum TFH-Board übertragen und es starten. Dazu geben Sie bereits ihr erstes Pascal-Programm ein.
>
> - Neu eingeführte Pascal51er-Befehle, Funktionen und Datentypen:
>   *Das Arbeiten mit der Pascal51er-Entwicklungsoberfläche*
>
> - Behandelte interne ON-Chip-Peripherie-Einheiten: *keine*
> - Behandelte externe Peripherie-Einheiten: *keine*

Die notwendige Hard- und Softwareausstattung Ihres Arbeitsplatzes wurde schon in den Kapiteln 2 und 3 vorgestellt.

Die grundsätzliche Programmierung des 80C537er-TFH-Boards geschieht nun in den folgenden vier Schritten:

1) Die Eingabe und das Speichern des Pascal-Programmtextes.
2) Die Übersetzung des Pascal-Programmes.
3) Die Übertragung des übersetzten Programmes auf das 80C537er-TFH-Board.
4) Start und Austesten des Programmes auf dem Board.

Schritt 1: Die Eingabe und das Speichern des Pascal-Programmtextes

Um ein Programm in Pascal51 zu erstellen (den sog. Quell-Text oder das Source-File), wechseln Sie in das Verzeichnis TFH\PAS51. Dort brauchen Sie nur das Programm *nilied.exe* (Nili-Editor) aufzurufen und Sie befinden sich bereits in der Pascal-Entwicklungsumgebung, *Abb.8.1.1*.

Eine detaillierte Beschreibung der Funktionen von nilied finden Sie im Handbuch von NiliPascal. Die Bedienung des Programms ist jedoch so einfach, daß man sich hierin auch rein intuitiv zurechtfinden kann.

8. Der Mikrocontroller-Kurs, Teil 1

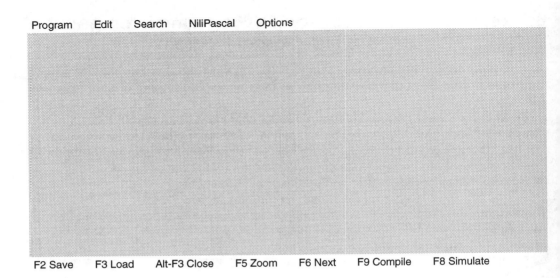

Abb.8.1.1: Das "Arbeitsbild" der Pascal-Entwicklungsumgebung "nilied.exe"

Die Experten-Ecke: "Der Einsatz von anderen Text-Editoren"
Sie können natürlich zunächst auch Ihr gewohntes Textverarbeitungssystem zur Eingabe des Quell-Textes benutzen (z.B. den DOS-Editor, Context, etc.), sie müssen aber sicherstellen, daß Sie nur reine ASCII-Texte eingeben bzw. abspeichern. Es dürfen also keine Steuerzeichen (Absatzformatierungen, Fettdruck, Unterstreichungen, etc.) im Source-File enthalten sein. Nach der Eingabe des Programmes können Sie dann nilied aufrufen, ihr eingegebenes Programm einladen und übersetzten lassen. Der Nachteil dieser Methoede ist jedoch, daß Sie immer zwischen zwei Programmen hin- und herwechseln müssen und der Vorteil der integrierten Pascal-Entwicklungsumgebung dadurch teilweise verloren geht.

Nun soll das erste Pascal51er-Programm eingegeben werden:

- Nachdem Sie *nilied* aufgerufen haben, wählen Sie jetzt das Pull-Down-Menü "Program" aus und darin den Unterpunkt "New". Der Bildschirm wechselt in den Pascal-Eingabe-Modus.
- Geben Sie nun bitte den folgenden Programm-Text ein:

```
program p1;
begin
  write('Hallo, hier bin ich !');
end.
```

8.1 Lektion 1

Achten Sie besonders auf die Satzzeichen am Ende der Zeilen (entweder kein Satzzeichen oder ein Semikolon), nur das letzte Wort *end* wird mit einem Punkt abgeschlossen.

Eine Besonderheit gibt es bei der Eingabe des Hochkommas: seltsamerweise wird bei einigen Tastaturen nur die Tastenkombination "Shift #" als Hochkomma akzeptiert und nicht die normale Hochkomma-Taste neben dem Buchstaben ß (sie führt bei der Übersetzung zu einer Fehlermeldung).

Natürlich erfahren Sie nachfolgend Schritt für Schritt, was Sie hier eigentlich eingebeben haben. Die hier vorgestellten Abläufe sollen Sie zunächst einmal mit den grundlegenden Schritten der Programmentwicklung, der Programmübersetzung und des Programmtransfers auf das 80C537er-TFH-Board vertraut machen.

Hinweis: Alle Beispielprogramme aus diesem Buch befinden sich natürlich auch auf der beiliegenden CD.

- Speichern Sie nun Ihren Source-Text ab: Menü "Program", Untermenü "Save as". Wählen Sie den Namen *p1*, ohne weitere Angaben. Nilied ergänzt dann automatisch die Dateiergänzung *.pas* als Kennzeichen für einen Pascal-Source-File.

Schritt 2: Die Übersetzung des Pascal-Source-Files

- Nun können Sie Ihr erstes Programm übersetzen lassen: geben Sie dazu die Tastenkombination "Shift-F9" ein. Haben Sie alles richtig eingegeben, so erscheint nach einigen Zwischenmeldungen die endgültige Meldung "Kein Fehler O.K", die Sie mit der Return-Taste quittieren. Haben Sie einen Fehler bei der Eingabe gemacht, so erscheint eine entsprechende Fehlermeldung. Da wir jedoch davon ausgeben, daß Sie bei diesem Vier-Zeiler keine Fehleingaben vorgenommen haben, verschieben wir die Fehlersuche im Pascal-Programmen auf die nächste Lektion.

- Der Pascal-Compiler (Pascal-Übersetzer) hat nun unter anderem eine Datei mit dem Namen *p1.hex* auf Ihrer Hard-Disk (im Verzeichnis TFH\PAS51) erzeugt, in der Programmcode für das 80C537er-TFH-Board enthalten ist. Diese Datei muß nun auf das Board geladen werden.

Schritt 3: Die Übertragung des übersetzten Programmes auf das 80C537er-TFH-Board

- Verbinden Sie die serielle Schnittstelle Ihres PCs (z.B. COM 1, s. Kapitel 3) über das serielle Schnittstellenkabel mit dem 80C537er-TFH-Board.
- Nun müssen Sie das Datenübertragungsprogramm (*Terminal-Programm*) aufrufen. Dazu wählen Sie im Pull-Down-Menü "Program" den Unterpunkt "Terminal" aus.
- Nach diesem Aufruf erscheint zunächst die Grundmeldung des Terminal-Programms, *Abb.8.1.2*.

8. Der Mikrocontroller-Kurs, Teil 1

```
MS-DOS MONTERM V2.1
Copyright KEIL ELEKTRONIK GmbH  1987

INSTALLED FOR PC/XT/AT (COM Line 1) USING HARDWARE INTERRUPT SERVICE

BAUDRATE: 9600 (DEFAULT)
#
```

Abb.8.1.2: Die Grundmeldung des Terminal-Programms

- Drücken Sie nun den Reset-Taster am TFH-Board, und der 80C537er meldet sich mit seiner Bereitmeldung, *Abb.8.1.3*, d.h., Sie können ihm nun das fertige Programm p1.hex übermitteln.

```
MS-DOS MONTERM V2.1
Copyright KEIL ELEKTRONIK GmbH  1987

INSTALLED FOR PC/XT/AT (COM Line 1) USING HARDWARE INTERRUPT SERVICE
BAUDRATE: 9600 (DEFAULT)
#
TFH-80C537er-Monitor V1.00a
@ , TFH/PHYTEC 1996

MONITOR MODE
#
```

Abb.8.1.3: Bereitmeldung des 80C537er-TFH-Boards auf dem PC-Monitor

- Drücken Sie nun die Taste F2 und geben Sie als Input-File-Name p1.hex (mit RETURN beenden) ein.
- Auf dem Bildschirm erscheinen nun lange Reihen von Zahlen und Buchstaben, das ist das Programm, das auf das Board geladen wird. Das µC-System enthält dazu bereits ein Empfangsprogramm, das sog. *Monitorprogramm* (im mitgelieferten EPROM-Baustein), das diesen Programmcode korrekt empfängt und im Speicher des Boards ablegt.
- Wenn dieser sog. *"Program-Down-Load"*-Vorgang (das Herunterladen des Programms vom PC auf das Board) beendet ist, erscheinen als letzte Zeichen das # und der Cursor. Dies bedeutet, daß das Programm ordnungsgemäß auf das Board geladen wurde und jetzt gestartet werden kann.

8.1 Lektion 1

Schritt 4: Das Starten des geladenen Programms
- Zum Start des Programms geben Sie g0 und RETURN (Taste) ein.
- Auf dem Bildschirm des PCs sehen Sie jetzt die Zeile:

        #g0Hallo, hier bin ich !

- Das wärs fürs Erste.

> **! Merke: "Der erneute Programmstart"**
> *Solange die Betriebsspannung noch am 80C537er-TFH-Board anliegt, ist ein erneuter Programmstart jederzeit durch einen Reset des 80C537er-TFH-Boards und durch die erneute Eingabe von g0 und RETURN möglich.*
> *Erst durch Ausschalten der Spannungsversorgung des 80C537er-TFH-Boards geht das Programm endgültig verloren und muß neu geladen werden.*
> *Wird ein neues Programm heruntergeladen, so wird das alte (vorherige) Programm automatisch gelöscht, Sie brauchen sich hierbei also um nichts zu kümmern.*

- Sie können das Terminal-Programm verlassen und zum Pascal-Editor zurückkehren, wenn Sie die Taste F1 eingeben und auf die darauf folgende Frage ein y eingeben.

Obwohl das Ergebnis auf den ersten Blick sicherlich nicht gerade umwerfend ist, haben Sie schon alle grundlegenden Schritte zur Programmierung eines µC-Systems durchgeführt, und der µC hat sich bei Ihnen, über die serielle Schnittstelle, mit einem "Hallo, hier bin ich !" zurückgemeldet.

Was Sie nun eigentlich "programmiertechnisch" gemacht haben, wird in den nachfolgenden Lektionen ausführlich erläutert.

8.2 Lektion 2: Die Grundlagen der Programmerstellung in Pascal

> **Lernziele:**
> 1) In dieser Lektion erfahren Sie, wie ein Pascal-Programm im allgemeinen aufgebaut ist.
> 2) Sie lernen die ersten Pascal-Befehle kennen und was bei deren Eingabe zu beachten ist.
> 3) Sie beschäftigen sich mit dem "unangenehmen" Kapitel der Fehlersuche.
> 4) Abschließend werden Sie mit der Notwendigkeit der strukturierten Programmierung und der Kommentierung Ihrer Programme vertraut gemacht.
>
> Neu eingeführte Pascal51er-Befehle, Funktionen und Datentypen:
> *write, program, begin, end, Kommentare*
>
> Behandelte interne ON-Chip-Peripherie-Einheiten: *keine*
> Behandelte externe Peripherie-Einheiten: *keine*

Die *Abb.8.2.1* zeigt die grundlegende Struktur eines Pascal-Programms:

```
program name;
                  (* Start und Name des Programms *)
const
                  (* Definitionen der verwendeten Konstanten *)
type
                  (* Definitionen der verwendeten Typen *)
var
                  (* Definitionen der verwendeten Variablen *)
procedure ....  function....
                  (* Definitionen der verwendeten Prozeduren und
                  Funktionen *)
begin
                  (* Strukturiertes Hauptprogramm *)
                  Anweisungen
end.
```

Abb.8.2.1: Die grundlegende Struktur eines Pascal-Programms

8.2 Lektion 2

Im weiteren Verlauf der Lektionen werden wir diese Struktur nach und nach untersuchen und erläutern, wobei Sie hierbei zwei Fliegen mit einer Klappe erschlagen können: alle Ausführungen gelten nämlich sowohl für den Pascal51er-µC-Dialekt als auch für die PC-Programmiersprache "Standard-Pascal" bei Verwendung eines entsprechenden PC-Pascal-Compilers.

Die Sprache Pascal besteht, wie jede andere Programmiersprache auch, aus einzelnen Befehlsworten (auch genannt: Anweisungen, Schlüsselworte oder Syntax-Elemente), die weitgehend aus dem Englischen stammen, aber trotzdem recht einfach zu verstehen sind.
So steht zum Beispiel *write(...)* für "schreiben", d.h., der Rechner schreibt beim Auftreten dieses Befehls den Inhalt der nachfolgenden Klammer auf sein Ausgabemedium, *Abb.8.2.2*.

Bei einem PC ist die Ausgabe-Einheit i.a. der Monitor oder der Drucker. Da im Gegensatz zum PC an vielen µC-Systemen weder Monitor noch Drucker angeschlossen sind, erfolgt die Ausgabe bei diesen Systemen häufig über eine vorhandene serielle Schnittstelle.

Bei der TFH-Entwicklungsumgebung "mündet" die serielle Schnittstelle des 80C537ers an Ihrem PC (COM1- oder COM2-Eingang), der als Terminal betrieben wird und so die über die Schnittstelle übertragenden Zeichen einfach auf dem PC-Monitor darstellt (mehr zum Thema "Terminal" erfahren Sie in der Lektion 5).
Ganz entsprechend kann man die Bedeutung des Befehlswortes *read(...) (lesen)* erahnen, *Abb.8.2.3*.

Ein PC liest beim Erscheinen dieses Befehls Daten (meistens Tastendrücke) ein, die über die Tastatur (Eingabe-Medium) vom Bediener eingegeben werden und ordnet den entsprechenden Tastencode der Variablen zu, die in der Klammer angegeben ist.
Der 80C537er ließt dagegen bei diesem Befehl Daten ein, die über die serielle Schnittstelle zu ihm gesendet werden (da µC-Systeme ja nicht unbedingt mit einer Tastatur ausgestattet sein müssen).

Bei der TFH-Entwicklungsumgebung kommt dabei wieder die Terminal-Funktion des PC's zum Einsatz: ein Terminal übermittelt ganz einfach jede gedrückte Taste der Tastatur an die serielle Schnittstelle und dieser Tastendruck wird daher direkt an den 80C537er gesendet, dort empfangen, abgespeichert und kann im weiteren Verlauf des µC-Programms verwendet werden.

Damit man auch erkennt, welchen Tastendruck das Mikrocontroller-System empfangen hat und daher weiterverarbeitet (ob das Zeichen also auch korrekt empfangen wurde), sendet der read()-Befehl automatisch jedes über die serielle Schnittstelle empfangene Zeichen an das Terminal zurück (*Echobetrieb*). Dieses Zeichen erscheint dann auf dem Terminal-Bildschirm und der Bediener sieht somit seine getätigten Tastendrücke.

Beachten:
Der PC bzw. der µC wartet beim read-Befehl solange, bis "etwas ankommt", d.h., das Programm bleibt solange bei diesem read-Befehl stehen, bis z.B. eine Taste gedrückt wird.

67

8. Der Mikrocontroller-Kurs, Teil 1

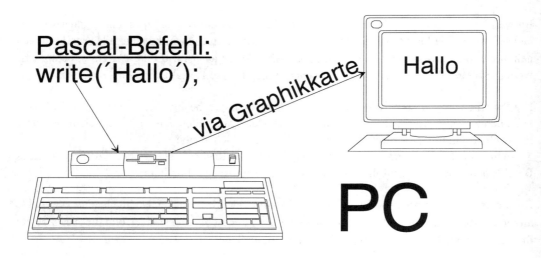

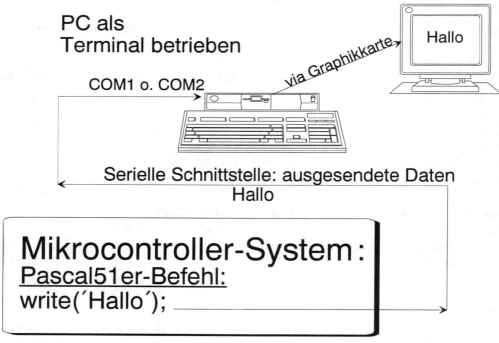

Abb.8.2.2: Die Wirkung des Pascal-Befehls: write(...)

8.2 Lektion 2

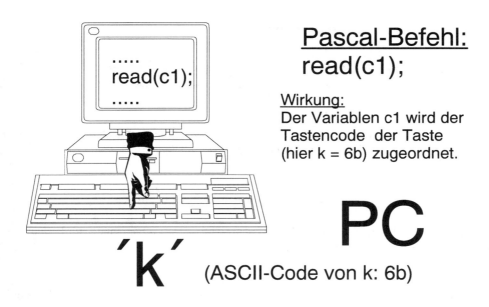

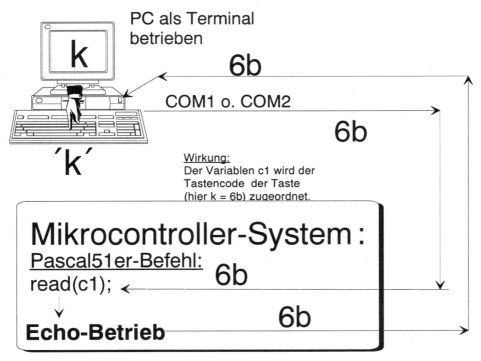

Abb.8.2.3: Die Wirkung des Pascal-Befehls: read(...)

8. Der Mikrocontroller-Kurs, Teil 1

Und schon können Sie sich folgendes merken:

> **!** **Merke: "Die programmtechnische Verbindung mit der Außenwelt"**
> *Zur Kommunikation mit der "Außenwelt" (dem Terminal) dienen bei 8051er-Pascal die Befehle:*
>
> **write(...)**: *Ausgabe von Meldungen des 80C537ers an das Terminal (an den PC-Monitor)*
> **read(...)**: *Eingabe von Daten über die Terminal-(PC)-Tastatur für den 80C537er*

Beispiele für die Verwendung von *read* folgen in den nächsten Lektionen.

Wie Sie im Laufe des Kurses noch sehen werden, läßt sich im allgemeinen die Bedeutung der anderen Pascal-Befehle ebenfalls entsprechend leicht erschließen.

Hinweis:
Eine Zusammenfassung aller gültigen Befehle des Pascal51er-Dialektes finden Sie im Anhang 11.4.

Beginnen wir nun damit, am Beispiel des Programms p1.pas aus der vorherigen Lektion die einzelnen Befehle näher zu erläutern:

Jedes Pascal-Programm beginnt mit dem Befehlswort *program* (unbedingt auf die englische Schreibweise mit einem "m" achten !). Danach muß unmittelbar der Name des Programms folgen, hier p1, abgeschlossen mit einem Semikolon. Der Programmname p1 ist frei wählbar und steht in keinem programmtechnischen Zusammenhang mit dem Dateinamen p1.pas, unter dem das Programm in der Lektion 1 abgespeichert wurde. Zum leichteren Wiederauffinden von Programmen und um eine gewisse Übersichtlichkeit in Programmsammlungen zu erzielen, wählt man jedoch sehr oft Programmname und Dateiname gleich.

Somit lautet die erste Zeile:

```
program p1;
```

Das nächste Befehlswort ist *begin*, ab hier **beginn**t also das eigentliche Programm.
Nun werden die einzelnen Befehlszeilen, aus denen das Programm bestehen soll, eingegeben, also z.B.:

```
write('Hallo, hier bin ich !');
```

Der 80C573er sendet bei diesem Befehl den nachfolgenden Text, der in der Klammern steht und in Hochkommata eingeschlossen werden muß, über die serielle Schnittstelle aus.

Das Ende eines jeden Pascal-Programmes bildet immer das Befehlswort *end*, versehen mit einem (Schluß)Punkt.

An dieser Stelle müssen Sie sich einige der wichtigsten Eingabe-Regeln für Pascal-Programme merken, denn eine Verletzung dieser Vorschrift führt gerade am Anfang Ihrer Programmierkarriere sehr oft zu Fehlermeldungen:

> » **Wichtig: "Die Befehlszeilen in Pascal"**
> *Pascal ist keine zeilenorientierte Programmiersprache wie z.B. BASIC, und das bedeutet: in jeder Zeile eines Pascal-Programms können durchaus mehrere einzelne Befehle stehen. Das macht es aber erforderlich, daß*
>
> *die einzelnen Befehle durch ein Semikolon (;) getrennt werden !*
>
> *Zur besseren Übersichtlichkeit des Programms sollte man es hier aber nicht "übertreiben" und maximal nur drei Befehle in einer Zeile unterbringen.*
>
> *Es gibt einige* **Ausnahmen** *von der Semikolon-Regel:*
>
> *1) Hinter den Befehlsworten* **begin** *und* **repeat** *braucht kein Semikolon zu stehen. Es ist aber auch kein Fehler, wenn doch ein Semikolon gesetzt wird (sog.* **Leerbefehl***).*
>
> *2) Hinter dem Wort* **of** *bei der* **case***-Anweisung steht kein Satzzeichen.*
>
> *3) Nur hinter dem allerletzten end-Befehl (Ende des gesamten Pascal-Programms) steht ein Punkt (.).*
>
> *4) Weitere Ausnahmen werden Sie noch kennenlernen.*

Damit haben Sie schon die Struktur Ihres ersten Pascal-Programms verstanden, und wir können jetzt den nächsten Punkt näher betrachten:

Die Fehlersuche

Mit diesem Kapitel werden Sie im Laufe Ihres Programmiererlebens leider noch sehr oft zu tun haben. Bei der hier verwendeten Pascal-Entwicklungsumgebung haben Sie jedoch den Vorteil, daß Sie auf Fehler recht detailliert hingewiesen werden.

Zuerst aber einmal eine allgemeine Bemerkung zu den zwei großen Gruppen von Fehlern, die Sie überhaupt machen können:

8. Der Mikrocontroller-Kurs, Teil 1

Syntaktische Fehler
Das sind Fehler, die auf einer falschen Syntax ("Sprach-Eingabe") beruhen, auf gut deutsch: Sie haben sich bei der Eingabe der Befehlsworte verschrieben oder wichtige Zeichen weggelassen:

Beispiele:

- Sie haben *wrtie* geschrieben anstatt *write*.
- Sie haben das Semikolon am Ende einer Befehlszeile vergessen.
- Sie haben hinter dem letzten end ein Semikolon gesetzt, obwohl dort ein Punkt hingehört.

Solche Fehler findet der Pascal-Compiler von sich aus bei der Übersetzung des Programms, weil irgend etwas mit der eingegebenen "Sprache" nicht stimmt. Daher erhalten Sie entsprechende Fehlermeldungen vom Pascal-Compiler.

Logische Fehler
Diese Art von Fehlern ist schon unangenehmer, denn hierbei haben Sie von der Schreibweise her alles korrekt eingegeben (keine Fehlermeldung vom Pascal-Compiler), aber das Programm funktioniert trotzdem nicht so, wie Sie es wollen, d.h., Sie haben sich "verprogrammiert", also logische Fehler beim Umsetzen Ihrer Programmwünsche in das Pascal-Programm gemacht.

Beispiele:

- Sie wollen zwei Werte addieren: Summe: = Wert1 + Wert2, haben aber eingegeben: Summe: = Wert1 − Wert2, also die Differenz gebildet. Vom sprachlichen (syntaktischen) Standpunkt her gibt es für den Pascal-Compiler keine Probleme: sowohl die Addition als auch die Subtraktion sind erlaubte Operationen, also keine Fehlermeldung vom Compiler. Nur das Programm tut nicht das, was es soll.
- Sie wollen auf dem Terminal den Text "Guten Tag" ausgeben und programmieren write('Gute Nacht');. Auch hier liegt kein Pascal-Sprach-Fehler vor ("Ausgabetext ist Ausgabetext"), der Fehler liegt vielmehr bei Ihnen.

Bei der Beseitigung solcher logischer Fehler sind Sie auf sich alleine gestellt. Dafür gibt es keine Patent-Lösungsrezepte und oft hilft hier nur die "brutale Methode": *scharfes Nachdenken und schrittweises Verfolgen des Programmablaufes.*

Hierzu sollten Sie sich schon jetzt folgendes merken:

> » **Wichtig: "Der Aufbau eines Programms"**
> *Eine gut strukturierte Programmierung, die Verwendung von Flußdiagrammen und eine ausreichende Dokumentation des Programmtextes schaffen oft eine sehr hilfreiche Ausgangslage, um logische Fehler schnell zu finden und zu beseitigen (s. unten).*

8.2 Lektion 2

Zur Verdeutlichung der Fehleranzeigen und der Fehlersuche bei syntaktischen Fehlern ändern Sie jetzt bitte das Programm p1 um in ein zweites Programm *p2*:

```
program p2;
begin
  write('Hallo, hier bin ich !');
  write('Los gehts !');
end.
```

Speichern Sie das Programm wie gewohnt unter dem Dateinamen p2.pas ab.

Zur Ermittlung von syntaktischen Fehlern können Sie zunächst eine *Vorübersetzung* des Programms durchführen: der Pascal-Compiler übersetzt hierbei das Pascal-Programm zuerst in einen Zwischen-Code und überprüft dabei, ob die Pascal-Sprachelemente von Ihnen korrekt verwendet wurden. Diese Vorübersetzung starten Sie mit der Taste *F9* bzw. im Pull-Down-Menü "NiliPascal" durch Anklicken des Unterpunktes "Compiler". Sie erinnern sich ja, die endgültige Übersetzung mit Erzeugung der .hex-Programmdatei für den 80C537er wird mit der Tastenkombination *Shift-F9* ("Compiler und Assembler") durchgeführt.

> ### Die Experten-Ecke: "Der Pascal-Cross-Compiler"
> *Der NiliPascal-Compiler ist ein sogenannter Cross-Compiler, d.h., der Pascal-Source-Code wird im ersten Schritt in einen 8051er-Assembler-Code übersetzt (Taste F9: "Compiler", Erzeugung der Assembler-Datei *.asm) mit gleichzeitiger Überprüfung der Pascal-Syntax. Danach muß ein 8051er-Assembler aufgerufen werden, der den Assembler-Code in den endgültigen HEX-Code übersetzt, der auf das Board geladen werden kann. Mit der Tasten-Kombination Shift-F9 werden der Compiler und der Assembler hintereinander aufgerufen, wobei bei der Übersetzung der Assembler-Datei i.a. keine Syntax-Fehler mehr auftreten.*

Lassen Sie nun p2 durch einen Tastendruck auf F9 übersetzen. Es sollte zunächst kein Fehler auftreten, also die Meldung "*No errors.*" erscheinen.

Löschen Sie nun am Ende der dritten Zeile das Semikolon und übersetzen Sie das Programm p2 erneut. Sie erhalten jetzt die Fehlermeldung "*line 4; A semicolon is expected here*" und der Cursor springt nach einem beliebigen Tastendruck (zur Quittierung der Fehlermeldung) an den Anfang von Zeile 4. Das Semikolon muß am Ende von Zeile 3 eingefügt werden, oder exakter formuliert: das Semikolon muß vor dem (nächsten) Befehl, der in der Zeile 4 steht, eingegeben werden: also wird der Fehler am Anfang von Zeile 4 erkannt und angezeigt.

Fügen Sie nun das Semikolon wieder ein und löschen Sie in der 4. Zeile den letzten Buchstaben 'e' des Befehlswortes write. Bei der anschließenden Übersetzung des Programms erhalten Sie die Meldung "*line 4: This identifier has not been declared.*" als Zeichen für eine Fehleingabe, d.h., 'writ' gibt es weder als gültiges Pascal-Befehlswort noch als Pascal-Variablen-Namen im gesamten Programm p2.

Diese beiden letzten Fehlermeldungen weisen Sie also recht detailliert auf die Fehlerart und die Fehlerstelle im Programm hin.
Etwas allgemeiner wird der Fehlerhinweis, wenn Sie in der 4. Zeile programmieren:

```
write('Los geht's !');
```

Sie erhalten nun die Fehlermeldung *"line 4: General syntax error."*, weil der Text in der Klammer eigentlich nach dem Buchstaben t schon zu Ende ist (zweites Hochkomma), in der Klammer aber noch die weiteren Zeichen *"s !"*, abgeschlossen mit einem dritten Hochkomma folgen. Auch hier "meckert" der Pascal-Compiler. Beim Auftreten solch einer allgemeinen, nicht näher spezifizierten Fehlermeldung müssen Sie sich die angegebene Programmzeile ganz genau ansehen, um den Fehler zu finden.

Hinweis:
Zur Eingabe eines Hochkommas im Text, das später dann auch mit ausgegeben werden soll, müssen Sie zweimal das Hochkomma eingeben, also

```
write('Los geht''s !');
```

Sie haben nun gesehen, daß Sie vom Pascal-Compiler mehr oder weniger genau auf Ihre syntaktischen Fehler hingewiesen werden.

Um nun logische Fehler einfach und schnell in Ihrem Programmablauf zu finden, empfiehlt es sich, vor der eigentlichen Programmentwicklung ein sogenanntes *Flußdiagramm* zu erstellen.

> **!** *Merke: "Das Flußdiagramm"*
> *Ein Flußdiagramm ist die symbolische Darstellung des geplanten Programmablaufs durch (genormte) graphische Darstellungselemente. Ein Flußdiagramm gibt also eine Übersicht über den gewählten Lösungsweg (Lösungsalgorithmus), unabhängig von der gewählten Programmiersprache, d.h., bei sorgfältiger Erstellung können solche Diagramme leicht in jede Programmiersprache umgesetzt werden.*

Die *Abb.8.2.4* zeigt die genormten Symbole, aus denen ein solches Flußdiagramm zusammengesetzt ist, und in *Abb.8.2.5* sehen Sie ein Beispiel für ein Flußdiagramm.

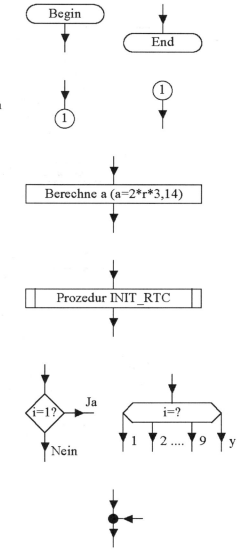

Grenzstellen,
z. B. Beginn oder Ende eines
Programmbausteins

Übergangsstellen,
z. B. für einen Programmbaustein, der 2 Seiten umfaßt. Zusammengehörige Übergangsstellen müssen gleiche Beschriftung tragen.

Operation allgemein,
z. B. eine mathematische Berechnung oder Textausgabe.

Unterablauf,
z. B. Unterprogramm, das an anderer Stelle definiert ist.

Verzweigung,
nach einer Bedingung gibt es mindestens zwei unterschiedliche Möglichkeiten, von denen aber immer nur eine ausgeführt wird.

Zusammenführung von Ablauflinien,
Pfeilspitze zeigt die logische Richtung an.

Abb.8.2.4: Genormte Symbole zur Erstellung von Flußdiagrammen gem. DIN 66001

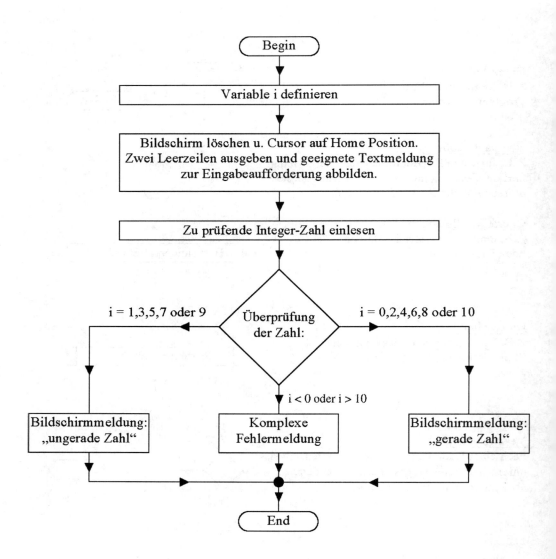

Abb.8.2.5: Beispiel für ein Flußdiagramm

In der Abb.8.2.5 soll überprüft werden, ob eine eingegebene Zahl i aus dem Zahlenbereich 0 bis 10 gerade oder ungerade ist. Falscheingaben (also i < 0 oder i > 10) erzeugen eine entsprechende Fehlermeldung.

Solche Flußdiagramme erfüllen nun drei wichtige Aufgaben:

8.2 Lektion 2

- Bei der Erstellung des Flußdiagramms wird Ihnen spätestens hier bewußt, "was Sie eigentlich programmieren wollen" und "wie Sie es programmieren wollen".
- Nachdem Sie das Flußdiagramm in ein (Pascal)Programm umgesetzt haben, können Sie sehr leicht die Fehlerstelle im Programm feststellen, wenn Sie die entsprechende Fehlerstelle im Flußdiagramm gefunden haben.
- Vor allem komplexe Programme bzw. Programmabläufe werden überschaubarer. Sie können komplizierte Zusammenhänge in einfache Abläufe zerlegen, in Flußdiagrammen darstellen und schrittweise nach und nach programmieren und austesten.

In den nachfolgenden Lektionen werden Sie daher sehr oft eine vorhergehende Problembeschreibung durch Flußdiagramme vorfinden.

Die Experten-Ecke: "Struktogramme"
Eine andere Form der Programmablaufdarstellung sind die Struktogramme, auch Nassi-Shneidermann-Diagramme, die hier jedoch nicht verwendet werden, da eine Darstellung in der Art der Flußdiagramme für den Anfänger etwas einfacher zu verstehen ist.

Eng mit dem Begriff des Flußdiagramms sind zwei andere wichtige Begriffe verbunden:

Die strukturierte Programmierung

Sie bildet den generellen Überbegriff für jegliche Art von Programmerstellung und bedeutet vereinfacht ausgedrückt nichts anderes als:

- Zerlegung einer komplizierten Programmieraufgabe in einzelne, einfache, überschaubare Teilaufgaben.
- Dokumentation der zu lösenden Teilaufgaben durch Flußdiagramme.
- Programmierung und Austestung der einzelnen Teillösungen.
- Zusammensetzung der Teillösungen zur Gesamtlösung.
- Test der Gesamtlösung.

Solch eine Zergliederung hat unumstrittene Vorteile, *Tab.8.2.1*.

- Einzelne Programmteile (sog. *Programm-Module*), die im Verlauf des Programmes (identisch) wiederholt verwendet werden, brauchen nur einmal geschrieben und dann nur wiederholt aufgerufen zu werden. Der Speicherbedarf für das Gesamtprogramm verringert sich dadurch beträchtlich.
- Einzelne Module können auch bei anderen Problemen wiederverwendet werden, wenn sie flexibel aufgebaut sind. Es entsteht dann im Laufe der Zeit eine ganze Bibliothek von Programm-Modulen (*Library*).

8. Der Mikrocontroller-Kurs, Teil 1

- Größere Aufgaben können leichter auf mehrere Programmierer verteilt werden.
- Einzelne Module können unter Umständen leichter getestet und geändert werden.
- Der Programmablaufplan (das Flußdiagramm) für das Gesamtprogramm wird kompakter und übersichtlicher.

Tab.8.2.1: Die Vorteile der strukturierten Programmierung

Leider sind aber auch Nachteile vorhanden, wenn man die Zerlegung des Gesamtproblems in Teilprobleme zu weit treibt, *Tab.8.2.2*.

- Eine sinnvolle Aufteilung in Module ist oft sehr schwierig und kostet viel Zeit.
- Die Schnittstellen zu anderen Programmteilen oder zu gemeinsam genutzten Datenblöcken müssen zusätzlich genau festgelegt und dokumentiert werden.
- Sehr viele kleine Module brauchen mehr Speicher und längere Ausführungszeiten. Bei zeitkritischen Programmen wird deshalb manchmal, wenn sie nicht zu lang sind, auf eine Modularisierung verzichtet.

Tab.8.2.2: Die Nachteile der strukturierten Programmierung

Bei kluger Anwendung der Modularisierung überwiegen jedoch die Vorteile bei weitem, so daß vor allem bei größeren Programmen dieses Verfahren fast immer angewendet wird.

Da in diesen ersten Einführungslektionen keine komplizierten Programmabläufe programmiert werden, ergibt sich hier noch nicht die Notwendigkeit einer Zerlegung der jeweiligen Gesamtaufgabe in Teilaufgaben (Teilmodule). Sie sollten sich aber jetzt schon bei jedem Problem "im Hinterkopf" überlegen, wie man sinnvoll einzelne Teilaspekte extrahieren und lösen kann.

Die Kommentierung des Programmtextes

Dieser Punkt der Programmerstellung wird "gehaßt" (weil man ihn bei der Programmtexteingabe durchführen muß) und bei der Fehlersuche "verflucht" (weil man ihn nicht durchgeführt hat).

Letztendlich geht es darum, zu dokumentieren, wie man die zu lösende Aufgabe programmtechnisch realisiert hat. Im Augenblick der Programmerstellung steht man natürlich "voll im Stoff" und es stellt sich daher die Frage: "Warum soll ich überflüssigerweise einzelne Programmabschnitte noch durch textliche Kommentare ergänzen, wo doch alles klar ist ?" Die Notwendigkeit der Kommentierung einzelner Programmsegmente wird also zunächst nicht eingesehen.

Tritt jedoch später im Programm ein Fehler auf, oder muß man z.B. nach einem Jahr das Programm um weitere Funktionen ergänzen, so werden Sie bei fehlenden Erklärungs-Kommentaren im Pro-

8.2 Lektion 2

grammtext garantiert mit der Fragestellung konfrontiert: "Was habe ich denn damals bloß programmiert ?" und Sie bereuen es bitterlich, keine Erläuterungen zu einzelnen Programmzeilen oder zumindest zu einzelnen Programmabschnitten geschrieben zu haben.

Daher sollten Sie einige grundlegende Regeln bei jeglicher Art von Programmerstellung beachten:

- Entwickeln Sie ein gesundes Mittelmaß zur Kommentierung Ihrer Programme, d.h. kommentieren Sie zumindest die Funktion bestimmter zusammenhängender Programmblöcke.
- Übertreiben Sie es aber nicht mit der Kommentierung. Wenn z.B. zwei Werte addiert werden, ist ein Kommentar überflüssig:

```
b:=a+c;                  (* Hier werden zwei Werte addiert *)
```

Der Kommentar, in (* *) eingeschlossen, ist hier wirklich nicht notwendig.

Die Experten-Ecke: "Die Notwendigkeit zur Kommentierung"
Entwickeln Sie später einmal kommerzielle Programme für die bzw. in der Industrie, so könnten Sie auf die Idee kommen: "Ein gar nicht, ein schlecht oder gar ein falsch dokumentiertes Programm macht mich doch in der Firma unentbehrlich." Diese Einstellung kann aber sehr leicht als ein Schuß nach hinten losgehen, denn wenn Sie z.B. einmal krank oder im wohlverdienten Urlaub sind, ruht ja nicht das gesamte Wirtschaftsleben. Es kann also vorkommen, daß ein Kollege Änderungen oder Ergänzungen an Ihrem Programm für einen ganz wichtigen Kunden vornehmen muß. Falls Ihr Arbeitskollege dann mit Ihrer Programmstruktur nicht zurechtkommt und er in einer Nachtschichtaktion das Programm für diesen wichtigen Kunden komplett neu schreiben muß, dann haben Sie mit Sicherheit den "Schwarzen Peter", wenn Sie wieder im Büro erscheinen.
Abgesehen davon werden Sie heutzutage von Ihren Chefs sowieso, teils auch zusätzlich durch betriebsinterne Vorschriften und Normen dazu gezwungen, eine gewisse Mindestprogrammdokumentation durchzuführen.

Schauen Sie sich daher die Kommentierungen in allen Programmbeispielen genau an und versuchen Sie, die einzelnen Gedanken hinter dem Programm nachzuvollziehen. Ergänzen Sie das Programm p2 nun z.B. wie folgt:

```
program p2;
begin
(* Ausgabe von Hinweisen auf dem Terminal *)
  write('Hallo, hier bin ich !');
  write('Los gehts !');
end.
```

8. Der Mikrocontroller-Kurs, Teil 1

! *Merke: "Die Kommentarzeilen in Pascal"*

Kommentarzeilen werden in einem Pascal-Programm auf zwei Arten gekennzeichnet:

- Durch (* Kommentar-Text *) oder
- Durch { Kommentar-Text }

d.h., alles, was zwischen (* ... *) bzw. zwischen { ... } steht, wird vom Pascal-Compiler ignoriert, also nicht als Befehle interpretiert. Sie sollten sich aber einmal für eine Klammer-Kombination entscheiden und im Programmtext nicht die Kommentarkennzeichnung wechseln (s. auch Experten-Ecke hierzu).

Die { geben Sie auf der PC-Tastatur durch die Tastenkombination "ALT GR 7" bzw. durch "ALT 123" ein, entsprechend gilt für } "ALT GR 0" bzw. "ALT 125".

Die Experten-Ecke: "Die geschachtelte Kommentierung"
Die beiden verschiedenen Kommentarkennzeichnungen können Sie sehr sinnvoll dazu benutzen, um ganze Programmblöcke in der Testphase "auszublenden", d.h., soll ein ganzer Programmblock herausgenommen werden (ohne daß Sie alle Zeilen löschen und später wieder eingeben müssen) und haben Sie für normale Kommentare in diesem Block die Kombination (... *) verwendet, so setzen Sie den gesamten Block in { ... }, und der Pascal-Compiler sieht alles zwischen { ... } als Kommentar an und übersetzt diese Zeilen nicht.*
Entsprechend setzen Sie den gesamten Block in (... *), wenn Sie die Kommentare im Block mit { ... } eingeschlossen haben.*
Es ist hierbei also wichtig, daß Sie die Kommentarkennzeichnungen immer einheitlich verwenden, um später Programmblöcke mit darin enthaltenen Kommentaren ausblenden zu können.

8.3 Lektion 3: Bits, Bytes und Zahlensysteme

> Lernziele:
>
> In dieser recht trockenen Lektion über Zahlen, Zahlen, Zahlen, ... lernen Sie alles grundlegende über die Informationsdarstellung in einem Rechnersystem und Sie erhalten einen Überblick über die gebräuchlichen Rechner-Zahlensysteme.
>
> - Neu eingeführte Pascal51er-Befehle, Funktionen und Datentypen: *keine*
> - Behandelte interne ON-Chip-Peripherie-Einheiten: *keine*
> - Behandelte externe Peripherie-Einheiten: *keine*

Grundlage für die Informationsverarbeitung und -darstellung (Daten-, Programm- und Zustandsinformationen) in jedem Computer-System ist das sogenannte *Bit* (**B**inary-Dig**it**, zweiwertige Ziffer), die kleinste, nicht mehr weiter teilbare Informationseinheit im System. Ein Bit kann die logischen Werte "logisch 0" (auch FALSE bzw. FALSCH) oder "logisch 1" (auch TRUE bzw. WAHR) annehmen.

In elektrischen Systemen werden diese beiden Zustände im allgemeinen durch elektrische Spannungen dargestellt und daher gilt z.B.:

$$\log.'1' = \text{H-Pegel} = +5\text{V}$$
$$\log.'0' = \text{L-Pegel} = 0\text{V}$$

In anderen technischen Systemen, z.B. in pneumatischen Anlagen kann der Zustand eines Bits z.B. durch "Luftdruck vorhanden" bzw. "kein Luftdruck vorhanden" dargestellt werden, wobei es natürlich keine pneumatischen Computer gibt, wohl aber pneumatische Steuerungen, die auch mit logischen Zuständen (Bits) arbeiten.

Mit den beiden Zuständen eines Bits kann man jedoch nicht allzuviele Informationen darstellen, genauer gesagt, es sind nur zwei Informationen darstellbar: 0, 1 oder Ja, Nein oder H, L. Daher hat man immer eine Gruppe von 8 Bits zu einem sogenannten *Byte* zusammengefaßt. Mit solch einem Byte können nun insgesamt 256 verschiedene Informationszustände dargestellt werden, denn es gibt genau 256 verschiedene Möglichkeiten, die 0er- und die 1er-Kombinationen der 8 Bits in einem Byte zu mischen.

8. Der Mikrocontroller-Kurs, Teil 1

Beispiele:

0100 0100	eine mögliche Kombination der 8 Bits
1111 0110	eine weitere mögliche Kombination der 8 Bits
0000 0000	eine weitere mögliche Kombination der 8 Bits

> **! Merke: "Die Anzahl der verschiedenen Bitkombinationen"**
>
> Die Menge der verschiedenen Bit-Kombinationsmöglichkeiten bzw. die Menge der verschiedenen Bit-Informationszustände, die durch eine bestimmte Anzahl von Bits realisiert werden kann, berechnet sich nach der Formel:
>
> $$\text{Menge der verschiedenen Bit-Kombinationen} = 2^n$$
>
> wobei n die Anzahl der Bits ist.
>
> Beispiele:
> a) Mit einem Bit lassen sich also $2^1 = 2$ verschiedene Zustände darstellen, nämlich 0 und 1.
> b) Mit einem Byte (=8 Bit) lassen sich somit $2^8 = 256$ verschiedene Zustände darstellen.

> **! Merke: "Die Kilo-, Mega- und Giga-Größen"**
>
> Werden nun (beliebige) Daten in Speichern abgelegt, z.B. auf einer Floppy-Disk, auf einer Hard-Disk oder in einem RAM-Speicherbaustein, so benutzt man zur Größenangabe für Speicherbereiche weitere 2er-Potenzen der Einheit Byte. So bedeuten:
>
> 1 kByte (Kilo-Byte): ein Speicherbereich der Größe 1.024 Byte
> (= 2^{10} Byte, und nicht 1.000 Byte).
> 1 MByte (Mega-Byte): ein Speicherbereich der Größe 1.048.576 Byte
> (= $2^{10} * 2^{10} = 2^{20}$ Byte).
> 1 GByte (Giga-Byte): ein Speicherbereich der Größe 1.073.741.824 Byte
> (= $2^{10} * 2^{10} * 2^{10} = 2^{30}$ Byte).
>
> Sehr oft findet man noch die Bezeichnung **Nibble**, was soviel wie **Halbbyte**, also eine Einheit, zusammengesetzt aus 4 Bits, bedeutet.
> In einem Mikroprozessor-System liegen die größten Speicherbereiche maximal im MByte-Bereich, die Größe GByte werden Sie hauptsächlich in großen PC-Systemen vorfinden.

8.3 Lektion 3

An dieser Stelle kann man schon die folgenden Tatsachen festhalten:

- Die meisten Mikrocontroller, so auch der 80C537er, sind sogenannte *8-Bit-Controller*, und das bedeutet, daß alle Speicherplätze für Daten und Programmbefehle immer ein Byte (=8 Bit) breit sind.
- Fast alle Informationsvorgänge in einem µC-System werden byte-weise abgewickelt.
- Mit 8 Bit breiten Programmbefehlen kann man nun maximal 256 verschiedene Befehle für einen µC definieren, meistens sind es aber weniger (der 80C537er kennt 255 verschiedene Befehle).
- Da einzelne Datenwerte ebenfalls nur 8 Bit breit sind, kann man mit diesem Byte nur die Zahlen 0 .. 255 ausdrücken. Das ist jedoch sehr oft zu wenig, so daß man für größere Zahlen mehrere Bytes benutzt, z.B. das sog. (Daten)*Wort*, das aus zwei Bytes besteht und mit dem man Werte im Bereich von 0 ... 65.535 darstellen kann.

Kommen wir nun zurück zu einer näheren Betrachtung eines Bytes. Um die 256 verschiedenen Zustände eines Bytes eindeutig zu kennzeichnen bzw. zu unterscheiden, hat man eine Verknüpfung mit dem sogenannten *Dualen Zahlensystem* (auch *Binäres Zahlensystem* genannt) durchgeführt.

Aus dem täglichen Leben kennen Sie alle das *dezimale Zahlensystem*. Zahlen aus diesem System sind aus einzelnen Stellen "zusammengebaut". Jede dieser Stellen hat dabei eine ganz bestimmte Wertigkeit, die sich als Potenz der Basiszahl 10 ergibt.

Beispiel:
4785 im Dezimalsystem bedeutet nun nichts anders als:
$= 4 * 10^3 + 7 * 10^2 + 8 * 10^1 + 5 * 10^0$
$= 4 * 1000 + 7 * 100 + 8 * 10 + 5 * 1$
$= 4000 + 700 + 80 + 5$
$= 4785$

Jede Stelle einer Dezimalzahl kann einen Wert zwischen 0 und 9 einnehmen, jede Stelle ist also "zehnwertig".
Ganz analog ist nun das duale Zahlensystem aufgebaut, wobei "dual (binär)" nichts anderes als "zweiwertig" bedeutet, d.h., jede Stelle einer Dualzahl (Binärzahl) kann nur zwei Werte, nämlich 0 und 1, annehmen und damit kann man jede Stelle durch ein Bit darstellen. Die Wertigkeit der einzelnen Stellen wird durch Potenzen von 2 ausgedrückt, also $2^0, 2^1, 2^2, 2^3$, etc.

Betrachtet man nun ein Byte (eine Aneinanderreihung von 8 Bits), so kann man diese Bitfolge auch als eine Dualzahl auffassen. Diese Dualzahl läßt sich in das Dezimalsystem oder in ein beliebiges anderes Zahlensystem umwandeln, d.h. um die verschiedenen Kombinationsmöglichkeiten eines Bytes eindeutig unterscheiden zu können, wird jeder 8-Bit-Folge eine Zahl des Dual-, des Dezimal- oder eines anderen Zahlensystems zugeordnet.

8. Der Mikrocontroller-Kurs, Teil 1

Beispiele:

Byte	Dual- bzw. Binärzahl	Dezimalzahl
0010 1101	0010 1101	45
1111 1000	1111 1000	248
0000 0010	0000 0010	2

Die oben durchgeführte Umrechnung einer Dualzahl in eine Dezimalzahl geschieht entsprechend wie beim Dezimalsystem gezeigt. Man muß hierzu den Wert jeder Stelle (0 oder 1) und die zugehörige 2er-Potenz dieser Stelle beachten: analog zum Dezimalsystem besitzt die äußerst rechte Stelle die Wertigkeit 2^0 (diese Stelle nennt man auch *Least Significant Bit LSB* = Bit mit der niedrigsten Wertigkeit), die äußerst linke Stelle besitzt die höchste Wertigkeit, hier also 2^7 (diese Stelle wird auch *Most Significant Bit MSB* = Bit mit der höchsten Wertigkeit genannt).

Beispiel:

Potenz der Basis 2:	2^7 2^6 2^5 2^4 2^3 2^2 2^1 2^0
Dezimale Wertigkeit:	128 64 32 16 8 4 2 1
Dualzahl:	1 0 1 0 1 1 0 1

Ergebnis:
$$1 * 2^7 + 0 * 2^6 + 1 * 2^5 + 0 * 2^4 + 1 * 2^3 + 1 * 2^2 + 0 * 2^1 + 1 * 2^0$$
$$= 1 * 128 + 0 * 64 + 1 * 32 + 0 * 16 + 1 * 8 + 1 * 4 + 0 * 2 + 1 * 1$$
$$= 128 + 32 + 8 + 4 + 1$$
$$= 173 \text{ dezimal}$$

Die umgekehrte Richtung: Wandlung einer Dezimalzahl in eine Binärzahl ist etwas aufwendiger, hier kann man jedoch sehr gut mit einer "Trick-Formel" arbeiten, wenn man nicht einen der modernen Taschenrechner besitzt, der diese Umwandlung automatisch durchführen kann.
Man dividiert dazu die Dezimalzahl fortlaufend durch 2 und die entstehenden ganzzahligen Reste bilden die gesuchte Binärzahl.

Beispiel: Wandlung der Dezimalzahl 1573 in eine Binärzahl:

1573 : 2	=	786	Rest 1	← LSB
786 : 2	=	393	Rest 0	
393 : 2	=	196	Rest 1	
196 : 2	=	98	Rest 0	
98 : 2	=	49	Rest 0	
49 : 2	=	24	Rest 1	
24 : 2	=	12	Rest 0	
12 : 2	=	6	Rest 0	
6 : 2	=	3	Rest 0	
3 : 2	=	1	Rest 1	
1 : 2	=	0	Rest 1	← MSB

8.3 Lektion 3

Der "Zusammenbau" der Binärzahl geschieht nun von "unten nach oben", also

$$1573_{dezimal} = \underset{MSB \qquad \qquad LSB}{1\ 100010010\ 1}_{binär}$$

! **Merke: "Die Kennzeichnung von Zahlen"**
Zur Unterscheidung von Zahlen aus den unterschiedlichen Zahlensystemen werden zwei Arten von Kennzeichnungen verwendet:

a) *Werden Zahlen in normalen Texten geschrieben, so werden zur eindeutigen Unterscheidung tiefgestellte Kennbuchstaben (Indizes) immer* **hinter** *die Zahl gesetzt.*

b) *Werden Zahlen in Programmtexten verwendet, so werden zur eindeutigen Unterscheidung, je nach Programmiersprache, teilweise andere Kennbuchstaben* **vor** *oder* **hinter** *die Zahl gesetzt.*

Damit erhält man:

1) *Dezimalzahlen in normalen Texten und in Programmtexten: Verwendung des Kennbuchstabens D am Ende der Zahl, also zum Beispiel: 123D (Dezimalzahl 123). Nur bei Dezimalzahlen kann diese Kennung auch entfallen, d.h. jede Zahl ohne Kennbuchstaben wird immer als Dezimalzahl interpretiert.*

2) *Dualzahlen (Binärzahlen) in normalen Texten und in Programmtexten: Verwendung des Kennbuchstabens b am Ende der Zahl, also zum Beispiel: 101B = 5D. Je nach Programmiersprache muß jedoch abweichend hiervon oft ein %-Zeichen vor die Binärzahl gesetzt werden und das B am Ende entfällt: %101.*

Wichtig für die weiteren Betrachtungen ist, daß Sie sich die Darstellungen der Dezimalzahlen 0 ... 15 im Dualsystem besonders merken und verinnerlichen. Diese Werte können nämlich mit genau 4 Bits (Halbbyte) dargestellt werden, und im weiteren Verlauf Ihrer Programmiertätigkeit werden Sie gerade diese Zahlen fast stündlich gebrauchen, *Tab.8.3.1*, Spalten 1 und 2.

Dezimal	Dual	Hexadezimal	Oktal	BCD
0	0000	0	0	0000 0000
1	0001	1	1	0000 0001
2	0010	2	2	0000 0010
3	0011	3	3	0000 0011
4	0100	4	4	0000 0100
5	0101	5	5	0000 0101
6	0110	6	6	0000 0110
7	0111	7	7	0000 0111
8	1000	8	10	0000 1000

8. Der Mikrocontroller-Kurs, Teil 1

Dezimal	Dual	Hexadezimal	Oktal	BCD
9	1001	9	11	0000 1001
10	1010	a	12	0001 0000
11	1011	b	13	0001 0001
12	1100	c	14	0001 0010
13	1101	d	15	0001 0011
14	1110	e	16	0001 0100
15	1111	f	17	0001 0101

Tab.8.3.1: Die Darstellungen der Zahlen 0 ... 15 in den wichtigsten Zahlensystemen.

Im weiteren geschichtlichen Entwicklungsverlauf der Rechnerarchitekturen wurde ein anderes sehr wichtiges Zahlensystem entwickelt, das *Hexadezimale Zahlensystem* (*HEX-System* oder auch Sedezimales Zahlensystem genannt), für dessen Einführung es zwei wichtige Gründe gab:

- Sie wissen bereits, daß in einem µC-System alle Informationen durch 0/1er-Bitkombinationen dargestellt werden. Also wird eine Reihe von Befehlen für den µC wie folgt aussehen:

$$0100111100010001 ...$$

Der µC kann diese Zahlenreihe korrekt abarbeiten, aber Sie als Programmierer haben es schwer, dem Programmablauf zu folgen, da Sie gar nicht wissen, wo ein einzelner Befehl aufhört, wo der nächste Befehl anfängt und was für Befehle überhaupt bearbeitet werden. Diese 0/1er-Darstellungsart ist also µC-gerecht, aber sehr "menschenunfreundlich". Man muß also eine menschengerechtere Informationsdarstellungsform entwickeln.

- In den Anfängen der digitalen Rechnertechnik wurde sehr häufig mit Informationsbreiten von 4 Bit und Vielfachen davon gerechnet, also z.B. Breite eines zu verarbeitenden Datums: 4, 8, 12, 16, 20, ... Bit. Heutzutage rechnet man vorzugsweise mit 8 Bit und den Vielfachen davon (8, 16, 24, 32, ...), wobei 8 aber auch ein Vielfaches von 4 ist.

Für eine übersichtlichere Schreibweise der grundlegenden 0/1er-Bit-Kombinationen faßt man deshalb immer eine Gruppe von 4 Dualziffern (4 Bits) zu einer neuen Ziffer zusammen.
Mit 4 Bits kann man nun insgesamt 16 verschiedene Zahlen darstellen (von 0 bis 15) und man erhält so das Hexadezimal- oder Sedezimalsystem, das durch folgende Eigenschaften gekennzeichnet ist:

- die Basis dieses Zahlensystems ist 16,
- jede Stelle einer HEX-Zahl kann somit 16 verschiedene Werte annehmen: $0_D ... 15_D$,
- die Wertigkeiten der einzelnen Stellen entsprechen den Potenzen von 16.

8.3 Lektion 3

Bei der Schreibweise der HEX-Zahlen gibt es eine Besonderheit. Damit man die Zahlen 10_D bis 15_D auch durch eine einzige Ziffer (Stelle) darstellen kann, werden hierfür die ersten Buchstaben des Alphabetes benutzt, also:

Dezimal	Hexadezimal
10	a
11	b
12	c
13	d
14	e
15	f

So entsteht die dritte Spalte in der Tabelle Tab.8.3.1.

! *Merke: "Die Kennzeichnung von Hexadezimalzahlen"*
HEX-Zahlen werden im normalen Text durch ein tiefgestelltes 'H' als Index am Ende der Zahl gekennzeichnet. In Programmtexten wird, je nach Programmiersprache, ebenfalls ein 'h' am Ende der Zahl oder aber ein $-Zeichen am Anfang der Zahl verwendet:

Beispiel: $a3ef_H$ = \$a3ef

Die Buchstaben a bis f werden in Programmtexten sehr oft sowohl in großer als auch in kleiner Schreibweise akzeptiert.

Wichtig für alle weiteren Betrachtungen ist auch hier die Umwandlung von Zahlen aus dem Dezimal- in das Hexadezimalsystem und umgekehrt, wobei die gleichen Regeln und Verfahren angewendet werden können wie bei den Betrachtungen zum Dualsystem.

Beispiele:
Umwandlung der HEX-Zahl $5ad3_H$ in eine Dezimalzahl:

Potenz der Basis 16:	16^3	16^2	16^1	16^0
Dezimale Wertigkeit:	4096	256	16	1
HEX-Zahl:	5	a	d	3

Ergebnis (dezimal):
$$5 * 16^3 + 10 * 16^2 + 13 * 16^1 + 3 * 16^0$$
$$= 5 * 4096 + 10 * 256 + 13 * 16 + 3 * 1$$
$$= 20.480 + 2.560 + 208 + 3$$
$$= 23.251_D$$

Umwandlung der Dezimalzahl 9871_D in eine HEX-Zahl:

9871 : 16	=	616	Rest 15d = f_H	←	Letzte Stelle
616 : 16	=	38	Rest 8d = 8_H		
38 : 16	=	2	Rest 6d = 6_H		
2 : 16	=	0	Rest 2d = 2_H	←	Erste Stelle

Der "Zusammenbau" der HEX-Zahl geschieht nun von "unten nach oben", also

$$9871D = 268f_H$$

Die zuvor als Beispiel erwähnte Befehlsfolge für den µC sieht nun in hexadezimaler Schreibweise wie folgt aus:

$$4\ f\ 1\ 1\ ...$$

wobei man aber nicht die Dualzahl 0100111100010001 als Ganzes erst in eine Dezimalzahl wandelt, um dann daraus eine HEX-Zahl zu machen, sondern man benutzt auch hierbei einen sehr einfachen "Umwandlungstrick" (s. nachfolgendes "Merke-Feld").

Die HEX-Zahl $4f11_H$ ist nun zwar eine wesentlich kürzere Schreibweise, für den menschlichen Programmierer aber immer noch nicht sehr aussagekräftig. Der nächste Schritt ist nun die Einführung des Assemblers, der es ermöglicht, menschenverständlichere µC-Programme zu entwickeln. Wir bleiben in diesem Buch aber weiterhin bei den µC-Hochsprachen.

Es gibt nun noch zwei weitere wichtige Zahlensysteme in der Rechnertechnik:

Das Oktalsystem

Das ist ein Zahlensystem mit der Basis 8, also kann jede Stelle die Wertigkeiten 0 ... 7 haben. Zahlen aus diesem System werden durch den Index q gekennzeichnet, sowohl in normalen Texten als auch in Programmtexten. Die entsprechenden Umrechnungen ins Dezimalsystem sind in der Tabelle Tab.8.3.1, in der vierten Spalte, zu sehen.

Früher hatte das Oktalsystem eine starke Bedeutung, heutzutage wird es aber immer mehr vom Hexadezimalsystem ersetzt.

8.3 Lektion 3

! *Merke: "Die Umwandlung von Zahlen: BIN <–> HEX <–> OKT"*

Eine Umwandlung vom hexadezimalen in das duale Zahlensystem bzw. umgekehrt läßt sich problemlos als Kopfrechenaufgabe lösen. Der Grund hierfür sind die verwandten Basen der Zahlensysteme:

        Dualsystem: *Basis 2*
        Hexadezimalsystem: *Basis 16 (=2*2*2*2)*

Eine Stelle des hexadezimalen Systems entspricht also immer vier Stellen des Dualsystems.

Bei der Wandlung von Dual nach Hexadezimal ist zu beachten, daß die beliebig große duale Zahl zuerst **von rechts nach links** in Halbbytes (4 Bit-Gruppen) zerlegt wird. Jedes Halbbyte entspricht nun einer Stelle der HEX-Zahl.

Beispiel:

        $11010100111000111011010101001_B$
=   110 1010 0111 0001 1101 1010 1001_B
=   6   A   7   1   D   A 9_H

Bei der Wandlung von Hexadezimal nach Dual ist lediglich zu beachten, daß jede Stelle der HEX-Zahl genau vier Stellen der Dualzahl ergeben muß.

Beispiel:

        $1AC5E_H$
=   0001 1010 1100 0101 1110_B

Die Vorteile des Hexadezimalsystems gegenüber dem Dezimalsystem lassen sich nun direkt ableiten:

        - Einfache Rückwandlung zum Dualsystem (zur "Bitebene")!
        - Acht Bits (ein Byte) lassen sich immer durch genau zwei Stellen im HEX-Format abbilden !

Eine Umwandlung vom oktalen in das duale Zahlensystem bzw. umgekehrt erfolgt analog, jedoch gilt hier, daß eine Stelle des oktalen Zahlensystems genau drei Stellen des Dualsystems entspricht.

Das BCD-Zahlensystem (der BCD-Code)

Diese Zahlendarstellung wird hauptsächlich zur Durchführung von absolut genauen Berechnungen benötigt. Wie Sie im folgenden noch sehen werden, kann man mit dem dualen- oder hexadezimalen Zahlensystem bei Rechnungen mit gebrochenen Zahlen (Komma-Zahlen) nur näherungsweise genau rechnen. Das ist aber in vielen Bereichen nicht immer akzeptabel. Denken Sie hierbei nur an die Buchhaltung in einem Großbetrieb: werden die Rechnungen (speziell bei großen Summen) nur

8. Der Mikrocontroller-Kurs, Teil 1

mit einer Genauigkeit von einem Pfennig durchgeführt, so tritt bei 100.000 Einzelposten schon eine Differenz von 1000 DM auf. Daher benutzt man hier eine Zahlendarstellung im BCD-Code und kann damit absolut exakte Berechnungen durchführen.

BCD bedeutet *binary coded decimals*, also binär codierte Dezimalzahlen, d.h., jede einzelne Stelle einer Dezimalzahl wird durch eine Gruppe von vier Bits dargestellt.

Beispiel:

$$1593_D$$

$$= 0001\ 0101\ 1001\ 0011_{BCD}$$
(ziffernweise Umsetzung der Dezimalzahl)

Von den 16 möglichen Kombinationen der vier Bits werden nur 10 bei der BCD-Darstellung gebraucht (0000_B ... 1001_B), die restlichen 6 Kombinationen (1010_B ... 1111_B) werden nicht verwendet, was im Endeffekt zwar die eigentliche Durchführung von Berechnungen erschwert, nicht aber deren Genauigkeit beeinträchtigt.

> **!** *Merke: "Rechengeschwindigkeit und Rechengenauigkeit"*
>
> *Hohe Rechengenauigkeit und hohe Rechengeschwindigkeit sind zwei Faktoren, die sich gegenseitig ausschließen und es gilt:*
>
> *1) Berechnungen mit höchster Rechengeschwindigkeit und relativ geringer Genauigkeit werden in der Ganzzahlendarstellung (**Integer-Darstellung**) durchgeführt ("Rechnen mit ganzen Zahlen").*
>
> *2) Berechnungen mit höherer Genauigkeit und mittlerer Rechengeschwindigkeit werden in der Fließkomma-Zahlendarstellung (**Floating-Point-Darstellung**) durchgeführt (hohe, aber nicht absolute Genauigkeit).*
>
> *3) Berechnungen mit absoluter Genauigkeit und geringster Rechengeschwindigkeit werden in der BCD-Zahlendarstellung durchgeführt.*
>
> *Der Begriff der Rechengeschwindigkeit ist natürlich relativ zu sehen: sie ist auch bei den Berechnungen im BCD-Code noch wesentlich höher als die menschliche Rechengeschwindigkeit.*

> *Die Experten-Ecke: "Die Zahlencodes"*
>
> *In der Rechnertechnik gibt es noch eine ganze Menge weiterer Sonder-Zahlencodes bzw. Zahlensysteme (Gray-, Glixon-, O'Brien-, ... Code), die aber nur auf sehr begrenzten Spezialgebieten ihren Einsatz finden. Daher wird an dieser Stelle auf die entsprechende weiterführende Literatur zum Gebiet "Zahlencodes" verwiesen, z.B. [7].*
>
> *Desgleichen wird auch hier auf die Berechnungen im BCD-Code nicht näher eingegangen, da der Anwender, der in einer Hochsprache programmiert, von diesen internen Abläufen im µC sowieso "nichts merkt".*

8.3 Lektion 3

Zwei wichtige Punkte wurden bei der Betrachtung von Zahlencodes und Zahlensystemen bisher jedoch noch ausgelassen:

- Wie stellt man negative Zahlen dar?
- In der vorherigen Ausführungen haben wir uns ausschließlich nur mit ganzen Zahlen beschäftigt. Wie werden nun gebrochene Zahlen (Kommazahlen, *Real-Zahlen*, *Fließkomma-Zahlen*, *Floating-Point-Zahlen*) dargestellt?

Die Darstellung negativer Zahlen

Eine Möglichkeit, negative Zahlen darzustellen, ist die Aufteilung einer Zahl in den *Betrag* und in das *Vorzeichen* (Vorzeichen-Betrags-Darstellung). Betrachtet man z.B. Binärzahlen, so wird das Vorzeichen hierbei durch das MSB repräsentiert, die restlichen Bits der Zahl stellen dann den Betrag dar. Im allgemeinen ist festgelegt:

- Vorzeichen-Bit = 0   positive Zahl
- Vorzeichen-Bit = 1   negative Zahl

Betrachten wir einmal eine vier Bit Binärzahl, so bedeuten in dieser Darstellungsart:

$0\ 101_B$ = $+5_D$ (Vorzeichen = 0 → positive Zahl, Betrag = 101_B = 5_D)

$1\ 111_B$ = -7_D

Diese Darstellungsart hat jedoch zwei Nachteile:

1) Die Zahl 0d wird nicht eindeutig dargestellt:

0000_B = $+0_D$
1000_B = -0_D

2) Beim Rechnen im dualen Zahlensystem treten aufgrund dieses Vorhandenseins von zwei Codes für die Zahl 0_D Fehler auf, die (umständlich) korrigiert werden müssen.

Die Experten-Ecke: "Die Komplementdarstellung"
Diese Probleme werden vermieden, wenn man die negativen Zahlen im Einer- oder im Zweier-Komplement darstellt.

8. Der Mikrocontroller-Kurs, Teil 1

Die Darstellung von gebrochenen Zahlen (Kommazahlen)

Bevor wir uns eingehender mit der Darstellung solcher Zahlen beschäftigen, benötigen wir wieder eine einfache Rechenregel, wie man eine gebrochene (Fließkomma)-Dezimalzahl in eine gebrochene (Fließkomma)-Dualzahl umwandelt.

Man teilt hierzu die Dezimalzahl nicht durch 2, sondern multipliziert sie fortlaufend mit 2, und der Vorkomma-Anteil des Produktes gibt dann den Wert der entsprechenden Bitstelle der Dualzahl an. Bei Produkt-Ergebnissen größer 1 wird zusätzlich noch 1 abgezogen und dann weitergerechnet.

Beispiel:
Umwandlung der Dezimalzahl $z = 0{,}27_D$ in eine Dualzahl:

			Vorkommastelle entscheidend ↓		
0,27 x 2	=		0,54	←	MSB, direkt nach dem Komma
0,54 x 2	=		1,08		Hier jetzt: 1 abziehen
0,08 x 2	=		0,16		
0,16 x 2	=		0,32		
0,32 x 2	=		0,64		
0,64 x 2	=		1,28		Hier jetzt: 1 abziehen
0,28 x 2	=		0,56	←	LSB

Der Abbruch erfolgt hierbei, wenn die gewünschte Umwandlungsgenauigkeit erreicht ist. Somit erhält man also:

Potenzen von 2	2^0	2^{-1}	2^{-2}	2^{-3}	2^{-4}	2^{-5}	2^{-6}	2^{-7}
Dezimale Wertigkeit:	1	0,5	0,25	0,125	0,0625	0,03125	0,015625	0,0078125
$0{,}27_D$ =	0,	0	1	0	0	0	1	0 $_B$

Probe:

$$z = 1 * 2^{-2} + 1 * 2^{-6}$$
$$= 1 * 0{,}25 + 1 * 0{,}015625$$
$$= 0{,}265625$$
$$= 0{,}27$$

Hier erkennt man bereits sehr gut die Nachteile der dualen Fließkommadarstellung:

- Gebrochene Dezimalzahlen können im allgemeinen nicht *exakt* in gebrochene Binärzahlen umgewandelt werden. Man erhält nur eine angenäherte Umwandlung.
- Da rechnerintern immer nur mit einer begrenzten Anzahl von dualen Nachkommastellen gerechnet wird, ergibt sich hier ein weiterer Genauigkeitsverlust.

8.3 Lektion 3

Wie werden nun solche gebrochenen Dualzahlen in einem Rechner dargestellt?

Eine Möglichkeit dieser sogenannten *Zahlencodierung* ist die *normierte Fließkommadarstellung*, bei der eine Zahl aus zwei Teilen zusammengesetzt ist:

Fließkommazahl = Mantisse * Basis^{Exponent}

Was sich hier kompliziert ließt, ist in der Realität recht einfach zu verstehen:

- Mantisse *M*: das sind die rechts neben dem Komma stehenden Ziffern, wobei man die einzelnen Ziffern einer gebrochenen Zahl soweit nach rechts oder links verschiebt, bis die erste Zahlenziffer ungleich 0 direkt rechts vom Komma und vor dem Komma eine 0 steht, mit anderen Worten: die Mantisse darf keine sinnlosen führenden Nullen enthalten, ihr Betrag ist immer kleiner als 1 und größer gleich 0,1: $0{,}1 \leq |M| < 1$.

- Basis *B des Zahlensystems*, also 2, 8, 10 oder 16.
- Exponent *E*: das ist die entsprechende Hochzahl zur Basis B.

Beispiele:
Im Dezimalsystem gilt: $z = M * 10^E$

$z = 258{,}67$ normale Komma-Darstellung
$= 0{,}25867 * 10^3$ normierte Fließkommadarstellung
$M = 0{,}25867, \ E = 3, \ B = 10$

$z = -0{,}00598$ normale Komma-Darstellung
$= -0{,}598 * 10^{-2}$ normierte Fließkommadarstellung
$M = -0{,}598, \ E = -2, \ B = 10$

Das Entsprechende kann man nun auch auf Dualzahlen anwenden:

Beispiel:
Im Dualsystem gilt: $z = M * 2^E$

$M = 110101_B, \ E = 5, \ B = 10$, damit erhält man für die normierte Fließkommadarstellung:

$z = 0{,}110101_B * 2^5 = 0{,}828125_D * 32_D = 26{,}5_D$

8. Der Mikrocontroller-Kurs, Teil 1

Für die rechnerinterne Darstellung einer Fließkommazahl wird nun ein ganz bestimmtes Format verwendet:

> **! Merke: "Die Darstellung von Fließkommazahlen"**
> Eine duale Fließkommazahl ist im allgemeinen wie folgt aufgebaut:
>
> | ←——— 8 Bit ———→ | | | ←——————— 24 Bit ———————→ | |
> |---|---|---|---|---|
> | 31 | 30 ... 24 | 23 | 22 ... | 0 |
> | | **Exponent** | | **Mantisse** | |
> | Vor-zei-chen | Betrag | Vorzei-chen | Betrag | |

Es werden also mindesten 4 Byte (32 Bit) benötigt mit:

24 Bit für die Mantisse: 23 Bit für den Betrag der Mantisse
                             1 Bit für das Vorzeichen der Mantisse
8 Bit für den Exponenten: 7 Bit für den Betrag des Exponenten
                             1 Bit für das Vorzeichen des Exponenten

Mantisse und Exponenten werden im Zweier-Komplement dargestellt.

Soll der Zahlenbereich oder die Genauigkeit der Berechnungen vergrößert werden, so kann man 32 oder 40 Bit für die Mantisse und 16 oder 24 Bit für den Exponenten verwenden. Die Rechnungen mit solch großen Bit-Mengen werden dann vom µC aber noch langsamer durchgeführt. Alternativ kann man nun echte "Rechenkünstler-Chips" einsetzen, die nicht anderes machen, als mit Fließkommazahlen zu "jonglieren". Beispiele hierfür sind die mathematischen Co-Prozessoren, die man aus dem PC-Bereich kennt und die dort die CPU von der Rechenarbeit entlasten. Auf der µC-Ebene arbeitet man im allgemeinen jedoch nur mit der oben angegebenen einfachen Fließkommadarstellung und hält so die Rechenzeit in Grenzen.

Zum Abschluß sollten Sie sich als Resümee die folgenden Punkte merken:

> **! Merke: "Über das Rechnen mit Fließkommazahlen"**
>
> 1) Eine Fließkommazahl benötigt im allgemeinen wesentlich mehr Speicherplatz als eine ganze Zahl:
>
> 4d   benötigt als ganze Zahl im Speicher 8 Bit = 1 Byte Platz
> 4,1d   benötigt als Fließkommazahl im Speicher 32 Bit = 4 Byte Platz

8.3 Lektion 3

2) *Rechenoperationen mit Fließkommazahlen benötigen wesentlich mehr Zeit als Rechenoperationen mit ganzen Zahlen.*

3) *Berechnungen mit Fließkommazahlen beinhalten Rechenungenauigkeiten, da rechnerintern nur mit einer begrenzten Anzahl von Bit-Stellen gearbeitet wird. Die jeweilige Anwendung entscheidet, ob diese Ungenauigkeiten noch tolerierbar sind.*

4) **Fazit:** *Mit Fließkommazahlen sollte in einem Rechnersystem nur dann gerechnet werden, wenn dieses auch wirklich unumgänglich ist.*

Zugegebenermaßen ist dieses Kapitel über Zahlensysteme und über Fließkommadarstellungen für den Anfänger nicht ganz einfach zu verstehen, aber die Beschäftigung hiermit ist leider unumgänglich für das Erstellen von Programmen und für das "Rechnen mit Werten" in einem Programm.

Wir können Ihnen aber zusichern, daß in den anderen Lektionen kein weiteres so trockenes Kapitel vorkommt und der Schwerpunkt wieder eindeutig auf der Praxisorientiertheit liegen wird.

Etwas, das sich leider nicht vermeiden läßt:

✎ Übungsaufgaben

1) Wieviele Byte sind 5,25 kByte?

2) Wandeln Sie die folgenden Dezimalzahlen in Dualzahlen um: 3, 78, 3412, 78903

3) Wandeln Sie die folgenden Dualzahlen in Dezimalzahlen um:

   1000101110_B, 00011_B, 1111011101_B

4) Wandeln Sie die folgenden Dezimalzahlen in Hexadezimalzahlen um:

   12, 456, 45678, 234, 65123334

5) Wandeln Sie die folgenden HEX-Zahlen in Dezimalzahlen um:

   1234_H, $aaff_H$, $1af4_H$, $00abcd_H$

6) Wandeln Sie die folgenden Dualzahlen in HEX-Zahlen um:

   110010101011000010_B, 00000010010_B, 111100000000010_B

8. Der Mikrocontroller-Kurs, Teil 1

7) Wandeln Sie die folgenden HEX-Zahlen in Dualzahlen um:

$acbd_H$, $ff99a_H$, 123456_H, $12ab34cd_H$

8) Wandeln Sie die folgenden Oktalzahlen in BCD-Zahlen um:

123_Q, 774_Q, 10001_Q, 56723_Q

9) Stellen Sie die folgenden gebrochenen Dezimalzahlen als normierte duale Fließkommazahlen (Mantisse, Exponent) dar:

$1{,}23_D$ $45{,}89_D$ $167{,}3456_D$

8.4 Lektion 4: Die Pascal-Variablen und die Pascal-Arithmetik

> Lernziele:
> - In dieser Lektion erfolgt der Transfer Ihres "Zahlenwissens" aus der Lektion 3 auf die Pascal51er-Ebene.
> - Sie lernen die zulässigen Pascal51er-Zahlenarten kennen und erfahren, wie Sie Zahlen über die Tastatur eingeben und mit ihnen rechnen können.
>
> Neu eingeführte Pascal51er-Befehle, Funktionen und Datentypen:
> *var, integer, real, byte, writeln, read, +, -, *, /, div, mod, trunc, const*
> - Behandelte interne ON-Chip-Peripherie-Einheiten: *keine*
> - Behandelte externe Peripherie-Einheiten: *keine*

Die in der vorherigen Lektion vorgestellten Zahlenarten finden Sie zum größten Teil in jeder Programmiersprache wieder, und bevor wir nun konkret mit Zahlen rechnen, erfolgt daher zunächst ein Überblick über das Zahlensystem in Pascal51.

Die Kennzeichnung des jeweiligen Zahlensystems in Pascal51

- Zahlen aus dem *Dezimalsystem* erhalten keine voran- oder nachgestellten Kennzeichnungsbuchstaben, also z.B. 5678.
- Zahlen aus dem *Hexadezimalsystem* erhalten zur Kennzeichnung ein vorangestelltes $-Zeichen, also z.B. $40 = 64.
- Zahlen aus dem *Binärsystem* erhalten zur Kennzeichnung ein vorangestelltes %-Zeichen, also z.B. %10011101 = $9d = 157.
- Mit Zahlen aus dem *Oktalsystem* wird in Pascal51 nicht gearbeitet.
- Die *BCD-Zahlencodierung* wird nur zur internen Darstellung von Fließkommazahlen verwendet.

Die vorhandenen Zahlenarten in Pascal51

In Pascal51 gibt es nur zwei verschiedene Zahlenarten:

- Integer-Zahlen (ganze Zahlen). Sie liegen im zulässigen Wertebereich von –32767 ... +32767. Diese Zahlen können im Dezimal-, Hexadezimal oder Binärsystem dargestellt werden. Jede Integer-Zahl belegt im internen µC-Speicherbereich 2 Bytes Speicherplatz. Soll mit größeren oder kleineren Zahlen gearbeitet werden, so muß man Real-Zahlen (Gleitkommazahlen, Fließkommazahlen) verwenden.

8. Der Mikrocontroller-Kurs, Teil 1

- Real-Zahlen (Fließkommazahlen). Sie liegen im zulässigen Wertebereich von 9,9999999* 10^{-127} .. $^{+128}$ (eine Vorkomma- und sieben Nachkomma-Stellen). Jede Real-Zahl belegt im internen C-Speicherbereich 6 Bytes Speicherplatz (Ablage im gepackten BCD-Format). Real-Zahlen können nur als Dezimalzahlen eingegeben werden (s. nachfolgend). Mit noch größeren (kleineren) Zahlen kann in Pascal51 nicht gerechnet werden.

Die Experten-Ecke: "Byte-Variablen"
Pascal51 läßt auch die Definition von Byte-Variablen zu mit dem Wertebereich gem. PC-Standardpascal von 0 ... 255. Im Gegensatz zum PC-Standardpascal, wo für eine Byte-Variable auch nur ein Byte interner Speicherplatz benötigt wird, werden bei Pascal51 immer 2 Bytes belegt, d.h., Byte- und Integer-Zahlen benötigen einen gleich großen Speicherplatz. Man kann also bei Pascal51 durchgehend mit Integer-Variablen arbeiten, Byte-Variablen besitzen hier keinen Speicherplatzvorteil.

» **Wichtig: "Die Verwendung von Real-Zahlen"**
Real-Zahlen sollten nur dann verwendet werden, wenn dieses unbedingt erforderlich ist (Stichworte aus Lektion 3: Speicherplatzbedarf und Rechengeschwindigkeit).

Wie arbeitet man nun in einem Pascal51er-Programm mit diesen Zahlenarten?

Als erstes muß man sich einen "Platzhalter" oder eine sogenannte Variable definieren, mit der man dann später im Programm rechnen kann.

! **Merke: "Variablen"**
Eine Variable kann man sich als eine Schublade für eine Zahl vorstellen: man kann eine Zahl hineinlegen (einlesen, einschreiben) und man kann eine Zahl herausholen (auslesen). Es ist natürlich klar, daß jede Schublade einen eindeutigen Namen haben muß, damit man die abgelegten Zahlen auch wiederfinden kann. Weiterhin muß jede Schublade selbstverständlich auch die passende Größe für die jeweils abzulegende Zahl besitzen.
*(In Pascal51 werden Variablen auch **Bezeichner** genannt)*

In der µC-Realität bedeutet solch eine Schublade nichts anderes, als die Reservierung eines bestimmten Speicherbereiches für eine Zahl. Daraus folgt, daß eine Variable grundsätzlich immer einen *eindeutigen Namen* und einen *eindeutigen Zahlentyp*, der die Speichergröße festlegt, besitzt.

Alle Variablen, die Sie in Ihrem Programm verwenden wollen, werden immer am Anfang des Programms definiert und zwar nach dem Befehlswort *var* (s. Lektion 2, Abb.8.2.1).

8.4 Lektion 4

Die Zahlentypen, auch Datentypen genannt, werden ebenfalls durch eindeutige Typenbezeichnungen gekennzeichnet und so steht

- *integer* für eine Integer-Variable,
- *real* für eine Real-Variable und
- *byte* für eine Byte-Variable.

Beispiele:

```
var
        z1,z2: integer;
        test,summe: real;
        oben,unten,rechts: byte;
```

Es werden hier also für den Gebrauch im nachfolgenden Programm insgesamt sieben Variablen definiert

- zwei Integer-Variablen mit den Namen z1 und z2,
- zwei Real-Variablen mit den Namen test und summe und
- drei Byte-Variablen mit den Namen oben, unten und rechts.

! Merke: "Die Definition von Pascal51er-Variablen I"
Der Aufbau einer Variablendefinition ist immer gleich:

Name1,Name2, ... : Datentyp;

Die einzelnen Variablennamen werden, durch Kommata getrennt, nacheinander aufgeführt; hinter dem letzten Namen steht ein Doppelpunkt und danach der Datentyp für alle zuvor aufgeführten Variablen. Abgeschlossen wird jede Variablendefinition durch ein Semikolon.
In jeder Variablendefinition kann auch nur ein Variablenname mit dem zugehörigem Datentype stehen.
Jeder Variablenname darf nur einmal vergeben werden (Eindeutigkeit der Namen).

Bei der Auswahl und bei der Vergabe von Variablennamen haben Sie recht große Freiheiten, Sie müssen jedoch einige Regeln beachten:

! Merke: "Über die Auswahl von Pascal51er-Variablennamen"
1) Alle Variablennamen müssen immer mit einem Buchstaben anfangen:

otto, hier, heute   zulässige Namen

8. Der Mikrocontroller-Kurs, Teil 1

    3da, 2test   nicht zulässige Namen

2) Nach dem ersten Buchstaben können weitere Buchstaben, Zahlen oder der Unterstrich "_" in beliebiger Kombination folgen. **Andere Zeichen sind nicht erlaubt !**

    hier_und_jetzt, da123, julia_4_3 zulässige Namen

    otto_4$$, heute_&_12   nicht zulässige Namen

3) In Pascal51 können Sie auch die deutschen Umlaute ä,Ä,ö,Ö,ü,Ü,ß in Variablennamen verwenden. Da es aber im Englischen diese Buchstaben nicht gibt, akzeptiert fast keine andere Programmiersprache der Welt diese Buchstaben in Variablennamen. Es ist also empfehlenswert, wenn Sie sich erst gar nicht angewöhnen, diese "deutschen Sonderzeichen" in Variablennamen zu verwenden. In Kommentartexten, die ja von jeder Programmiersprache ignoriert werden, können Sie diese Buchstaben natürlich benutzen.

4) Sie können die einzelnen Buchstaben groß oder klein schreiben, Pascal51 macht hier keinen Unterschied. Mit:

    var

      TesT,test,TEST: integer
      teST,tESt: real;

definieren Sie fünf absolut gleiche Namen für Integer- und Real-Variablen und das gleichzeitige Auftreten dieser Namen führt zu der Fehlermeldung:

    "line x: The same identifier has been declared before."

5) Variablennamen werden von Pascal51 mit maximal 20 signifikanten Stellen ausgewertet, d.h. nur die ersten 20 Stellen werden als Variablennamen verwendet, die darüberhinausgehenden Stellen werden ignoriert. Die beiden Namen:

    var

      das_ist_aber_ganz_schoen_lang: real;
      das_ist_aber_ganz_schoen_kurz: real;

sind also identisch, da die ersten 20 Zeichen gleich sind und Pascal51 diese nur auswertet, d.h., Sie erhalten wieder die Fehlermeldung aus Punkt 4), da Sie zwei gleiche Variablennamen verwendet haben.

6) Verschreiben Sie sich bei einem Variablennamen, so erscheint die Fehlermeldung:

    "line x: This identifier is not defined."

Beispiel:

    Sie haben eingegeben:

    var

      taste: integer;

8.4 Lektion 4

und benutzen später im Programm die Variable tastr, so erhalten Sie die beschriebene Fehlermeldung mit der Zeilennummer, in der tastr verwendet wird.

7) Einige Namen sind von der Verwendung als Variablennamen ausgeschlossen. Dazu gehören die Befehls- und Schlüsselworte aus Pascal51: eine Variable namens "read" oder "program" ist also nicht zulässig. Eine Zusammenstellung dieser nicht zulässigen Worte finden Sie im Anhang 11.4.

8) Sie sollten sich von Anfang an angewöhnen, aussagekräftige Variablennamen zu verwenden, damit Sie bereits am Namen die Bedeutung (Verwendung) der Variablen erkennen können:

Beispiel:

    besser

        var

            anfangs_wert: integer;

    anstatt

        var

            aw: integer;

Das nächste Problem, das noch zu lösen ist, ist die Übergabe (Eingabe) von Zahlen an das µC-System und die Zuordnung dieser Zahlenwerte zu einem Variablennamen, damit sie später im Programm verwendet werden können. Um nun ein µC-System mit Werten zu versorgen, gibt es zwei Möglichkeiten:

- Die Zahlenwerte werden dem System von außen, vom Bediener, über eine angeschlossene Tastatur, eingegeben.
- Der µC besorgt sich die Werte selber, in dem er zum Beispiel einen Meßwertsensor abfragt oder den Zustand einer Maschine einließt.

Beschäftigen wir uns nachfolgend zunächst mit der Zahleneingabe über die Terminal-Tastatur (also mit dem Zahlentransfer über die serielle µC-Schnittstelle) und daher mit der Verwendung des Pascal51er-Befehls *read*.

Bevor wir jedoch damit beginnen, soll zunächst eine sinnvolle Erweiterung der write-Anweisung näher untersucht werden, der *writeln(...)*-Befehl ("write-line"). Er erfüllt die gleichen Funktionen wie write(...), nur daß nach der Ausgabe des Klammerinhaltes ein "Wagenrücklauf (Carriage-Return CR)" und ein "Zeilenvorschub (Line-Feed LF)" auf dem Terminal durchgeführt wird, d.h., der Bildschirmcursor steht nach der Ausgabe des Klammerinhaltes am Anfang der nächsten Zeile, er ist also eine Zeile nach unten gerutscht, und die nachfolgende write- bzw. writeln-Ausgabe findet nun ab dieser Cursorposition statt. Damit kann man den Bildschirmaufbau wesentlich übersichtlicher gestalten und unter anderem eine oder mehrere Leerzeilen zwischen den einzelnen Ausgaben einfügen.

8. Der Mikrocontroller-Kurs, Teil 1

> **! Merke:** *"Über die Verwendung von write und writeln"*
> *Bei der Anwendung der write-Anweisung werden alle Ausgaben direkt hintereinander auf dem Bildschirm geschrieben, und ein Sprung in die nächste Zeile erfolgt nur dann, wenn die vorhergehende Zeile vollgeschrieben ist.*
> *Beim writeln-Befehl wird der Cursor nach jeder Ausgabe sofort auf den Anfang der nächsten Zeile gesetzt und dort mit den weiteren Ausgaben fortgefahren.*
> *Zur Ausgabe von **Leerzeilen** auf dem Terminalbildschirm wird der writeln-Befehl ohne Klammern verwendet, also nur **writeln**;*

Betrachten Sie nun das nachfolgende Programm *p3* zum Einlesen von Integer-Zahlenwerten:

```
(****************************************************************************)
(*                                                                          *)
(*                 Über das Arbeiten mit Pascal-Variablen                   *)
(*                                                                          *)
(*                      Programm:    p3.pas                                 *)
(*                                                                          *)
(****************************************************************************)

program p3;

(****************************************************************************)
(*** Definition der verwendeten Pascal-Variablen ****************************)
(****************************************************************************)
var
  i:integer;

(****************************************************************************)
(*** Start des eigentlichen Hauptprogramms **********************************)
(****************************************************************************)

begin
   (* Zwei Leerzeilen ausgeben *)
   writeln; writeln;

   (* Einschaltmeldung auf dem Terminal-Bildschirm *)
   writeln('Start des Hauptprogramms p3: Arbeiten mit Integer-Variablen');

   (* Ausgabe des ersten zufälligen Wertes der Variablen i *)
   writeln(i);

   (* Einlesen des Anfangswertes der Variablen i von der Terminal-Tastatur *)
   read(i);

   (* Ausgabe des Anfangswertes der Variablen i auf dem Terminal-Bildschirm *)
   writeln(i);

   writeln;
   writeln('Fertig !');
end.
```

8.4 Lektion 4

Geben Sie dieses Programm ein, lassen Sie es übersetzen, laden Sie es in Ihr µC-System und starten Sie es. Untersuchen wir nun etwas näher, was Sie eingegeben haben.
Nach der Festlegung des Programmnamens haben Sie mit der *var*-Anweisung eine Integer-Variable namens i definiert.

> **! Merke: "Die Definition von Pascal51er-Variablen II"**
> *Durch die var-Anweisung wird lediglich ein Speicherplatz (eine Schublade) für die Variable i definiert. Der Inhalt des Speicherplatzes (der Schublade) wird hierbei noch nicht festgelegt, d.h. nach der var-Anweisung ist zwar ein reservierter Speicherplatz für die Variable i vorhanden, der Inhalt dieses Speicherplatzes (Zahlenwert von i) ist aber völlig unbestimmt, nach jedem Einschalten des µC-Systems kann dort ein anderer Wert vorliegen.*
> *Bevor also eine beliebige Variable sinnvoll benutzt werden kann, muß ihr erst einmal ein gewünschter Anfangswert zugewiesen werden. Das kann über die Terminal-Tastatur oder durch eine "selbständige" Aktion des µCs (z.B. Einlesen eines ersten Meßwertes) erfolgen.*

Die ersten writeln-Anweisung des Programms geben zwei Leerzeilen aus, und danach folgt eine Einschaltmeldung, als Kennzeichen dafür, daß das Programm ordnungsgemäß geladen und gestartet wurde. Mit der nächsten writeln-Anweisung wird jetzt der erste zufällige Wert der Variablen i ausgegeben.
Der nachfolgende *read*-Befehl ließt nun einen wohldefinierten Anfangswert für die Variable i ein, d.h., das µC-System wartet auf die Tastatur-Eingabe einer ganzen Zahl (die über die serielle Schnittstelle an das µC-System übertragen wird) und ordnet diese der Variablen zu, die in der Klammer hinter dem Befehlswort read steht.

> **! Merke: "Über die Verwendung von read"**
> *Der Pascal51er-Befehl read liest Daten über die serielle Schnittstelle des µC's ein und ordnet diese einer Variablen zu. Die eingelesenen Daten können Zahlen oder Buchstaben sein (Buchstaben: s. Lektion 5).*

Beachten:
Die gewünschten Zahlen werden hier über die Terminal-Tastatur eingegeben und mit der RETURN-Taste abgeschlossen. Der Druck auf die RETURN-Taste bewirkt zwei Funktionen:

- Abschluß der Zahleneingabe.
- Die RETURN-Taste erzeugt automatisch ein "Carriage-Return" und ein "Line-Feed", d.h., die nachfolgenden Ausgaben, die mit write bzw. writeln gemacht werden, finden schon in der nächsten Bildschirmzeile statt, man braucht also nach dem read-Befehl keinen writeln-Befehl einzufügen, um in die nächste Zeile zu gelangen.

8. Der Mikrocontroller-Kurs, Teil 1

Geben Sie jetzt z.B. 5 und die RETURN-Taste ein. Dieser Wert 5 wird nun über die serielle Schnittstelle vom µC eingelesen und der Variablen i zugeordnet, mit anderen Worten: im weiteren Verlauf des Programms können Sie diese Variable i mit dem ihr zugeordneten Wert 5 weiterverwenden, d.h. mit ihr Berechnungen ausführen oder sie wieder ausgeben lassen. Diese Ausgabe wird mit der nachfolgenden writeln-Anweisung des Programms durchgeführt.

Damit die Zahlen nun nicht so "alleine" auf dem Bildschirm stehen, können Sie sie noch mit erläuternden Kommentaren ausgeben. Dazu muß die write- bzw. writeln-Anweisung ergänzt werden.

> **!** **Merke: "Ausgabe von Variablenwerten und Kommentartexten mit der write- bzw. writeln-Anweisung"**
> Die write-/writeln-Anweisung kann zur Ausgabe von Variablenwerten und Kommentartexten verwendet werden, wobei Variablenwerte und Erläuterungstexte einfach in der Klammer der write-/writeln-Anweisung, durch Kommata getrennt, aufgeführt werden. Auf dem Bildschirm erscheint dann der Klammerinhalt so, wie er "zusammengebaut" wurde.

Ergänzen Sie daher das Programm p3 wie folgt um erläuternde Kommentartexte, speichern Sie es unter dem Namen *p31* ab und bringen Sie es zur Ausführung (übersetzen, laden, starten).

```
(***************************************************************)
(*                                                             *)
(*            Über das Arbeiten mit Pascal-Variablen           *)
(*                                                             *)
(*                 Programm:    p31.pas                        *)
(*                                                             *)
(***************************************************************)

program p31;

(***************************************************************)
(*** Definition der verwendeten Pascal-Variablen ***************)
(***************************************************************)
var
  i:integer;

(***************************************************************)
(*** Start des eigentlichen Hauptprogramms *********************)
(***************************************************************)
begin
  (* Zwei Leerzeilen ausgeben *)
  writeln; writeln;

  (* Einschaltmeldung auf dem Terminal-Bildschirm *)
  writeln('Start des Hauptprogramms p31: Arbeiten mit Integer-Variablen');

  (* Ausgabe des ersten zufälligen Wertes der Variablen i *)
  writeln('Zufälliger Erstwert von i = ',i);
  (* Einlesen des Anfangswertes der Variablen i von der Terminal-Tastatur *)
  write('Bitte geben Sie den Anfangswert von i ein: ');
  read(i);
```

8.4 Lektion 4

```
    (* Ausgabe des Anfangswertes der Variablen i auf dem Terminal-Bildschirm *)
    writeln('Sie haben folgenden Anfangswert für i eingegeben: ',i);

    writeln('Fertig !');
  end.
```

Sehen Sie sich z.B. die vierte writeln-Anweisung an:

```
            writeln('Zufälliger Erstwert von i =',i);
```

In der Klammer steht zuerst der Erläuterungstext (wie gewohnt in Hochkommata eingeschlossen) und durch Komma getrennt, die Variable i. Bei der Abarbeitung dieses writeln-Befehls werden beide Klammer-Elemente (Parameter) nacheinander über die serielle Schnittstelle des µCs zum Terminal gesendet und erscheinen dort auf dem Bildschirm.
Sie erkennen, daß diese Darstellung auf dem Terminal schon wesentlich angenehmer zu interpretieren ist.

Die Eingabe von Real-Zahlen

Wenden wir uns nun der Eingabe von Real-Zahlen (Fließkommazahlen) zu. Ändern Sie dazu das Programm p31 wie folgt ab und speichern Sie es unter dem Namen *p4*.

```
(***********************************************************************)
(*                                                                     *)
(*              Über das Arbeiten mit Pascal-Variablen                 *)
(*                                                                     *)
(*                    Programm:    p4.pas                              *)
(*                                                                     *)
(***********************************************************************)

program p4;

(***********************************************************************)
(*** Definition der verwendeten Pascal-Variablen ***********************)
(***********************************************************************)
var
  r1,r2:real;
(***********************************************************************)
(*** Start des eigentlichen Hauptprogramms *****************************)
(***********************************************************************)
begin
  (* Zwei Leerzeilen ausgeben *)
  writeln; writeln;

  (* Einschaltmeldung auf dem Terminal-Bildschirm *)
  writeln('Start des Hauptprogramms p4: Arbeiten mit Real-Variablen');

  (* Eingabe der Real-Variablen *)
  write('Bitte r1 eingeben: '); read(r1);
  write('Bitte r2 eingeben: '); read(r2);
```

8. Der Mikrocontroller-Kurs, Teil 1

```
(* Ausgabe der Real-Variablen *)
writeln('Ausgabe der Real-Variablen:');
writeln('    r1 = ',r1);
writeln('    r2 = ',r2);

writeln('Fertig !');
end.
```

Sie erkennen, daß Sie zwei Real-Variablen (r1 und r2) definiert haben. Danach werden die Anfangswerte für diese Variablen eingegeben und zur Kontrolle wieder ausgegeben.
Führen Sie nun p4 aus und geben Sie einige Werte für die Variablen ein, z.B. 7.5 für r1 und 3.9 für r2.

> **! Merke: "Die Eingabe von Real-Zahlen"**
> *Bei der Eingabe von Real-Zahlen wird bei Pascal51 (wie auch bei fast allen anderen Programmiersprachen) anstelle des Kommas der **Dezimalpunkt** verwendet. Hüten Sie sich davor, ein Komma einzugeben. Die fatalen Folgen einer solchen Fehleingabe werden nachfolgend noch aufgezeigt.*

Die *Eingabe von Real-Zahlen* erfolgt immer in der Exponentialform: hierbei werden die Real-Zahlen in der normierten Fließkommadarstellung, also in Form von Mantisse und Exponent zur Basis 10, eingegeben.

Beispiel:

Gewünschte Zahl:	578	=	$5{,}78 * 10^2$	->	Eingabe: 5.78e2
Gewünschte Zahl:	0,00000398	=	$0{,}398 * 10^{-5}$	->	Eingabe: 0.398e-5
	oder	=	$3{,}98 * 10^{-4}$	->	Eingabe: 3.98e-4

Beachtet werden muß hierbei, daß bei diesem "e-Format" das e auf jeden Fall klein geschrieben werden muß und daß vor und nach dem e kein Leerzeichen stehen darf.

> **» Wichtig: "Die Mantisse in Pascal51"**
> *Der Betrag der Mantisse muß in Pascal51 immer kleiner als 10 sein und sollte aus Gründen der Lesbarkeit stets größer gleich 0.1 gewählt werden.*

Die *Ausgabe von Real-Zahlen* auf dem Terminal-Monitor (mit dem write-/writeln-Befehl) geschieht grundsätzlich ebenfalls in dieser Exponentialform.

8.4 Lektion 4

Die Experten-Ecke: "Die formatierte Real-Zahlen-Ausgabe"
Eine formatierte Ausgabe, wie sie in Standard-Pascal existiert, gibt es in Pascal51 nicht.

Zusammengefaßt haben Sie also gesehen, daß die Behandlung von Real-Variablen völlig analog zur Behandlung von Integer-Variablen abläuft:

- Variablen-Definition unter der "Rubrik": var
- Einlesen von Zahlenwerten für die Variablen mit dem read-Befehl
- Ausgabe von Zahlenwerten dieser Variablen mit dem write- bzw. mit dem writeln-Befehl.

!!! ES FOLGT ETWAS GANZ WICHTIGES: !!!

» *"Falsche Eingaben bei Integer- und Real-Variablen"*
Hier sind wir nun an einem ganz wichtigen und sehr kritischen Punkt bei der (allgemeinen) Eingabe von Werten in das µC-System angekommen.
*Wenn Sie z.B. ein Pascal-Programm für einen PC geschrieben haben, es übersetzen und auf dem PC starten und Sie führen dann bei einer read-Anweisung eine **Falscheingabe** durch (z.B. geben Sie einen Buchstaben ein, wo eine Integer-Zahl erwartet wird), so bricht das PC-Programm mit einem "Run-Time-Error (Laufzeitfehler)" ab, und Sie wissen, daß Sie etwas Falsches eingegeben haben. Der PC weigert sich also, damit weiterzuarbeiten.*
Ganz anders sieht es hier beim Arbeiten mit Pascal51 aus: eine solche Überprüfung auf Falscheingaben findet nicht statt, sie wäre für ein 8051er-System auch viel zu aufwendig. Das heißt also: Sie können den "größten Unsinn" eingeben, der µC versucht immer, etwas Vernünftiges daraus zu machen, was aber nie gelingt und so zu kritischen Fehlfunktionen in Ihrem Programm führt.

Beispiele: (Sie können diese Beispiele mit den Programmen p31 und p4 nachvollziehen)

a) Vom µC-System erwartete Eingabe einer Integer-Zahl:
Wenn Sie anstatt einer Integer-Zahl eine Real-Zahl eingeben, so erhalten Sie als "Ergebnis" z.B.:

Eingabe für i:	µC rechnet weiter mit i =
1.25	-125
1234.789	10395
-37.45	-3745

Geben Sie anstelle des Punktes aber ein Komma ein, so wird's noch schlimmer:

8. Der Mikrocontroller-Kurs, Teil 1

        127,108   3964
        85,73   -8573

Überschreitet man den maximalen zulässigen Zahlenbereich für Integer-Zahlen (-32767 ... +32767) so bekommt man z.B.

        35678   -29858
        -33000   32536

b) Vom µC-System erwartete Eingabe einer Real-Zahl:

Hierbei gibt man sehr oft aus reiner Gewohnheit ein Komma anstelle des Dezimalpunktes ein und wundert sich, warum nichts richtig funktioniert:

Eingabe für r:	µC rechnet weiter mit r =
7,38	?.<380000e3
-12,49	-1.2<?9000e4

Unbedingt beachtet werden muß die Eingabe in der normierten Fließkommadarstellung, d.h. mit Angabe des korrekten Exponenten, wobei der *Betrag der Mantisse immer kleiner als 10* sein muß:

Die Zahl 12,49 kann also wie folgt eingegeben werden:

0.000001249e7	1.2490000e1	(ist o.k.)
1.249e1	1.2490000e1	(ist o.k.)
0.1249e2	1.2490000e1	(ist o.k.)
12.49	1.2490000e0	**(das ist aber falsch !)**

An dieser Stelle werden gewohnheitsmäßig die meisten Fehleingaben verursacht !

Bei Werten kleiner 10 braucht dagegen der Exponent nicht angegeben zu werden:

Die Zahl 4,78 kann also wie folgt eingegeben werden:

0.478e1	4.7800000e0	(ist o.k.)
4.78	4.7800000e0	(ist o.k.)

Seltsamerweise funktioniert die Eingabe ohne Exponenten auch korrekt, wenn man eine Real-Zahl ohne Nachkommastellen eingibt:

-523	-5.2300000e2	(ist o.k)
523	5.2300000e2	(ist o.k.)
523.8	5.2380000e0	**(das ist aber falsch !)**

8.4 Lektion 4

Überschreitet man den maximalen zulässigen Zahlenbereich für Real-Zahlen (9.9999999e(-128 .. +127)) so erhält man auch interessante Ergebnisse:

        8.67e127   8.6700000e127   (ist noch o.k.)
        86.7e127   8.6700000e127   (ist schon falsch !)
        123e129   1.2300000e-125   (das ist falsch !)
        0.97e200   9.7000000e-57   (das ist falsch !)

Bei der Eingabe von Buchstaben anstelle von Zahlen ergeben sich auch immer "lustige" Effekte:

        rtz   6.4:40000e2

Auch das Löschen von Fehleingaben mit Hilfe der "Back-Space"-Taste (Lösch-Taste auf der PC-Tastatur: ←), bevor man die Zahl mit Return angeschickt hat, funktioniert nicht, da die "Back-Space"-Taste auch als Zahl interpretiert wird.

Bei der Zahleneingabe werden auch keine Rundungen durchgeführt, nach 7 Nachkommastellen wird die Zahl "gnadenlos" abgeschnitten:

        1.234567890   1.2345678e0

> » **Wichtig: "Die korrekte Eingabe von Zahlen"**
> Überlegen Sie also immer genau, **was Sie** bei einer read-Anweisung **in welcher Form eingeben**, denn viele Fehler der "doofen" Programmsoftware werden hier durch Eingabefehler von Seiten des Bedieners hervorgerufen !

Die einzige Ausnahme, bei der auf einen Fehler ganz konkret reagiert wird, ist das Auftreten einer Division durch 0, die ja einen besonders schweren Verstoß der mathematischen Regeln darstellt:

> » **Merke: "Die Division durch 0"**
> Bei einer Division durch 0 erfolgt automatisch über serielle Schnittstelle die Meldung
>
>   "Division by zero"
>
> an das Terminal und die weitere Ausführung des 80C537er-Programms ist angehalten, d.h., das Programm ist abgestürzt (man weiß aber jetzt warum) und kann nur durch Betätigen der Reset-Taste auf dem 80C537er-TFH-Board und Eingabe von g0 und der RETURN-Taste erneut gestartet werden.
> (Dieses Verhalten können Sie sehr leicht mit dem nachfolgenden Programm p5 nachprüfen)

8. Der Mikrocontroller-Kurs, Teil 1

Kommen wir nach diesen eindringlichen Warnungen, immer genau zu überlegen, was Sie eigentlich eingeben, nun zur Verarbeitung der eingegebenen Zahlen, d.h., klären wir die Frage, welche Rechenarten eigentlich unter Pascal51 zur Verfügung stehen.

Hier gibt es insgesamt vier Gruppen unterschiedlicher Rechenfunktionen:

- Grundrechenarten für Integer-Variablen.
- Erweiterte Grundrechenarten für Integer-Variablen.
- Grundrechenarten für Real-Variablen.
- Grundrechenarten der Boolschen Algebra (s. Lektion 8).

Zur Erläuterung dieser unterschiedlichen Verknüpfungsmöglichkeiten geben Sie bitte das Programm *p5* ein und führen Sie es aus:

```
(***************************************************************************)
(*                                                                         *)
(*                  Über das Rechnen in Pascal51                           *)
(*                                                                         *)
(*                  Programm:   p5.pas                                     *)
(*                                                                         *)
(***************************************************************************)

program p5;

(***************************************************************************)
(*** Definition der verwendeten Pascal-Variablen ************************)
(***************************************************************************)
var
  i1,i2,i3,i4:integer;
  r1,r2,r3:real;

(***************************************************************************)
(*** Start des eigentlichen Hauptprogramms ******************************)
(***************************************************************************)
begin
  (* Einschaltmeldung auf dem Terminal-Bildschirm *)
  writeln; writeln;
  writeln('Start des Hauptprogramms p5: Das Rechnen in Pascal51');

  (* Eingabe der Integer-Variablen *)
  write('Bitte i1 eingeben: '); read(i1);
  write('Bitte i2 eingeben: '); read(i2);

  (* Eingabe der Real-Variablen *)
  write('Bitte r1 eingeben: '); read(r1);
  write('Bitte r2 eingeben: '); read(r2);

  (* Die Grundrechenarten für Integer-Variablen *)
  writeln;
  writeln('Die Grundrechenarten für Integer-Variablen:');
  write('     i1 + i2 = ',i1+i2); writeln('          i1 - i2 = ',i1-i2);
  write('     i1 * i2 = ',i1*i2);
  i3:=5*i2+4*i1;
```

8.4 Lektion 4

```
    writeln('          i3 = 5*i2+4*i1 = ',i3);

    (* Die erweiterten Grundrechenarten für Integer-Variablen *)
    writeln;
    writeln('Die erweiterten Grundrechenarten für Integer-Variablen:');
    writeln('    i1 div i2 =  ',i1 div i2);
    writeln('    i1 mod i2 =  ',i1 mod i2);
    writeln('   ',i1,' geteilt durch ',i2,' = ',i1 div i2,' Rest ',i1 mod i2);

    (* Die Grundrechenarten für Real-Variablen *)
    writeln;
    writeln('Die Grundrechenarten für Real-Variablen:');
    writeln('    r1 + r2 =   ',r1+r2);
    writeln('    r1 - r2 =   ',r1-r2);
    writeln('    r1 * r2 =   ',r1*r2);
    writeln('    r1 / r2 =   ',r1/r2);
    r3:=3.6*r2+4.67/r1;
    writeln('    r3 = 3.6*r2+4.67/r1 = ',r3);

    writeln;
    writeln('    Test: i1 / i2 =   ',i1/i2);
    writeln;

    writeln('Fertig !');
end.
```

Nach der Eingabe zweier Integer- und zweier Real-Zahlen folgen in p5 zunächst:

Die Grundrechenarten für Integer-Variablen

Das sind die bekannten Verknüpfungen: Addition, Subtraktion und Multiplikation, die sicherlich keinerlei näherer Erläuterungen bedürfen. Interessanterweise fehlt zunächst jedoch noch die Division, denn hierbei ergibt sich eine Besonderheit bei der Rechnung mit Integer-Zahlen (Ganzen-Zahlen).

Die Berechnung "8 geteilt durch 4 = 2" stellt sicherlich kein Problem dar, denn das Ergebnis ist wieder eine ganze Zahl. Was ergibt sich aber, wenn man "11 geteilt durch 4" berechnen läßt, denn korrekterweise ist hier nur eine Division mit Rest möglich. Daher hat man für die Division von Integer-Zahlen zwei verschiedene Divisionsfunktionen in Pascal entwickelt (siehe nachfolgend: "Erweiterte Grundrechnenarten für Integer-Variablen").

Eine Programmierneuheit sollte Ihnen bei der Berechnung von i3 aufgefallen sein: der Wert der Variablen i3 setzt sich aus einer Verknüpfung der Werte der Variablen i1 und i2 zusammen, wobei als Gleichheitszeichen in Pascal nicht das normale "="-Zeichen verwendet wird, sondern die zwei Zeichen ":=".

8. Der Mikrocontroller-Kurs, Teil 1

! **Merke: "Die Zuordnung von Werten zur einer Variablen"**
Die Zuordnung von Rechen-(Zahlen-)Werten zu einer Variablen geschieht in Pascal51 durch die zwei ":="-Zeichen, die Verwendung des gewohnten, einfachen "="-Zeichens erzeugt die Fehlermeldung:

"line x: The symbol := is expected here (do not use = alone)."

die gerade im Anfang sicherlich sehr oft auftreten wird.

Ein kleiner Punkt ist bei der Durchführung von Berechnungen noch zu beachten:

! **Merke: "Punkt-vor-Strich-Rechnung"**
Wie aus der Mathematik bekannt, gilt auch beim Rechnen in Pascal51 die Regel: "Punktrechnung geht vor Strichrechnung", d.h., Multiplikation und Division werden vor Addition und Subtraktion ausgeführt. Soll diese Reihenfolge verändert werden, so müssen Klammern gesetzt werden.

Beispiele:

i1:=3*4+5;		ergibt i1=17
i1:=3*(4+5);		ergibt i1=27
i1:=4;	i2:=2;	
i3:=5*i2+4*i1;		ergibt i3=26
i3:=5*(i2+4)*i1;		ergibt i3=120

Die erweiterten Grundrechenarten für Integer-Variablen

Diese zwei neuen Verknüpfungen geben die verschiedenen Ergebnisse einer Integer-Division (Division zweier ganzer Zahlen) an:

- Die *div*-Verknüpfung: hiermit wird der Vorkomma-Anteil des Quotienten ermittelt, also ("11 geteilt durch 4 sind 2, (Rest 3)")

$$11 \text{ div } 4 = 2$$

- Die *mod*-Verknüpfung (Modulo-Division): hiermit wird der ganzzahlige Rest der Integerdivision ermittelt, also

$$11 \text{ mod } 4 = 3 \quad \text{(ganzzahliger Rest)}$$

8.4 Lektion 4

So kann man auch bei der Rechnung mit Integer-Zahlen bei Bedarf genauere Ergebnisse ermitteln, da der Rest der Division mit untersucht werden kann.
Ein Beispiel dazu stellt die Programmzeile:

> writeln(' ',i1,' geteilt durch ',i2,' = ',i1 div i2,' Rest ',i1 mod i2);

dar. Hier wird zunächst eine aus acht einzelnen Parametern zusammengebaute writeln-Anweisung verwendet, und bei Eingabe von i1=18 und i2=4 erscheint somit auf dem Terminal-Bildschirm die Gesamtmeldung:

> 18 geteilt durch 4 = 4 Rest 2

Die Grundrechenarten für Real-Variablen

Hierbei stehen die vier Grundrechenarten uneingeschränkt zur Verfügung, wobei die Real-Zahlen-Division durch das "/"-Zeichen (Shift 7) gekennzeichnet wird.

Zusammenfassung: "Über das Rechnen in Pascal51"
Für das Rechnen in Pascal51 gibt es die folgenden Rechenarten:

- Für Integer-Variablen (Integer-Zahlen):
    - Addition: +
    - Subtraktion: -
    - Multiplikation: *
    - Division: div
    - Rest der Division: mod

- Für Real-Variablen (Real-Zahlen):
    - Addition: +
    - Subtraktion: -
    - Multiplikation: *
    - Division: /

Eine Besonderheit stellt die Programmzeile:

> writeln(' Test: i1 / i2 = ',i1/i2);

dar.

8. Der Mikrocontroller-Kurs, Teil 1

Es handelt sich hierbei um eine Division der Integer-Variablen i1 und i2. Da das Ergebnis einer solchen Division zweier ganzer Zahlen nur in "seltenen" Fällen wieder exakt eine ganze Zahl ist, wird das Ergebnis hier automatisch immer als Real-Zahl auf dem Terminal-Monitor ausgegeben.

Beispiele:
    i1=4   i2=2   Ergebnis auf dem Monitor: 2.0000000e0
    i1=8   i2=3   Ergebnis auf dem Monitor: 2.6666666e0

Falls Sie jedoch versuchen sollten, einer Integer-Variablen i4 durch Programmieren von

    i4:=i1/i2

ein Divisionsergebnis zuzuordnen, so erscheint zwangsläufig die Fehlermeldung:

"Zeile xx: Die Typen der Wertzuweisung passen nicht zueinander."

auf dem Bildschirm, da das Divisionsergebnis ja eine Real-Größe ist und i4 als Integer-Variable deklariert wurde.

Das war's dann leider schon, was an Rechenarten verfügbar ist. Der Programmieranfänger wird sagen: "Das reicht doch wohl auch !", der Experte wird aber fragen: "Wo sind denn die höheren mathematischen Funktionen, wie z.B. das Wurzelziehen, die Berechnung von Sinus, Cosinus, Logarithmus usw. ?"
Hierzu läßt sich folgendes sagen:

- Der hier vorliegende Pascal51er-Compiler ist ein leistungsfähiger, aber einfacher und preiswerter Compiler, so daß man einige Einschränkungen hinnehmen muß und auch kann.
- µC-Systeme werden sehr häufig als Steuerungssysteme eingesetzt, z.B. zur Aufzug- und zur Videorekorder-Steuerung, und bei diesen Einsatzfällen benötigt man fast nie diese komplexeren mathematischen Funktionen.
- Bei der Erfassung und Verarbeitung von Meßwerten ist die Verwendung weiterführender mathematischer Funktionen, insbesondere das Wurzelziehen oft notwendig (Stichwort: quadratische Mittelwertbildung), so daß man solche Funktionen doch vermissen könnte.
- Für die Realisierung der höheren mathematischer Funktionen:
    - sin(x), cos(x), tan(x), cot(x),
    - e^x, natürlicher Logarithmus (ln(x)),
    - Quadratwurzel-Berechnung

werden daher im Pascal51er-Buch [6] Lösungen in Form von kleinen Pascal-Prozeduren angegeben, die zwar nicht auf minimalen Programmspeicherbedarf und auf höchste Abarbeitungsgeschwindigkeit optimiert worden sind, für den täglichen Gebrauch aber sehr oft ausreichen.

8.4 Lektion 4

Die Experten-Ecke: "Die höheren mathematischen Funktionen"
Die Realisierung dieser mathematischen Funktionen beruht auf deren Potenzreihenentwicklungen, z.B. kann sin(x) dargestellt werden durch:

$$\sin(x) = x/1! - x^3/3! + x^5/5! - x^7/7! + \ldots - \ldots$$

Die Berechnung des sin(x)-Wertes in der entsprechenden Pascal51er-Prozedur geschieht nun bis zum 10. Glied dieser Potenzreihenentwicklung.

Zum Abschluß der Betrachtungen zu den Zahlenarten und Rechenfunktionen sollen noch zwei Betrachtungen zu Umwandlungen von Integer- in Real-Zahlen und umgekehrt durchgeführt werden:

Die Umwandlung einer Integer-Zahl in eine Real-Zahl

Betrachten Sie dazu einmal den folgenden kleinen Programmauszug:

```
var
    r1,r2,r3:real;
    ..........
    r2:=r1*3;
    r3:=r1*3.0;
    ..........
```

In beiden Fällen wird die Real-Variable r1 mit 3 multipliziert, unter r2 und r3 wird daher das gleiche Ergebnis abgespeichert, also ist zunächst nichts Besonderes feststellbar.

Der wesentliche Unterschied liegt hier vielmehr in der "unsichtbaren" Arbeit des Pascal51-Compilers bzw. in dem von ihm erzeugten Maschinencode für den 80C537er.

> ! *Merke: "Umwandlung von Zahlenarten"*
> *Alle Programmsprachen-Compiler führen mathematische Berechnungen grundsätzlich nur mit gleichen Zahlenarten durch. Dabei werden notwendige Umwandlungen von einer Zahlenart in die andere entweder automatisch von Compiler durchgeführt, oder der Programmierer muß vor Ausführung der Berechnungen explizit bestimmte Umwandlungsbefehle benutzen.*

Bei der Berechnung von r2 stellt der Compiler also fest, daß r1 eine Real-Variable ist, das Ergebnis r2 ebenfalls, aber die konstante Zahl 3 ist hier eine Integer-Zahl. Bevor daher das Ergebnis r1*3 berechnet wird, formt der Compiler *automatisch* die Zahl 3 in die Realzahl 3.0 um, und das bedeutet:

115

8. Der Mikrocontroller-Kurs, Teil 1

der Compiler fügt in das 80C537er-Maschinen-Programm weitere Befehle ein, die diese Umwandlung durchführen und dann natürlich jedesmal abgearbeitet werden müssen, wenn das Programm diese Stelle durchläuft, mit anderen Worten: diese für den Anwender "unsichtbar eingefügten" Umwandlungsbefehle kosteten Programmspeicherplatz für das 80C537er-Programm (der HEX-File wird länger), und die Programmausführungszeit erhöht sich, da diese Umwandlung Integer –> Real immer durchgeführt werden muß. Das gilt natürlich auch für die anderen Grundrechenarten bei der Verwendung von "gemischten Zahlen", also auch für die Programmzeile writeln(' 'Test: i1/i2 =' ,i1/i2); des Programms p5.pas. Hier erfolgt die Umwandlung der Integer-Variablen i1 und i2 in Real-Größen. Aus diesem Grunde ist die "/"-Division mit Integer-Werten in jedem Falle zu vermeiden.

Anders sieht es dagegen bei der Berechnung von r3 aus: hier wird ja von vorn herein mit der Zahl 3.0, einer "echten" Real-Zahl multipliziert, die zuvor erwähnte automatische Umwandlung durch den Compiler kann also entfallen, das Programm ist kürzer und wird schneller abgearbeitet.

> **! Merke: "Das Rechnen mit Konstanten I"**
> Werden Real-Variablen mit Konstanten verknüpft, so sollten diese auch als Real-Zahlen angegeben werden, um die aufwendige Umwandlung Integer → Real zu vermeiden. Wird dieses nicht beachtet, so erscheint zwar keine Fehlermeldung, aber der Compiler führt automatisch diese Umwandlung durch.

Anders sieht es dagegen aus, wenn Integer-Variablen mit Real-Variablen oder konstanten Real-Zahlen verknüpft werden sollen:

```
var
  i1,i2,i3:integer;
  r1,r2:real;
  .........
(* ohne Fehlermeldung *)
i1:=i1+i2;
i1:=i1+3;

(* mit Fehlermeldung *)
i1:=i1+r2;
i1:=r1+r2;
i1:=i2+3.0;
```

Die ersten beiden Zeilen nach den Variablendefinitionen werden vom Compiler problemlos akzeptiert, da hier jeweils Integer-Zahlen bzw. Integer-Konstanten mit anderen Integer-Zahlen verknüpft werden.
Bei den folgenden drei Zeilen erscheint jedoch jeweils die Fehlermeldung:

"line x: This combination of variable types is not allowed."

da hier versucht wird, Integer- mit Real-Variablen bzw. mit Real-Konstanten zu verknüpfen.

8.4 Lektion 4

! **Merke: "Das Rechnen mit Konstanten II"**
Der Pascal51-Compiler (wie fast alle anderen Compiler auch) führt **keine automatische** Umwandlung Real → Integer durch. Um diese dennoch zu realisieren, muß ein besonderer Pascal-Befehl (eine sog. Pascal-Funktion) verwendet werden.

Diese Funktion heißt in Pascal51 *trunc (zahl)* (englisch: truncate = stutzen, verstümmeln), und mit ihr wird der Nachkomma-Anteil einer Real-Zahl abgeschnitten und der Vorkomma-Anteil in eine Integer-Zahl gewandelt:

Beispiele:

    trunc(3.15)   ergibt 3
    trunc(0.17)   ergibt 0
    r1:=10.79
    trunc(r1)   ergibt 10

Damit werden also die folgenden Programmzeilen problemlos übersetzt:

```
i1:=i1+trunc(r2);
i1:=trunc(r1)+trunc(r2);
i1:=i2+trunc(3.0);
```

Aber auch hier gilt:

! **Merke: "Die Verwendung der Funktion: trunc"**
Die Umwandlung von Real-Variablen (Zahlen) in Integer-Variablen (Zahlen) mit Hilfe der trunc-Funktion kostet viele Maschinenbefehle Programmspeicher und viel Ausführungszeit und sollte daher möglichst vermieden werden.

Zum Abschluß dieser Lektion wollen wir uns noch kurz mit den sog. *Pascal-Konstanten* beschäftigen. Die bisher verwendeten Pascal-Variablen sind durch zwei Eigenschaften gekennzeichnet:

- Sie können während des Programms verändert werden:

```
var
   i:integer;

i:=5;
i:=7 * i;
i:=25;
```

- Sie werden im Datenspeicher (RAM-Bereich) des µC-Systems abgelegt.

8. Der Mikrocontroller-Kurs, Teil 1

Daneben gibt es aber auch noch eine zweite Möglichkeit, Zahlenwerte abzuspeichern, nämlich in den *Pascal-Konstanten*, die durch die folgenden Eigenschaften gekennzeichnet sind:

- Nach ihrer Definition können Konstanten während des Programmablaufes *nicht* mehr verändert werden.
- Sie werden im Programmspeicher (EPROM-Bereich) des µC-Systems abgelegt.

Konstanten werden immer dann verwendet, wenn sich bestimmte Zahlenwerte während des Programmablaufes nie ändern werden, der Platz im Datenspeicher knapp ist, im Programmspeicher aber noch genügend Bytes frei sind.
Konstanten werden immer direkt am Anfang des Programms definiert (noch vor den Variablen), nach dem Befehlswort *const*, (s. Lektion 2, Abb.8.2.1).

Beispiel:
Sie wollen den Umfang eines Kreises berechnen und dazu benötigt man nun einmal die Zahl π, die als Naturkonstante einen unveränderlichen Wert hat, π ≈ 3.1416.

Sie können also programmieren:

```
const
   pi=3.1416;

var
   umfang,radius:real;

umfang:=2.0*pi*radius;
```

pi wird hier 6 Byte breit im Programmspeicher abgelegt.

(* eine Fehlermeldung entsteht, wenn Sie pi umdefinieren wollen: *)

```
pi:=5.0;
```

"line x: The same identifier has been declared before."

(diese Fehlermeldung ist allerdings an dieser Stelle nicht sehr aussagekräftig)

> **! Merke: "Die Definition von Pascal-Konstanten"**
> *Pascal-Konstanten bestehen immer aus einem Namen und einem Wert. Die Zuweisung zwischen Namen und Wert erfolgt durch ein einfaches "="-Zeichen und **nicht** durch ":=". Bei Pascal-Konstanten braucht kein Datentyp (integer, real) angegeben zu werden, der Compiler erkennt diesen selbständig.*

8.4 Lektion 4

Sie hätten im obigen Beispiel natürlich auch auf die Definition der Konstanten pi verzichten und die Berechnung wie folgt programmieren können:

```
var
    pi,umfang,radius:real;

    pi:=3.1416;

    umfang:=2.0*pi*radius;
```

pi wird dann allerdings 6 Byte breit im Datenspeicher abgelegt.

Für die Verknüpfung von Pascal-Konstanten mit Real- bzw. Integer-Variablen gilt das zuvor gesagte:

- Verknüpfungen von Real-Variablen mit Real-Konstanten und Integer-Konstanten führt der Compiler problemlos durch, wobei Integer-Konstanten zuvor jedoch (aufwendig) in Real-Konstanten gewandelt werden.
- Die Verknüpfung von Integer-Variablen und Real-Konstanten führt zu Fehlermeldungen, wenn nicht die trunc-Funktion verwendet wird.

Beispiel:

```
const
   pi=3.1416;              (*Real-Konstante*)
   hallo=3;                (*Integer-Konstante*)
var
   i:integer;
   r:real;
(* Ohne Fehlermeldungen werden ausgeführt: *)
   r:=r*pi;
   r:=r*hallo;
   i:=i*hallo;
(* Eine Fehlermeldung erscheint bei: *)
   i:=i*pi;
(* die jedoch vermieden werden kann durch: *)
   i:=i*trunc(pi);         (* entspricht also: i:=i*3 *)
```

Alle zuvor aufgeführten Grundrechenarten gelten natürlich auch für das Rechnen mit Pascal-Konstanten.

8. Der Mikrocontroller-Kurs, Teil 1

Auf geht's zum "Schluß-Sprint":

✎ Übungen

1) Schreiben Sie ein Programm, das drei Real-Zahlen einliest, jeweils das Produkt und die Differenz der drei Zahlen bildet und und die Ergebnisse als Real-Zahlen ausgibt. Die Summe der Zahlen soll als Integer-Zahl ausgegeben werden. Programmieren Sie eine "ansprechende" Bildschirmdarstellung.

2) Schreiben Sie ein Programm, das drei Integer-Zahlen einliest und die Summe der Quadrate dieser Zahlen ausgibt.

8.5 Lektion 5: Der Betrieb des Terminals und der ASCII-Code

> **Lernziele:**
> In dieser Lektion werden Sie sich eingehender mit den Funktionen eines Terminals beschäftigen, den sogenannten ASCII-Code kennenlernen und mit Buchstaben und Satzzeichen auf der µC-Ebene arbeiten.
> - Neu eingeführte Pascal51er-Befehle, Funktionen und Datentypen: *chr( ), char, ord( )*
>
> - Behandelte interne ON-Chip-Peripherie-Einheiten: *keine*
> - Behandelte externe Peripherie-Einheiten: *keine*

Bisher haben wir nur mit Zahlen in verschiedenen "Ausführungen" gearbeitet (numerische Daten) und die anderen wichtigen "menschlichen Kommunikationszeichen", wie Buchstaben und Satzzeichen (die sogenannten Alpha-Daten), vernachlässigt. Die Beschäftigung mit alpha-numerischen Daten soll jetzt aber nachgeholt werden, da ein µC natürlich auch mit solchen Zeichen umgehen kann. Dazu wird zunächst einmal das Terminal näher untersucht.

> **! Merke: "Das Terminal"**
> Ein Terminal ist in seiner **einfachsten Ausführung** nichts anderes als ein elektronisches Gerät mit einem Bildschirm, einer Tastatur und einer seriellen Schnittstelle. Daten, die über die serielle Schnittstelle zum Terminal gesendet werden, werden unbeeinflußt auf dem Bildschirm dargestellt, und Tastendrücke werden vom Terminal sofort über die serielle Schnittstelle ausgesendet.
> Heutzutage werden Terminalfunktionen sehr oft auf einem PC durch eine entsprechende Software nachgebildet, d.h., der PC verhält sich dann, nach Start des Terminalprogramms, wie ein ganz normales Terminal.

Da am Anfang der Entwicklung eines µC-Systems außer dem ausgewählten µC meist noch keine anderen Systemkomponenten, wie Display-Einheit oder Tastatur, vorhanden sind, ist der Anschluß eines Terminals an die serielle Schnittstelle des µC's oft der erste und einfachste Schritt, um mit dem µC-System überhaupt in Verbindung zu treten, d.h. um überhaupt Programme ins µC-System zu übertragen, um Meldungen vom µC-System darzustellen, um Steuereingaben an das µC-System einzugeben.

Auch wenn der spätere Endausbau eines µC-Systems vorliegt und dieses System dann z.B. kein Display und keine Tastatur enthält (z.B. µC-System, das nur Meßwerte erfaßt und diese über die serielle Schnittstelle an einen PC übermittelt), ist es dennoch für die Testphase sehr wichtig zu wissen, wie das System reagiert, ob es richtig reagiert und wo noch eventuelle Fehler im Programm enthalten sind. Auch hierbei ist es daher sinnvoll, wenn man sich Zwischenwerte bzw. Zwischen-

8. Der Mikrocontroller-Kurs, Teil 1

zustände aus dem Programmablauf ausgeben lassen kann bzw. bestimmte Eingaben vornehmen kann, um die Reaktionen des Systems darauf zu überprüfen. Auch hierbei leistet ein einfach anzuschließendes Terminal wertvolle Dienste.

Die wichtigsten Funktionen des in der TFH-Entwicklungsumgebung eingesetzten Terminals (Terminalprogramm auf einem PC) als Schnittstelle zwischen µC-System und "menschlicher Umwelt" haben Sie in den vorherigen Lektionen teilweise schon kennengelernt. *Abb.8.5.1* verdeutlicht noch einmal die wesentlichen Zusammenhänge.

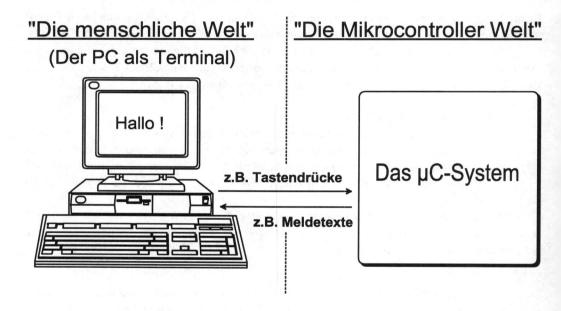

Abb.8.5.1: Das Terminal als Schnittstelle zwischen den Welten

Betrachten wir nachfolgend zunächst einmal die Darstellung von Zeichen auf dem Terminal-Monitor etwas näher. Woher weiß das Terminal, daß es z.B. das empfangene (Byte)Zeichen als Buchstaben "H" darstellen soll ?

Die Zeichen, die über die serielle Schnittstelle gesendet werden, sind in erster Linie ganz normale Bytes, die vom Terminal jedoch entsprechend interpretiert werden müssen. Damit nun die Terminals auf der ganzen Welt alle gleich reagieren, d.h. die gleichen Buchstaben darstellen, wenn die gleichen

8.5 Lektion 5

Bytes empfangen werden, hat man den darstellbaren Zeichensatz eines Terminals international im sogenannten *ASCII-Code* (*American Standard Code for Information Interchange* = Amerikanischer Standard-Code für den Informationsaustausch) genormt.

Genauer gesagt: Dieser Standard-ASCII-Code (oder kurz ASCII-Code) stammt noch aus der Zeit der "guten alten" mechanischen Fernschreibgeräte und wurde ins "Computerzeitalter" mit übernommen. Der ASCII-Code nutzt sieben der acht Bits eines Bytes zur Informationsdarstellung aus, d.h. der ASCII-Code enthält insgesamt 128 verschiedene Zeichen mit den zugehörigen Zeichencodes 0 .. 127. Die *Tab.8.5.1* zeigt die verschiedenen Zeichengruppen, die im ASCII-Code enthalten sind.

> Der ASCII-Code definiert ganz allgemein Zeichen für die Nachrichtenübertragung zwischen zwei technischen Systemen. Einer Vielzahl von alphanumerischen Zeichen und Sonderzeichen werden dabei bestimmte Bitkombinationen (in Byte-Form) eindeutig und unverwechselbar zugeordnet. Mit diesem ASCII-Code können dargestellt werden:
>
> - die Ziffern von 0 ... 9,
> - alle internationalen, d.h. englischen, kleinen Buchstaben: a ... z
> - alle internationalen, d.h. englischen, großen Buchstaben: A ... Z
>   (also keine länderspezifischen Sonderbuchstaben wie ä, ö, Ü, ß, etc.)
> - Sonder(satz)zeichen, wie: !, ?, ", etc.
> - 32 Steuerzeichen, die dazu verwendet werden (können), die eigentliche Datenübertragung zwischen Sender und Empfänger zu steuern.

Tab.8.5.1: Die verschiedenen Zeichengruppen innerhalb des ASCII-Codes

Im Anhang 11.1 ist der Standard-ASCII-Code wiedergegeben.

Die Experten-Ecke: "Der ASCII-Code"
Bei der früheren Fernschreibdatenübertragung wurde das achte Bit eines Bytes zur Fehlersicherung bei der Datenübertragung benutzt und somit enthält der **Standard**-*ASCII-Code, wie zuvor bereits erwähnt, nur 128 verschiedene Zeichen.*
In der heutigen Computertechnik bildet jedoch immer das komplette Byte die Grundlage der Datenübertragung (also 8 Bit bilden ein Zeichen) und die Datensicherung wird bei Bedarf durch ein neuntes Bit (Parity-Bit) durchgeführt (s. auch Lektion 13). Es stehen somit 256 verschiedene Zeichen zur Verfügung, und man hat daher den **"Erweiterten ASCII-Code"** *entwickelt, den Sie ebenfalls im Anhang 11.1 finden.*
Zu beachten ist jedoch, daß nur die ersten 128 Zeichen des Standard-ASCII-Codes international genormt sind, die anderen Zeichen des erweiterten Zeichensatzes, also die Zeichen mit den Zeichencodes 128 ... 255 sind nur quasi-genormt, müssen also bei verschiedenen Terminals nicht immer zwingend gleich interpretiert werden.

8. Der Mikrocontroller-Kurs, Teil 1

Auch bei der Umsetzung der 32 Steuerzeichen des Standard-ASCII-Codes gibt es teilweise von Terminal zu Terminal kleinere Unterschiede.

Mit diesem Wissen läßt sich nun die Zeichendarstellung auf einem Terminal leicht nachvollziehen, *Abb.8.5.2*.

Das 80C537er-TFH-System, als Zeichensender, erkennt den Befehl write('Hallo'); und sendet nun über die serielle Schnittstelle die ASCII-Codes der Buchstaben, die in der Klammer in Hochkommata stehen, aus, d.h., es werden die 5 Bytes

48 61 6c 6c 6f   (hier im HEX-Code dargestellt)

an das Terminal gesendet. Das Terminal selber empfängt die Zeichen, sieht in seiner "eingebauten" ASCII-Tabelle nach, welche Bedeutung diese Zeichen haben, steuert entsprechend die Graphik-Karte bzw. den Monitor an, und die empfangenen ASCII-Zeichen erscheinen auf dem Bildschirm.

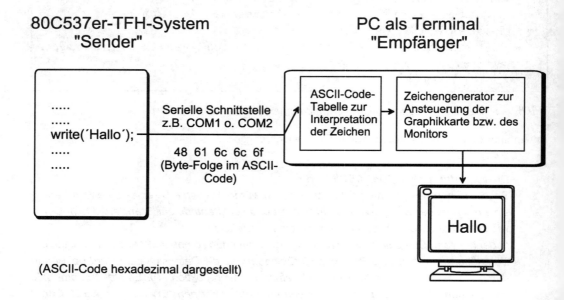

Abb.8.5.2: Die Darstellung von ASCII-Zeichen auf dem Terminal-Monitor

8.5 Lektion 5

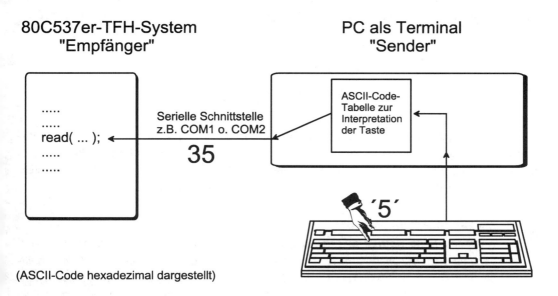

Abb.8.5.3: Die Aussendung von Tastendrücken durch das Terminal

Ganz analog erfolgt die Aussendung von Tastendrücken durch das Terminal, *Abb.8.5.3*.

Drückt man auf der Terminal-Tastatur z.B. die Zahl "5", so ermittelt die Software des Terminals aus der eingebauten ASCII-Tabelle den Zeichencode dieser Zahl (hier: 35_H) und sendet dieses Byte über die Schnittstelle an das 80C537er-TFH-System aus. Der 80C537er empfängt diesen Byte-Wert (read-Befehl) und kann ihn dann entsprechend in seinem Programm weiterverarbeiten.

! **Merke: "Der Datenaustausch mit dem Terminal"**
Die Kommunikation zwischen 80C537er-µC-System und Terminal geschieht immer auf der Basis des Standard-ASCII-Codes, d.h., die Bedeutung der gesendeten Zeichen wird anhand der Standard-ASCII-Code-Tabelle ermittelt.
*Die Übertragung von Zeichencodes aus der erweiterten ASCII-Tabelle (Codes ≥ 128) und die Übertragung einiger Steuercodes aus dem Standard-ASCII-Code kann auf verschiedenen Terminals unterschiedliche "Ergebnisse" hervorrufen. Hier hilft dann nur **ausprobieren**, was passiert !*

8. Der Mikrocontroller-Kurs, Teil 1

Eine weitere Besonderheit müßte Ihnen jetzt auch schon aufgefallen sein: Sie senden zwar vom Terminal aus Zeichen zum 80C537er-µC-System und diese werden dort auch empfangen und weiterverarbeitet. Seltsamerweise sehen Sie aber die gesendeten Zeichen auch auf dem Terminal-Bildschirm:

```
var
     i:integer;

write('Bitte geben Sie i ein: ');
read(i);
```

Wenn Sie hier nun für i den Wert 5178 eingeben, so sehen Sie diese Zahlen nach der Eingabeaufforderung auf dem Bildschirm. Nun könnte man meinen, daß das Terminal selber die Eingaben zusätzlich noch auf seinem Monitor darstellt. Das ist aber nicht der Fall. Das 80C537er-µC-System schickt vielmehr die empfangenen Zeichen über die serielle Schnittstelle zurück:

> **! Merke: "Der Echo-Betrieb"**
> Unter dem **Echo-Betrieb** bei einem µC-System, das mit einem Terminal zusammenarbeitet, versteht man dasjenige Verhalten des µC-Systems, bei dem jedes über die serielle Schnittstelle empfangene Zeichen zurück zum Terminal geschickt, also geechot wird. Diese Eigenschaft ist sehr sinnvoll, denn damit hat man jederzeit die Kontrolle, ob die serielle Schnittstelle exakt eingestellt (parametriert) ist und ob die serielle Datenübertragung einwandfrei funktioniert, denn jede gedrückte Taste muß beim Echo-Betrieb immer fehlerfrei auf dem Terminal-Bildschirm zurückempfangen werden.
> Dieser Echo-Betrieb ist Bestandteil der Monitor-Software im Programmspeicher auf dem 80C537er-TFH-Board, und Sie brauchen sich hierbei um nichts zu kümmern. Nur wenn Sie Zeichen auf dem Bildschirm erhalten, die Sie bei einer Eingabe gar nicht über die Tastatur eingegeben haben, stimmt etwas mit Ihrer Schnittstelle nicht, und Sie sollten das Verbindungskabel und ev. die Terminaleinstellungen überprüfen, wenn Sie mit einem anderen Terminalprogramm arbeiten (s. Anhang 11.2).
> Weiterhin besitzt der Pascal51er-Befehl read() eine Echo-Funktion: jedes bei einer read()-Anweisung empfangene Zeichen wird automatisch zu Terminal zur Kontrolle zurückgesendet und somit auf dem Terminal-Monitor dargestellt.
> Eine Ausnahme bilden hierbei die Charakter-Variablen: Sie werden vom read()-Befehl nicht zurückgesendet.

Bisher haben wird uns hauptsächlich nur mit der Übertragung von Buchstaben, Zahlen und Satz- bzw.- Sonderzeichen beschäftigt und die sogenannten ASCII-Steuerzeichen (ASCII-Codes 00_H ... $1f_H$) außer acht gelassen. Gerade aber diese Zeichen sorgen dafür, daß die Informationsdarstellung auf dem Terminal-Monitor sehr variabel gestaltet werden kann. Man kommt so vom einfachen

8.5 Lektion 5

Terminal, das nur Zeichen darstellen kann, zum intelligenten Terminal, das auch noch Steuerbefehle interpretiert.

> **! Merke: "Über Die Verwendung von Terminal-Steuerzeichen I"**
> *Die Interpretation empfangener Terminal-Steuerzeichen (auch Terminal-Steuersequenzen genannt) im Terminal selber ist leider nicht international genormt und kann daher von Terminal zu Terminal unterschiedlich ausfallen.*
> *Die nachfolgend beschriebene Bedeutung der Steuerzeichen gilt für das Terminal-Programm der 80C537er-TFH-Entwicklungsumgebung. Benutzen Sie jedoch ein anderes Terminal bzw. Terminalprogramm und sehen Sie dann ganz "seltsame Effekte" auf Ihrem Bildschirm, so liegt das daran, daß Ihr Terminal die Steuerzeichen anders interpretiert. Sie müssen dann im zugehörigen Handbuch Ihres Terminals nachsehen und die Steuerzeichen entsprechend abändern.*

> **! Merke: "Über die Verwendung von Terminal-Steuerzeichen II"**
> *Steuerzeichen funktionieren zur Zeit nur in eine Richtung, nämlich wenn Sie vom 80C537er an das Terminal gesendet werden. Die umgekehrte Wirkungsrichtung, das Terminal sendet Steuerzeichen an das 80C537er-TFH-System, ist natürlich auch möglich, jedoch reagiert das µC-System noch nicht auf diese Steuerzeichen, da die notwendige Software dazu nicht im Monitor-EPROM des µC-Systems enthalten ist. Mit fortschreitender Programmiererfahrung können Sie sich aber solche "Steuersignal-Interpretationssoftware" selber schreiben, wobei Sie auch ganz individuelle Reaktionen auf einzelne Steuerzeichen einbauen können.*

In der *Tab.8.5.2* sind einige der wichtigsten Steuerzeichen des in der 80C537er-TFH-Entwicklungsumgebung verwendeten Terminalprogramms aufgeführt (die vollständige Liste aller Steuerzeichen finden Sie im Anhang 11.3).

Einige ASCII-Steuercodes:

Funktion	Code
Cursor auf dem Bildschirm um eine Position nach **links** setzen:	08_H oder $1f_H$
Cursor auf dem Bildschirm um eine Position nach **rechts** setzen:	14_H oder $0c_H$
Cursor auf dem Bildschirm um eine Position nach **oben** setzen:	$0b_H$ oder $1e_H$
Cursor auf dem Bildschirm um eine Position nach **unten** setzen:	$1c_H$ oder $0a_H$
Cursor auf die **Home-Position** (links oben) setzen:	$1d_H$
Auslösung eines "Pieps" beim Terminal (**BEEP** oder BELL):	07_H
Bildschirm löschen:	$1a_H$

Tab.8.5.2: Auszug aus der Tabelle der Terminal-Steuerzeichen (Terminal-Steuersequenzen)

8. Der Mikrocontroller-Kurs, Teil 1

Wird also über die serielle Schnittstelle das Byte 14_H an das Terminal gesendet, so rückt der Cursor um eine Stelle nach rechts. Das Byte $1a_H$ dagegen löscht alle Darstellungen vom Terminal-Bildschirm.

Das nächste Problem, das nun zu lösen ist, ist "Pascal-programmtechnischer" Art: "Wie sendet man vom 80C537er Steuerzeichen an das Terminal ?"
Nehmen wir dazu einmal das Steuerzeichen 07_H, das beim Empfang auf dem Terminal den "Beeper" (Summer im PC) auslöst, also ein mehr oder weniger melodiöses "Piep" erzeugt.
Das Aussenden dieses Steuerzeichens könnte mit dem write-Befehl erfolgen, aber hierbei ergeben sich einige Schwierigkeiten:

    write(07);   gibt die Zahl 7 aus, aber keinen Beep !
    write('07');   schreibt die beiden Einzelzeichen 0 und 7 auf dem Bildschirm, das Terminal
                    interpretiert dieses aber nicht als das einzelne (Byte)Steuerzeichen 07_H.

Hier hilft nun die Pascal-Anweisung *chr( )* weiter, denn damit wird ein Zeichen erzeugt, das dem ASCII-Code in der Klammer entspricht.

Beispiele:

```
write(chr(07));
```
Dieser Befehl gibt den ASCII-(Steuer)-Code 07 über die serielle Schnittstelle aus, d.h., nun ertönt der Beeper des Terminals.

Genau so gut kann man mit dem chr()-Befehl die anderen "normalen" ASCII-Zeichen ausgeben:

```
write(chr(88));
```
sendet den ASCII-Code 88 zum Terminal, und dort wird dann der Buchstabe "X" dargestellt, denn 88 ist der Code dieses Buchstabens.

Für Nicht-Steuerzeichen, also Buchstaben, Zahlen und Satzzeichen, ist diese Verwendung der chr()-Anweisung jedoch recht umständlich, denn im zweiten Beispiel hätte man einfacher und verständlicher programmieren können write('X');

Neben dem Code für den Signalton gibt es natürlich noch eine Menge anderer nützlicher Terminal-Steuersequenzen, speziell auch zur wahlfreien Cursor-Positionierung.
Die *Abb.8.5.4* zeigt daher zunächst einmal die einzelnen Zeichenpositionen bei der Zeichenausgabe auf dem Terminal-Monitor.

8.5 Lektion 5

Solch ein Monitorbild besteht aus 25 Zeilen zu je 80 Spalten, insgesamt können also auf einem Bildschirm maximal 25 * 80 = 2000 Zeichen dargestellt werden. Für eine optimale Informationsdarstellung auf dem Bildschirm ist es natürlich sehr wichtig, daß man die gewünschten Ausgabedaten (Texte und Zahlen) gezielt an bestimmte Stellen plazieren kann. Dazu dienen im wesentlichen die anderen ASCII-Steuercodes, s. Tab.8.5.2.

Der Steuercode $1a_H$ (also der Pascal-Befehl: *write(chr($1a));*) löscht den Bildschirm und plaziert den Bildschirmcursor auf die sogenannte *Home-Position*, d.h. in die linke obere Bildschirmecke mit der Spalten- und der Zeilennummer 0.
Weiterhin gilt:

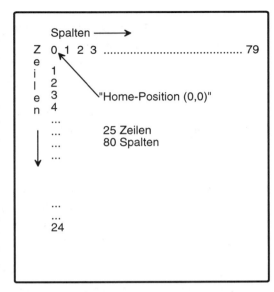

Abb.8.5.4: Die Bildschirmkoordinaten beim Terminal-Monitor

- write(chr($1d)); setzt den Cursor auf die Home-Position, ohne den Bildschirm zu löschen.
- write(chr($0a)); setzt den Cursor um eine Zeile nach unten.
- write(chr($14)); setzt den Cursor um eine Stelle nach rechts.
  usw.

So kann der Cursor auf dem Bildschirm exakt positioniert werden, und ein nachfolgender write- bzw. writeln-Befehl schreibt dann die gewünschten Ausgabedaten genau ab dieser Cursor-Position auf den Bildschirm.

Beispiel:
Der Bildschirm soll gelöscht und das Wort "Hallo" in der Zeile 2 ab der Spalte 3 ausgegeben werden:

```
write(chr($1a));        (*Bildschirm löschen und Cursor auf Home-Position:*)
                        (*Zeile 0 und Spalte 0 setzen*)
write(chr($0a));        (*Cursor auf Zeile 1, Spalte 0 setzen*)
write(chr($0a));        (*Cursor auf Zeile 2, Spalte 0 setzen*)
write(chr($14));        (*Cursor auf Zeile 2, Spalte 1 setzen*)
write(chr($14));        (*Cursor auf Zeile 2, Spalte 2 setzen*)
write(chr($14));        (*Cursor auf Zeile 2, Spalte 3 setzen*)
write('Hallo');         (*Ausgabe des Textes ab Zeile 2, Spalte 3*)
```

Diese Methode der Cursor-Positionierung ist sicherlich nicht die effizienteste, aber sie kann bei fast allen Terminals angewendet werden.

8. Der Mikrocontroller-Kurs, Teil 1

 Die Experten-Ecke: "Die Unterprogramm-Technik"
Eine optimalere Lösungsmethode ist sicherlich die Verwendung der Pascal-Unterprogramm-(Procedure)-Technik in Verbindung mit for...next...Schleifen. Darauf wird noch in den nachfolgenden Lektionen detaillierter eingegangen.

Die Bedeutung der anderen Steuerzeichen geht aus der entsprechenden Tabelle im Anhang 11.3 hervor, und für die weiteren Schritte gilt:

Probieren geht über studieren !

Schreiben Sie also Ihre eigenen "Cursor-Positionierungs-, Text- und Werteausgabe-Programme" und untersuchen Sie, was auf dem Bildschirm passiert. Denken Sie daran, daß Sie mit dem writeln-Befehl den Cursor ebenfalls an den Anfang der nächsten Zeile positionieren können.
Damit haben wir nun die eine Informations-Transferrichtung "80C537er-TFH-System sendet Daten zum Terminal" besprochen, als nächstes untersuchen wird die umgekehrte Richtung etwas näher: "Das Terminal sendet Daten zum 80C537er-TFH-System".
Wie Sie bereits in den vorhergehenden Lektionen gesehen haben, wird zum Empfang der Daten auf der µC-Seite der read-Befehl verwendet, wenn es um die Übertragung von Zahlenwerten geht. Wie sieht die Situation nun aber aus, wenn man ganz allgemein ASCII-Zeichen, also auch Buchstaben und Satzeichen, an das µC-System übertragen will ?
Auch hierzu läßt sich die Pascal-Anweisung read verwenden.

Der read-Befehl in Verbindung mit Charakter-Variablen

Geben Sie dazu das folgende Programm **p6** ein und starten Sie es:

```
(*******************************************************************)
(*                                                                 *)
(*             Einlesen einer Charakter-Variablen                  *)
(*                                                                 *)
(*                  Programm:   p6.pas                             *)
(*                                                                 *)
(*******************************************************************)

program p6;

(*******************************************************************)
(*** Definition der verwendeten Pascal-Variablen ********************)
(*******************************************************************)
var
  c1:char;

(*******************************************************************)
(*** Start des eigentlichen Hauptprogramms **************************)
(*******************************************************************)

begin
```

8.5 Lektion 5

```
(* Zwei Leerzeilen ausgeben *)
writeln; writeln;

(* Einschaltmeldung auf dem Terminal-Bildschirm *)
writeln('Start des Hauptprogramms p6: Einlesen einer Charakter-Variablen');

write('Bitte drücken Sie eine beliebige Buchstaben- oder Ziffern-Taste: ');

(* Einlesen des Tastendruckes *)
read(c1);

(* Sprung in die nächste Zeile *)
writeln;
writeln('Die gedrückte Taste war: ',c1);

writeln;
writeln('Fertig !');
end.
```

Als erstes haben wir unter der Rubrik "Variablen-Definitionen mit der var-Anweisung" einen neuen Variablentype eingefügt, die *Charakter-Variable* c1.

> ! *Merke: "Die Charakter-Variable"*
> *Zum Arbeiten mit Charaktern (das sind ganz allgemein beliebige ASCII-Zeichen) wird in Pascal der Variablentyp **char** verwendet. Mit Hilfe solcher Charakter-Variablen können daher ASCII-Zeichen abgespeichert und verarbeitet werden.*
> *Beachten: Das Schlüsselwort zur Variablen-Typ-Kennzeichnung einer Charakter-Variablen heißt **char** und wird sehr oft mit dem Pascal-Befehlswort **chr** (s. weiter vorne) verwechselt und umgekehrt, was häufig zu völlig unerklärlichen Fehlermeldungen führt, da das fehlende 'a' (bzw. das zuviel vorhandene 'a') nicht sofort auffällt.*

Nach dem Aufforderungstext, eine beliebige Buchstaben- oder Ziffern-Taste zu drücken, wartet der 80C537er aufgrund der read-Anweisung auf ein Zeichen, das über die serielle Schnittstelle übertragen wird, d.h., er wartet auf einen einzelnen Tastendruck auf der Terminal-Tastatur und fährt erst dann im Programm weiter fort, wenn eine Taste gedrückt wurde.

> ! *Merke: "Die Eingabe von Charakter-Variablen über die Terminal-Tastatur"*
> *Bei der Eingabe von Charakter-Variablen über die Terminal-Tastatur braucht nach der gedrückten Taste **nicht** die RETURN-Taste betätigt zu werden. Jeder Tastendruck wird ja **sofort** ausgesendet. Eine gedrückte RETURN-Taste würde hier also als zweiter Tastendruck zum TFH-System gesendet, dort zwischengespeichert und bei der nächsten read-Anweisung eingelesen und so für "Verwirrung" im Programm sorgen.*
> *Anders als beim Einlesen von Zahlen mit der read-Anweisung, wo die RETURN-Taste den Abschluß der Zahleneingabe markiert, reagiert die read-Anweisung beim Einlesen von Charakteren sofort und ohne RETURN-Taste.*

8. Der Mikrocontroller-Kurs, Teil 1

Bei einem Tastendruck sendet das Terminal also den ASCII-Code der gedrückten Taste über die serielle Schnittstelle zum 80C537er-TFH-Board. Dort wird dieser ASCII-Code dann der Variablen c1 zugeordnet (c1 ist ja die Variable des read-Befehls), und mit der übernächsten writeln-Anweisung wird der empfangene Tastencode zur Bestätigung wieder zum Terminal zurückgesendet und dort ausgegeben.

> » **Wichtig: "Nicht erlaubte Tastendrücke"**
> *Die Reaktionen auf Sondertasten-Drücke (wie z.B. die Betätigung der Funktionstasten F4 bis F12, die Betätigung der Cursor-Steuertasten (rechts, links, rauf, runter), etc. auf der PC-Tastatur) sind teilweise sehr seltsam, da die Tastencodes dieser Tasten nicht dem Standard-ASCII-Code entsprechen und daher bei der Rücksendung zum Terminal unterschiedlich interpretiert werden und dann unterschiedliche Aktionen auslösen. Sie sollten sich daher immer genau überlegen, was passiert, wenn Sie andere Zeichen als Zahlen, Buchstaben oder Satzzeichen bei einer read-Anweisung eingeben.*

Betrachtet man nun die Vielfältigkeit der read-Anweisung etwas näher, so könnte man sehr leicht einen recht großen Widerspruch bzw. eine Ungereimtheit entdecken:
Zum einen werden mit diesem Befehl Zahlen (read(i1);) und zum anderen ASCII-Zeichen (read(c1);) eingelesen. Wie erfolgt denn nun die Unterscheidung, was eigentlich gemeint ist und was letztendlich vom nachfolgenden Programm weiterverarbeitet wird ?

> ! **Merke: "Details zur read-, write- und writeln-Anweisung"**
> *Ein Terminal sendet und empfängt **grundsätzlich nur ASCII-Zeichen** über die serielle Schnittstelle. Die Pascal51er-read-Anweisung liest **grundsätzlich nur ASCII-Zeichen** von der seriellen Schnittstelle ein, auch wenn Integer- oder Real-Werte vom Programm erwartet werden. Anhand des Variablentyps der Variablen in der Klammer der read-Anweisung erfolgt nun die weitere, Pascal51-interne, Verarbeitung der empfangenen ASCII-Zeichen:*
>
> *a) Soll ein Charakter eingelesen werden, so wird die Bearbeitung der read-Anweisung nach dem Empfang des ersten Zeichens sofort beendet und dem Programm das eingelesene Zeichen übergeben.*
>
> *b) Soll eine Zahl (Integer oder Real) eingelesen werden, so werden von der read-Anweisung alle vom Terminal gesendeten Zeichen solange eingelesen, bis ein RETURN-Zeichen empfangen wird (Abschluß der Zahleneingabe). Danach werden die zuvor empfangenen ASCII-Zeichen in eine Real- oder in eine Integer-Zahl umgerechnet und dem weiteren Programm zur Verfügung gestellt.*
>
> *Sie sehen also, daß die read-Anweisung eine recht komplexe Anweisung ist, was sich auch dadurch bemerkbar macht, daß deren Umsetzung in ein 80C537er-Maschinenprogramm*

eine Vielzahl von Befehlen benötigt, d.h,. durch die Verwendung vieler read-Anweisungen wird das Maschinenprogrammm entsprechend lang.
*Das analoge gilt nun auch für die Pascal51er-write- bzw. -writeln-Anweisung: mit ihnen werden grundsätzlich **nur die ASCII-Codes** der zu sendenden Zeichen über die serielle Schnittstelle ausgesandt, und dadurch ist natürlich jedes Terminal in der Lage, diese Zeichen korrekt zu empfangen und auf dem Bildschirm darzustellen.*

Zusammengefaßt sollten Sie sich an dieser Stelle noch merken:

! Merke: "Die Interpretation eines Byte"
Aufgrund der vorhergehenden Ausführungen läßt sich nun festhalten, daß ein Byte in einem µC-System durchaus verschiedene Bedeutungen haben kann und Sie sich immer darüber im klaren sein müssen, wie dieses Byte von Ihnen bzw. vom µC-System bzw. von der Gegenstation bei einer Datenübertragung zu interpretieren ist.

Beispiel:
Das Byte mit dem Wert 35_H kann u.a. folgende Bedeutung haben:

1) Es kann ein Befehl (ein Teil eines Befehles) für den 80C537er-µC sein, wenn dieses Byte im Programmspeicher des µC-Systems steht.

2) Es kann den Wert (die Zahl) $35_H = 53$ darstellen, wenn es im Datenspeicher des µC-Systems steht.

3) Es kann das ASCII-Zeichen "5" darstellen (und als dieses auch auf dem Bildschirm erscheinen), wenn es über die serielle Schnittstelle eines Terminals eingelesen wird.

Sie sehen also, die Interpretation eines Bytes ist nicht immer eindeutig, und sie hängt wesentlich davon ab, wo das Byte, in welchem Zusammenhang, im µC-System erscheint.

Kommen wir noch einmal zurück zu den Charaktern in einem Pascal-Programm:

Sie können natürlich auch den Wert einer Charakter-Variablen innerhalb des Programms abändern:

```
       var
              c1,c2,c3:char;

              c1:='A';
              c2:='z';
              c3:='?';
              c1:='y';
```

8. Der Mikrocontroller-Kurs, Teil 1

Sie dürfen nur die Hochkommata nicht vergessen und müssen sich unbedingt folgendes merken:

> **!** **Merke: "Die Charakter-Variablen"**
> Wichtig ist hier zu beachten, daß unter einer Charakter-Variablen **immer nur ein ASCII-Zeichen** abgespeichert werden kann. Beim Versuch, zwei oder mehr Buchstaben, Zahlen oder Sonderzeichen solch einer Variablen zuzuordnen, erscheint eine Fehlermeldung.
>
>   *c1:='f';*   das ist o.k.
>   *c1:='ef';*   hierbei wird die Fehlermeldung angezeigt:
>
> *"line x: The preceding operation is not implemented in this version."*
>
> Wollen Sie mehrere Zeichen unter einer Variablen abspeichern, so müssen Sie diese als sogenannte **String-Variable** definieren (ein String ist eine Zeichenkette, also eine Ansammlung von Charaktern (Zeichen); mehr dazu in den weiteren Lektionen).

Selbstverständlich lassen sich nun auch *Charakter-Konstanten*, direkt im Pascal-Programm, ähnlich wie Zahlenkonstanten, definieren. Hierbei ist jedoch zu beachten, daß im Gegensatz zu den Charakter-Variablen, die Charakter-Konstanten in der Länge nicht auf ein einzelnes ASCII-Zeichen beschränkt sind:

```
        const
                    c1='H';
                    c2='Hallo liebe Theresa, wie geht''s denn so ?';
```

Es sind zwei Charakter-Konstanten mit den Namen c1 und c2 definiert worden. Eine Angabe des Konstanten-Typs ist auch hier nicht erforderlich, der Pascal-Compiler erkennt diesen an den Hochkommata (achten Sie daher auf die korrekte Hochkommata-Verteilung am und im Text !)

Mit

```
        writeln(c2);
```

können Sie dann bei jedem Start des 80C537er-Programms Ihre nette Programmier-Mitarbeiterin auf dem Terminal-Bildschirm begrüßen lassen.

Die maximale Länge einer Charakter-Konstanten beträgt in Pascal51 132 Zeichen. Bei längeren Zeichenketten erscheint die etwas verwirrende Fehlermeldung:

"line x: A string must contain at least one character."

8.5 Lektion 5

Die Experten-Ecke: "String-Konstanten"
Die hier definierten Konstanten c1 und c2 sind genauerweise natürlich String-Konstanten, denn einer Charakter-Konstanten kann man ebenfalls nur ein einzelnes ASCII-Zeichen zuordnen. Da es in Pascal51 aber keine Charakter-Konstanten gibt, kann man die String-Konstanten auch als Charakter-Konstanten mit mehr als einem Zeichen ansehen.

Als Umkehrung der chr()-Anweisung kann man den *ord()-Befehl* auffassen, denn mit ihm wird der ASCII-Code eines Zeichens ermittelt.

Beispiele:
```
var
        i:integer;
        c1:char;
i:=ord('W');              (*ergibt:  i=87*)
i:=ord('}');              (*ergibt   i=125*)
```

Nun können Sie auch Zahlen und Buchstaben ASCII-mäßig addieren:

```
c1:=chr(ord('F')+ord('4')); (*die Addition ergibt:  70 + 52 = 122*)
writeln(c1);                (*ergibt   z  auf dem Bildschirm*)
```

Ob das allerdings sehr sinnvoll ist, sei dahingestellt.

Zum Abschluß dieser Lektion noch eine Anmerkung zum Terminal-Programm der TFH-Entwicklungsumgebung. Dieses Programm ist um einige sinnvolle Funktionen erweitert worden, die Sie teilweise bereits kennengelernt haben:

- Es ist ein einfacher Transfer von Programm-Dateien (den HEX-Files) vom Terminal (PC) zum TFH-System möglich (*Program-Down-Load*). Dazu ist auf der Gegenseite im Programmspeicher (EPROM) des TFH-Systems zusätzlich ein besonderes Empfangsprogramm vorhanden.
- Weiterhin kann das aktuelle Programm, das vom 80C537er-TFH-System gerade bearbeitet wird, zurück in das Terminal (den PC) geladen, dort abgespeichert und analysiert werden (*Program-Up-Load*).
- Innerhalb des 80C537er-Programmspeichers sind noch weitere Funktionen realisiert, die in Verbindung mit einem Terminal einen sehr guten Programmtest, allerdings nur auf Assembler-Ebene, zulassen (*Debug-Funktionen*).

Solche Zusatzeigenschaften gehen natürlich weit über die Grundfunktionen eines einfachen Terminals hinaus und sind daher bei weitem nicht überall vorzufinden.
Sie haben nun die wesentlichen Befehle und Steuerzeichen kennengelernt, die neben dem Aufbau einer "schönen" Bildschirmdarstellung auch die Kommunikation zwischen dem 80C537er-TFH-System und einem Terminal regeln, so daß Sie für die Lösung der nachfolgenden Übungsaufgabe sicherlich nicht mehr als 10 Minuten benötigen.

8. Der Mikrocontroller-Kurs, Teil 1

Ein "Zehnminüter":

✎ Übungsaufgaben

Schreiben Sie ein gut dokumentiertes Programm, mit dem Sie vom µC-System auf einem gelöschten Bildschirm in der Zeile 3 und in der Spalte 5 aufgefordert werden, eine Integer-Zahl einzugeben. Danach soll diese Zahl zur Kontrolle auf den Monitor ab der Zeile 5 und der Spalte 6 dargestellt werden. Zum Abschluß sollen noch drei Piep-Töne zu hören sein. Alle notwendigen Ein- und Ausgaben werden natürlich mit geeigneten Hinweistexten versehen.

8.6 Lektion 6: Betrachtungen zum Datenspeicherbereich und zu den Special-Function-Registern (SFRs)

> **Lernziele:**
>
> In dieser Lektion lernen Sie, wie der µC auf andere Funktionseinheiten in seinem Wirkungsbereich zugreift und Sie werden am Beispiel eines Uhrenchips erfahren, wie man externe Peripherie-Einheiten programmieren kann. Darüber hinaus lernen Sie einen Teil der Datenspeicherstruktur des 80C537er-TFH-Systems kennen und Sie kommen in ersten Kontakt mit den "Special-Function-Registern (SFR's)".
>
> - Neu eingeführte Pascal51er-Befehle, Funktionen und Datentypen:
>   *leider keine, aber in der nächsten Lektion ...*
> - Behandelte interne ON-Chip-Peripherie-Einheiten: *keine*
> - Behandelte externe Peripherie-Einheiten: *keine*

Das folgende generelle Grundproblem ergibt sich über kurz oder lang bei jedem µC-System:

Der µC kann noch so komplex sein, d.h. noch so viele ON-CHIP-Peripherie-Einheiten besitzen, aber irgendwann einmal reicht seine Leistungsfähigkeit nicht mehr aus, und es müssen zusätzliche Funktionseinheiten im µC-System ergänzt werden, z.B.:

- Eine Echtzeituhr (Real-Time-Clock, RTC), damit erfaßte Meßwerte mit Zeit- und Datumsinformationen versehen werden können.
- Ein Display-Controller, der ein alphanumerisches LC-Display ansteuert.
- Ein hochauflösender A/D-Wandler, der Meßwerte mit einer Auflösung von 12 Bit erfaßt, anstatt mit den 8 Bits die der ON-CHIP-A/D-Wandler liefert.

Solche externen Peripheriebausteine können, wie Sie noch sehen werden, schaltungstechnisch recht einfach in das µC-Gesamtsystem integriert werden. Wir gehen daher nachfolgend einmal davon aus, daß diese hardwaremäßige Ergänzung eines weiteren Funktionsbausteins auf der Platine bereits erfolgt ist und jetzt noch geklärt werden muß, wie der µC bzw. der Programmierer mit diesem Erweiterungsbaustein kommuniziert, z.B. wie die Uhrzeit aus einem Uhrenchip ausgelesen wird.

Das gleiche Grundproblem ergibt sich auch bei den ON-CHIP-Peripherieinheiten eines 80C537er-µCs: Wie erfolgt der Daten- und Befehlsaustausch zwischen dem µC-Kern (Anwendungsprogramm) und dem ON-CHIP-A/D-Wandler, den ON-CHIP-Timern oder den ON-CHIP-Seriellen Schnittstellen?

8. Der Mikrocontroller-Kurs, Teil 1

Um dieses grundlegende "Kommunikationsproblem" zu lösen, erweitern wir zunächst das "Schubladen-Konzept" der Variablenspeicherung aus der Lektion 4 und gelangen so zu einem ganz allgemeinen *Speicherverständnis*:

> **! Merke: "Die Speicherstellen"**
> *Alle Datenverarbeitungsaktionen (Speicherung, Verknüpfung, Ein- und Ausgabe von Daten) und alle Steuer- und Befehlsaktionen (Befehle holen, Befehle bearbeiten und Befehle erteilen) laufen in einem µC-System grundsätzlich immer einheitlich über* **Speicherstellen** *ab. Solche Grundspeicherstellen in einem µC-System kann man sich nun wieder als Schubladen vorstellen, in die der µC Daten und Befehle (für die ON-CHIP-Peripherie-Einheiten) schreibt bzw. aus denen er Daten oder Befehle (für sich selbst) entnimmt. Jede einzelne Schublade (Speicherstelle) im gesamten µC-System hat eine eigene unverwechselbare Adresse und somit ist jede Speicherstelle eindeutig identifizierbar.*

Eine Besonderheit im Vergleich zu den Variablen-Speicherschubladen aus der Lektion 4 besteht im Aufbau der allgemeinen Speichereinheiten in einem µC-System: Eine Grundspeichereinheit ist immer eine Speicherstelle für 8 Bit, also für ein Byte. Die zuvor kennengelernten Pascal51-Variablen-Speicherstellen setzten sich nun, µC-System-intern, aus mehreren solcher Byte-Speicherstellen zusammen, wobei der Pascal51-Programmierer aber nichts davon merkt, er arbeitet immer nur mit Speicherstellen für Integer-, Real-, Byte- oder Charakter-Variablen.
Beschäftigt man sich aber eingehender mit der µC-Technik, so kommt man um die grundlegende "Ein-Byte-Speicherstelle" nicht herum.

Ab jetzt sprechen wir daher nur noch von Speicherstellen (Speicherzellen) und behalten nur im Hinterkopf, daß es sich dabei um Schubladen für Variablen bzw. Zahlen handelt.

Der gesamte Speicherbereich eines µC-Systems ist nun aus einzelnen Byte-Speicherzellen zusammengesetzt, wobei es zwei große grundverschiedene Speicherbereiche gibt:

- Zum einen gibt es den *Programmspeicherbereich* (*Program Memory*), in dessen Ein-Byte-Speicherstellen die vom µC abzuarbeitenden Befehle stehen. Man kann also von dem *Anweisungshandbuch* des µCs sprechen. Diesen Bereich werden wir später noch ausführlich untersuchen.
- Der zweite große Speicherbereich ist der *Datenspeicherbereich* (*Data Memory*), in dem der µC Daten ablegt und aus dem er Daten ausliest. Man kann hierbei also von dem *Notizbuch* des µCs sprechen. Über diesen Datenbereich findet nun die Kommunikation (Austausch von Daten und Befehlen) zwischen dem µC, den internen und den externen Peripherie-Einheiten statt.

Betrachten Sie dazu einmal die *Abb.8.6.1*. Der gesamte Datenspeicherbereich teilt sich zunächst auf in einen *externen* und in einen *internen* Bereich. In jedem dieser Bereiche gibt es zwei wichtige Teilsegmente: einmal das *private* und einmal das *gemeinsame* Datenspeichersegment:

8.6 Lektion 6

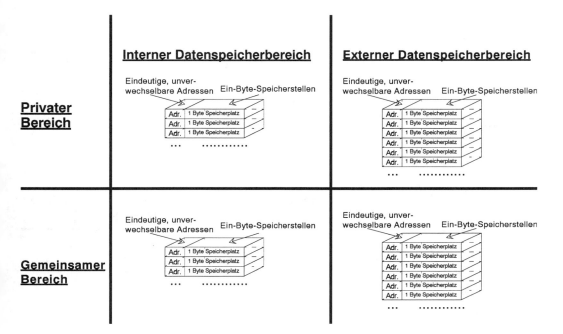

Abb.8.6.1: Der gesamte Datenspeicherbereich des µC's

Das private Datenspeichersegment des µC's, Abb.8.6.2

Dieser Datenspeicherbereich ist einzig und allein nur dem µC schreibend und lesend zugänglich. Hier legt er seine Arbeitsdaten ab: eingelesene Meßwerte, verarbeitete Werte, Zwischenwerte, Ausgabewerte, etc. Die anderen Einheiten innerhalb des µC-Systems haben *keinerlei* Zugriff auf diese Speicherstellen.

Daher die recht anschauliche Bezeichnung "privater Bereich", die allerdings nur dem ersten grundlegenden Verständnis dienen soll. In der weiterführenden µC-Literatur werden Sie diesen Begriff nicht finden, dort ist dann immer nur vom "internen bzw. externen RAM-Bereich" bzw. vom "internen bzw. externen Datenspeicherbereich" die Rede.

Die weiterführend getroffene wichtige Unterscheidung zwischen *internem* und *externem* privaten Speicherbereich geschieht aus zwei Gründen:

Die Zugriffsgeschwindigkeit

Der interne Speicherbereich liegt mit auf dem µC-Chip, im µC-Gehäuse, daher die Bezeichnung "interner Speicherbereich". Auf die Speicherstellen (Daten) dieses internen Bereiches greift der µC

139

8. Der Mikrocontroller-Kurs, Teil 1

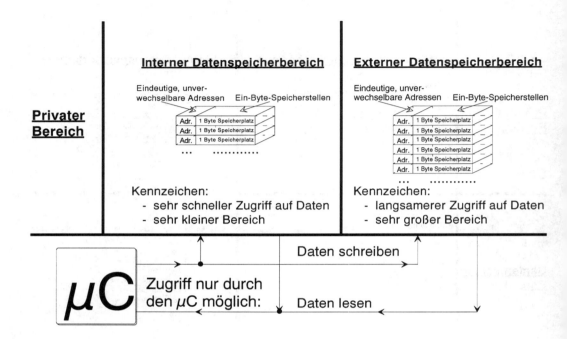

Abb.8.6.2: Das private Datenspeichersegment des µC's

wesentlich schneller zu als auf die Daten im externen Bereich. Dazu ein Beispiel aus dem täglichen Leben: " Auf das 8051er-µC-Fachbuch zu Hause in Ihrem Bücherregal haben Sie einen wesentlich schnelleren Zugriff als auf das gleiche Buch in der örtlichen Stadtbibliothek".

Die Zugriffszeit steht im direkten Zusammenhang mit der Reaktionszeit des µC's, z.B. bei einer sehr schnellen Maschinensteuerung: je kleiner die Zugriffszeit auf Daten ist, desto eher "merkt der µC etwas" und kann auf Störungen reagieren.

In seinem internen Speicherbereich legt der µC also Daten ab, die besonders schnell ver- bzw. bearbeitet werden müssen (der interne Zugriff erfolgt zwei bis fünf mal schneller als der Zugriff auf extern gespeicherte Daten). Allerdings gibt es hierbei den Nachteil, daß dieser interne Bereich sehr klein ist, beim 80C537 beträgt er nur 256 Byte, beim 80C51er sogar nur 128 Byte.

> **!** **Merke: "Das interne und das externe Datenspeichersegment eines µC's"**
> *Bei der Programmerstellung muß darauf geachtet werden, daß nach Möglichkeit nur schnell zu verarbeitende Daten im internen Datenspeichersegment des µC's abgelegt werden.*
> *Daten, auf die nicht unbedingt **sehr** schnell zugegriffen werden muß, können im externen Datenspeicherbereich abgespeichert werden.*

Bei der Programmierung in Pascal51 haben Sie jedoch keinen Einfluß darauf, wo, in welchem Speicherbereich, Variablenwerte (Zahlenwerte) abgelegt werden. Hier sorgt der Pascal51-Compiler bei der Übersetzung Ihres Quellcodes automatisch von sich aus für eine möglichst optimale Verteilung der Variablenspeicherplätze auf den internen und auf den externen Bereich.

*Anders sieht es jedoch aus, wenn Sie in Assembler51 oder C51 programmieren. Hier legen **Sie** fest, wo die Variablen abgespeichert werden, und dann sollten Sie die genannte Regel beachten.*

Die Größe des Datenspeicherbereiches

Benötigt der µC für seine Aufgaben einen größeren privaten Speicherbereich (z.B. Abspeicherung von 3.000 Meßwerten zur späteren Auswertung), so müssen Sie den kleinen internen Datenspeicherbereich durch externe Speicherbausteine ergänzen. Damit können Sie Speichergrößen realisieren, die 100 bis 1.000 mal größer sind als der interne Speicherbereich (externe Größen: bis zu 64 kByte und mehr). Der Nachteil hierbei ist allerdings, daß die Zugriffszeit auf die extern gespeicherten Daten größer ist als auf die internen gespeicherten Daten.

Für das immer noch zu lösende Problem der Kommunikation zwischen µC und den Peripherie-Einheiten ist allerdings der zweite große Systemspeicherbereich vorgesehen:

Das gemeinsame Datenspeichersegment des µC-Systems

Gemeinsam bedeutet hier, daß sowohl der µC als auch die Peripherie-Einheiten (interne und externe) auf diesen Bereich zugreifen können. Die Exklusivität des Zugriffs auf diese Datenspeicherstellen durch den µC ist also aufgehoben worden. Man nennt diesen Speicherbereich auch *shared memory*, den (zwischen µC und Peripherie-Einheiten) geteilten Speicherbereich. Dieser gemeinsame externe Speicherbereich ist ebenfalls sehr klein, meist in der Größe von 4 bis 32 Byte je nach Art der externen Peripherie-Einheit.

! *Merke: "Die Kommunikation mit internen und externen Peripherie-Einheiten"*

*1) Der **interne** gemeinsame Datenspeicherbereich dient zur Kommunikation (Daten- und Befehlsaustausch) mit den internen Peripherie-Einheiten des µCs. Intern bedeutet hierbei, daß sich die Peripherie-Einheiten mit auf dem µC-Chip, also mit im µC-(IC)Gehäuse befinden (ON-CHIP-Peripherie-Einheiten).*

*2) Der **externe** gemeinsame Datenspeicherbereich dient zur Kommunikation (Daten- und Befehlsaustausch) mit den externen Peripherie-Einheiten des µC-Systems. Extern bedeutet hierbei, daß sich die Peripherie-Einheiten außerhalb des µC-Gehäuses, also irgendwo auf der Platine des µC-Systems befinden.*

Vom grundlegenden Funktionsprinzip der Ansteuerung von internen und externen Peripherie-Einheiten her gibt es jedoch keinen Unterschied.

8. Der Mikrocontroller-Kurs, Teil 1

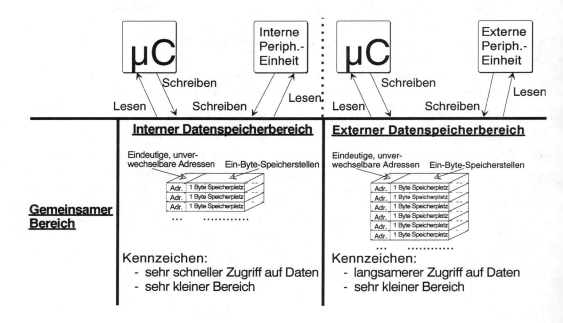

Abb.8.6.3: Das gemeinsame Datenspeichersegment des µC-Systems

Am Beispiel des externen gemeinsamen Datenspeicherbereiches soll nun die Kommunikation zwischen dem µC (d.h. zwischen Ihrem Anwendungsprogramm) und dem externen Uhrenbaustein (Real-Time-Clock, RTC) dargestellt werden.

Solch ein Baustein hat die gleichen Funktionen wie eine Armbanduhr und stellt dem µC-System somit Uhrzeit- und Datumsinformationen zur Verfügung. Beim Betrieb der RTC müssen vom µC aus also die folgenden Funktionen durchführbar sein:

- Wenn das µ C-System erstmalig in Betrieb genommen wird, muß die Uhr gestellt werden (Uhrzeit und Datum).
- Danach muß der µC jederzeit zu beliebigen Zeitpunkten die Uhrzeit und das Datum auslesen können.
- Zusätzlich müssen noch einige Steuerfunktionen durchführbar sein, z.B. Start der Uhr, Anhalten der Uhr, 12/24-Stunden-Betrieb (wichtig für andere Länder, die nicht mit 24 Stunden rechnen sondern nur mit 12 Stunden und der zusätzlichen Angabe: Vormittags/Nachmittags).

8.6 Lektion 6

> **! Merke: "Die Pufferbatterie"**
> Natürlich muß die Uhr noch weiter laufen, wenn die Betriebsspannung des µC-Systems abgeschaltet wird, denn es ist sicherlich sehr lästig, wenn man nach jedem Einschalten des µC-Systems erst einmal die Uhr neu stellen muß. Um ein Weiterlaufen der Uhr im betriebsspannungslosen Zustand zu gewährleisten, wird der Uhrenbaustein mit einer Batterie versorgt, die für ungefähr 3 Jahre einen gepufferten Betrieb der Uhr (und der RAM-Datenspeicher-Bausteine, s. später) sicherstellt.

Nun aber zur Kommunikation zwischen dem µC und dem RTC-Baustein, die ja, wie Sie bereits schon wissen, über den externen gemeinsamen Datenspeicherbereich abläuft, *Abb.8.6.4*.

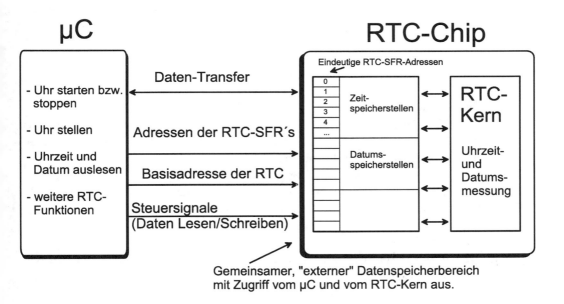

Abb.8.6.4: Die Kommunikation zwischen µC und RTC-Chip

Extern bedeutet hier nun, daß der RTC-Chip einen kleinen Datenspeicherbereich auf seinem Chip enthält (=extern vom µC aus gesehen). Auf diesen Speicherbereich kann der µC von außen lesend und schreibend zugreifen, und der RTC-Kern kann nun seinerseits von "innen" aus lesend und schreibend darauf zugreifen (=gemeinsamer Datenspeicherbereich).

143

8. Der Mikrocontroller-Kurs, Teil 1

Dieser Speicherbereich stellt nun nichts anderes dar als den shared-memory-Bereich für den Betrieb der Uhr. Bei einer RTC gibt es im allgemeinen drei Arten von Ein-Byte-Speicherstellen:

Die Zeitspeicherstellen
Diese Speicherstellen erfüllen zwei Aufgaben:

- Das Stellen der Uhrzeit:
  Beim Stellen der Uhr schreibt der µC in diese Speicherstellen die **Startzeit** für die Uhr, aufgeteilt in Sekunden-Einer-, Sekunden-Zehner-, Minuten-Einer-, Minuten-Zehner-, Stunden-Einer- und Stunden-Zehner-Daten.
  Nach dem Starten der Uhr (s. nachfolgend) übernimmt der RTC-Kern diese Anfangsdaten (Startzeit) und beginnt damit nun die fortlaufende Zeitmessung. Jetzt schreibt die RTC ihrerseits immer die aktuellen Uhrzeitwerte für Sekunde, Minute und Stunde in die Zeitspeicherstellen ein.
- Das Auslesen der Uhrzeit:
  Der µC kann nun seinerseits nach dem Start der Uhr die aktuelle Uhrzeit aus diesen (gleichen) Speicherstellen "von außen" auslesen.

Die Datumsspeicherstellen
Diese Speicherstellen erfüllen zwei Aufgaben:

- Das Stellen des Datums:
  Beim Stellen der Uhr schreibt der µC in diese Speicherstellen das **Startdatum** für die Uhr, aufgeteilt in Tages-Einer-, Tages-Zehner-, Monats-Einer-, Monats-Zehner-, Jahres-Einer-, Jahres-Zehner-Daten und Wochentag-Kennummer.
  Nach dem Starten der RTC (s. nachfolgend) übernimmt der RTC-Kern diese Anfangsdaten (Startdatum) und beginnt damit nun die fortlaufende Datumsmessung. Jetzt schreibt die RTC ihrerseits immer das aktuelle Datum für Tag, Monat, Jahr und Wochentag in die Datumsspeicherstellen ein.
- Das Auslesen des Datums:
  Der µC kann nun seinerseits nach dem Start der RTC das aktuelle Datum aus diesen (gleichen) Speicherstellen "von außen" auslesen.

Die Steuerspeicherstellen
Sie dienen zur Steuerung der Uhrenfunktion, also zum Beispiel:

- zum Anhalten der Uhr,
- zum Starten der Uhr,
- zur Festlegung, ob ein 12- oder 24- Stunden-Betrieb erfolgen soll,
- etc.

Diese Funktionssteuerung wird durch das Setzen bzw. das Rücksetzen (Löschen) einzelner Bits in den Steuerspeicherstellen realisiert. Der RTC-Kern "beobachtet" daher dauernd diese Steuerspei-

8.6 Lektion 6

cherstellen und sobald sich "etwas darin tut", d.h. sobald der µC dorthin etwas reinschreibt, reagiert der RTC-Kern darauf und stellt die gewünschte Funktion ein.

Der grundlegende Ablauf des Betriebs eines Uhrenbausteins kann also wie folgt zusammengefaßt werden:

- Der µC hält die Uhr an, d.h., der µC (das Anwendungsprogramm) setzt das entsprechende Stop-Bit im Uhrensteuerregister.
- Der µC schreibt die Start-Uhrzeit in die Zeitspeicherstellen.
- Der µC schreibt das Start-Datum in die Datumsspeicherstellen.
- Der µC startet die Uhr, d.h., der µC löscht das Uhren-Stop-Bit aus Punkt 1) im Steuerregister.
- Der Uhrenbaustein arbeitet nun selbständig, d.h., er zählt intern die einzelnen Sekunden und er schreibt die jeweils aktuelle Uhrzeit in die Zeitspeicherstellen und das aktuelle Datum in die Datumsspeicherstellen (wie so ein Uhrenbaustein intern funktioniert, ist auch sehr interessant, aber für den Anwendungsprogrammierer zunächst unerheblich, hauptsache er weiß, wie er die Uhr zu bedienen hat).
- Der µC (das Anwendungsprogramm) kann nun jederzeit die Uhrzeit- und die Datumsinformationen aus dem Uhrenbaustein auslesen und weiterverarbeiten, z.B. zur Darstellung von erfaßten Meßwerten mit Uhrzeit und Datum auf dem Terminalbildschirm.

Einige Details sind hier noch wichtig und müssen beachtet werden:

- Jede Datenspeicherstelle im RTC-Chip hat eine eigene unverwechselbare Adresse, wobei die Adreßzählung in der RTC immer bei 0 anfängt. Der µC muß also beim Zugriff auf jede Speicherstelle die richtige Adresse kennen und an den RTC-Baustein anlegen. Erst danach können Daten transferiert werden.
Aber keine Angst, Pascal51 stellt für diesen schreibenden bzw. lesenden Transfer zwei sehr einfache Befehle zur Verfügung und Sie brauchen sich um fast gar nichts zu kümmern.
- Die notwendigen Steuersignale, die den Datentransfer zwischen µC und RTC-Baustein steuern, also das Schreib- bzw. Lesesignal, werden ebenfalls automatisch vom µC generiert, wenn er die entsprechend programmierten und übersetzten Pascal51er-Befehle abarbeitet. Auch hierbei haben Sie nichts weiter zu beachten.

Besonders wichtig ist jedoch, daß Sie sich die folgenden Begriffsdefinitionen noch einprägen:

> » ***Wichtig: "Die besondere Bezeichnung von Datenspeicherstellen"***
> *Die Grundlage der Kommunikation zwischen µC und internen oder externen Peripherie-Einheiten sind gemeinsame interne oder externe Datenspeicherbereiche, die byteweise organisiert sind. Im allgemeinen wird eine 1-Byte große Datenspeicherstelle einfach mit "Speicherstelle" oder "Speicherzelle" bezeichnet. In solchen Speicherstellen werden z.B. Variablenwerte abgespeichert.*

8. Der Mikrocontroller-Kurs, Teil 1

> *Daneben gibt es aber noch zwei weitere sehr wichtige Unterscheidungen bei den Speicherstellen-Arten:*
>
> *1) Ein **Register** ist eine 1-Byte Speicherstelle mit **besonderen Aufgaben**, d.h., ein Register ist zwar eine ganz normale Datenspeicherstelle innerhalb des Datenspeicherbereiches des µCs, diese Speicherstelle hat aber besondere Aufgaben. Wie Sie bei den Betrachtungen zu einigen ON-Chip-Peripherie-Einheiten noch erkennen werden, gibt es in der 8051er-Familie z.B. besondere Speicherstellen, die benutzt werden, um die Multiplikation und die Division von Zahlen durchzuführen. Diese Speicherstellen werden daher als Multiplikations- bzw. Divisions**register** bezeichnet (Speicherstellen mit besonderen Aufgaben).*
>
> *2) Ein **Special Function Register** (SFR) ist nun zunächst wieder eine ganz normale Datenspeicherstelle aus dem gemeinsamen internen oder externen Datenspeicherbereich, aber sie erfüllt **ganz besondere Aufgaben**. Sie dient nämlich zur Kommunikation zwischen µC und den internen bzw. externen Peripherie-Einheiten:*
>
> *"Ein Special Function Register (SFR) dient immer zum Daten- und Befehlsaustausch zwischen µC und den Peripherie-Einheiten."*

Bei den SFR's unterschiedet man zwei verschiedene Arten:

- *Daten-SFR's*: Über diese SFRs erfolgt der reine Datenaustausch zwischen dem µC und den Peripherie-Einheiten. Beim Beispiel des RTC-Bausteins sind dieses die Zeit- und Datumsspeicherstellen.
- *Steuer-SFR's*: Hierüber erfolgt die Programmierung der Betriebsart bzw. der grundlegenden Funktionen der Peripherie-Einheiten, d.h. der µC übermittelt hierüber Steuerbefehle an die Peripherie-Einheiten. Bei der RTC sind dieses z.B. die Befehle zum Stoppen/Starten der Uhr, zum Umschalten in den 12/24-Stunden-Modus, etc.

Daten- und Steuer-SFR sind sehr oft von beiden Seiten beschreibbar und auslesbar, d.h., sowohl der µC als auch die Peripherie-Einheiten können Daten in diese SFR's einschreiben, die dann vom jeweils anderen Kommunikationspartner ausgewertet werden:

- Beim Stellen der Uhr schreibt der µC die Initialisierungsdaten in die Zeit- und Datumsregister (Daten-Infos vom µC an die RTC).
- Beim normalen Betrieb der Uhr schreibt diese die aktuellen Zeit- und Datumsinformationen in die Zeit- und Datums-SRF's (Daten-Infos von der RTC für den µC).
- Zum Start der Uhr schreibt der µC Steuerdaten für die RTC in das Steuer-SFR (Steuerinfos vom µC an die RTC).

8.6 Lektion 6

- Die RTC kann nun ihrerseits auch Steuerinfos an den μC zurückgeben: wenn z.b. ein Interrupt-Betrieb eingestellt ist, kann die RTC signalisieren, das sie einen Interrupt ausgelöst hat (zum Thema "Interrupts" erhalten sie später noch sehr ausführliche Informationen).

Wenn also nachfolgend allgemein von SFR's die Rede ist, so sind das immer 1-Byte-Speicherstellen, die speziell zur Kommunikation zwischen μC und den internen bzw. externen Peripherie-Einheiten dienen. Die SFR's sind damit also immer ein Teil des gemeinsamen internen oder externen Speicherbereiches zwischen μC und internen bzw. externen Peripherie-Einheiten. μC und Peripherie-Einheit können gleichberechtigt auf die SFR's zugreifen und so Daten- und Steuerinformationen austauschen.

Zum Abschluß dieser Lektion erfolgen noch wichtige grundlegende Betrachtungen zur Struktur des externen Datenspeicherbereiches des 80C537er-TFH-Systems.
Der gesamte externen Datenspeicherbereich in einem 8051er-System umfaßt insgesamt 2^{16} = 65536 einzelne Byte-Speicherstellen, d.h. jede dieser Speicherstellen hat eine eindeutige Adresse im Bereich von 0 bis 65535 (beachten Sie die Zählweise der Adressen von 0 bis $65535 = 2^{16} - 1$!). Mehr externe Datenspeicherplätze stehen im allgemeinen nicht zur Verfügung.

Die Experten-Ecke: "Die Vergrößerung des Datenspeichers"
Natürlich kann man über ein entsprechendes Datenspeicher-Bank-Switching die Größe des verfügbaren externen Datenspeicherbereiches noch wesentlich erhöhen. Bei einem 8051er in Grundbeschaltung stehen aber maximal nur 64 kByte Datenspeicher zur Verfügung.

Innerhalb dieses gesamten externen Adreßbereiches liegt nun der private externe Datenspeicherbereich des μC's: dieser Bereich hat beim 80C537er-TFH-Board die Adressen von 0 bis fdff$_H$ (65023) und darin werden die Variablen und die Zahlenwerte aus Ihrem Pascal51er-Programm abgelegt. Dieser Bereich ist also Ihrem Programm zugeordnet und dort haben Sie als Programmier zunächst "nichts zu suchen", d.h., der Pascal51-Compiler teilt sich bei der Programmübersetzung den Bereich selber ein und sorgt dafür, daß Ihr Programm ordnungsgemäß abläuft. Sie sollten daher in diesen Bereich mit den in der nächsten Lektion vorgestellten Befehlen keine Änderungen vornehmen, also von sich aus keine Daten in irgendwelche Speicherstellen dieses Bereiches einschreiben.
In dem noch verbleibenden Adreßbereich von fe00$_H$ bis ffff$_H$ sind die Adressen der SFR's der externen Peripherie-Einheiten angeordnet, und diese besondere Adreßstruktur kann einfach wie folgt erklärt werden:
Wir hatten zuvor erwähnt (s. Abb.8.6.4), daß die externen gemeinsamen Speicherstellen (die SFR's der Uhr) auf dem RTC-Chip selber immer mit der Adresse 0 anfangen. Das führt zunächst zu Komplikationen, denn an der externen Adresse 0 ist ja grundsätzlich der private externe Datenspeicherbereich des μC's angesiedelt. Diese nun vorhandene Adreßüberschneidung führt mit Sicherheit zu Konflikten.

8. Der Mikrocontroller-Kurs, Teil 1

Man muß also den Adreßbereich der RTC verschieben und zwar in den Bereich oberhalb von fdff$_H$, der für externe Peripherie-Einheiten vorgesehen ist und wo sich kein privater externer Datenspeicherbereich des µCs befindet.

Weiterhin ergeben sich ebenfalls Probleme, wenn mehrere externe Peripherie-Einheiten vorhanden sind, z.B. ein externer RTC-Chip und ein LC-Display-Controller. Bei beiden Chips fangen die SFR's bei der Adresse 0 an. Man muß also erstens die Adreßbereiche verschieben und zweitens zusätzlich noch beachten, daß sich die SFR-Adreßbereiche von RTC und LC-Controller nicht überlappen. Diese Adreßverschiebung wird durch eine hardwaremäßige Zusatzschaltung auf der Platine realisiert, und der konkrete Aufbau dieser Schaltung ist für den Hochsprachenprogrammierer, also für Sie, der Sie ja in Pascal51 programmieren, (noch) recht uninteressant.

Die Experten-Ecke: "Der Chip-Select-Decoder"
Es handelt sich hierbei um den Chip-Select-Decoder, der aus den höherwertigen Adreßsignalen die Chip-Select-Signale für die externen Peripherie-Einheiten erzeugt.

Für Sie ist zunächst nur wichtig, daß jede externe Peripherie-Einheit durch diese Adreßverschiebung eine sogenannte *Basis-Adresse* oder *Chip-Select-Adresse* (*Chip-Auswahl-Adresse*) zugeordnet bekommt, die nun immer zu den eigentlichen chip-internen SFR-Adressen der Peripherie-Einheiten hinzugezählt werden muß.

Beispiel:
Bei der RTC des 80C537er-TFH-Boards hat das Sekunden-Einer-SFR die Adresse 0, das Sekunden-Zehner-SFR die Adresse 1, etc. Diese Adressen sind unveränderlich vom Hersteller der RTC festgelegt und stehen im Datenblatt des RTC-Chips.
Die hardwaremäßig Zusatzbeschaltung (der sogenannte *Chip-Select-Decoder*) auf dem 80C537er-TFH-Board erzeugt nun eine Adreßverschiebung für die Uhren-SFR's und die Basisadresse für den RTC-Chip ist nun fff0$_H$ (65520).
Das bedeutet also: wenn Sie auf das Sekunden-Einer-SFR der Uhr lesend oder schreibend zugreifen wollen, so finden Sie dieses Register unter der *absoluten Adresse*:

Absolute Registeradresse = Basisadresse der RTC + RTC-SFR-"Sekunden-Einer"-Adresse aus dem Datenblatt

= fff0$_H$ + 0$_H$ = fff0$_H$

Entsprechend ergibt sich für einen Zugriff auf das Sekunden-Zehner-Register die Adresse:

Absolute Registeradresse = Basisadresse der RTC + RTC-SFR-"Sekunden-Zehner"-Adresse aus dem Datenblatt

= fff0$_H$ + 1$_H$ = fff1$_H$
usw.

8.6 Lektion 6

Sie müssen sich als Hochsprachenprogrammierer zunächst also nur folgendes merken:

> **!** **Merke:** *"Die Programmierung von externen Peripherie-Einheiten"*
> *Will man über eine Hochsprachenprogrammierung auf eine externe Peripherie-Einheit zugreifen, so benötigt man zur Bestimmung der entsprechenden Zugriffsadressen für die SFR's der externen Peripherie-Einheiten lediglich zwei Informationen:*
>
> *1) Die **Basisadresse** der externen Peripherie-Einheit. Diese Adresse wird vom **Hersteller** des µC-Boards willkürlich festgelegt. Sie finden diese Adresse immer in der Systemdokumentation zum µC-Board. Diese Basisadresse wird auch als Chip-Select-(CS\)-Adresse (Bausteinauswahladresse) bezeichnet. Der Schrägstrich "\" bedeutet, daß der Baustein mit einem negativen Pegel, i.a. mit 0 V, an seinem CS\-Pin vom Chip-Select-Decoder ausgewählt wird.*
> *Da diese Adresse durch eine (Hardware-) Schaltung festgelegt wird, kann sie nachträglich nicht mehr geändert werden (was auch kein Nachteil ist: Warum sollte man sie denn ändern wollen ?).*
>
> *2) Der zweite Adreßteil (die **Detailadresse**) ist die eigentliche chip-interne Adresse des jeweiligen SFR's. Diese Adreßinformation erhalten Sie aus dem **Datenblatt des Chips**.*
>
> *3) Die **Gesamtadresse**, mit der Sie auf das gewünschte SFR der externen Peripherie-Einheit zugreifen können, ist nun die Summe aus **Basisadresse + chip-interner SFR-Adresse**.*

Nach so viel Theorie geht es in der nächsten Lektion nun endlich ans "Eingemachte", und Sie werden die bereits viel zitierte Real Time Clock gründlichst kennenlernen und programmieren.

Aber zuvor noch die

✎ Übungsaufgaben

1) Erläutern Sie das Konzept der Special-Function-Register (SFR's) und deren Bedeutung beim Betrieb von externen Peripherie-Einheiten.

2) Welche Arten von SFR's gibt es grundsätzlich ?

3) Wie ist der externe Datenspeicherbereich eines Mikrocontrollers im allgemeinen strukturiert ?

4) Erläutern Sie den Begriff "Chip-Select- (CS\-)Adresse".

8. Der Mikrocontroller-Kurs, Teil 1

8.7 Lektion 7: Der Betrieb der Real-Time-Clock (RTC)

> Lernziele:
>
> *"Wem die Stunde schlägt ..."*
> Der Betrieb der 80C537er-TFH-Echtzeituhr
>
> Anhand des RTC-Chips erhalten Sie eine ausführliche Erläuterung zum Betrieb und zur Programmierung von externen Peripherie-Einheiten.
> Darüber hinaus lernen Sie den Aufbau von Programmschleifen kennen und werden erstmals wichtige Entscheidungen in einem Programm treffen.
>
> Neu eingeführte Pascal51er-Befehle, Funktionen und Datentypen:
> *writexby, xby, wait, wait_25ms, for-Schleife, case..of..else-Auswahl*
> Behandelte interne ON-Chip-Peripherie-Einheiten: *keine*
> Behandelte externe Peripherie-Einheiten: *Real-Time-Clock RTC*

Da Sie jetzt schon wissen, was Special-Function-Register (SFR's) sind, die Aufgaben einer Real-Time-Clock (RTC) kennen und erfahren haben, wie man einen Uhrenbaustein im allgemeinen programmiert, werden wir uns in diesem Kapitel nun ganz konkret mit den Einsatz des RTC-Chips auf dem 80C537er-TFH-Board befassen.

Der RTC-Chip (IC 6 auf dem Board) trägt den Namen 72421 und wird von der Firma Seiko Epson hergestellt [8]. In der *Tab.8.7.1* sind die wesentlichen Leistungsmerkmale dieses Bausteins aufgelistet.

- Zeit: Stunden, Minuten, Sekunden
- Kalender: Jahr, Monat, Tag, Wochentag
- 12- oder 24-Stunden-Betrieb
- Automatische Schaltjahr-Korrektur
- Eingebauter Quarz-Oszillator, keine weiteren Bauelemente und kein Abgleich notwendig
- Batterie-Pufferung möglich, Stromaufnahme: max. 5 µA bei V_{DD}=2.0 V
- An viele µC-Systeme anschließbar
- Verschiedene Interrupt-Perioden programmierbar
- Start-, Stop- und Reset-Funktionen

Tab.8.7.1: Die Kenndaten der RTC 72421

Das *Blockschaltbild*, also die Übersicht über die internen Funktionsbaugruppen der RTC, zeigt die *Abb.8.7.1*.

8.7 Lektion 7

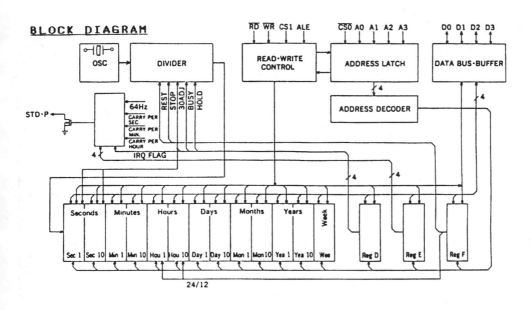

Abb.8.7.1: Das interne Blockschaltbild der RTC 72421

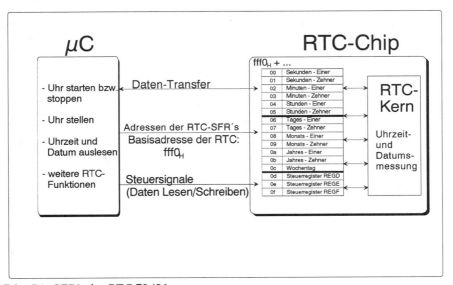

Abb.8.7.2: Die SFR's der RTC 72421

8. Der Mikrocontroller-Kurs, Teil 1

Auf die interne Schaltung der RTC werden wir hier nicht weiter eingehen, uns interessiert vielmehr, wie man die Uhr softwaremäßig handhabt.

Die Grundlage dazu bilden die SFR's im gemeinsamen externen Datenspeicherbereich, d.h. diejenigen Datenspeicherstellen im RTC-Chip, auf die der µC und der RTC-Kern gemeinsam zugreifen können. Diesen shared-memory-Bereich zeigt die *Abb.8.7.2*.

Die konkrete Aufteilung und die Bedeutung der SFR's zeigt die *Tab.8.7.2*.

Adresse					Daten				Registername
Dual				Hex					
A3	A2	A1	A0	A3-A0	D3	D2	D1	D0	
0	0	0	0	0	S8	S4	S2	S1	SEC1
0	0	0	1	1	***	S40	S20	S10	SEC10
0	0	1	0	2	M8	M4	M2	M1	MIN1
0	0	1	1	3	***	M40	M20	M10	MIN10
0	1	0	0	4	H8	H4	H2	H1	HOUR1
0	1	0	1	5	***	AM/PM	H20	H10	HOUR10
0	1	1	0	6	D8	D4	D2	D1	DAY1
0	1	1	1	7	***	***	D20	D10	DAY10
1	0	0	0	8	M8	M4	M2	M1	MON1
1	0	0	1	9	***	***	***	M10	MON10
1	0	1	0	A	Y8	Y4	Y2	Y1	YEAR1
1	0	1	1	B	Y80	Y40	Y20	Y10	YEAR10
1	1	0	0	C	***	W4	W2	W1	WEEK
1	1	0	1	D	30ADJ	IRQ FLG	BUSY	HOLD	REGD
1	1	1	0	E	t1	t0	INT/STND	MASK	REGE
1	1	1	1	F	TEST	24/12	STOP	RESET	REGF

Tab.8.7.2: Die Bedeutung der RTC-SFR's

Bemerkungen:
1. Die Basisadresse des RTC-Chips auf dem 80C537er-TFH-Board lautet FFF0_H.
2. *** bedeutet, dieses Bit existiert nicht.
3. Bit "BUSY" kann nur gelesen werden.
4. Bit "IRQ FLG" kann nur auf logisch 0 gesetzt werden.
5. Der Inhalt des Registers "WEEK" wird wie folgt interpretiert: 0=So., 1=Mo., ..., 6=Sa.

8.7 Lektion 7

Zunächst einmal sehen Sie, daß die RTC 16 verschiedene SFRs besitzt, die die chip-internen Adressen 0_H bis f_H bzw. 0000_B bis 1111_B haben (s. Spalte 1 von Tab.8.7.2). Diese Register sind nun in drei große Gruppen aufgeteilt:

Gruppe 1: Die Zeitspeicherstellen mit den Adressen 0_H bis 5_H.
Dort befinden sich die Zeitinformationen für die Sekunden, die Minuten und die Stunden. In der Spalte drei sehen Sie die Registernamen für diese SFR's.

> **! Merke: "Die Namen von SFR's"**
> Diese SFR-Namen sind, wie Sie noch sehen werden, im Prinzip frei wählbar, denn die SFR's werden ja eindeutig über ihre Adressen angesprochen. Es ist aber durchaus sinnvoll, sich an die Vorgaben des Herstellers zu halten, weil diese Namen nämlich in der Beschreibung im Herstellerdatenblatt fortlaufend verwendet werden und somit ein durchgehender Zusammenhang zwischen Datenblattbezeichnungen und Variablennamen im Programm möglich ist.

Gruppe 2: Die Datumsspeicherstellen mit den Adressen 6_H bis c_H.
Dort befinden sich die Datumsinformationen für Tag, Monat, Jahr und Wochentag. Die "genormten" SFR-Namen stehen wieder in der 3. Spalte.

Gruppe 3: Die Steuerspeicherstellen mit den Adressen d_H bis f_H.
Durch diese Gruppe von drei SFR's (Register REGD, REGE und REGF) werden die allgemeinen Funktionen des Uhrenbausteins festgelegt.

Will man nun die Uhr programmieren, so ist es unerläßlich zu wissen, welche Bedeutung die einzelnen Bits in den SFR's haben. Dazu dient die Spalte 2 der Tab.8.7.2, in der jedes Bit der SFRs aufgeführt ist.
Ein interessanter Punkt sollte Ihnen hier sofort auffallen: bisher hatten wir in den vergangenen Lektionen immer davon gesprochen, daß SFR's besondere Speicherstellen sind, die immer 8 Bit, also ein Byte, umfassen, daß sogar die gesamte Speicherstruktur in einem µC-System auf "bytebreiten" Speicherstellen beruht. Hier haben wir aber nun die Situation vorliegen, daß die SFR's der RTC nur 4 Bit (ein Halbbyte bzw. ein Nibble) breit sind. Diese SFR-Breite hat einen ganz einfachen und sehr praktischen Grund:
Neben den µC's der 8051er-Familie gibt es natürlich noch eine große Anzahl anderer µC's aus anderen (Hersteller)Familien, unter anderem auch "kleinere" µC's als einen 8051er. Solche Bausteine besitzen einen geringen Leistungsumfang und werden z.B. in elektronischen Spielzeugen oder Haushaltsgeräten eingesetzt. Diese µC's kommen dann auch mit einer 4-Bit-Datenstruktur aus, d.h., alle Speicherplätze und Registereinheiten sind nur 4 Bit breit. Damit ein RTC-Baustein auch mit solchen µC's zusammenarbeiten kann, hat der RTC-Hersteller von vornherein eine 4-Bit-Struktur gewählt, mit dem Vorteil, daß dieser Uhrenchip nun in 4-, 8-, 16- und 32-Bit-µC-Systemen eingesetzt werden kann (natürlich gibt es auch größere µC's als den 8051er mit breiteren Daten-

8. Der Mikrocontroller-Kurs, Teil 1

speicher- und Registerplätzen, die aber immer ein Vielfaches von 8 (4) Bit breit sind). Ein weiterer Vorteil ist ebenfalls die geringere Größe des RTC-Chips, da vier Anschlußpins weniger vorhanden sind.

Wichtig ist nun, daß Sie sich folgendes merken:

> **! Merke: "Der Umgang mit Halbbyte-SFR's"**
> *Beim Arbeiten mit Halbbyte-SFRs in externen Peripherie-Einheiten ist folgendes zu beachten:*
>
> *Werden Daten in so ein Register **geschrieben**, so wirken nur die 4 unteren Bits eines 8 Bit breiten Datenwortes, d.h., wenn Sie ein Byte-Datum in so eine Speicherstelle schreiben (und bei einem 8051er können Sie die Daten ja nur byteweise übermitteln), so fallen die oberen 4 Bits immer weg, egal welchen Wert sie haben, und die Peripherie-Einheit übernimmt nur die unteren 4 Bits. Das liegt ganz einfach daran, daß vom 8 Bit breiten Datenbus eines 8051ers nur die unteren 4 Busleitungen an den externen Baustein angeschlossen sind.*
>
> *Werden Daten aus solch einem SFR **ausgelesen**, so sind nur die unteren 4 Bits gültig, d.h., das obere Halbbyte enthält völlig willkürliche Daten, die immer zu verwerfen sind. Auch das hängt mit dem nur 4 Bit breiten Anschluß des Datenbusses zusammen: beim Zugriff auf die externe Peripherie-Einheit "liegen" die oberen 4 Bits quasi "in der Luft" und daher werden dann irgendwelche zufälligen Werte eingelesen.*

Nach diesem kurzen Abstecher in die Welt der Halbbyte-SFR's kommen wir wieder zurück zur Spalte 2 in der Tab.8.7.2. Betrachten wir zunächst die SFR's mit den Adressen 0_H bis c_H. In diesen Registern stehen die Uhrzeit- und Datumsinformationen, also Daten, die als reine Zahlenwerte zu interpretieren sind.

Schaltet man nun ein erstes Mal die Betriebsspannung an die Real Time Clock, so sind die Inhalte dieser Register vollkommen willkürlich und unvorhersehbar, d.h., vor dem eigentlichen Betrieb müssen alle SFR's erst einmal initialisiert, also mit gültigen Anfangswerten versehen, werden.

Die an die RTC-SFR's zu übermittelnden Zahlenwerte haben nun besondere Wertebereiche, die Sie alle aus dem täglichen Leben kennen: so laufen z.B. die Sekunden-Einer von 0 bis 9, die Sekunden-Zehner von 0 bis 5, die Stunden-Zehner von 0 bis 2, die Monats-Einer wieder von 0 bis 9 und die Monats-Zehner von 0 bis 1. Ganz allgemein gilt jedoch: keine Zeit- oder Datumszahl ist kleiner als 0 und größer als 9.

Wie Sie sicherlich aus der Lektion 3 noch wissen, benötigen Sie zur binären Darstellung der dezimalen Zahlen von 0 bis 9 insgesamt 4 Bits,

$$0 = 0000_B \quad \ldots \quad 9 = 1001_B,$$

so daß man zur Darstellung von Zeit- und Datumsinformationen mit einem Halbbyte auskommt. Auch das ist ein Grund für die gewählte 4-Bit-SFR-Struktur bei der RTC, denn wozu sollte man

8.7 Lektion 7

z.B. ein 8 Bit breites Register zur Zählung der Sekunden vorsehen. Da nun aber einige Zeit- und Datumsstellen mit Zahlen kleiner als 9 auskommen, bleiben einige Bits in den SFR's unbelegt.

Beispiele:
Die Minuten-Zehner zählen von 0 bis 5, und zur Darstellung dieser Zahlen benötigt man nur 3 Bits, so daß das Bit D3 im SFR "MIN10" frei bleibt bzw. nicht existiert. Das heißt: das Beschreiben dieses Bits bewirkt absolut nichts, ein Auslesen dieses Bits gibt i.a. ein unbestimmtes Ergebnis, also log.'0' oder log.'1'. Das entsprechende gilt z.B. auch für die Monats-Zehner: hier sind nur die Werte 0 und 1 zulässig, die man mit nur einem Bit (D0) darstellen kann, und somit sind die Bits D1, D2 und D3 überflüssig.

> **! Merke: "Nichtbenutzte Bits in den RTC-SFR's"**
> *Nichtbenutzte Bits in diesen SFR's werden durch einen oder mehrere "*" gekennzeichnet. Diese Bits können nicht sinnvoll beschrieben werden und haben beim Auslesen immer den Wert log.'0'.*

Die einzelnen Zeit- und Datumsinformationen sind also im dualen Zahlensystem dargestellt, oder besser gesagt, sie sind BCD-codiert, was aber im Zahlenbereich von 0 bis 9 keinen Unterschied zur dualen Codierung ausmacht.

Wenn also der µC nun zum ersten Mal die Uhr stellt (initialisiert), so schreibt er in die SFR's mit den Adressen 0 bis b_H die Startzeit und das Startdatum und in das SFR mit der Adresse c_H die Wochentagsinformation, also den Wochentag, codiert als Zahl, wobei gilt: 0 = So., 1 = Mon., ... usw..
Nach dem Startsignal übernimmt der RTC-Kern aus diesen SFR's die Startdaten und beginnt mit der Zeitmessung. Der RTC-Kern schreibt nun seinerseits in die Register 0_H bis c_H die aktuellen Zeit- und Datumsinformationen im Sekundentakt zurück, so daß der µC diese Werte aus diesen Speicherstellen jederzeit auslesen kann.
Kommen wir nun zu den drei Steuerregistern REGD, REGE, REGF. Insgesamt 12 einzelne **Steuerbits** bestimmen die grundlegenden Uhrenfunktionen. Wir werden uns hier allerdings nur das REGF näher ansehen, die Steuerregister REGD und REGE werden später in der Lektion über Interrupts näher behandelt.

Register F, interne RTC-SFR-Adresse: f_H

Bit "TEST":
Dieses Bit dient zu herstellerspezifischen Testzwecken und muß für den korrekten Betrieb der RTC immer auf log.'0' gesetzt sein:

$$\text{TEST} = 0 \qquad \text{(immer)}$$

Bit "24/12":
Mit diesem Bit erfolgt die Umschaltung zwischen 24- und 12-Stunden-Betrieb:

24/12 = 1   24-Stunden-Betrieb ausgewählt,
             d.h. Uhrzeitangabe von 00:00:00 bis 23:59:59
24/12 = 0   12-Stunden-Betrieb ausgewählt,
             d.h. Uhrzeitangabe von 00:00:00 bis 11:59:59
             und zusätzlicher Angabe: "Vormittags/Nachmittags"

Die Tageshälftenunterscheidung im 12-Stunden-Betrieb erfolgt mit Hilfe des Bits "AM/PM" (=D2 im SFR HOUR10), d.h. ist dieses Bit auf log.'0' gesetzt, so befindet man sich im AM(Nachmittags)-Zeitbereich, ist das Bit auf log.'1' gesetzt, so ist man im PM(Vormittags)-Zeitbereich. Dieses Bit ist allerdings nur im 12-Stunden-Betrieb gültig, im 24-Stunden-Betrieb der Uhr ist es immer auf log.'0' gesetzt.

Bit "STOP":
Durch Setzen dieses Bits kann man die Uhr anhalten:

STOP = 1   die Uhr ist angehalten
STOP = 0   die Uhr läuft

Diese Start-/Stopp-Steuerung ist wichtig, wenn man die Uhr das erste Mal einstellen will, denn dazu muß man sie zuerst einmal anhalten.

Bit "RESET":
Damit werden alle internen Zeitzähler, die (für den Anwender unsichtbar) die Zeiten unterhalb einer Sekunde zählen, zurückgesetzt, also auf den Wert 0 gesetzt. Diesen Reset sollte man ebenfalls vor dem Start der Uhr durchführen, damit auch die interne Zählung der "Sekundenbruchteile" beim RTC-Start korrekt bei Null beginnt.

RESET = 1   der Reset wird durchgeführt
RESET = 0   der Reset wird wieder zurückgenommen

Register E, interne RTC-SFR-Adresse: e_H

Die Bits dieses Register dienen zur Einstellung der Interruptbetriebsart und werden daher später besprochen.

Register D, interne RTC-SFR-Adresse: d_H

Auch die Bits dieses Registers werden zur Einstellung weiterer Funktionen benutzt, die hier noch nicht behandelt werden.

8.7 Lektion 7

! **Merke: "Die Beschäftigung mit Datenblättern"**
Am Beispiel der RTC sehen Sie schon ein **grundlegendes Problem**: die Funktionen interner und externer Peripherie-Einheiten (selbst die eines "einfachen Uhrenchips") sind mittlerweile so komplex geworden, daß umfangreiche Datenblätter zu deren Beschreibung notwendig sind.
Allein das Herstellerdatenblatt des hier verwendeten RTC-Bausteins umfaßt 22 eng beschriebene DIN A4-Seiten, und eine vollständige Erläuterung aller Funktionen der RTC würde den Rahmen dieses grundlegenden Einführungsbuches bei weitem sprengen.
Wir beschränken uns daher bei der RTC nur auf die Beschreibung grundlegender Funktionen:

- Uhr stellen
- Uhrzeit/Datum auslesen
- Interrupterzeugung (s. Lektion 12)

Wenn Sie sich tiefer mit allen Funktionen der RTC auseinandersetzen wollen oder müssen, so ist ein ausführliches Studium des Datenblattes unumgänglich [8]. Insbesondere dann, wenn Sie eine eigene Hardware mit dem RTC-Chip entwickeln wollen (u.a. auch mit einer Batterie-Pufferung, damit die Uhr bei Betriebsspannungsausfall noch weiterläuft), sind Sie auf weiterführende Informationen aus dem Datenblatt angewiesen. Sehen Sie sich dazu einmal die Uhrenbeschaltung auf dem 80C537er-TFH-Board an.
All die notwendigen Fakten finden Sie in der Herstellerbeschreibung zur RTC, die allerdings, wie fast alle Beschreibungen zu Bausteinen in µC-Systmen, in englischer Sprache vorliegt. Daher ist eine frühzeitige Beschäftigung mit der "neudeutschen", englischen (µC-Fach)Sprache dringend anzuraten.

Mit den bisher bekannten "Biteinstellungen" können Sie jedoch schon umfassend mit der RTC arbeiten: z.B. im 24-Stunden-Betrieb die Uhr erst stoppen und zurücksetzen, dann einstellen und danach wieder starten:

Uhr stoppen und zurücksetzen:
Bitkombination zum Einschreiben in das Register REGF:

```
  0         1         1         1        = 7_H
  |         |         |         |
TEST      24/12      STOP     RESET
```

Uhr stellen: (s. nachfolgend)

157

8. Der Mikrocontroller-Kurs, Teil 1

Uhr starten:
Bitkombination zum Einschreiben in das Register REGF:

| 0 | 1 | 0 | 0 | = 4_H |

TEST — 24/12 — STOP — RESET

Die beiden anderen Steuerregister REGD und REGE können zunächst unberücksichtigt bleiben.

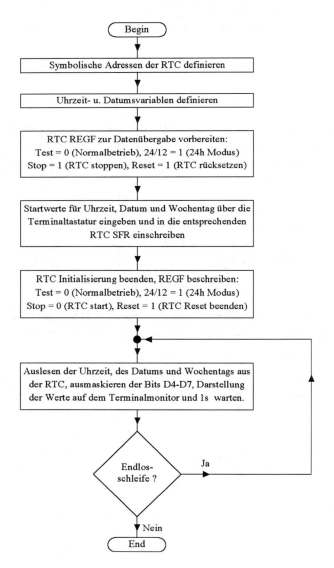

Nachdem Ihnen nun die wichtigsten Funktionen und Einstellmöglichkeiten der RTC bekannt sind, kommen wir zur Entwicklung des Pascal51er-RTC-Uhrenprogramms.

Die zu erfüllende Aufgabe soll sein: "Erstmalige Einstellung der Uhr mit Startzeit und Startdatum (Initialisierung des RTC-Chips) und danach fortlaufende Ausgabe der aktuellen Uhrzeit und des aktuellen Datums auf dem Terminal-Bildschirm im Sekundentakt."

Bei der Lösung dieses Problems begegnet Ihnen nun zum ersten Mal ein "echtes Flußdiagramm", das die grundsätzliche Ablaufstruktur des zukünftigen Programms graphisch darstellt. Sie erinnern sich: vor jeder größeren Programmieraufgabe sollte zuallererst ein Flußdiagramm erstellt werden, damit man erkennt, *was wann* und *wie* programmiert werden soll.

In der *Abb.8.7.3* ist das Flußdiagramm für das zu erstellende Uhrenprogramm *rtc1.pas* dargestellt.

Abb.8.7.3: Das Flußdiagramm zum RTC-Betriebsprogramm rtc1.pas

8.7 Lektion 7

Sehr einfach sind hieran die notwendigen durchzuführenden Programmaktionen zu erkennen. Das auf der Grundlage dieses Flußdiagramms erstellte Programm rtc1.pas finden Sie nachfolgend abgedruckt:

```
(*******************************************************************)
(***      Programm zur RTC-Initialisierung, Datums- und Zeitausgabe im   ***)
(***                          "POLLING-BETRIEB"                          ***)
(***                                                                     ***)
(***      Programm-Name:    RTC1.PAS                                     ***)
(***      Autor:            P. G. / B.v.B                                ***)
(***      Version:          2.0                                          ***)
(***      Datum:            21.07.96                                     ***)
(*******************************************************************)

program rtc1;


(*******************************************************************)
(*** Festlegung der verwendeten Konstanten ******************************)
(*******************************************************************)

const

  (*** Special-Function-Register-Adressen der RTC ***)

  (* Zeitregister *)
  sec1    = $fff0;          (* Register SEC1, Wertebereich 0-9 *)
  sec10   = $fff1;          (* Register SEC10, Wertebereich 0-5 *)
  min1    = $fff2;          (* Register MIN1, Wertebereich 0-9 *)
  min10   = $fff3;          (* Register MIN10, Wertebereich 0-5 *)
  hour1   = $fff4;          (* Register HOUR1, Wertebereich 0-9 *)
  hour10  = $fff5;          (* Register HOUR10, Wertebereich 0-2 *)

  (* Datumsregister *)
  day1    = $fff6;          (* Register DAY1, Wertebereich 0-9 *)
  day10   = $fff7;          (* Register DAY10, Wertebereich 0-3 *)
  mon1    = $fff8;          (* Register MON1, Wertebereich 0-9 *)
  mon10   = $fff9;          (* Register MON10, Wertebereich 0-1 *)
  year1   = $fffa;          (* Register YEAR1, Wertebereich 0-9 *)
  year10  = $fffb;          (* Register YEAR10, Wertebereich 0-9 *)
  week    = $fffc;          (* Register WEEK1, Wertebereich 0-6 *)

  (* Steuerregister *)
  regd    = $fffd;          (* Reg. D, D3:=30ADJ., D2:=IRQ.FLG., *)
                            (* D1:=BUSY, D0:=HOLD *)
  rege    = $fffe;          (* Reg. E, D3:=t1, D2:=t0, *)
                            (* D1:=INTR/STND, D0:=MASK *)
  regf    = $ffff;          (* Reg. F, TEST, D2:=24/12, *)
                            (* D1:=STOP, D0:=RSET *)

(*******************************************************************)
(*** Festlegung der verwendeten Variablen *******************************)
(*******************************************************************)

var

  (*** Für den RTC-Betrieb ***)
  (* Uhrzeit- u. Datumseingabevariablen *)
```

8. Der Mikrocontroller-Kurs, Teil 1

```
   a,b,c,d,e,f,g,h,i,j,k,l,m : integer;
(***********************************************************************)
(*** Beginn des Hauptprogramms *****************************************)
(***********************************************************************)

begin
  (*** Löschen des Terminal-Bildschirms ***)
  write(chr($1a));

  (***********************************************************************)
  (*** Initialisierung der Real-Time-Clock *******************************)
  (***********************************************************************)

  (*** Start-Meldung auf Bildschirm ***)
  writeln('              Initialisierung der Real-Time-Clock RTC:');
  writeln('              ======================================');
  writeln;

  (*** RTC anhalten, um die Initialisierungsdaten zu übergeben ***)
  writexby(7,regf);        (* "BIT TEST":=0   -> Normalbetrieb *)
                           (* "BIT 24/12":=1  -> 24h Modus *)
                           (* "BIT STOP":=1   -> RTC STOPPEN *)
                           (* "BIT RESET":=1  -> RTC Zurücksetzen *)

  (*** Eingabe der Start-Zeit ***)
  writeln('Bitte jede Zeit-Ziffer einzeln eingeben:');
  write('Stunden-Zehner  : '); read(a);
  write('Stunden-Einer   : '); read(b);
  write('Minuten-Zehner  : '); read(c);
  write('Minuten-Einer   : '); read(d);
  write('Sekunden-Zehner: '); read(e);
  write('Sekunden-Einer : '); read(f);
  writeln;

  (*** Übermittlung der Start-Zeit an den RTC-Baustein ***)
  writexby(f,sec1);
  writexby(e,sec10);
  writexby(d,min1);
  writexby(c,min10);
  writexby(b,hour1);
  writexby(a,hour10);

  (*** Eingabe des Start-Datums ***)
  writeln('Bitte jede Datums-Ziffer einzeln eingeben:');
  write('Tages-Zehner    : '); read(a);
  write('Tages-Einer     : '); read(b);
  write('Monats-Zehner   : '); read(c);
  write('Monats-Einer    : '); read(d);
  write('Jahres-Zehner   : '); read(e);
  write('Jahres-Einer    : '); read(f);
  writeln;

  (*** Übermittlung des Start-Datums an den RTC-Baustein ***)
  writexby(b,day1);
  writexby(a,day10);
  writexby(d,mon1);
```

```
    writexby(c,mon10);
    writexby(f,year1);
    writexby(e,year10);

    (*** Eingabe des Start-Wochentages ***)
    write('Bitte geben Sie den Wochentag ein (0 = So., ... 6 = Sa.): ');
    read (a);
    writeln;

    (*** Übermittlung des Start-Wochentages an den RTC-Baustein ***)
    writexby(a,week);

    (*** Die Initialisierung der RTC ist abgeschlossen, ***)
    (*** die RTC kann gestartet werden                  ***)
    writexby(4,regf);          (* "BIT TEST":=0    -> Normalbetrieb *)
                               (* "BIT 24/12":=1   -> 24h Modus *)
                               (* "BIT STOP":=0    -> RTC STARTEN *)
                               (* "BIT RESET":=0   -> Reset beenden *)


    (**********************************************************************)
    (*** Ausgabe der aktuellen Uhrzeit und des aktuellen Datums auf ********)
    (*** dem Terminal-Bildschirm                                    ********)
    (**********************************************************************)

    (*** Endlosschleife zur permanten Ausgabe von Uhrzeit und Datum ***)
    repeat
(*** Auslesen der Uhrzeit aus der RTC ***)
        f:=xby(sec1) and (15);       (* Einlesen der RTC-Uhrzeitregister *)
        e:=xby(sec10) and (15);      (* über den 4-Bit breiten Datenbus *)
        d:=xby(min1) and (15);       (* in die Uhrzeitvariablen a-f. Die *)
        c:=xby(min10) and (15);      (* Bits D4-D7 werden durch die UND- *)
        b:=xby(hour1) and (15);      (* Verknüpfung mit 15 unterdrückt. *)
        a:=xby(hour10) and (15);

        (*** Auslesen des Datums aus der RTC ***)
        g:=xby(day1) and (15);       (* Einlesen der RTC-Datumsregister *)
        h:=xby(day10) and (15);      (* über den 4-Bit breiten Datenbus *)
        i:=xby(mon1) and (15);       (* in die Datumsvariablen g-m. Die *)
        j:=xby(mon10) and (15);      (* Bits D4-D7 werden durch die UND- *)
        k:=xby(year1) and (15);      (* Verknüpfung mit 15 unterdrückt. *)
        l:=xby(year10) and (15);
        m:=xby(week) and (15);

        (*** Terminal löschen ***)
        write(chr($1a));

        (*** Senden der Uhrzeit und des Datums zum Terminal ***)
        write(chr($1a));
        writeln(' Aktuelle    UHRZEIT: ',a,b,':',c,d,':',e,f);
        writeln(' Aktuelles   DATUM  : ',h,g,'.',j,i,'.',l,k);
        writeln(' Aktueller   TAG    : ',m);

        (*** Warten ca. 1 sec. ***)
        wait_25ms(40);

    until false;

end.
```

Sehen wir uns dieses Programm nun einmal im Detail an. Zuerst müssen die SFR-Adressen der RTC ermittelt werden. Wie Sie aus der vorherigen Lektion ja wissen, setzen sich die endgültigen Adressen der Register einer externen Peripherie-Einheit aus einem chip-internen Adreßteil und aus einer C-boardspezifischen Basisadresse zusammen. Die Grundadresse des RTC-Chips auf dem 80C537er-TFH-Board liegt nun bei fff0$_H$, d.h., zu jeder chip-internen SFR-Adresse muß noch fff0$_H$ hinzuaddiert werden. Das Sekunden-Einer-Register hat also die Adresse fff0$_H$ + 0$_H$ = fff0$_H$, das Sekunden-Zehner-Register die Adresse fff1$_H$, das Minuten-Einer-Register fff2$_H$, usw., siehe *Tab.8.7.3*.

Register	Register-Adresse (in HEX)
Sekunden-Einer	fff0
Sekunden-Zehner	fff1
Minuten-Einer	fff2
Minuten-Zehner	fff3
Stunden-Einer	fff4
Stunden-Zehner	fff5
Tages-Einer	fff6
Tages-Zehner	fff7
Monats-Einer	fff8
Monats-Zehner	fff9
Jahres-Einer	fffa
Jahres-Zehner	fffb
Wochentag	fffc
Register D	fffd
Register E	fffe
Register F	ffff

Tab.8.7.3: Die realen SFR-Adressen der RTC

Wenn Sie also auf die RTC-SFR's lesend oder schreibend zugreifen wollen, so müssen Sie die Adressen aus der obigen Tabelle benutzen.

An dieser Stelle kann zur Vereinfachung der Programmerstellung das sogenannte Prinzip der *symbolischen Adressierung* eingeführt werden. Wie Sie in der Lektion 4 schon erfahren haben, lassen sich in einem Programm *Pascal-Konstanten* definieren, die aus einem Namen und einem Wert bestehen. Wenn Sie nun z.B. auf das Minuten-Zehner-Register der RTC zugreifen wollen, so können Sie den entsprechenden Lese- bzw. Schreibbefehl (die Sie nachfolgend noch kennenlernen) mit der Adresse fff3$_H$ verbinden. Wesentlich einfacher zu handhaben und auch zu merken wäre es jedoch, wenn man die SFR's mit sinnvollen Namen ansprechen könnte, z.B. mit "min10", anstatt mit schlecht zu behaltenden Zahlenadressen.

Diese Verknüpfung von realer Registeradresse und beliebig wählbarem aussagekräftigen Namen können Sie nun über die Pascal-Konstanten-Definitionen erreichen.

Betrachten Sie sich dazu die Konstanten-Festlegungen im Listing von rtc1.pas. Sie sehen dort, daß einzelne Namen den Registeradressen der SFRs zugeodnet sind, z.B.:

    sec1,   sec10,   year10,   usw.

Wenn Sie nun auf solch ein Register zugreifen wollen, so haben Sie zwei Möglichkeiten, dieses zu tun:

8.7 Lektion 7

- Sie verwenden weiterhin die numerische Adresse, die jedoch schlecht zu merken ist, also z.B.:
  fff4$_H$ für das Stunden-Einer-Register
  fff5$_H$ für das Stunden-Zehner-Register

oder

- Sie verwenden jetzt die *symbolischen Namen* für die SFR's zur Adressierung, also hour1 oder hour10, die sicherlich einfacher zu merken sind und deren Verwendung das Programm übersichtlicher gestalten und dessen Lesbarkeit wesentlich erhöhen.

> **!** *Merke: "Die Symbolische Adressierung"*
> *Unter der symbolischen Adressierung versteht man die Zuordnung eines aussagekräftigen Namens zu einer bestimmten SFR-Adresse. Auf dieses SFR kann dann entweder mit der numerischen Adresse oder mit dem Namen zugegriffen werden. Durch den namentlichen Zugriff auf die SFR's entstehen einfach nachvollziehbare und übersichtliche Programme. Wohl gemerkt: Sie müssen nicht mit SFR-Namen arbeiten, Sie können auch nur die numerische Adresse verwenden.*
> *Die Durchführung einer symbolischen Adressierung geschieht in Pascal51 mit Hilfe der Konstanten-Definition.*

Im Listing von rtc1.pas sehen Sie daher, daß am Anfang des Programms zunächst für jedes SFR ein charakteristischer Name gewählt wurde.

Nach der Definition weiterer benötigter Programmvariablen wird nun der Terminal-Bildschirm gelöscht und die Startmeldung des Programms ausgegeben. Bis hier hin ist alles noch bekannte Programmiertechnik. Nun aber erfolgt der erste Zugriff auf die RTC und zwar auf das Register REGF, um die Uhr anzuhalten. Hierzu kann der neue Pascal51er-Befehl *writexby (wert,adr)*; verwendet werden. Anhand des Namens kann schon auf die Funktion dieser Anweisung geschlossen werden:

    write   : Schreibefehl
    x   : Schreibzugriff, durchgeführt im externen Datenspeicherbereich, also im gemeinsamen externen Bereich zwischen µC und RTC
    by   : es wird genau ein Byte in die Speicherstelle geschrieben

Somit wird durch den Befehl writexby(wert,adr) die Zahl "wert" in die externe Datenspeicherstelle mit der Adresse "adr" abgespeichert.

Wie Sie zuvor gesehen haben, muß nun zum Anhalten der Uhr der Wert 7_H in das SFR REGF geschrieben werden. Dieses kann jetzt auf zwei Arten erfolgen:

8. Der Mikrocontroller-Kurs, Teil 1

- writexby(7,$ffff) : Verwendung der numerischen Adresse von REGF,

oder einfacher mit

- writexby(7,regf) : Verwendung des symbolischen Namens von REGF.

Betrachten Sie den weiteren Verlauf des Flußdiagramms bzw. des Programmlistings, so sehen Sie, daß nun die einzelnen Start-Werte für die Uhrzeit eingegeben und unter entsprechenden Hilfsvariablen abgelegt werden. Danach erfolgt das Einschreiben dieser Daten mit Hilfe des writexby(,)-Befehls in die entsprechenden SFR's der Uhr.
Nachfolgend geschieht das Gleiche mit den Datumsinformationen: Eingabe des Startdatums und Übertragung dieser Werte an die RTC.
Zum Abschluß der RTC-Initialisierung erfolgt noch die Festlegung des Wochentages, und danach wird die Uhr sofort durch Einschreiben des Wertes 4 in REGF gestartet.
Denken Sie daran, daß alle SFRs der RTC nur 4 Bit breit sind und daher nur die unteren 4 Bits des eingeschriebenen Bytes wirken.
Damit ist die Einstellung der Uhr beendet, und der µC kann nun zu beliebigen Zeitpunkten Uhrzeit- und Datumsinformationen auslesen. Dieses wird im zweiten Teil von rtc1.pas realisiert. Dazu wurde eine Endlosschleife programmiert, die permanent im Sekunden-Rhythmus die RTC-Daten ausliest und an das Terminal sendet.
Die Konstruktion einer solchen Dauerabfrage mit den Pascal51er-Befehlen repeat ... until werden Sie in den nächsten Lektionen noch genauer kennenlernen. Wichtig ist hier zunächst der Lese-Befehl, mit dem Sie Bytewerte aus den RTC-SFR's auslesen können. Diese Pascal51er-Anweisung lautet:

a:= **xby(adr)**;

und sie erklärt sich schon fast von selbst:

a:=...	: Kennzeichen für einen Lesebefehl: ein Wert wird einer Variablen zugeordnet
x	: Lesezugriff, durchgeführt im externen Datenspeicherbereich, also im gemeinsamen externen Bereich zwischen µC und RTC
by	: es wird genau ein Byte aus einer Speicherstelle ausgelesen

Es wird daher der Inhalt der externen Datenspeicherstelle mit der Adresse "adr" ausgelesen und der Variablen "a" zugeordnet. Somit können Sie sehr einfach einen lesenden Zugriff auf die RTC-SFR's durchführen. Auch hierbei stehen Ihnen wieder zwei Adressierungsmöglichkeiten zur Verfügung:

- a:=xby($fffb) : Zugriff auf das Jahres-Zehner-Register unter Verwendung der absoluten numerischen Adresse des entsprechenden SFR's
  oder

8.7 Lektion 7

- a:=xby(year10) der gleiche Zugriff auf das gleiche Register, jetzt aber unter Verwendung der symbolischen Adressierung (des symbolischen Namens year10).

Beim Auslesen von Daten aus den RTC-SFR's ist nun, wie bereits zuvor erwähnt, zu beachten, daß die oberen 4 Bits des ausgelesenen Bytes willkürliche und somit ungültige Daten erhalten. Man muß diese 4 Bits also zwangsweise auf Null setzen. Dieses geschieht durch eine logische UND-Verknüpfung des Bytewertes mit der Zahl 15_D = 0000 1111_B. Damit werden die oberen 4 Bits (D4 bis D7) "ausmaskiert", d.h. zwangsweise auf den Werte log.'0' gesetzt. Mehr Informationen zu den logischen Verknüpfungen erhalten Sie in der nächsten Lektion.

Betrachten Sie sich nun noch einmal das Listing, so sehen Sie, daß die ausgelesenen RTC-Werte zunächst unter den Variablen a bis m zwischengespeichert werden. Anschließend wird der Terminal-Bildschirm gelöscht, der Cursor dabei gleichzeitig auf die Home-Position gesetzt, und die aktuelle Uhrzeit, das aktuelle Datum und der aktuelle Wochentag werden in einer "formatierten" Darstellung auf dem Bildschirm ausgegeben.
Danach erfolgt ein *Warte-Befehl*, d.h. beim Erscheinen des Pascal51er-Befehls

wait_25ms(wert)

wartet der μC (das Pascal-Programm) eine bestimmte Zeit, ehe der nächste Befehl bearbeitet wird. Somit können gezielt Wartezeiten in einem Programmablauf eingefügt werden, und Sie sollten sich merken:

> ! *Merke: "Die Erzeugung von Wartezeiten"*
> Zur Erzeugung von **Wartezeiten (Zeitverzögerungen)** stellt Pascal51 zwei verschiedene Befehle zur Verfügung:
>
> - Erzeugung von **grob abgestuften** Wartezeiten mit einer Auflösung von 1 s (1 s-Schritte):
>
>   wait(wert);
>   mit: wert = 1 ... 32767 (=2^{15}–1)
>
>   und für die sich damit einstellende Zeitverzögerung zv gilt dann:
>
>   zv = wert * 1 s
>
>   Es können so also Verzögerungen im Bereich von 1 s bis zu 32767 s ≈ 9,1 Stunden erzeugt werden.
>   Erzeugung von **fein abgestuften** Wartezeiten mit einer Auflösung von 25 ms (25 ms-Schritte):
>
>   wait_25ms (wert);

8. Der Mikrocontroller-Kurs, Teil 1

mit: wert = 1 ... 255 $(=2^8-1)$
und für die sich damit einstellende Zeitverzögerung zv gilt dann:
zv = wert * 25 ms

Es können so also Verzögerungen im Bereich von 25 ms bis zu 6375 ms = 6,375 s erzeugt werden.

Nachdem nun eine Wartezeit von 40 * 25 ms = 1 s abgelaufen ist, erscheint das Befehlswort "until false". Damit ist der Inhalt der Endlosschleife abgearbeitet, und es erfolgt ein Programmsprung zum Schleifenanfang. Als "Endergebnis" werden nun im Sekundentakt die ausgelesenen RTC-Daten auf den Terminal-Bildschirm dargestellt.

Dieser besondere Betrieb einer externen Peripherie-Einheit, nämlich das permanente Auslesen von Daten hat einen besonderen Namen:

! **Merke:** *"Der verschiedenen Betriebsarten von Peripherie-Einheiten"*
Interne oder externe Peripherie-Einheiten können grundsätzlich in zwei verschiedenen Betriebsarten von µC aus betrieben werden:

- *Einmal im sogenannten **Polling-Betrieb**: hierbei liest der µC permanent Daten aus der Peripherie-Einheit aus, egal ob schon neue Werte vorliegen oder nicht. Der Nachteil dieser Betriebsart liegt nun darin, daß der µC immer Daten ausliest, egal ob es schon neue oder noch alte Daten sind. Der Vorteil dieser Betriebsart liegt in ihrer einfacheren Realisierung. Diese Betriebsart wird hier beim Auslesen der RTC-Daten verwendet. Eine verfeinerte Version des Polling-Betriebs werden Sie in der Lektion 9 beim Betrieb des A/D-Wandlers kennenlernen.*
- *Einmal im sogenannten **Interrupt-Betrieb**: hierbei "meldet" sich die Peripherie-Einheit beim Vorliegen neuester Daten über einen Interrupt beim µC, so daß dieser wirklich nur aktuelle Daten aus der Peripherie-Einheit ausliest. Der Nachteil dieser Betriebsart liegt in ihrer etwas aufwendigeren Realisierung. Mit diesem Interrupt-Betrieb werden wir uns später noch ausführlich beschäftigen.*

Das Programm rtc1.pas hat allerdings nun zwei kleine "Schönheitsfehler":

- Wenn Sie es aufrufen, so müssen Sie jedesmal die Uhr neu stellen, das ist überflüssig, da der RTC-Baustein auf dem 80C537er-TFH-Board ja durch eine Batterie gepuffert wird, d.h., nach einem einmaligen Stellen der Uhr läuft diese max. 3 Jahre ohne angelegte Betriebsspannung weiter und braucht nie mehr gestellt zu werden. Ein Stellen der Uhr ist, wie bei Ihrer Armbanduhr, erst wieder nach einem Batteriewechsel notwendig.

8.7 Lektion 7

Daher befindet sich auf der beiliegenden CD noch das Programm **rtc2.pas**, das nur die Abfrage der RTC und die Darstellung der Werte auf dem Terminal-Bildschirm realisiert (rtc2.pas ist nichts anderes als der zweite Teil von rtc1.pas)

- Bei der Eingabe der Sekunden und eventuell auch der Minutenwerte müssen Sie daran denken, daß die RTC in diesem Programmteil ja noch gestoppt ist. Wenn Sie daher den aktuellen Sekunden- und Minutenwert eingeben, wird die RTC genau um den Zeitwert nachgehen, den Sie benötigen, um die restlichen Uhrzeit- und Datumswerte einzugeben und die RTC danach wieder zu starten. Um eine sekundengenaue Uhrzeitausgabe zu erhalten, müssen Sie die Uhrzeit also etwas "voreilend" eingeben (wie bei Ihrer Armbanduhr, wenn Sie dort eine neue Uhrzeit einstellen und mit dem Start der Uhr z.B. erst auf die genaue Zeitansage im Radio warten).

Nachdem Sie nun die RTC "voll im Griff" haben, können wir am Beispiel des Programms rtc2.pas wesentliche Verbesserungen im Programmablauf durchführen, denn die Programmierexperten werden auch hier wieder stöhnen: "Wie kann man an einigen Stellen nur so umständlich programmieren ?"
Damit auch Sie dieses Expertenwissen erhalten, führen wir nachfolgend als erstes die *for-Schleife* neu ein.

Stellen Sie sich einmal vor, Sie möchten mit dem Programm rtc2.pas die Uhrzeit auf dem Terminal-Bildschirm in der Zeile 12 und dort ab der Spalte 25 darstellen. Diese Aufgabe können Sie mit Ihrem bisherigen Wissen schon lösen, allerdings recht aufwendig.
Um den Cursor in die Zeile 12 zu setzen, müssen Sie, von der Cursor-Home-Position aus, 12 mal den Befehl write(chr($1c)); programmieren. Um den Cursor dann noch in die Spalte 25 zu bringen, ist sogar ein 25 maliges Programmieren des Befehls write (chr($14)); notwendig.
Das Ganze geht aber auch einfacher, wenn Sie mit *Schleifen* arbeiten. Solche Schleifenkonstruktionen dienen dazu, bestimmte Anweisungen wiederholt auszuführen.
Dazu zuvor noch eine Definition:

> **!** *Merke: "Der Programmblock in Pascal"*
> *Eine Folge von Pascal-Befehlen, die innerhalb des Programms durch die Befehlsworte* **begin** *und* **end;** *eingeschlossen sind, nennt man ganz allgemein einen* **Programm- oder einen Befehls-Block.**
>
> *Beispiel:*
>
> ```
>         begin
>                 Befehl 1;
>                 Befehl 2;
>                 .....
>                 Befehl n;
>         end;
> ```

8. Der Mikrocontroller-Kurs, Teil 1

> Sie können also beliebige Programmteile durch Einschluß in begin ... end; zu Programmblöcken machen. In normalen Programmabläufen ist dieses wenig sinnvoll und nützlich, sehr wichtig sind solche Blöcke jedoch bei der Realisierung von Programmschleifen und Programmentscheidungen.
> **Beachten**: Hinter dem Befehlswort end am Ende eines Programmblocks steht immer ein Semikolon und kein Punkt (Punkt nur hinter dem allerletzten end des Gesamtprogramms).

Betrachten wir nun eine Schleifenkonstruktion in Pascal, so hat diese den folgenden Aufbau, Abb.8.7.4:

```
var
     i:integer;
     .....
for i:=1 to 25 do

     begin
     (* Es folgt der Anweisungsblock der Schleife = Schleifenkörper *)
            Befehl 1;
            Befehl 2;
            .....
            Befehl n;
     end;

Befehl A;
Befehl B;
     .....
```

Abb.8.7.4: Der Aufbau einer for-Schleife in Pascal

Die zuvor im Programmkopf definierte Integer-Variable i heißt *Laufvariable der Schleife,* mit der ersten for-Befehlszeile wird festgelegt, wie oft der nachfolgende zwischen begin und end; eingeschlossene Programmblock (=Schleifenkörper) wiederholt abgearbeitet werden soll.
Der erste Wert, der der Variablen i in der for-Anweisung zugeordnet wird, ist der **Startwert**. Dann folgt das Befehlswort "to", und das bedeutet, daß dieser Startwert nach jeder Bearbeitung des Schleifenkörpers um 1 erhöht wird. Der Wert nach dem Wort to ist der sogenannte **Endwert**, bis zu dem die Schleife bearbeitet wird.
Das heißt also: der µC setzt beim Erreichen der for-Anweisung die Variable i auf den Startwert (hier: 1) und arbeitet den Schleifenkörper einmal ab. Beim Erreichen des Schleifenkörperendes (end;-Anweisung am Ende des Schleifenkörpers) wird i automatisch um 1 erhöht (i=i+1), und es wird verglichen, ob der Endwert (hier der Wert 30) bereits überschritten ist (i>30). Ist das nicht der Fall, also bei i≤30, so wird der gesamte Schleifenkörper noch einmal ausgeführt. Erst wenn der Wert der Laufvariablen i größer ist als der Endwert, also bei i>30 (i=31) wird die wiederholte Bearbeitung der Schleife beendet und mit dem Befehl fortgefahren, der nach der Endanweisung steht, hier also mit Befehl A, Befehl B, usw.

8.7 Lektion 7

! *Merke: "Die for-Schleife"*
Die for-Schleife dient dazu, einen durch begin und end; eingeschlossenen Befehlsblock (den Schleifenkörper) wiederholt hintereinander auszuführen.
Diese Wiederholungsanzahl wird dabei durch den Start- und den Endwert in der for-Befehlszeile festgelegt und es gilt:

Wiederholungsanzahl = (Endwert – Startwert) + 1

Die for-Schleife ist also eine Schleifenanweisung, bei der (sehr oft) zum Zeitpunkt der Programmerstellung bekannt ist, wie oft die Schleife durchlaufen wird.
Der Startwert einer Schleife muß nicht immer mit 1 beginnen, also z.B. auch möglich:

for i:= 123 to 567 do ....

Anhand des nachfolgenden Flußdiagramms wird die "Funktion" einer solchen for-Schleife noch einmal sehr deutlich dargestellt, *Abb.8.7.5*:

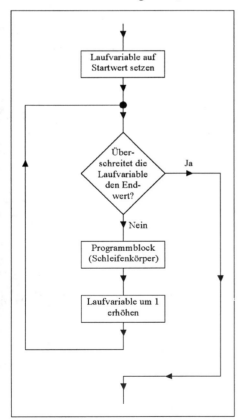

Wichtig ist, daß Sie sich klarmachen, wie oft die Schleife wiederholt wird, wie oft also der Schleifenkörper nacheinander ausgeführt wird:

for i:=1 to 1 do ...

bedeutet, daß der Schleifenkörper *genau einmal*, nämlich nur für i=1, ausgeführt wird.

for i:=1 to 2 do ...

bedeutet, daß der Schleifenkörper *genau zweimal*, nämlich für i=1 und i=2, ausgeführt wird.

for i:=1 to 30 do ...

bedeutet, daß der Schleifenkörper *genau dreißigmal*, nämlich für i=1, ..., i=30, ausgeführt wird.
Mit der Laufvariablen i können Sie innerhalb der Schleife auch rechnen, was sehr oft auch gemacht wird. Sie dürfen die Variable i im Schleifenkörper jedoch *unter keinen Umständen* verändern, da dadurch die Schleifenzählung durcheinander gerät.

Abb.8.7.5: Die for-Schleife

8. Der Mikrocontroller-Kurs, Teil 1

Beispiel:
Das nachfolgende Programm p7.pas berechnet nun die Summe der Zahlen von 0 bis 10 und gibt die Zwischenergebnisse und das Endergebnis auf dem Terminal-Bildschirm aus.

```pascal
(***********************************************************************)
(*                                                                     *)
(*                  Anwendung der for-Schleife:                        *)
(*                                                                     *)
(*          "Berechnung der Summe der Zahlen von 0 bis 10"             *)
(*                                                                     *)
(*                    Programm:   p7.pas                               *)
(*                                                                     *)
(***********************************************************************)
program p7;

(***********************************************************************)
(*** Definition der verwendeten Pascal-Variablen ***********************)
(***********************************************************************)

var
  i,s:integer;


(***********************************************************************)
(*** Start des eigentlichen Hauptprogramms *****************************)
(***********************************************************************)
begin
  (* Zwei Leerzeilen ausgeben *)
  writeln; writeln;

  (* Einschaltmeldung auf dem Terminal-Bildschirm *)
  writeln('Start des Hauptprogramms p7: Summe der Zahlen von 0 bis 10  (for-Schleife)');
  writeln;

  (* Summenvariable s löschen *)
  s:=0;

  (* Start der for-Schleife *)
  for i:=0 to 10 do
    begin
      (*** Schleifenkörper zwischen begin und end; ***)
        (* Summe bilden *)
        s:=s+i;
        (* Zwischenergebnis ausgeben *)
        writeln('Das Zwischenergebnis bei i= ',i,'  ist ',s);
    end;

  (* Ausgabe des Ergebnisses auf dem Terminal-Bildschirm *)
  writeln;
  writeln('Die Summe der Zahlen von 0 bis 10 beträgt:  ',s);

end.
```

8.7 Lektion 7

Nicht erlaubt ist innerhalb des Schleifenkörpers von p7.pas also z.B. die Anweisung:

```
i:= 5
```

weil dadurch der Zählrhythmus zerstört wird.

Mit diesen for-Schleifen-Konstruktionen können Sie nun das anfangs geschilderte Problem der Uhrzeitpositionierung mitten auf dem Terminal-Bildschirm elegant lösen:

Anstatt 12 mal write(chr($1c)); zu programmieren, geben Sie einfach ein:

```
for z:=1 to 12 do
   begin
              write(chr($1c));
   end;
```

Die Laufvariable z ist natürlich zuvor als Integer-Variable zu definieren.

Genauso programmieren Sie die "Spaltenbewegung" des Cursors: anstatt 25 mal write(chr($14)); einzugeben, genügt eine for-Schleife:

```
for z:=1 to 25 do
   begin
              write(chr($14));
   end;
```

> **!** *Merke: "Der Schleifenkörper"*
> *Zum besseren Erkennen innerhalb des Programmlistings sollten die Befehle des Schleifenkörpers jeweils durch zwei Leerzeichen oder einen TAB (Tabulator) eingerückt werden: so sieht man sehr gut auf einen Blick die Schleifenbefehlsfolge, die zwischen begin und end; abgearbeitet wird.*

Sie sehen also, durch for-Schleifen wird das Programmlisting kompakter und gewinnt ganz wesentlich an Übersichtlichkeit.
Die Programmbearbeitungszeit wird natürlich nicht kürzer, denn der Schleifenkörper wird ja eine bestimmte Anzahl von Malen durchlaufen. Die Programmlaufzeit wird sogar (unwesentlich) länger, da ja jetzt noch die Erhöhung der Laufvariablen und der Vergleich mit dem Schleifenendwert hinzukommt.

Im Programm **rtc3.pas** sind die beiden for-Schleifen nun eingearbeitet worden, so daß die Uhrzeit ungefähr auf der Bildschirmmitte erscheint.

8. Der Mikrocontroller-Kurs, Teil 1

Wesentlicher Auszug aus rtc3.pas:

```
(* Cursor auf Bildschirmmitte positionieren *)
(* Zeilenverschiebung *)
for z:=1 to 12 do
  begin
    write(chr($1c));
  end;

(* Spaltenverschiebung *)
for z:=1 to 25 do
  begin
    write(chr($14));
  end;
```

Neben der bisher besprochenen sogenannten *Aufwärtszählschleife,*

der Wert von i wird immer um 1 erhöht und i läuft von einem kleineren Startwert zu einem größeren Endwert,

gibt es noch die sogenannte *Abwärtszählschleife,*

bei der i von einem größeren Startwert zu einem kleineren Endwert in Einer-Schritten herabgezählt wird, z.B.:

```
for i:=15    downto    11 do
     begin
            writeln(i);
     end;
```

Diese Schleifenart wird durch das mittlere Befehlswort "downto" gekennzeichnet, d.h., in der vorstehenden Programmsequenz wird i von 15 bis 11 herabgezählt, was Sie bei der Ausführung dieses Programms sehr einfach feststellen können.

> **! Merke: "Die zwei Arten der for-Schleife"**
> *Bei der Aufwärtszählschleife (Kennzeichen: Befehlswort "to") wird i nach jedem Schleifendurchlauf um 1 erhöht.*
> *Bei der Abwärtszählschleife (Kennzeichen: Befehlswort "downto") wird i nach jedem Schleifendurchlauf um 1 erniedrigt.*
> *Der Betrag der sogenannten* **Schrittweite** *von i beträgt also immer 1, eine andere Schrittweite ist nicht möglich !*

8.7 Lektion 7

> » **Wichtig: "Einzuhaltende Randbedingungen bei einer for-Schleife"**

- Die Laufvariable muß immer eine Integer-, eine Charakter- oder eine Boolean-Variable (s. nächste Lektion) sein, also eine "ganzzahlige aufzählbare" Variable:

```
var
    i:integer;
    c:char;
    r:real;

(* Zulässige Schleife *)
for i:=10 to 15 do
    begin
                writeln(i);
    end;

(* Zulässige Schleife *)
for c:=a to d do
    begin
                writeln(c);
    end;

(* Nicht zulässige Schleife *)
for r:=1.5 to 7.85 do
    begin
                writeln(r);
    end;
```

Bei der letzten Schleifenkonstruktion erscheint daher die Fehlermeldung:
> Zeile x: Die Kontrollvariable von FOR muß vom Typ INTEGER, CHAR oder BOOLEAN sein.

(Der Begriff "Kontrollvariable" ist identisch mit dem Begriff "Laufvariable").

- Die Laufvariable kann innerhalb des Schleifenkörpers zu Berechnungen verwendet werden, darf selbst aber niemals verändert werden.

- Start- und Endwert für die for-Anweisung können auch Variablen sein:

```
var
  i,j,k:integer;

k:= ...
j:= ...

for i:=k downto j do
  begin
                ......
                ......
  end;
```

8. Der Mikrocontroller-Kurs, Teil 1

Wenn nun innerhalb der Schleife der Anfangswert k und/oder der Endwert j verändert werden, so hat dieses keine Auswirkungen auf die Abarbeitung der Schleife, denn direkt beim Erscheinen der for-Anweisung werden der Start und der Endwert in interne Speicherstellen des µC's abgelegt und können dann nicht mehr geändert werden, d.h., die Anzahl, wie oft der Schleifenkörper abgearbeitet wird, hängt nur von dem erstmaligen Start- und dem erstmaligen Endwert ab.

- *Keine Abarbeitung* des Schleifenkörpers findet statt, wenn bei einer

  Aufwärtszählschleife der Startwert größer ist als der Endwert, also z.B.:

  ```
  for i:=5 to 3 do ...
  ```

  Abwärtszählschleife der Startwert kleiner ist als der Endwert, also z.B.:

  ```
  for i:=8 downto 15 do ...
  ```

  In diesen Fällen erscheint jedoch keine Fehlermeldung, vielmehr wird die gesamte for-Schleife vom µC ignoriert und mit den Befehlen nach der for-Schleife weiter fortgefahren.

- Die Laufvariable hat nach der Beendigung der Schleife *keinen definierten Wert*, also nach der Bearbeitung von:

  ```
  for i:=0 to 25 do
     begin
                .....
                .....
        end;
  ```

  kann man nicht davon ausgehen, daß der Wert von i 25 oder 26 ist, i hat einen willkürlichen Wert.

- Wenn der Schleifenkörper nur aus *einer einzigen Anweisung* besteht, können die "Blockbegrenzungs-Worte" begin und end; auch entfallen:

  ```
            for i:=0 to 15 do writeln(i);
  ```

- Es können auch mehrere for-Schleifen ineinander geschachtelt werden:

  ```
  for i:=1 to 3 do
     begin
              write('Beep');
              for j:=1 to 3 do
                 begin
                            write(chr(7));
                            wait_25ms(20);
                       end;
        end;
  ```

8.7 Lektion 7

Als Ergebnis wird dreimal der Text "Beep" auf dem Terminal ausgegeben, wobei jede Textausgabe drei "musikalische Untermalungen" erhält !
Bei der Schachtelung von for-Schleifen sollte jede for-Schleife eine eigene Laufvariable besitzen.

Eine weitere sehr hilfreiche Programmkonstruktion ist die *case-Endscheidung (case-Auswahl)*. Hierbei können Sie abhängig vom Wert einer Variablen unterschiedliche Programmblöcke abarbeiten lassen.
Betrachten Sie dazu einmal das Programm rtc2.pas und zwar dort die Ausgabe des Wochentages:

```
writeln(' Aktueller   TAG     : ',m);
```

Diese Darstellung mit den "Tagesnummern" von 0 bis 6 ist sicherlich ungewöhnlich und gewöhnungsbedürftig. Besser wäre es, wenn der Wochentagsname im Klartext erscheinen würde.
Dazu sind aber Entscheidungen notwendig: wenn m=0 ist, so muß "Sonntag" ausgegeben werden, wenn m=1 ist, muß "Montag" erscheinen, usw.
Um so etwas zu realisieren, kann man nun die case-Anweisung benutzen, *Abb.8.7.6*:

```
        case m of
                  0 : writeln('Sonntag');
                  1 : writeln('Montag');
                  2 : writeln('Dienstag');
                  3 : writeln('Mittwoch');
                  4 : writeln('Donnerstag');
                  5 : writeln('Freitag');
                  6 : writeln('Samstag');
        end;

        Befehl A;
        Befehl B;
          .....
```

Abb.8.7.6: Der Aufbau einer case-Entscheidung in Pascal

m ist hier wieder eine Integer-, eine Charakter oder eine Boolsche-Variable.

Die Funktion dieser Programmkonstruktion ist auch hier wieder sehr einfach zu verstehen: der Wert der Variablen m wird untersucht und je nach Ergebnis der entsprechende Befehl ausgeführt, z.B. bei m=5 wird ausgeführt:

```
writeln('Freitag');
```

Nach der Bearbeitung dieses Befehls wird der gesamte case-Block verlassen und mit dem Befehl A; nach der end-Anweisung des case-Blocks fortgefahren. Der gesamte case-Auswahlblock beginnt also immer mit dem Schlüsselwort case (und nicht mit begin) und endet mit end;.

8. Der Mikrocontroller-Kurs, Teil 1

Im Programm *rct4.pas* finden Sie diese case-Konstruktion "eingebaut", und bei dessen Ablauf wird nun der Wochentag verständlicher angezeigt.

Natürlich kann bei einer case-Entscheidung nicht immer nur ein Befehl, sondern auch ein ganzer Anweisungsblock bearbeitet werden:

```
var
   i:integer;
.....
case i of
   1,3,5,11:    begin
                                (* Block 1 *)
                end;
   4:           Befehl 1;
   7,8,9:       begin
                                (* Block 2 *)
                end;
   15:          ;
end;

Befehl A;
.....
```

Bei dieser Programmsequenz sehen Sie auch noch weitere mögliche Ergänzungen, die Sie bei der case-Anweisung verwenden können:

- Wenn die Vergleichsvariable i einen Wert aus der *Liste* 1,3,5,11 hat, so wird der Anweisungsblock 1 ausgeführt und danach zum Befehl A gesprungen.
- Hat i den Wert 4, so wird der Einzelbefehl 1 bearbeitet und danach zu Befehl A gesprungen.
- Hat i einen Wert aus der Liste 7, 8 oder 9, so wird der Anweisungsblock 2 ausgeführt und dann zum Befehl A gesprungen.
- Hat i den Wert 15, so wird gar nichts bearbeitet (einzelnes " ; " = Leerbefehl) und sofort zum Befehl A gesprungen.

> **!** *Merke: "Die Liste bei einer case-Anweisung"*
> *Mehrere Auswahlmöglichkeiten können bei der case-Anweisung, durch Kommata getrennt, in einer sogenannten Liste zusammengefaßt werden. Hat die Vergleichsvariable einen der in der Liste aufgeführten Werte, so wird der zugehörige Befehlsblock ausgeführt.*

> **!** *Merke: "Die case-Auswahl"*
> *Die case-Anweisung wird bevorzugt dann angewendet, wenn **Auswahlen aus vielen Möglichkeiten** getroffen werden müssen. Bei der Auswahl aus nur zwei Möglichkeiten verwendet man vorzugsweise die in der nächsten Lektion beschriebene if-Anweisung.*

8.7 Lektion 7

Was passiert aber nun, wenn die Vergleichsvariable i im vorherigen Beispiel einen nicht aufgeführten Wert annimmt, z.B. i=1,6,10 oder 1289 ?
In solchen Fällen wird der gesamte case-Block gar nicht beachtet und sofort mit dem anschließenden Befehl A weitergearbeitet.
Man hat allerdings auch in solch einer Situation die zusätzliche Möglichkeit, bestimmte Befehle ausführen zu lassen, wenn man die case-Anweisung mit *else (andernfalls)* erweitert:

```
var
    c1:char;

case c1 of
    'a','b','c': begin
                                (* Block 1 *)
                 end;

    'd','e','f': begin
                                (* Block 2 *)
                 end;

    else
                 begin
                                (* Block 3 *)
                 end;
end;

Befehl A
```

Wenn also c1 gleich a, b, oder c ist, wird der Befehlsblock 1 ausgeführt und bei c1 gleich d, e oder f der Block 2. Trifft nun keine der Bedingungen zu, also z.B. c1=z, so wird der Block 3, der nach dem Befehlswort else steht, abgearbeitet.

Die *Abb.8.7.7* zeigt noch einmal graphisch die Funktionsweise der case-Auswahl.

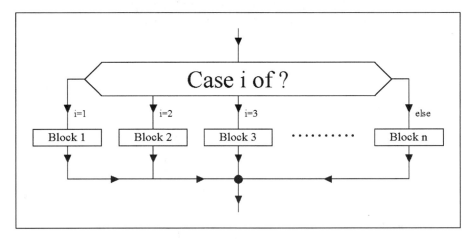

Abb.8.7.7: Das Flußdiagramm der case-Auswahl

8. Der Mikrocontroller-Kurs, Teil 1

Bei der case-Anweisung sollten Sie noch beachten, daß ein Vergleichswert selbstverständlich nicht in zwei verschiedenen Listen vorkommen darf:

```
case i of
   1,2,4:    begin
                       .....
             end;
   3,6:      begin
                       .....
             end;
   7,8,2:    begin
                       .....
             end;
end;
```

Die Vergleichszahl 2 kommt hier in zwei verschiedenen Listen vor und daher erscheint die Fehlermeldung:

line x: The same identifier has been declared before.

Die Experten-Ecke: "Die Case-Liste"
*In Standard-Pascal ist innerhalb einer case-Liste eine Bereichsangabe für den Wertebereich der Vergleichswerte durch Angabe von " .. " möglich. Solch eine Vereinfachung ist in Pascal51 leider nicht programmierbar und es müssen daher **alle** Vergleichswerte explizit in der Liste aufgeführt werden.*

» Wichtig: "Unzulässige Variablen bei der case-Anweisung"
Eine case-Anweisung funktioniert nicht mit Real-Variablen, also:

```
var
         r:real;
case r of
         3.78:      begin
                             .....
                    end;
         123.798:   begin
                             ......
                    end;
end;
```

ist nicht möglich !

178

8.7 Lektion 7

Jetzt geht's richtig los:

✎ Übungsaufgaben

Schreiben Sie wie gewohnt gut dokumentierte Programme, die folgende Aufgaben erfüllen:

1) Ein Programm, das die Zahlen der "3er-Reihe" von 0 bis 30 auf dem Bildschirm ausgibt, also die Werte 0, 3, 6, 9, ... 30.

2) Ein "Count-Down-Programm", das im $\frac{1}{2}$-Sekundentakt von 10 rückwärts nach Null zählt, die Zählwerte mit einem "Beep" versehen auf dem Terminal-Bildschirm ausgibt und beim Erreichen der Null 10 Mal einen Beep im Abstand von 100 ms ertönen läßt.

3) Ein Vergleichsprogramm, das eine eingegebene Integerzahl im Bereich von 0 bis 10 daraufhin untersucht, ob sie gerade oder ungerade ist (die 0 ist hierbei eine gerade Zahl). Eine Zahl größer als 10 soll zu einer Fehlermeldung führen.

4) Ein Programm, das im Sekundentakt alle kleinen Buchstaben des ASCII-Zeichensatzes in einer Reihe, mit einem Leerzeichen als Trennzeichen, auf dem Bildschirm ausgibt.

8.8 Lektion 8: Die Boolesche Algebra und weitere Pascal51er-Programm-Konstrukte

> **Lernziele:**
> In diesem Kapitel werden Sie zunächst logische Aussagen kennenlernen, und auf deren Grundlage können Sie dann interessante Programmverzweigungsentscheidungen treffen. Mit Hilfe der Booleschen Algebra und Boolescher Variablen lernen Sie danach, logische Verknüpfungen durchzuführen.
> - Neu eingeführte Pascal51er-Befehle, Funktionen und Datentypen:
>   *if...then...else,< ,> , =,<> ,<= ,>=, and, or, xor, not, repeat...until, true, false, boolean*
>
> - Behandelte interne ON-Chip-Peripherie-Einheiten: *keine*
> - Behandelte externe Peripherie-Einheiten: *keine*

Die Grundlage für viele Entscheidungen innerhalb eines Programmablaufes bilden sogenannte *logische Aussagen*.

> **! Merke: "Logische Aussagen"**
> *Eine (logische) Aussage ist zunächst ein Satz, der entweder wahr oder falsch ist. Der Wahrheitswert muß also eindeutig bestimmbar sein.*

Beispiele:

München liegt in Norddeutschland.	(ist mit Sicherheit falsch)
25 kann ohne Rest durch 5 geteilt werden.	(ist wahr)
Morgen regnet es vielleicht.	(ist keine Aussage im obigen Sinn, denn es kann kein eindeutiger Wahrheitswert zugeordnet werden)
Rot Weiß Essen steigt in die 1. Fußballbundesliga auf.	Sicherlich ein guter Witz, aber keine eindeutig zu bewertende Aussage.

Wichtig ist also, daß (logische) Aussagen grundsätzlich nur zwei Wahrheitszustände haben: sie sind entweder wahr (true oder logisch '1') oder sie sind falsch (false oder logisch '0'). Ein vielleicht gibt es hierbei nicht !

Aufgrund dieser beiden eindeutigen Zustände können nun innerhalb eines Programmes Entscheidungen getroffen werden, die zu ganz unterschiedlichen Programmverläufen führen.

Logische Aussagen werden sehr oft auch als *(logische) Bedingungen* bezeichnet. Eine Bedingung kann entweder erfüllt (wahr) oder nicht erfüllt (falsch) sein.

8.8 Lektion 8

Aus dem täglichen Gebrauch kennen Sie eine Vielzahl solcher Aussagen oder Bedingungen, bei denen es immer nur zwei Wahrheitsalternativen gibt:

Beispiele:
Die Tür ist geöffnet: das ist wahr oder falsch.
Der Motor läuft: das ist wahr oder falsch.
Der Meßwert ist größer 100 V: das ist wahr oder falsch.
Die Wartezeit ist abgelaufen: das ist wahr oder falsch.

Damit Sie mit dem Wahrheitsgehalt solcher Aussagen den Ablauf eines µC-Programms auch beeinflussen können, gibt es in Pascal51 die *if...then...else-Anweisung*.

> ! *Merke: "Die if...then...else-Anweisung"*
> *Die if...then...else-Anweisung hat ganz allgemein den folgenden Aufbau:*
>
> ```
> if  (Aussage)
>    then
>       (Programmblock)
>    else
>       (Programmblock)
> ```
>
> *Die if-Anweisung dient also, im Gegensatz zur bereits bekannten case-Anweisung, dazu, eine Auswahl **zwischen genau zwei** Möglichkeiten zu treffen:*

if...	≡	**wenn** die nachfolgende
Aussage	≡	**wahr** ist
then	≡	**dann** führe den
Programmblock	≡	nach then aus,
else	≡	**sonst** (wenn also die Aussage falsch ist) führe den
Programmblock	≡	nach else aus.

Man nennt solch einen if-Vergleich auch eine bedingte (Programm)Anweisung: Überprüfung einer Bedingung, und je nach deren Wahrheitsgehalt (wahr oder falsch) wird genau einer von zwei bestimmten Programmblöcken ausgeführt.

Ein ganz einfaches Beispiel soll diese if-Konstruktion verdeutlichen:

Beispiel:
Im Programm *p8.pas* wird eine einzugegebende Integerzahl daraufhin verglichen, ob sie größer, gleich oder kleiner als 125 ist:

8. Der Mikrocontroller-Kurs, Teil 1

```pascal
(************************************************************************)
(*                                                                      *)
(*                   Der Gebrauch der if-Anweisung                      *)
(*                                                                      *)
(*                   Programm:   p8.pas                                 *)
(*                                                                      *)
(************************************************************************)
program p8;
(************************************************************************)
(*** Definition der verwendeten Pascal-Variablen ***********************)
(************************************************************************)
var
  i:integer;

(************************************************************************)
(*** Start des eigentlichen Hauptprogramms *****************************)
(************************************************************************)
begin
  (* Zwei Leerzeilen ausgeben *)
  writeln; writeln;

  (* Einschaltmeldung auf dem Terminal-Bildschirm *)
  writeln('Start des Hauptprogramms p8: Der Gebrauch der if-Anweisung');

  (* Aufbau einer Endlosschleife *)
  repeat
    writeln; writeln;

    write('Eingabe von i: '); read(i);

    (* Erster Vergleich: Ist i = 125 ? *)
    if (i=125) then
      begin
        (* then-Block *)
        writeln('i ist genau gleich 125.');
      end;

    (* Zweiter Vergleich: Ist i >125 ? *)
    if (i>125) then
      begin
        (* then-Block *)
        writeln('i ist größer als 125.');
      end

      (* Achtung: folgt ein else-Block, kein Semikolon hinter dem end
         des then-Blocks !!! *)

      else
        begin
          (* else-Block *)
          writeln('i ist kleiner oder gleich 125.');
        end;

    (*   Befehl A *)
    (*   Befehl B *)
    (*   ....... *)

  until false;
end.
```

Schauen wir uns dieses Programm nun etwas näher an. Beim ersten Vergleich wird untersucht, ob i gleich 125 ist. Ist das der Fall, so wird der nach then folgende Programmblock ausgeführt, und die entsprechende Meldung erscheint auf dem Bildschirm. Zusätzlich sehen Sie hier, daß der else-Teil bei einer if-Abfrage nicht unbedingt immer vorhanden sein muß.

> **! Merke: "Die einfache if-Abfrage (der einfache if-Vergleich)"**
> *Beim einfachen if-Vergleich kann der else-Teil entfallen und das bedeutet: ist die Vergleichsaussage wahr, so wird der nach then stehende Programmblock ausgeführt. Ist die Vergleichsaussage dagegen falsch, so wird der gesamte then-Block übersprungen und mit den danach folgenden Befehlen des Programms weiter fortgefahren.*

Darüber hinaus können Sie auch die Blockbegrenzungsbefehle begin und end; weglassen, wenn der gesamte Programmblock nur aus einem einzigen Befehl besteht.

Vereinfacht kann man hier also auch programmieren:

```
if (i=125) then writeln('i ist genau gleich 125.');
```

Beim zweiten Vergleich wird eine vollständige if-Abfrage durchgeführt, also ein if-Vergleich mit else-Teil: ist i>125, so wird der then-Block ausgeführt und bei i nicht größer als 125 der else-Block.

Zu beachten ist hier unbedingt die "mathematische Logik" des Vergleichs: wenn i genau gleich 125 ist, so wird nicht der then-Block des zweiten Vergleichs bearbeitet, sondern der else-Block des zweiten Vergleiches wird ausgeführt, da i ja nicht größer als 125 ist. Bei der hier vorliegenden Programmierung erscheinen also zwei Meldungen, wenn Sie i=125 eingeben:

einmal: "i ist genau gleich 125." (vom ersten Vergleich her) und
einmal: "i ist kleiner oder gleich 125." (vom else-Teil des zweiten Vergleichs her).

Es ist also auch hier sehr wichtig, daß Sie sich darüber im klaren sind, wie die logischen Aussagen bei einem Vergleich mathematisch exakt interpretiert werden, damit das Programm auch das macht, was *Sie* wollen.

Zusätzlich ist hier eine *sehr wichtige Eingaberegel* zu beachten:

> **» Wichtig: "Das Arbeiten mit einem else-Block"**
> *Ist ein else-Block vorhanden, so steht hinter dem letzten Befehl des then-Blocks (das ist meistens der end-Befehl)* **KEIN** *Semikolon, denn der gesamte if-Vergleich ist nach dem then-Block ja noch nicht beendet, es folgt ja noch ein else-Teil.*

8. Der Mikrocontroller-Kurs, Teil 1

An dieser Stelle werden sehr häufig Fehleingaben gemacht (es wird ein Semikolon zuviel gesetzt) und daher erscheint dann immer die Fehlermeldung:

"line x: Missing semicolon."

Also:

```
if Aussage
     then
         begin
             (* then-Programmblock *)
             .....
         end        (* <- hier kein Semikolon, wenn else folgt *)
     else
         begin
             (* else-Programmblock *)
             .....
         end;       (* <- Semikolon als Ende des gesamten if-Blocks *)
```

Da beim vorliegenden zweiten Vergleich sowohl der then-Block als auch der else-Block aus jeweils nur einer Anweisung bestehen, kann man natürlich auch hier vereinfacht programmieren:

```
if (i>125) then writeln('i ist größer als 125.')
           else writeln('i ist kleiner oder gleich 125.');
```

Beachten Sie auch hier, daß hinter dem einzelnen then-Befehl *KEIN* Semikolon stehen darf, wenn noch ein else-Teil folgt.

Nach der Durchführung des zweiten Vergleichs in p8.pas wird dann mit den Befehlen A, B usw. des Programms weiter fortgefahren.

Die *Abb.8.8.1* zeigt, wie eine komplette if-Anweisung in einem Flußdiagramm dargestellt wird.

Bei der Programmierung der if-Anweisung sollten Sie, genau so wie bei der case-Anweisung, den then- bzw. auch den else-Programmblock einrücken, damit bereits optisch die if...then...else-Konstruktion klar erkannt wird.

Zur Durchführung der Vergleiche bei einer if-Abfrage stehen Ihnen die bekannten mathematischen Vergleichsoperatoren zur Verfügung.

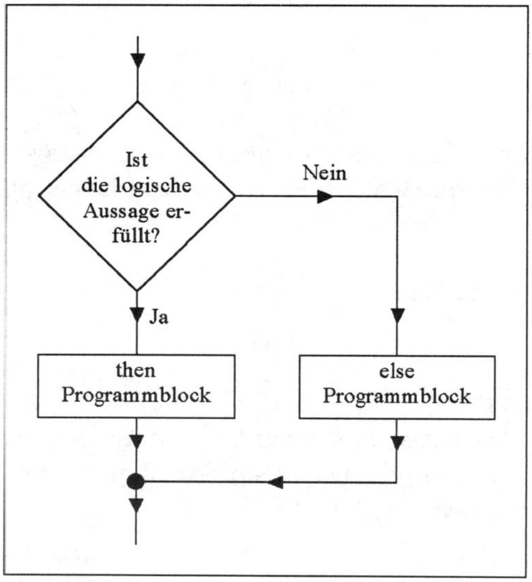

Abb.8.8.1: Die if-Anweisung

! ***Merke: "Die Vergleichsoperatoren in Pascal51"***
Zur Durchführung von Vergleichen stehen in Pascal51 die folgenden Operatoren zur Verfügung:

=	gleich
>	größer
<	kleiner
<>	ungleich
>=	größer gleich
<=	kleiner gleich

Sie sollten sich hier bereits angewöhnen, die Vergleichsausdrücke in runden Klammern (...) einzuschließen. Das ist zwar bei Pascal51 nicht immer unbedingt erforderlich, bei vielen anderen Programmiersprachen aber vorgeschrieben. Also:

```
          if i=125 then .....         ist in Pascal51 ausreichend
```

besser jedoch

```
          if (i=125) then .....
```

Sehr oft reichen in einer Programmentscheidungssituation einfache Vergleiche aus, wie Sie sie gerade kennengelernt haben: i kleiner ..., i größer ..., i gleich ... . Genau so oft kommt es aber vor, daß Sie komplexere Vergleiche durchführen müssen.

Beispiel:
Sie erfassen einen Meßwert und müssen überprüfen, ob dieser in einem bestimmten Bereich liegt, um dann bestimmte Aktionen auszulösen.
Nehmen wir dazu einmal an, der A/D-Wandler erfaßt einen Spannungsmeßwert (mehr dazu in der nächsten Lektion) und nur wenn dieser Wert im Bereich zwischen 115 und 135 liegt (die Spannungseinheit V wird hier der Einfachheit halber zunächst einmal weggelassen), soll ein Motor eingeschaltet werden, andernfalls soll der Motor ausgeschaltet werden.
Mit einer einfachen if-Konstruktion, wie Sie sie zuvor kennengelernt haben, kommen Sie an dieser Stelle nicht weiter, denn Sie müssen den Meßwert mit *zwei* Grenzwerten vergleichen:

"Der Motor darf nur dann eingeschaltet werden, wenn der Meßwert größer gleich 115 **UND** kleiner gleich 135 ist."

Es sind also gleichzeitig zwei Bedingungen zu erfüllen, bevor etwas passiert. Die beiden Bedingungen selber sind nun durch eine sogenannte *UND-Verknüpfung* miteinander verbunden.
Solch eine UND-Verknüpfung, im englischen auch einfach *AND* genannt, ist eine der logischen Grundverknüpfungen der sogenannten *Booleschen Algebra*.

8. Der Mikrocontroller-Kurs, Teil 1

! **Merke: "Die Boolesche Algebra"**
Die **Boolesche Algebra** (nach dem englischen Mathematiker G. Boole benannt) oder auch die **Schaltalgebra** oder auch die **logische Verknüpfungsalgebra** beschäftigt sich mit den verschiedenen Verknüpfungsmöglichkeiten sogenannter Schaltungs- oder Boolescher-Variablen. Das sind Variablen, die nur zwei Wert annehmen können: 0 oder 1; wahr oder falsch; true oder false; High oder Low.
Somit kann einer Booleschen Variablen der Wahrheitswert einer logischen Aussage zugeordnet werden, und mehrere solcher Booleschen Variablen lassen sich miteinander verknüpfen, d.h. "man kann mit ihnen nach bestimmten Regeln rechnen".
Die wichtigsten logischen Grundverknüpfungen (Boolesche Funktionen) zwischen zwei oder mehreren Variablen sind:

- die logische UND-Verknüpfung (AND)
- die logische ODER-Verknüpfung (OR)
- die logische EXKLUSIV-ODER-Verknüpfung (EXOR oder XOR)
- die Negation einer Variablen oder einer Booleschen Funktion NICHT (NOT)

Jede Boolesche Funktion kann durch eine entsprechende **Wahrheits(werte)-Tabelle** vollständig und eindeutig gekennzeichnet werden.

Die *Tab.8.8.1* zeigt die Wahrheitstabelle der AND-Verknüpfung.

Teilaussage 1	AND	Teilaussage 2	=	Ausgangsergebnis
falsch		falsch	=	falsch
falsch		wahr	=	falsch
wahr		falsch	=	falsch
wahr		wahr	=	wahr

Tab.8.8.1a: Die AND-Verknüpfung zweier Aussagen

Variable 1	AND	Variable 2	=	Ergebnis
0		0	=	0
0		1	=	0
1		0	=	0
1		1	=	1

Tab.8.8.1b: Die AND-Verknüpfung zweier Boolescher Variablen

Tab.8.8.1: Die AND-Verknüpfung zweier Aussagen bzw. Boolescher Variablen

8.8 Lektion 8

Im Teil a) der Tabelle ist eine verbale Beschreibung in Bezug auf logische Aussagen und in Teil b) eine Beschreibung mit den logischen Variablen-Zuständen 0 und 1 für die AND-Verknüpfung angegeben.
Sie sehen hier, daß das Ausgangsergebnis einer AND-Funktion nur dann wahr (log.'1') ist, wenn alle beiden Teilaussagen wahr sind.

Dieses Verhalten der AND-Verknüpfung kann man nun wie folgt zur Programmierung unseres "Motor-Einschaltproblems" verwenden:

```
var
   mw:integer;                             (* mw = erfaßter Meßwert *)
   .......
   .......
   if ((mw>=115) and (mw1<=35)) then
            begin
                        (* then-Block zum Einschalten
                           des Motors *)
                  .....
            end
   else
            begin
                        (* else-Block zum Ausschalten
                           des Motors *)
                  .....
            end;
```

Sie erkennen, daß man hier den if-Vergleich auf zwei Teilaussagen anwendet, die durch das Pascal51er-Befehlswort *and* verknüpft sind. Der then-Block wird dann und nur dann ausgeführt, wenn die if-Bedingung erfüllt ist, wenn also beide Teilaussagen wahr sind. In diesem Fall wird der else-Block nicht bearbeitet. Ist jedoch mindestens eine der Teilaussagen falsch, so wird der then-Block übersprungen, der else-Block dagegen ausgeführt und der Motor damit ausgeschaltet.

Beispiele:
1) mw=158: die erste Teilaussage ist wahr, die zweite aber nicht —> die AND-Bedingung ist nicht erfüllt —> der then-Block wird nicht ausgeführt, der else-Block aber —> der Motor wird ausgeschaltet.
2) mw=100: die zweite Teilaussage ist wahr, die erste aber nicht —> die AND-Bedingung ist nicht erfüllt —> der then-Block wird nicht ausgeführt, der else-Block aber —> der Motor wird ausgeschaltet.
3) mw=128: beide Teilaussagen sind nun wahr —> die AND-Bedingung ist erfüllt und der then-Block wird ausgeführt, der else-Block wird übersprungen.

Natürlich funktioniert der if-Vergleich auch mit der AND-Verknüpfung von mehr als zwei Teilaussagen.

8. Der Mikrocontroller-Kurs, Teil 1

> **! Merke: "Die AND-Verknüpfung"**
> Mit der Booleschen Grundverknüpfung AND kann man den if-Vergleich so erweitern, daß der then-Block immer nur dann ausgeführt wird, wenn alle Bedingungen gleichzeitig erfüllt sind. Ist nur eine einzige der Bedingungen falsch, so wird der then-Block übersprungen und, falls vorhanden, der else-Block bearbeitet. Ist dagegen kein else-Block vorhanden, so wird der nächst folgende Befehl des Programms nach dem then-Block bearbeitet.

Die Programmierung der Motor Ein-/Ausschaltfunktion kann nun aber auch auf eine andere Art und Weise erfolgen:

"Der Motor muß ausgeschaltet werden, wenn der Meßwert kleiner als 115 **ODER** größer als 135 ist."

Hierbei wird die Boolesche Grundfunktion ODER (im englischen *or*) benutzt. *Tab.8.8.2* zeigt das Verhalten dieser Funktion.

Teilaussage 1	OR	Teilaussage 2	=	Ausgangsergebnis
falsch		falsch	=	falsch
falsch		wahr	=	wahr
wahr		falsch	=	wahr
wahr		wahr	=	wahr

Tab.8.8.2a: Die OR-Verknüpfung zweier Aussagen

Variable 1	OR	Variable 2	=	Ergebnis
0		0	=	0
0		1	=	1
1		0	=	1
1		1	=	1

Tab.8.8.2b: Die OR-Verknüpfung zweier Boolescher Variablen

Tab.8.8.2: Die OR-Verknüpfung zweier Aussagen bzw. Boolescher Variablen

Sie sehen jetzt, daß das Ausgangsergebnis einer OR-Verknüpfung immer dann wahr (log.'1') ist, wenn *mindestens* eine der Teilaussagen wahr (log.'1') ist. Somit können Sie nun die if-Abfrage, unter Verwendung des Pascal51er-Befehlswortes *or* für die ODER-Verknüpfung, wie folgt programmieren:

```
if ((mw<115) or (mw>135)) then
          begin
                              (* then-Block zum Ausschalten des Motors *)
                              .....
          end
   else
          begin
                              (* else-Block zum Einschalten des Motors *)
                              .....
          end;
```

Im Vergleich zur vorherigen Lösung dient hier jetzt der then-Block zum Ausschalten des Motors und der else-Block zum Einschalten.

Beispiele:
mw=98: Die erste Teilaussage ist wahr, die zweite nicht –> die OR-Aussage ist aber erfüllt –> der then-Block wird ausgeführt, der else-Block nicht –> der Motor wird ausgeschaltet.

mw=121: Keine der beiden Teilaussagen ist erfüllt und damit ist die OR-Verknüpfung nicht erfüllt –> der then-Block wird nicht ausgeführt, sondern der else-Block –> der Motor wird eingeschaltet.

> **!** *Merke: "Die OR-Verknüpfung"*
> *Mit der Booleschen Grundverknüpfung OR kann man den if-Vergleich so erweitern, daß der then-Block immer dann ausgeführt wird, wenn mindestens eine von mehreren Bedingungen erfüllt ist. Auch wenn mehr als eine oder sogar alle Bedingungen erfüllt sind, wird der then-Block abgearbeitet.*
> *Nur wenn alle Bedingungen gleichzeitig falsch sind, wird der then-Block übersprungen und, falls vorhanden, der else-Block bearbeitet. Ist kein else-Block vorhanden, so wird der nächst folgende Befehl des Programms nach dem then-Block bearbeitet.*

Welche der beiden Lösungsmöglichkeiten Sie zum Betrieb des Motors letztendlich programmieren, bleibt Ihrem eigenen Geschmack überlassen, denn das Endergebnis, die korrekte Motoransteuerung, ist in beiden Fällen gleich.

Eine weitere sehr wichtige Grundverknüpfung der Booleschen Algebra ist die *Exclusiv-ODER (EXOR bzw. XOR)-Verknüpfung, Tab.8.8.3.*

Auf den ersten Blick ist eine gewisse Ähnlichkeit mit der OR-Verknüpfung vorhanden, der gravierende Unterschied besteht jedoch darin, daß die XOR-Verknüpfung nur dann wahr ist, wenn *genau nur eine* der Teilaussagen wahr ist.

8. Der Mikrocontroller-Kurs, Teil 1

Teilaussage 1	XOR	Teilaussage 2	=	Ausgangsergebnis
falsch		falsch	=	falsch
falsch		wahr	=	wahr
wahr		falsch	=	wahr
wahr		wahr	=	falsch

Tab.8.8.3a: Die XOR-Verknüpfung zweier Aussagen

Variable 1	XOR	Variable 2	=	Ergebnis
0		0	=	0
0		1	=	1
1		0	=	1
1		1	=	0

Tab.8.8.3b: Die XOR-Verknüpfung zweier Boolescher Variablen

Tab.8.8.3: Die XOR-Verknüpfung zweier Aussagen bzw. Boolescher Variablen

> **!** *Merke: "Die XOR-Verknüpfung"*
> Mit der Booleschen Grundverknüpfung XOR kann man den if-Vergleich so erweitern, daß der then-Block immer nur dann ausgeführt wird, wenn genau nur eine von zwei Bedingungen erfüllt ist. Ist keine oder sind beide Bedingungen erfüllt, so wird der then-Block übersprungen und, falls vorhanden, der else-Block bearbeitet. Ist kein else-Block vorhanden, so wird der nächst folgende Befehl des Programms nach dem then-Block bearbeitet.
> Die XOR-Funktion wird umgangssprachlich sehr häufig auch mit "**entweder** Bedingung 1 **oder** Bedingung 2" umschrieben.
> Vielfach wird die XOR-Verknüpfung auch als **Antivalenz-Verknüpfung** bezeichnet: beide Variablen müssen ungleich (antivalent) sein, dann wird das Ergebnis log.'1'.

Beispiel:
```
var
            c1,c2:char;
read(c1);
read(c2);
if ((c1='q') xor (c2='z')) then
        begin
                    (* then-Programm-Block *)
                    .....
        end
```

```
else      begin
                        (* else-Programm-Block *)
          end;
```

Zunächst sehen Sie hier, daß if-Vergleiche natürlich auch mit Charakter-Variablen (und auch mit Real-Variablen) durchgeführt werden können. Die vorstehende Programmsequenz kann nun z.B. zur Abfrage von Tastenbetätigungen benutzt werden: es werden zwei Tastendrücke erfaßt und unter den Charakter-Variablen c1 und c2 gespeichert.

Damit der then-Block ausgeführt wird, muß genau eine der beiden Vergleichs-Teilaussagen wahr sein. Es ist hier zusätzlich auf die Programmsequenz zu achten, denn der erste Tastendruck wird in der Charakter-Variablen c1 gespeichert, der zweite Tastendruck in der Variablen c2. Wird nun zuerst die Taste 'q' betätigt, so wird der then-Block nur ausgeführt, wenn als zweite Taste nicht 'z' gedrückt wird.

Wird zuerst eine beliebige Taste außer 'q' betätigt, so wird der then-Block nur ausgeführt, wenn als zweite Taste 'z' gedrückt wird.

In der nachfolgenden Tabelle sind einige Kombinationsmöglichkeiten zusammengestellt:

1. Tastendruck	2. Tastendruck	Ergebnis: Ausführung des
q	q	then-Blocks
z	z	then-Blocks
z	q	else-Blocks
q	z	else-Blocks
q	beliebige Taste außer z	then-Blocks
beliebige Taste außer q	z	then-Blocks

Zum Abschluß der Beschreibung der Booleschen Grundfunktionen, die in Pascal51 verfügbar sind, kommen wir zur sogenannten *Negierung*, die durch das Befehlswort *not* realisiert wird.

Auch hierzu ein kleines

Beispiel:
Eine Maschine soll durch Tastendruck eingeschaltet werden. Zulässig zur Einschaltung sind alle Buchstaben-Tastendrücke einer Tastatur, außer ein Druck auf die Taste s (warum auch immer). Die Einschaltabfrage für die Maschine könnten Sie nun wie folgt programmieren:

```
var
    taste:char;
read(taste);
if ((taste='a') or (taste='b') or .... or (taste='r') or (taste='t') or ... or (taste='z')) then
            begin
```

8. Der Mikrocontroller-Kurs, Teil 1

```
                        (* Einschaltsequenz für die Maschine *)
                             .....
        end
    else
        begin
                        (* Ausschaltsequenz für die Maschine *)
                             .....
        end;
```

Diese if-Abfrage ist sicherlich mehr als umständlich, und daher sollten Sie auf jeden Fall besser programmieren:

```
if (not (taste=s)) then
            begin
                            (* Einschaltsequenz *)
                                .....
            end
        else
            begin
                            (* Ausschaltsequenz *)
                                .....
            end;
```

Streichen Sie zunächst erst einmal gedanklich das Befehlswort "not" vor dem Vergleich taste='s'. Dann wird der then-Block bearbeitet, wenn Sie die Taste 's' eingegeben haben, was hier aber unerwünscht ist (der else-Block wird nicht ausgeführt). Durch die Einfügung des Befehlswortes not wird nun der then-Block dann bearbeitet, wenn die gedrückte Taste *nicht* gleich s ist, und der else-Block dann, wenn die Taste s gedrückt wurde. Man kann also durch not eine sogenannte *Invertierung* (Umkehrung) des Wahrheitsgehaltes einer logischen Aussage erreichen, *Tab.8.8.4*.

Aussage	NOT	Aussage
falsch		wahr
wahr		falsch

Tab.8.8.4a: Die Wirkung von NOT bei einer Aussage

Variable	NOT	Variable
0		1
1		0

Tab.8.8.4b: Die Wirkung von NOT bei einer Booleschen Variablen

Tab.8.8.4: Die Negierung mit "NOT"

8.8 Lektion 8

! Merke: "True und false bei logischen Aussagen und deren Verneinung"
Bisher haben wir immer davon gesprochen, daß logische Aussagen erfüllt oder nicht erfüllt sind. Im korrekten Vokabular der Programmiertechnik sagt man jedoch, daß Aussagen entweder true (wahr) oder aber false (falsch) sind.
Durch die Verwendung von "**not (Aussage)**", d.h. durch die Verneinung einer Aussage wird nun der logische Zustand einer Aussage umgekehrt, aus true wird false und aus false wird true.

Natürlich hätten Sie das vorherige Problem auch ohne die Verwendung von not wie folgt lösen können:

```
if (taste='s') then
         begin
                   (* Ausschaltsequenz *)
                   .....
         end
    else
         begin
                   (* Einschaltsequenz *)
                   .....
         end;
```

Sie sehen also, daß Sie bei der Verwendung der Booleschen Grundverknüpfungen in Verbindung mit der if-Abfrage vielerlei Möglichkeiten haben, ein bestimmtes Problem programmtechnisch in den Griff zu bekommen.

! Merke: "Weitere Möglichkeiten der if-Abfrage"
Alle zuvor durchgeführten Vergleiche und alle Booleschen Grundoperationen können auch mit Byte- und Real-Variablen bzw. Byte- und Real-Konstanten durchgeführt werden:

```
const
         r1=5.71;
         r2=1.287951e4;
var
         r3,r4:real;
         i1,i2:integer;
         c1,c2,c3,c4:char;
if (r1>r3) then .....

if ((r2=r3) or not(r1=r4)) then .....
```

was identisch ist mit

```
if ((r2=r3) or (r1<>r4)) then .....
```

193

8. Der Mikrocontroller-Kurs, Teil 1

Auch die bekannten Rechenoperationen in Pascal51 können in Vergleichsausdrücken bei Real- und Integer-Variablen bzw. Konstanten benutzt werden:

```
if ((r1-r4) > (r3+r2)) then .....

if ((i1>i2) xor (r3<r4)) then .....
```

Auch eine Kombination von Real- und Integer-Größen ist möglich:

```
if (r1>i1) then .....
```

Natürlich gilt das alles auch für Charakter-Variablen:

```
if ((c1<c2) and ((c3-c4)>50)) then .....
```

wobei hier als "Zahlenwerte" für die Charakter-Variablen der jeweilige ASCII-Code des Zeichens zugrunde gelegt wird, also ist

```
'm' < 'q'
```

da der ASCII-Code von m gleich 109 und der ASCII-Code von q gleich 113 ist. Desgleichen ergibt sich bei c3='x' und c4='b':

$$c3 - c4 = 120 - 98 = 22$$

also wird

$$(c3-c4)>50 \quad \rightarrow \quad false$$

wobei der Sinn dieser Berechnung nicht unbedingt einsichtig ist, sie ist aber durchführbar.

Ein weiterer programmiertechnisch sehr wichtiger Aspekt ergibt sich weiterhin daraus, daß die Booleschen Verknüpfungen and, or, xor und not in Pascal auch bitweise auf Integer-, Byte, Real- und Charakter-Variablen angewandt werden können. Das bedeutet dann, daß z.B. folgende Konstruktionen sinnvoll verwendet werden können:

```
var
    a,b,c,d:byte;
a:=$15;
b:=$ac;
c:=a and b;              (* Zeile 1 *)
if ((a or b) >12) then .... (* Zeile 2 *)
d:= not a;               (* Zeile 3 *)
```

8.8 Lektion 8

Zeile 1:
Der Wert von c entsteht aus der bitweisen AND-Verknüpfung von a und b:

AND	a = 15_H	= $0001\ 0101_B$		bitweise AND-Verknüpfung
	b = ac_H	= $1010\ 1100_B$	↓	
	c	= $0000\ 0100_B$		= 04_H

Zeile 2:
Hier erfolgt eine bitweise OR-Verknüpfung von a und b:

OR	a = 15_H	= $0001\ 0101_B$		bitweise OR-Verknüpfung
	b = ac_H	= $1010\ 1100_B$	↓	
		= $1011\ 1101_B$		= bd_H

Das Ergebnis ist also bd_H und somit größer als 12. Die if-Bedingung ist erfüllt.

Zeile 3:
Der Wert der Variablen d entsteht hier ganz einfach durch die bitweise Negation des Wertes von a:

```
a     =   0001 0101_B
not a =   1110 1010_B
```

d erhält also den Wert ea_H.

Das entsprechende läßt sich auch mit Charakter-Variablen durchführen, nur muß man hier beachten, daß man sehr schnell den Wertebereich des Standard-ASCII-Codes (0 ... 127) verlassen kann:

```
var
       c1,c2,c3:char;
c1:='a';
c2:='b';
c3:=c1 or c2;
```

ergibt dann

or	c1=$0110\ 0001_B$
	c2=$0110\ 0010_B$
	c3=$0110\ 0011_B$ = 63_H = 'c'

195

8. Der Mikrocontroller-Kurs, Teil 1

Besonders wichtig sind diese bitweisen Verknüpfungen beim Einstellen von Betriebsarten für interne oder externe Peripherie-Einheiten über SFR's, die nachfolgenden Programmiertricks werden Ihnen noch sehr häufig begegnen:
Stellen Sie sich einmal vor, Sie wollen das 5. Bit einer externen Byte-SFR-Variablen mit der Adresse 7518 gezielt auf log.'1' setzen, *ohne* die anderen Bits dieses SFR's zu verändern. Wie würden Sie dieses Problem lösen?

Nach einer kurzen "Denk- und Lösungsphase" Ihrerseits möchten wir Ihnen die Lösung präsentieren:

```
var
        a:byte;

a:=xby(7518);              (* Wert des SFR's einlesen *)
a:= a or %00010000;        (* Setzen des 5. Bits auf log.'1' durch die OR-Ver- *)
                           (* knüpfung mit der Bitmaske 00010000B *)
writexby(a,7518);          (* Zurückschreiben des neuen SFR-Wertes *)
```

Der "Trick" hierbei besteht in der zweiten Programmzeile:

```
a:=a or %00010000;
```

Durch die log.'1' an der 5. Bitstelle wird diese Stelle in der Variablen a *zwangsweise* auf log.'1' gesetzt, egal was vorher an dieser Stelle stand, s.Tab.8.8.2.

alter Wert an der 5. Bitstelle	OR	1	=	neuer Wert an der 5. Bitstelle
0	OR	1	=	1
1	OR	1	=	1

Die anderen 7 Bitstellen werden durch die OR-Verknüpfung mit einer log.'0' in ihrem Wert *nicht* verändert:

alte Werte der Bitstellen	OR	0	=	neue Werte der Bitstellen
0	OR	0	=	0
1	OR	0	=	1

Sie sehen also, mit Hilfe der (Bit)Maske 00010000b können Sie gezielt nur den Wert des 5. Bits beeinflussen, Sie können also das 5. Bit zwangsweise auf log.'1' (aus) *maskieren*.

Ganz entsprechend können Sie jetzt die folgende Aufgabe lösen:
"Die 3. Bitstelle des externen SFRs mit der Adresse ab13$_H$ soll zwangsweise auf log.'0' gesetzt werden, ohne die Zustände der anderen Bits zu ändern."

8.8 Lektion 8

```
var
            a:byte;
a:=xby($ab13);              (* Wert des SFR's einlesen *)
a:=a and %11111011;         (* Setzen des 3. Bits auf log.'0' durch die *)
                            (* AND-Verknüpfung mit der Bitmaske *)
                            (* 11111011B *)
writexby(a,$ab13);          (* Zurückschreiben des neuen SFR-Wertes *)
```

Hier erfolgt nun eine bitweise AND-Verknüpfung mit einer Bitmaske, denn es gilt (s. auch Tab. 8.8.1):

- Eine AND-Verknüpfung mit log.'1' ändert den Wert eines Bits nicht:

alte Werte der Bitstellen	AND	1	=	neue Werte der Bitstellen
0	AND	1	=	0
1	AND	1	=	1

- Eine AND-Verknüpfung mit log.'0' setzt den Wert einer Bitstelle *zwangsweise* auf log.'0':

alte Werte der Bitstellen	AND	0	=	neue Werte der Bitstellen
0	AND	0	=	0
1	AND	0	=	0

Die zwangsweise Ausmaskierung einer Bitstelle auf den Wert log.'0' erfolgt also durch eine Bitmaske, in der an der entsprechenden Stelle eine log.'0' steht und an allen anderen Stellen eine log.'1'.

Natürlich können Sie auch mehrere Bits auf einmal ausmaskieren:

- Die Bits 0, 4 und 6 sollen zwangsweise auf log.'1' gesetzt werden, ohne die anderen Bitwerte zu verändern: Maskierung mit

    ..... or 01010001$_B$;

- Die Bits 4-7 sollen zwangsweise auf log.'0' gesetzt werden, ohne die Werte der Bits 0-3 zur verändern: Maskierung mit

    ..... and %00001111;   (* oder mit: *)
    ..... and $0f;   (* oder mit: *)
    ..... and 15;

8. Der Mikrocontroller-Kurs, Teil 1

Genau dieser letzte Maskierungsfall wurde in der Lektion 7, im Programm rtc1.pas, bei der Darstellung der Uhrzeit verwendet. Schauen Sie sich dort einmal die Zeile:

```
g:=xby(day1) and 15;
```

an.

Wir hatten bei der Beschreibung der RTC erwähnt, daß die SFR's der RTC nur 4 Bit breit sind und daher z.B. die 4 oberen Bits des ausgegebenen SFR-Tages-Einer-Wertes willkürliche Daten enthalten, die somit ungültig, d.h. nicht zu gebrauchen und daher zu unterdrücken (d.h. auf log.'0' zu setzen) sind.
Mit xby(day1) wird nun ein 8 Bit breiter Wert eingelesen, und durch die Verknüpfung mit der Maske $15 = 00001111_B$ werden die oberen 4 Bits zwangsweise auf log.'0' gesetzt, so daß sich für g der Wert ergibt:

$$g = 0000xxxx_B$$

mit x gültiger Tages-Einer-Wert im Bereich von 0 bis 9.

> **! Merke: "Die Maskierung von Bits"**
> *Unter der Maskierung von Bits versteht man ganz allgemein das zwangsweise Setzen des Bitwertes auf log.'0' oder log.'1' durch die Verwendung einer geeigneten Bitmaske und einer Booleschen Grundverknüpfung, ohne die anderen Bits des Bytes zu verändern.*
>
> *Eine zwangsweise log.'0' wird erzeugt durch die Verwendung der AND-Verknüpfung und einer Bitmaske, die an der entsprechenden Bitstelle ebenfalls eine log.'0' und an allen anderen Bitstellen eine log.'1' aufweist.*
>
> *Eine zwangsweise log.'1' wird erzeugt durch die Verwendung der OR-Verknüpfung und einer Bitmaske, die an der entsprechenden Bitstelle ebenfalls eine log.'1' und an allen anderen Bitstellen eine log.'0' aufweist.*
>
> *Die Anwendung von Maskierungen wird bevorzugt bei **externen** (SFR-)Speicherstellen angewendet, da im Gegensatz dazu sehr viele **interne** (SFR-)Speicherstellen bitadressierbar sind und somit diese Bits direkt angesprochen werden können.*

Neben der Maskierung von Bits wird häufig die *Invertierung eines Bytes* benötigt.

Geben Sie bitte eine Programmroutine an, die die Invertierung des Bytes a in das Byte b speichert ! Auch hier wollen wir Sie nicht lange "schmoren" lassen:

```
b:=a xor $ff;
```

8.8 Lektion 8

Beispiel:

$$
\begin{array}{rl}
 & a = \quad 1101\ 0110_B \\
\text{xor} & \quad\quad 1111\ 1111_B \\
\hline
 & b = \quad 0010\ 1001_B \quad\quad = \text{invertierter Wert von a}
\end{array}
$$

Hinweis:
Die Invertierung bzw. die *Negierung* von a ist auch durch die Pascal51er-Anweisung not möglich:

```
b:= not(a);
```

Die bevorzugte Verwendung der xor-Verknüpfung zur Invertierung findet man bei Programmierern, die aus der "Assembler-Ecke" kommen, denn in Assembler wirkt eine not-Anweisung immer nur bitweise und nie byteweise, so daß man hier die erste Konstruktion zur Negierung eines Bytes anwenden muß.

Bevor wir jetzt schon alle Programmiertricks lüften, nun lieber erst mal weiter im Programm!

Eng mit den logischen Zuständen von Aussagen ist die sogenannte *repeat...until-Anweisung* verknüpft, die wir nun besprechen wollen. Solch eine repeat-Schleife hat den folgenden Aufbau:

```
repeat
          (* Befehle eines Befehls- bzw. Programmblocks *)
          Befehl 1;
          Befehl 2;
          .....
          Befehl n;
until (Abbruchbedingung = true);

Befehl A
Befehl B
```

Die Funktionsweise läßt sich anhand der deutschen Übersetzung der Befehlsworte wieder ganz einfach erklären:

repeat	≡	**wiederhole** die Befehle 1,2, ... des nachfolgenden **Befehlsblocks**, und zwar
until	≡	**solange bis** die nach until folgende **Abbruchbedingung** (Aussage) erfüllt, also **true** (log.'1') ist.

Solange also die Abbruchbedingung falsch (false, log.'0') ist, wird der Befehlsblock, der zwischen repeat und until eingeschlossen ist, immer wiederholt ausgeführt. Erst wenn die Abbruchbedingung wahr (true) wird, wird die Bearbeitung des Programmblocks beendet und mit den Befehlen A, B, etc. nach der until-Zeile fortgefahren.

8. Der Mikrocontroller-Kurs, Teil 1

Ein einfaches Beispiel solle diese Konstruktion erläutern:

```
var
            r:real;
repeat
            read(r);
            writeln('Sie haben eingegeben: ',r');
until (r=2.5);

writeln('Fertig, Sie haben 2.5 eingegeben !');
```

Der Programmblock zwischen repeat und until, also die Eingabe von r und die kommentierte Ausgabe, wird solange wiederholt ausgeführt, bis Sie 2.5 für r eingeben. Dann erst ist die Abbruchbedingung r=2.5 erfüllt, die repeat-Schleife wird verlassen und die nachfolgende Fertig-Meldung ausgegeben.

> **!** *Merke: "Die repeat...until-Schleife"*
>
> - *Die Befehle, die zwischen repeat und until stehen, bilden den Programmblock (Schleifenkörper) der repeat...until-Schleife, d.h., diese Befehle brauchen hier nicht zwischen den Blockbegrenzungsbefehlsworten begin und end eingeschlossen zu werden, repeat und until haben hier die Funktion der Begrenzung.*
> - *Bei dieser Art von Schleife wird der Schleifenkörper* **mindestens einmal** *ausgeführt, da die Abbruchbedingung ja erst* **nach** *dem Schleifenkörper überprüft wird.*
> - *Der Schleifenkörper einer repeat...until-Schleife wird also solange wiederholt ausgeführt, bis die Abbruchbedingung erfüllt ist.*

Die *Abb.8.8.2* zeigt das Flußdiagramm einer solchen repeat...until-Konstruktion.

Interessant ist nun die Programmierung einer sogenannten *Endlosschleife*, die Sie bereits im Programm rtc1.pas, in der Lektion 7, bei der permanenten Darstellung der Uhrzeit auf dem Terminal-Bildschirm kennengelernt haben. Benutzt wurde dort das Konstrukt:

```
repeat
            (* Befehlsblock zum Auslesen und
            zur Darstellung der Uhrzeit *)
            .....
            .....
until false;
```

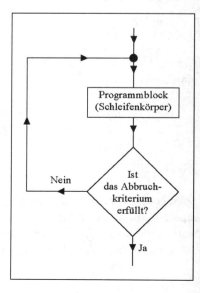

Abb.8.8.2: Die repeat...until-Schleife

8.8 Lektion 8

In der until-Befehlszeile wird nun eine weitere Eigenschaft von Pascal51 ausgenutzt, nämlich daß man anstelle einer logischen Aussage bzw. einer logischen Bedingung auch direkt einen der Wahrheitswerte "true" oder "false" einsetzten kann. "until false" bedeutet also, daß diese Abbruchbedingung *immer falsch* ist, die repeat...until-Schleife *niemals* verlassen werden kann und es sich somit um eine Endlosschleife handelt. Die Abarbeitung dieser Schleife kann daher nur durch Ausschalten der Betriebsspannung des µC-Systems oder durch einen Reset beendet werden.
Unter direkter Verwendung der logischen Werte true und false sind natürlich auch die folgenden Konstruktionen möglich:

- .....until true: die repeat...until-Schleife wird *genau einmal* bearbeitet. Das macht nicht allzu viel Sinn, denn in solch einem Fall braucht man gar keine repeat...until-Schleife zu programmieren.
- if true then ..... : Diese if-Abfrage ist auch immer wahr, d.h., der then-Block wird immer bearbeitet, was auch nicht sehr sinnvoll ist.

Sie erkennen also, die direkte Verwendung der logischen Wahrheitszustände true oder false in Schleifen- oder if-Konstruktionen beschränkt sich meistens auf die Programmierung einer Endlosschleife mittels "until false".

> **! Merke: "Die Endlosschleife"**
> *Die Programmierung einer Endlosschleife ist immer dann sehr sinnvoll, wenn das Programm (ein Programmteil) permanent wiederholt ausgeführt werden soll und nie abbricht. Dieses Verhalten ist eigentlich bei jedem Programm sinnvoller Weise der Fall:*
>
> - *bei einer permanenten Uhrzeitanzeige,*
> - *bei einer permanenten Meßwerterfassung und Übertragung,*
> - *bei einer permanenten Maschinenüberwachung,*
> - *etc.*
>
> *In solchen Fällen ist eine Endlosschleife erwünscht.*
>
> *Kritisch wird es allerdings dann, wenn Sie die Abbruchbedingung falsch formuliert haben, d.h., Sie haben sie so programmiert, daß die Abbruchbedingung ungewollt nie true werden kann. Das bedeutet, die repeat...until-Schleife wird wider Erwarten nie verlassen, Sie erhalten eine ungewollte Endlosschleife und **das Programm ist abgestürzt**.*
>
> *Achten Sie also hier unbedingt darauf, daß die Bedingung für den Abbruch der repeat...until-Schleife **in der Schleife selber erzeugt** wird und auch erfüllbar ist !*

Zum Abschluß dieser Lektion werden wir uns noch mit einem weiteren Variablentyp aus Pascal51 beschäftigen, den bereits erwähnten *Booleschen-Variabeln*.
Eine Boolesche Variable ist nun nichts anderes als eine Variable, die nur zwei Werte annehmen kann, nämlich nur einen der beiden logischen Wahrheitswerte true oder false. Definiert werden solche Variablen durch das Variablentype-Wort *boolean*.

8. Der Mikrocontroller-Kurs, Teil 1

```
(****************************************************************************)
(*                                                                          *)
(*              Über das Arbeiten mit Booleschen Variabeln                  *)
(*                                                                          *)
(*                    Programm:    p9.pas                                   *)
(*                                                                          *)
(****************************************************************************)

program p9;

(****************************************************************************)
(*** Definition der verwendeten Pascal-Variablen ****************************)
(****************************************************************************)

var
  a,b,c:boolean;

(****************************************************************************)
(*** Start des eigentlichen Hauptprogramms **********************************)
(****************************************************************************)

begin
  (* Zwei Leerzeilen ausgeben *)
  writeln; writeln;

  (* Einschaltmeldung auf dem Terminal-Bildschirm *)
  writeln('Start des Hauptprogramms p9: Über das Arbeiten mit Booleschen Va-
riabeln');
  writeln;

  (* Festlegung der Anfangswerte für die Variablen *)
  a:=true;   b:=false;   c:=true;

  (* Ausgabe der Wahrheitswerte *)
  writeln('Logischer Zustand von a: ',a);
  writeln('Logischer Zustand von b: ',b);
  writeln('Logischer Zustand von c: ',c);
  writeln; writeln;

  (* Einige Boolesche Grundverknüpfungen *)
  writeln('a and b = ',a and b);
  writeln('a or b = ',a or b);
  writeln('(a xor b) xor c = ',(a xor b) xor c);
end.
```

Wenn Sie dieses Programm ablaufen lassen, werden Ihnen die logischen Zustände der Variablen und ihrer Verknüpfungen auf dem Bildschirm direkt durch Angabe von "wahr" oder "falsch" ausgeben (wenn Sie die englische Ausgabe der Worte "true" und "false" bevorzugen, so können Sie im Pascal51er-Originalhandbuch nachschlagen, wie Sie die "Meldungssprache" des Pascal-Compilers umschalten können). Diese Möglichkeit zur direkten Ausgabe von logischen Zuständen ist ein wesentlicher Unterschied zum PC-Standard-Pascal.

8.8 Lektion 8

Die Experten Ecke: "Die Ausgabe von Booleschen Variablen"
Im Standard (PC-)Pascal ist, im Gegensatz zu Pascal51, eine direkte Ausgabe von logischen (Variablen-)Zuständen mittels write- bzw. writeln-Anweisungen nicht möglich.

! *Merke: "Die Eingabe von Booleschen Variablen"*
Die Eingabe von Werten für Boolesche Variablen über die Terminal-Tastatur ist nicht möglich, also bei

```
var
        a:boolean;
read(a);
```

erscheint eine entsprechende Fehlermeldung.

Werte für Boolesche Variablen ergeben sich also entweder durch direkte Festlegungen im Programm oder als Ergebnisse von logischen Verknüpfungen im Programm.

Boolesche Variablen werden bevorzugt dann verwendet, wenn man es mit technischen Vorgängen zu tun hat, die von Natur aus ebenfalls nur zwei Zustände besitzen, z.B.:

- Abfrage eines Tasters/Schalters: Der Taster/Schalter kann entweder geöffnet oder geschlossen sein. Um einen dieser beiden Zustände zu speichern, braucht man keine Real-, Integer- oder Byte-Variable zu verwenden, eine Boolesche Variable ist völlig ausreichend.

- Speicherung des Betriebszustandes eines Motors: Der Motor kann entweder laufen oder nicht laufen. Zur "Motor-Zustands-Speicherung" reicht eine Boolesche Variable aus.

Speicherplatzmäßig ergibt sich zwar kein Vorteil bei der Verwendung von Booleschen Variablen im Vergleich zu Integer- oder Byte-Variablen: eine Boolesche Variable belegt ebenfalls 2 Bytes im Datenspeicher des µC-Systems: false=0000$_H$, true=ffff$_H$. Durch die direkte Verwendung der Schlüsselworte true und false im Programm beim Arbeiten mit Booleschen Variablen wird das Programm selber jedoch wesentlich übersichtlicher und verständlicher. Das war's in dieser Lektion.

8. Der Mikrocontroller-Kurs, Teil 1

"Logeleien":

✎ Übungsaufgaben

Bereits ein alter Hut, aber immer wieder sehr nützlich:

Entwickeln Sie zu jedem der nachfolgenden "Programm-Probleme" zuerst ein aussagekräftiges Flußdiagramm.

1) Schreiben Sie ein Programm, das Ihre ACSII-Charakter-Eingaben solange auf dem Terminal-Bildschirm ausgibt, bis Sie ein kleines oder ein großes 'z' eingeben. Dieses Ende-Zeichen soll noch mit ausgegeben werden, aber danach erscheint die Meldung "Fertig", und das Programm soll beendet sein.

2) Schreiben Sie ein Programm, das permanent die Uhrzeit in der rechten oberen Ecke des Terminal-Bildschirms ausgibt, alle 10 Sekunden 3 Beeps erzeugt und danach die Farbe des Bildschirmhintergrundes wechselt: von rot nach blau nach schwarz und wieder zurück.

3) Schreiben Sie ein Programm für ein einfaches *Code-Schloß*. Um das Schloß zu öffnen, müssen über die Terminal-Tastatur die Buchstaben des Namens Ihrer Liebsten bzw. Ihres Liebsten in richtiger Reihenfolge eingegeben werden, z.B. also: *"Lisa"*.
Die gleichen Buchstaben, in einer anderen Reihenfolge eingegeben, sollen das Schloß jedoch *nicht* öffnen (denn wer kennt schon "asiL" ?) !
Allerdings soll es egal sein, ob die Buchstaben in großer, in kleiner oder in gemischter Schreibweise eingegeben werden.
Das Öffnen des Schlosses wird hier dadurch simuliert, daß Sie eine logische Funktion programmieren, die dann true wird, wenn die Eingabebedingungen erfüllt worden sind. Andernfalls soll false entstehen und die Abfrage erneut beginnen (es sind hier also zunächst beliebig viele Lösungsversuche hintereinander zum "Knacken" des Code-Schlosses zulässig).
Weiterhin soll das Öffnen des Schlosses dadurch gekennzeichnet werden, daß auf dem Terminal-Bildschirm die Meldung "Geöffnet" erscheint, begleitet von 3 Beeps im Abstand von 500 ms. Bei einem Fehlversuch erscheint "Ätsch !" und nur ein Beep.

Dieses Code-Schloß werden wir in der Lektion 19 auch wirklich realisieren, wenn wir uns ansehen, wie man Tastaturen an das 80C537er-TFH-System anschließen kann. Allerdings werden wir dann, wie üblich, mit schlecht zu merkenden Zahlencodes arbeiten, da die hier eingesetzte Tastatur eine einfache numerische Tastatur ist. Aber Ihrem eigenen Entwicklungsdrang (z.B. zum Anschluß einer alphanumerischen Tastatur) sind ja keine Grenzen gesetzt !

8.9 Lektion 9: Der Einsatz des internen 80C537er-A/D-Wandlers

Lernziele:

Ab dieser Lektion werden wir damit beginnen, die internen ON-Chip-Peripherie-Einheiten des 80C537ers näher zu untersuchen.
Dazu lernen Sie zunächst die Befehle kennen, mit denen Sie auf die internen SFR's eines 8051ers zugreifen können, und danach betrachten wir den internen A/D-Wandler des 80C537ers etwas detaillierter.
Den Höhepunkt dieser Lektion bildet die Übungsaufgabe, in der Sie die Software für ein *kleines Meßlabor* mit dem 80C537er-TFH-Board programmieren.

Neu eingeführte Pascal51er-Befehle, Funktionen und Datentypen:
   writereg, reg, setbit, clearbit, invertbit, bit, inc, dec
Behandelte interne ON-Chip-Peripherie-Einheiten: *A/D-Wandler*
Behandelte externe Peripherie-Einheiten: keine

Wichtig:
Bevor Sie den A/D-Wandler nachfolgend in Betrieb nehmen, müssen Sie die Jumper auf dem 80C537er-TFH-Board korrekt stecken (s. Beschreibung zum Board) !

Nachdem Sie sich den Inhalt der Lektion 6 noch einmal kurz vor Augen geführt haben (insbesondere die Abb.8.6.3 und den Merke-Kasten dazu: "Die Kommunikation mit internen und externen Peripherie-Einheiten"), sollte Ihnen die folgende wichtige Tatsache wieder geläufig sein:

"Die Kommunikation (also: der Daten- und der Befehlsaustausch) mit den internen ON-Chip-Peripherie-Einheiten geschieht über interne SFR's, auf die der µC-Kern und die jeweilige ON-Chip-Peripherie-Einheit gemeinsam lesend und schreibend zugreifen können."

Es besteht also gar kein Unterschied zwischen dem Betrieb von externen Peripherie-Einheiten, wie Sie das am Beispiel der RTC kennengelernt haben, und dem Betrieb von µC-internen ON-Chip-Peripherie-Einheiten: alles läuft über entsprechend zu programmierende SFR's ab.
Bevor wir uns nun näher mit dem ON-Chip-A/D-Wandler beschäftigen, zeigt Ihnen *Tab.8.9.1* eine Übersicht über die ON-Chip-Peripherie-Einheiten, die der 80C537er besitzt.

Zur Kommunikation zwischen µC-Kern und den ON-Chip-Peripherie-Einheiten stehen insgesamt 81 SFRs (incl. der von der CPU benötigten Register) zur Verfügung, die Sie, nach Peripherie-Einheiten getrennt, im Anhang 11.5 aufgelistet finden.

8. Der Mikrocontroller-Kurs, Teil 1

- Sieben digitale I/O-Portbaugruppen, jeweils 8 Bit breit
- Eine Analog-IN-Portbaugruppe mit 8 Eingängen; alle 8 Port-Pins können auch als digitale IN-Ports benutzt werden
- Eine Analog-IN-Portbaugruppe mit 4 Eingängen; alle 4 Port-Pins können auch als digitale IN-Ports benutzt werden
- Eine A/D-Wandler-Einheit mit 8 bzw. 10 Bit Auflösung und 12-fach Eingangsmultiplexer
- Zwei 16-Bit-Timer
- Eine Compare-/Capture-Einheit mit zwei weiteren 16-Bit-Timer
- Zwei serielle Datenübertragungskanäle
- Eine Multiplikations-/Divisions-Einheit für 16 und 32 Bit Rechenoperationen
- Ein Watchdog-Timer
- Ein Interrupt-System
- Ein Power-Safe-Modul

Tab.8.9.1: Die On-Chip-Peripherie-Einheiten des 80C537ers

Zwei Besonderheiten sind bei den µC-internen SFRs zu beachten:

- Einige haben, im Gegensatz zu den SFRs in externen Peripherie-Einheiten, nach dem Reset des µCs einen definierten Inhalt.
- Eine Vielzahl der internen SFRs sind *bitadressierbar*.

Beim Betrieb der RTC hatten wir gesehen, daß die RTC-SFRs immer nur byteweise (halbbyteweise) beschrieben werden konnten und man sich vorher den Inhalt dieses (Halb)Bytes erst, entsprechend den Bedeutungen der einzelnen Bits, zusammensetzen mußte.
Bei einigen internen µC-SFRs kann man nun auch gezielt auf einzelne Bits eines Bytes zugreifen.

! **Merke: "Die µC-internen, bitadressierbaren SFRs"**
*Bei dieser Art von SFRs kann man ganz gezielt Bits eines Bytes auf log.'1' oder log.'0' setzen, ohne daß man die restlichen Bits des Bytes mit beachten muß, d.h., man hat die Möglichkeit, gezielt eine **bitweise** Beschreibung von Speicherstellen vorzunehmen.*
Desgleichen ist es möglich, solche Speicherstellen auch bitweise auszulesen.
***Wichtig** ist es daher, daß man bei solchen SFRs zwischen zwei unterschiedlichen Adressen unterscheidet:*

- *Die **Byte**-Adresse des gesamten SFRs.*
- *Die **Bit**-Adresse jedes einzelnen Bits innerhalb des gesamten Bytes.*

Um hier eine Eindeutigkeit zu schaffen, gelten zwei wichtige Regeln:

1. Nur diejenigen SFR's, deren Byte-Adressen ohne Rest durch 8 teilbar sind, sind auch bitadressierbar.

2. Die Bit-Adresse des niederwertigsten Bits (LSB) ist identisch mit der Byte-Adresse des SFRs. Alle nachfolgenden Bits des SFR's haben dann aufsteigende Bit-Adressen.

Zu einer Verwechslung zwischen Byte- und Bit-Adresse kann es nicht kommen, da es unterschiedliche Befehle für den byteweisen Zugriff auf komplette SFR's und für den bitweisen Zugriff auf einzelne Bits innerhalb eines SFR's gibt.

Beispiel:
Betrachten wir einmal das SFR ADCON0 (zur Steuerung des A/D-Wandlers, s. später) mit der internen SFR-Byte-Adresse $d8_H$ und dem folgenden Aufbau:

Einzel-Bit-Adressen:	df_H	de_H	dd_H	dc_H	db_H	da_H	$d9_H$	$d8_H$
Bit-Namen:	BD	CLK	ADEX	BSY	ADM	MX2	MX1	MX0
Bit-Nummer:	7	6	5	4	3	2	1	0

SFR-Byte-Adresse: $d8_H$

Das SFR hat die Byte-Adresse $d8_H$ und dementsprechend ergeben sich die Bit-Adressen der einzelnen Bits aus der zuvor genannten Regel 2:

Byte-Adresse	**+**	**Bit-Nr.:**	**=**	**Bit-Adresse**	
$d8_H$		0		$d8_H$	(= LSB)
$d8_H$		1		$d9_H$	
$d8_H$		2		da_H	
$d8_H$		.....		.....	
$d8_H$		7		df_H	(= MSB)

Weiterhin sehen Sie, daß alle Bits, nicht nur die bitadressierbaren, einen eigenen Namen haben, der ebenfalls, wie die Namen der SFR's, vom jeweiligen µC-Hersteller "genormt" ist.

Wichtig sind nun die Pascal51er-Befehle, mit denen Sie auf die SFR's byte- und bitweise zugreifen können.
Bei der Programmierung der RTC haben Sie schon die Befehle für den Zugriff auf externe SFR's kennengelernt:

8. Der Mikrocontroller-Kurs, Teil 1

    writexby(wert,adr);   Byteweises Einschreiben eines Wertes in ein µC-externes Register (externe Daten-Speicherstelle)

    a:=xby(adr);   Byteweises Auslesen eines Wertes aus einem µC-externen Register (externe Daten-Speicherstelle)

Ganz ähnliche Befehle gibt es nun auch für den Zugriff auf µC-interne Register (interne Daten-Speicherstellen):

Schreiben eines Bytes in ein µC-internes SFR:

```
writereg(wert,adr);
```

Anstelle der Buchstaben "xby", die den Zugriff auf externe Daten-Speicherstellen kennzeichnen, wird hier einfach "reg" angegeben, als Kennzeichen für den Zugriff auf interne Register (Speicherstellen). Der restliche Aufbau des Befehls müßte Ihnen jetzt schon klar sein: Sie müssen noch die Adresse der Speicherstelle (adr) und den einzuschreibenden Wert (wert) angeben.

Hierbei sind zwei Punkte zu beachten:

- Die **symbolische Adressierung**
  Anstelle des Zahlenwertes für die SFR-Adresse können Sie auch die symbolische Adressierung verwenden, d.h. Sie können z.B. die von Siemens bzw. INTEL genormten Namen für die SFR's verwenden, also z.B.:

```
                    writereg($aa,adcon);
oder eben auch
                    writereg($aa,$d8);
```

für das Einschreiben des Wertes aa$_H$ in das SFR ADCON.
Die gültigen Namen der SFR's können Sie aus dem Anhang 11.5 entnehmen.

Hier ergibt sich allerdings ein kleines Problem: Der Pascal51er-Compiler kennt in der Grundversion nur die SFR-Namen des "kleinen Bruders" des 80C537ers, nämlich nur die Namen des 80C535ers.
Diese Namen sind nun zum Teil identisch mit den SFR-Namen des 80C537er, zum Teil wurden sie aber auch geringfügig modifiziert. Die Modifikation ergibt sich zwangsläufig aus den erweiterten Fähigkeiten des 80C537ers. Während der 80C535er noch mit einem Steuerregister für den A/D-Wandler auskommt (SFR ADCON), benötigt der 80C537er bereits zwei Steuerregister, ADCON0 und ADCON1. Das SFR ADCON0 des 80C537er ist nun völlig identisch mit dem SFR ADCON des 80C535er, der Name ADCON**0** wird aber vom Pascal51 Compiler nicht akzeptiert. Dies ist nicht tragisch, denn Sie können jederzeit über die Pascal-

8.9 Lektion 9

Konstanten-Definition alle im Programm benutzten SFR-Namen definieren. So hat z.B. das SFR ADCON0 die Adresse $d8 (identisch mit der des SFR's ADCON im 80C535er) und das SFR ADCON1 hat die Adresse $dc.
Wenn Sie also die symbolische Adressierung benutzen wollen, so müssen Sie am Anfang des Programms alle benutzten und dem Pascal51er-Compiler unbekannten SFR's nachdefinieren.
Um einem zeitraubenden Vergleich der SFR-Namen der beiden µCs zu entgehen, können Sie auch grundsätzlich alle im Programm benutzten SFR's definieren, egal ob sie dem Compiler bereits bekannt sind oder nicht.

Beispiel:
```
            const
                    adcon0=$d8;
                    adcon1=$dc;

            (* Nun: schreibender Zugriff auf diese SFR's durch: *)
            writereg(%00011111,adcon0);
            writereg($11,adcon1);
```

Natürlich haben auch die einzelnen Bits eines bitadressierbaren SFR's individuelle Namen, mit denen sie symbolisch adressiert werden können. So heißt z.B. im SFR ADCON0 das 8. Bit "BD", es hat die Bitadresse df_H und die "Vorbereitungen" für eine symbolische Adressierung sehen dann so aus:

```
            const
                    BD=$df;
```

- **Die Adressen der SFR's**

Bei allen Mitgliedern der 8051er-Familie liegen die Adressen der SFR's im Adreßbereich zwischen 80_H und ff_H. Wenn Sie also mit absoluten Adressen arbeiten, so müssen Sie unbedingt darauf achten, daß Sie *keine Adressen unter 80_H* verwenden, denn in diesem Speicherbereich (00_H - $7f_H$) werden wichtige Daten für den ordnungsgemäßen Ablauf Ihres 8051er-Programmes abgelegt und deren ungewollte Abänderung durch Ihr Programm (durch Angabe einer falschen Adresse in einem writereg()-Befehl) kann das gesamte System zum Absturz bringen.

> » *Wichtig: "Verbotene Speicherbereiche"*
> *Bei der Programmierung unter Pascal51 ist der µC-interne Speicherbereich von 00_H .. $7f_H$ für Sie **absolut tabu**. Sie dürfen auf diese Speicherstellen auf gar keinen Fall schreibend zugreifen. Ein Auslesen des Speicherstelleninhaltes ist zwar möglich, bringt Ihnen aber keine verwertbaren Informationen.*

Die Experten-Ecke: "Verbotene Speicherbereiche"
Im internen RAM-Adreßbereich von 00_H .. $7f_H$ liegt ja bekannterweise der direkt und indirekt adressierbare RAM-Bereich des µC's: u.a. die vier Registerbänke und der bitadressierbare Speicherbereich. Diese Ressourcen werden, vom Hochsprachenprogrammierer aus un-

8. Der Mikrocontroller-Kurs, Teil 1

sichtbar, vom Pascal-Compiler selbst benutzt und verwaltet. So werden dort z.B. Zwischenergebnisse abgelegt, wenn mit Real-Zahlen gerechnet werden soll.
Daher ist ein Anwenderzugriff auf diesen Bereich unnötig und gefährlich.

Auslesen eines Byte-Wertes aus einem µC-internen SFR:

Ein Auslesen des Inhaltes eines SFR's ist mit dem Befehl

```
a:=reg(adr);
```

möglich, wobei der Inhalt des SFR's mit der Adresse adr der Byte-Variablen a zugeordnet wird. Die Adresse kann wieder als absoluter Zahlenwert oder als symbolischer Namen angegeben werden.

> » **Wichtig: "Der Zugriff auf SFR's"**
> *Ein lesender oder schreibender Zugriff auf die SFR's ist nur mit den beiden vorgestellten Befehlen möglich. Die symbolischen Adressen haben nicht die Funktion von Variablen-Namen, und daher funktioniert ein direkter Zugriff auf die SFR's über den SFR-Namen nicht:*
>
> ```
> (* Schreiben eines Wertes in das SFR ADCON0 *)
> adcon0:=wert;            (* das ist nicht möglich, sondern nur: *)
> writereg(wert,adcon0);
>
> (* Lesen eines Wertes aus dem SFR ADCON0 *)
> a:=adcon0;               (* das ist nicht möglich, sondern nur: *)
> a:=reg(adcon);
> ```

Zum Abschluß dieser Vorbetrachtungen sollen jetzt noch die Befehle erläutert werden, die ein bitweises Schreiben bzw. ein bitweises Auslesen von bitadressierbaren SFR's ermöglichen.

Einschreiben einer Bit-Information:

Hierbei sind drei Fälle zu unterscheiden:

- Einschreiben einer log.'1' in die Bitzelle = **Setzen des Bits**:

    ```
    setbit(adr);
    ```

- Einschreiben einer log.'0' in die Bitzelle = **Löschen (clear) des Bits**:

    ```
    clearbit(adr);
    ```

- **Invertieren** eines Bitzustandes, d.h., aus einer log.'0' wird eine log.'1' und umgekehrt:

    ```
    invertbit(adr);
    ```

8.9 Lektion 9

Mit

        `adr = absolute oder symbolische Bit-Adresse.`

Auslesen einer Bit-Information:

Hierbei wird der logische Zustand einer Bitspeicherzelle einer Booleschen Variablen zugeordnet:

```
var
        b:boolean;
b:=bit(adr);
```

Nachdem Sie nun alle Pascal51er-Befehle für den Zugriff auf die internen SFR's eines 8051ers kennen, untersuchen wir jetzt als erste ON-Chip-Komponente des 80C537ers den A/D-Wandler. Zunächst müssen wir jedoch erst die Kernfrage klären:

Was macht eigentlich so ein Analog-Digital-Wandler (A/D-Wandler) ?

Dazu eine kleine Vorüberlegung: Stellen Sie sich einmal vor, Sie möchten mit einem µC eine elektrische Spannung im Bereich von 0 V bis 5 V messen (abspeichern, weiterverarbeiten) und schließen diese Spannung an einen digitalen I/O-Port (Eingangs/Ausgangs-Pin) des 80C537ers an (mehr dazu in der nächsten Lektion). Welche Informationen wird der 80C537er von diesem Port-Anschluß einlesen ?

In der Lektion 3 haben Sie gelernt, daß digitale bzw. logische Zustände in einem elektronischen System durch elektrische Spannungen dargestellt werden. So gesehen macht es durchaus Sinn, in einem ersten Lösungsschritt die zu messende Spannung an einen digitalen Eingangspin des µCs anzuschließen. Dummerweise gibt es jedoch nur zwei logische digitale Zustände und somit auch nur zwei unterscheidbare Spannungszustände:

    Spannung = 5 V   ≡   H-Pegel, der µC liest also eine log.'1' ein.
    Spannung = 0 V   ≡   L-Pegel, der µC liest also eine log.'0' ein.

! ***Merke: "Die relevanten Eingangspegel bei logischen Eingangssignalen"***
Es gibt natürlich gewisse Toleranzbereiche um die Spannungswerte 0 V und 5 V, innerhalb derer eine Spannung als H- bzw. als L-Pegel vom µC aus angesehen wird. Im allgemeinen gilt:

Spannung   >1,9 V ... 5,5 V   ≡ H-Pegel

Spannung   -0,5 V ... +0,9 V ≡ L-Pegel

Spannung   0,9 V ... 1,9 V   ≡ "Verbotener Bereich": es ist vollkommen unvorhersehbar, ob diese Spannung als H- oder als L-Pegel vom µC interpretiert wird. Solche "undefinierten" Eingangsspannungen sollten an einem digitalen I/O-Pin auf jeden Fall vermieden werden.

8. Der Mikrocontroller-Kurs, Teil 1

Das Ergebnis Ihrer ersten Spannungsmessung ist also recht unbefriedigend, außer log.'0' oder log.'1' erhalten Sie keinerlei Zwischenwerte, von einer Spannungsmessung mit einer Auflösung im mV-Bereich ganz zu schweigen.

Hier kommt nun der A/D-Wandler zum Einsatz. Dieser Baustein ist nichts anderes als eine "Vorschaltbaugruppe", die ein analoges Spannungssignal µC-gerecht aufarbeitet, d.h. in einem Zahlenwert umwandelt.

Über die genaue interne Funktionsweise eines A/D-Wandlers, speziell auch über die unterschiedlichen Wandlerverfahren, gibt es eine Reihe weiterführender guter Bücher [9], so daß hier nur auf das für uns wichtige Endergebnis der Wandlung näher eingegangen wird:

"Der ON-Chip-A/D-Wandler macht aus einer analogen Eingangsspannung ein 8 Bit (1 Byte) breites Datenwort"

Die grundlegende Funktionsweise eines A/D-Wandlers
ist recht einfach zu verstehen:

Ein A/D-Wandler vergleicht die anliegende Eingangsspannung mit einer intern erzeugten *Vergleichsspannungsstufe*, die auch *Spannungsstufe* oder *Spannungsschritt* genannt wird. Dieser Vergleich wird prinzipiell so durchgeführt, daß die Eingangsspannung durch die Spannungsstufe geteilt und der ganzzahlige Teil des Ergebnisses (also des Quotienten) als Binärzahl dem µC zur Verfügung gestellt wird.

Ein einfaches Beispiel soll dieses Verfahren verdeutlichen:

Beispiel:
Die interne Vergleichsspannungsstufe des A/D-Wandlers betrage 100 mV (0,1 V). Man legt nun eine Spannung von 2 V an den Eingang des A/D-Wandlers und dieser ermittelt daraus das "Zahlen-Ergebnis": 2 V/0,1 V = 20.

Dieser Wert wird dem µC zur Verfügung gestellt: der A/D-Wandler schreibt das Ergebnis in ein SFR, und der µC liest diesen Wert aus. Nun kann µC-intern mit diesem Spannungsmeßwert 20 weiter gearbeitet werden:

- Durchführung von Berechnungen mit anderen Werten.
- Vergleiche mit anderen gemessenen Spannungswerten oder mit fest vorgegebenen Grenzwerten.
- Speicherung des Wertes.
- Übermittlung des Wertes an einen übergeordneten Rechner (PC).
etc.

Umgekehrt ist natürlich jetzt auch die Bestimmung einer unbekannten Eingangsspannung möglich: der A/D-Wandler ermittelt, mit der obigen Vergleichsspannungsstufe, einen Zahlen-Wert von 43, und damit kennt man den Wert der Spannung an seinem Eingang:

U_{ein} = 43 * Vergleichsspannungsstufe = 43 * 0,1 V = 4,3 V

8.9 Lektion 9

Die *Abb.8.9.1* verdeutlicht noch einmal diesen Vergleichsvorgang beim A/D-Wandler.

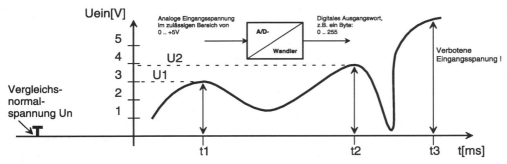

Wandlung: Vergleich (Division) der analogen Eingangsspannung Uein mit einer Vergleichsnormalspannung (Referenzgröße)

Wandelergebnis: D = Uein/Un (ganzzahliges Ergebnis !)

Dabei gilt:
1) Je kleiner man die Vergleichsnormalspannung macht, desto genauer wird das Wandelergebnis (feinere Abstufung).
2) Je schneller (häufiger) man die Eingangsspannung abtastet, desto besser wird diese Eingangsspannung erfaßt.

Abb.8.9.1: Der Vergleich von Spannungen beim A/D-Wandler

An diesem einfachen Beispiel wird aber auch schon die grundsätzliche Problematik eines A/D-Wandlers ersichtlich:

Wenn Sie die Eingangsspannungen 3,80 V, 3,84 V oder 3,89 V anlegen, so erhalten Sie vom A/D-Wandler immer nur den Zahlenwert 38, da ja die Vergleichsspannungsstufe 100 mV beträgt und somit Spannungsanteile, die kleiner als 100 mV sind, nicht erfaßt werden können.

> **! Merke: "Prinzipielles Problem bei der A/D-Wandlung"**
> *Die Umwandlung einer analogen Eingangsspannung in einen Zahlenwert durch einen A/D-Wandler geschieht immer näherungsweise, da ein A/D-Wandler nur einzelne Spannungsstufen bzw. Vielfache der Spannungsstufe erkennen und umsetzen kann. Nur wenn die Eingangsspannung exakt gleich der Spannungsstufe (exakt gleich einem Vielfachen der Spannungsstufe) ist, ist das Umwandelergebnis genau.*

Hier könnte man nun sagen: kein Problem, verkleinern wir eben die Vergleichsspannungsstufe und können damit die Eingangsspannung besser erfassen bzw. auflösen.

8. Der Mikrocontroller-Kurs, Teil 1

Beispiel:
Vergleichsspannungsstufe: 10 mV und Eingangsspannungen 3,80 V, 3,84 V, 3,89 V. Nun erhält man für jede Eingangsspannung einen eindeutigen Zahlenwert, nämlich 380, 384 und 389. Prinzipiell ist das Auflösungsproblem aber trotzdem nicht gelöst: Die Erkennung unterschiedlicher Eingangsspannungen ist zwar verbessert worden, aber Spannungsanteile unter 10 mV werden auch hier nicht erfaßt bzw. nicht unterschieden. Es bleibt also die stufige Arbeitsweise des A/D-Wandlers erhalten, nur daß die Stufen jetzt eben wesentlich kleiner geworden sind.
Und ein weiteres Problem wird nun ersichtlich: Die Ergebniswerte des A/D-Wandlers (380, 384, 389) können mit einem Byte nicht mehr erfaßt werden, denn mit 8 Bits kann man als größte Zahl ja nur 255 darstellen. Als Alternative bietet es sich in diesem Falle an, mehr Bits für das Wandlungsergebnis zur Verfügung zu stellen, also 10, 12 oder 16 Bits. Das wird in der Praxis selbstverständlich auch gemacht, ist aber mit gewissen Problemen verbunden, wenn diese breiteren Bitwerte von einem 8 Bit µC verarbeitet werden sollen.

Somit läßt sich hier feststellen, daß man in Verbindung mit einem 8 Bit µC zunächst auch einen A/D-Wandler mit 8 Bit Ergebniswert einsetzen sollte.

Mit diesen 8 Bits kann man insgesamt *256* ($=2^8$) verschiedene Vielfache der Vergleichsspannungsstufe darstellen (Zahlenwerte von 0 bis 255). Welchen exakten Spannungswert hat nun eine solche Spannungsstufe?

In der Praxis schließt man eine sogenannte externe hochstabile *Referenzspannung* U_{ref} von z.B. +5 V an den A/D-Wandler an; das bedeutet, daß dann solch ein Wandler eine Eingangsspannung im Bereich von 0 ... +5 V ($=U_{ref}$) in einen Zahlenwert umwandeln kann. Größere oder gar negative Eingangsspannungen dürfen nicht an diesen Baustein angeschlossen werden, ohne diesen zu zerstören oder zu Fehlfunktionen zu führen.
Für die Umwandlung dieses 5 V-Eingangsspannungsbereiches stehen nun 256 verschiedene Zahlenwerte (Spannungsstufen) zur Verfügung und somit kann man sehr einfach den Wert (die Höhe) einer solchen einzelnen Spannungsstufe berechnen:

$$\text{Höhe der Spannungsstufe} = U_{ref} / 2^8 = 5 \text{ V} / 256 = 19{,}53 \text{ mV}$$

Diese 19,53 mV dienen dem A/D-Wandler nun als Vergleichsspannungsstufe, d.h., jede anliegende Eingangsspannung wird durch 19,53 mV geteilt, und der ganzzahlige Quotientteil stellt dann das Wandlungsergebnis dar. Mit anderen Worten:

- Spannungsanteile, die kleiner als 19,53 mV sind, kann der A/D-Wandler nicht erfassen bzw. unterscheiden.
- Die kleinste Eingangsspannung, die der A/D-Wandler noch erfassen kann, ist 19,53 mV ($\equiv$ *Wert des LSB's*).

8.9 Lektion 9

Beispiele:
Interne Vergleichsspannungsstufe: 19,53 mV

Eingangsspannung:	Wandlungsergebnis: (ganzzahliger Anteil des Vergleichsquotienten)
11,5 mV	0
18,9 mV	0
20,1 mV	1
1,53 V	78
1,953 V	100
2,9876 V	152
4,897 V	250

Formuliert man die bisherigen Erkenntnisse etwas "elektrotechnisch-exakter", so kommt man zum sehr wichtigen Begriff der *Auflösung eines A/D-Wandlers*:

! Merke: "Die Auflösung eines A/D-Wandlers und die Vergleichsspannungsstufe"
Unter der **Auflösung n** eines A/D-Wandlers versteht man die Bit-Breite des Wandlungsergebnisses. In der Praxis vorkommende Werte für n sind 8, 10, 12 oder 16, d.h., die jeweiligen Wandlungsergebnisse sind 8, 10, 12 oder 16 Bit breit.
Mit Hilfe der Auflösung kann man nun die **kleinste Spannungsstufe** ermitteln, die der A/D-Wandler noch unterscheiden kann. Sei U_{ref} die extern angeschlossene hochgenaue Referenzspannung des A/D-Wandlers, so gilt:

Kleinste noch unterscheidbare Spannungsstufe = Vergleichsspannungsstufe = $U_{ref}/2^n$

Bei n=8 und U_{ref}= 5 V ergibt sich, wie gesehen, eine kleinste Spannungsstufe von 19,53 mV.

Die angelegte Eingangsspannung wird letztendlich durch diese Vergleichsspannungsstufe geteilt und das Wandlungsergebnis ist dann der ganzzahlige Anteil dieses Quotienten. Man sagt auch:
"Der Wert des niederwertigsten Bits (also des LSB's) entspricht dem kleinsten Spannungsschritt, den der A/D-Wandler noch unterschieden kann."
D.h. genau dann, wenn das letzte Bit gerade seinen Zustand geändert hat (von log.'0' nach log.'1' oder umgekehrt), hat sich die Eingangsspannung um eine Spannungsstufe (Spannungsschritt) geändert: erhöht oder erniedrigt.
Kleinere Änderungen in der Eingangsspannung als dieser Spannungsschritt können vom A/D-Wandler nicht erfaßt werden.

Die Auflösung und der kleinste noch erkennbare Spannungsschritt sind somit konstante Größen für jeden A/D-Wandler, da bei den meisten A/D-Wandlern die extern angeschlossene Referenzspannung exakt einen bestimmten festen Wert haben muß.

8. Der Mikrocontroller-Kurs, Teil 1

Ist nun die Auflösung und die Referenzspannung bekannt, so kann aufgrund des Wandlungsergebnisses die unbekannte Eingangsspannung U_{ein} bestimmt werden:

$$U_{ein} = (U_{ref} / 2^n) * \text{Wandlungsergebnis}$$

Bei n=8 und U_{ref}=5 V gilt somit:

$$U_{ein} = 19{,}53 \text{ mV} * \text{Wandlungsergebnis}$$

mit Wandlungsergebnis = 0 ... 255.

Auch hierbei sieht man sehr gut die Stufigkeit der Spannungswandlung:

Beispiele:

Wandlungsergebnis = 178	→	U_{ein} = 3,47634 V = U_a
Wandlungsergebnis = 179	→	U_{ein} = 3,49587 V = U_b
Wandlungsergebnis = 255	→	U_{ein} = U_{ref} − LSB = U_c

Spannungszwischenwerte, die zwischen U_a und U_b liegen, können also mit diesem A/D-Wandler nicht mehr erfaßt, d.h. nicht mehr aufgelöst werden. Man erhält bei solchen Zwischenwerten entweder 178 oder 179 als Wandlungsergebnis.

U_c stellt das größte Wandlungsergebnis dar. Dieses errechnet sich immer zu U_{ref} − LSB, ganz egal, ob es sich um einen 8, 10, 12, 16 ...-Bit-A/D-Wandler handelt.

Hinweis:
Die Definition des Begriffes Auflösung wird nicht ganz einheitlich verwendet. Manche Autoren deklarieren die Anzahl der Bits des Ergebniswertes als Auflösung (also z.B. 8 Bit), andere Autoren dagegen verwenden den kleinsten noch erfaßbaren Spannungsschritt (also z.B. 19,53 mV) als Definition für die Auflösung. Während die "Bit-Definition" bei einem A/D-Wandler immer gleich bleibt, kann sich die "Spannungsschritt-Definition" ändern, wenn ein A/D-Wandler vorliegt, der mit unterschiedlichen externen oder internen Referenzspannungen betrieben werden kann (s. Gleichung zur Berechnung des kleinsten Spannungsschrittes). Speziell beim A/D-Wandler des 80C537ers ergibt sich dieses "Definitions-Problem", da dessen Referenzspannung intern einstellbar ist (darauf kommen wir noch zu sprechen).

Eine weitere wichtige Kenngröße eines A/D-Wandlers ist die *Umsetz-Zeit (Conversion-Time)*. Diese Zeit gibt an, wie schnell ein A/D-Wandler arbeitet, d.h., wie schnell die Umsetzung einer analogen Eingangsspannung in einen binären Zahlenwert abläuft. Ein solche Angabe ist wichtig, wenn man es mit schnell wechselnden Eingangsspannungssignalen zu tun hat und man diese noch einigermaßen korrekt erfassen will (Stichwort für die Experten: "Shannonsches Abtast-Theorem"). Der Kehrwert dieser Zeit gibt dann an, wieviele Wandlungen der Wandler in einer Sekunde durchführen kann.

Beispiel:
Conversion-Time = 100 µs → 1 / 100 µs = 10.000 Wandlungen können pro Sekunde durchgeführt werden.

Wenn Sie sich nun das Datenblatt eines A/D-Wandlers einmal genauer anschauen, so werden Sie erkennen, daß noch eine Vielzahl anderer Größen erforderlich ist, um das Verhalten eines *realen A/D-Wandlers* zu beschreiben. Hier werden Sie also mit einem nicht vernachlässigbaren Problem konfrontiert: Es gibt leider einen großen Unterschied zwischen dem bisher beschriebenen *idealen A/D-Wandler* und den real herstellbaren Bausteinen. In der Praxis müssen Sie nämlich mit *Fehlern* bei der A/D-Wandlung rechnen:

- Fehler, die dadurch entstehen, daß Störungen auf die Eingangsspannungen einwirken: Netzbrummstörungen, Funkstörungen, etc.. Solche unerwünschten Signalanteile können Sie durch Filter und/oder durch die Auswahl eines geeigneten A/D-Wandlungsverfahrens (Experten-Stichwort: integrierendes Dual-Slope-Verfahren) und/oder durch softwaremäßige Mittelwertbildung über mehrere Meßwerte eliminieren.
- Fehler, die der A/D-Wandler selber macht, indem er die Vergleichsspannungsstufen über dem gesamten Meßbereich nicht exakt genau einhält, d.h., es kann bei einem realen A/D-Wandler durchaus passieren, daß das letzte Bit (das LSB) schon bei einer Eingangsspannungsänderung von 17,5 mV oder auch erst bei einer Änderung von 21 mV anstatt immer exakt bei einer Änderung von 19,53 mV umkippt.
So entstehen die sogenannten *Wandlungsfehler*, die kritischerweise auch noch von der Umgebungstemperatur des A/D-Wandlers abhängig sein können.

Weiterhin gibt es auch noch verschiedene Wandlungsverfahren, d.h. verschiedene Möglichkeiten, die Division der Eingangsspannung durch die Vergleichsspannungsstufe durchzuführen. So gibt es Verfahren:

- die langsam arbeiten (also eine große Umsetz-Zeit haben), dafür aber eine "integrierte" Störungsunterdrückung besitzen, also sehr störunempfindlich sind.
- die sehr schnell arbeiten (sehr kleine Conversion Time; Experten-Stichwort: "Flash-Wandler"), dafür aber auch sehr empfindlich auf Störungen reagieren und somit den Einsatz externer Filter erforderlich machen.
- die einen akzeptablen Mittelweg darstellen: mittlere Umsetzgeschwindigkeit und geringe Störempfindlichkeit, wie. z.B. das Verfahren der *Sukzessiven Approximation (schrittweise Annäherung)*, auf dessen Basis der A/D-Wandler im 80C537er arbeitet.

Sie sehen also, daß Sie sich mit einer Vielzahl von Aspekten auseinandersetzen müssen, wenn Sie Schaltungen mit A/D-Wandlern entwickeln wollen. Die Beschreibung aller Problempunkte würde ein eigenes Buch über A/D-Wandler ergeben und daher sei auf die bereits vorhandene vielfältige und gute Literatur zu diesem Thema verwiesen [9].

8. Der Mikrocontroller-Kurs, Teil 1

Sie sollten sich hier nur folgendes merken:

> » **Wichtig: "Einige grundlegende Kenngrößen eines A/D-Wandlers"**
> *Für den Anfang Ihrer Beschäftigungen mit dem ON-Chip-A/D-Wandler des 80C537ers reicht es aus, wenn Sie sich folgende Begriffe **verinnerlicht** haben:*
>
> - *Die Auflösung des A/D-Wandlers.*
> - *Die Bedeutung der extern angeschlossenen Referenzspannung und die Bedeutung des kleinsten Spannungsschrittes (Vergleichsspannungsschritt).*
> - *Die Berechnung*
>   - *des kleinsten Spannungsschrittes*
>   - *des Wandlungsergebnisses*
>   - *der unbekannten Eingangsspannung aus dem Wandlungsergebnis.*
>
> *Weiterführende Anmerkungen zu den Fehlerquellen des A/D-Wandlers des 80C537ers finden Sie dann z.B. in [3].*

Nach all diesen Vorbemerkungen können wir uns nun endlich den ON-Chip-A/D-Wandler des 80C537ers näher ansehen. Die *Tab.8.9.2* zeigt zusammengefaßt die wichtigsten Eigenschaften dieses Wandlers und *Abb.8.9.2* ein vereinfachtes Blockschaltbild mit den wesentlichen µC-internen SFR's zur Steuerung dieser Baugruppe.

- 8 Bit Auflösung
- 12 gemultiplexte Eingänge
- In 16 Stufen programmierbare interne Referenzspannung im Bereich von 0 bis +5 V
- 13 µs Wandelzeit bei 12 MHz Taktfrequenz
- Interne oder externe Auslösung des Wandlungsstart möglich
- Einzelwandlung oder kontinuierliche Wandlung einstellbar
- Interrupt-Erzeugung am Wandlungsende möglich
- Wandlungsprinzip: Sukzessive Approximation

Tab.8.9.2: Die Eigenschaften des ON-Chip-A/D-Wandlers

8.9 Lektion 9

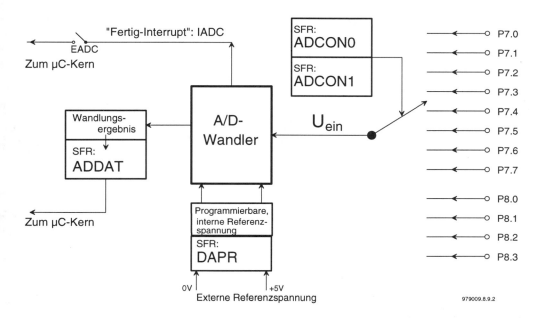

Abb.8.9.2: Blockschaltbild des ON-Chip-A/D-Wandlers

Die Grundfunktionen des A/D-Wandlers werden über vier SFR's festgelegt:

ON-Chip-Peripherie Einheit	Symbolische Adresse des SFR's	Name des SFR's	Absolute Adresse des SFR's	SFR-Inhalt nach dem Reset	Bit-adressierbar
A/D-Converter	ADCON0	A/D Converter Control Reg. 0	D8$_H$	0000 0000$_B$	Ja
	ADCON1	A/D Converter Control Reg. 1	DC$_H$	xxxx 0000$_B$	Nein
	ADDAT	A/D Converter Data Register	D9$_H$	0000 0000$_B$	Nein
	DAPR	A/D Converter Program Reg.	DA$_H$	0000 0000$_B$	Nein
	IRCON	Interrupt Request Control Reg.	C0$_H$	0000 0000$_B$	Ja

(Zur Einstellung der Interruptfunktionen (s. Lektion 12) wird ein fünftes SFR, das IRCON, benötigt. Dessen Beschreibung ist dem Anhang 11.5, Beschreibung der Interrupt-SFR's, zu entnehmen)

219

8. Der Mikrocontroller-Kurs, Teil 1

Der grobe Ablauf für das Arbeiten mit dem A/D-Wandler kann nun wie folgt dargestellt werden:

> **! Merke: Das Arbeiten mit dem ON-Chip-A/D-Wandler**
>
> - *Auswahl von einem der 12 analogen Eingangskanäle, dessen Spannung gewandelt werden soll, und Festlegung der Betriebsart des A/D-Wandlers: dauernde Wandlung der Eingangsspannung oder nur einmalige Wandlung.*
> - *Festlegung des Referenzspannungsbereiches und Start der Wandlung.*
> - *Warten auf die Fertig-Meldung vom A/D-Wandler und Auslesen des Wandlungsergebnisses.*

Diese drei grundlegende Schritte werden nachfolgend näher erläutert:

Betrachten wir daher als erstes das SFR *ADCON0, Tab.8.9.3*:

ADCON0: A/D Converter Control Register 0, Registeradresse $D8_H$, bitadressierbar

Bitadresse:	DF_H	DE_H	DD_H	DC_H	DB_H	DA_H	$D9_H$	$D8_H$
Name:	BD	CLK	ADEX	BSY	ADM	MX2	MX1	MX0
Nach Reset:	0	0	0	0	0	0	0	0

Tab.8.9.3: Das SFR ADCON0

BD:
CLK: Diese Bits werden für den A/D-Wandler nicht benötigt. Sie gehören zu anderen ON-Chip-Peripherie-Einheiten und werden dort erläutert.

ADEX: Interner/externer Start der A/D-Wandlung:

    1 ≡ Externer Start
    0 ≡ Interner Start

BSY: Anzeige eines Wandlungsvorganges:

    1 ≡ Es läuft gerade eine Wandlung
    0 ≡ Wandlung abgeschlossen

ADM: Auswahl des A/D-Wandlungsmodi:

    1 ≡ Kontinuierliche Wandlung
    0 ≡ Einmalige Wandlung

8.9 Lektion 9

MX2-
MX0:   Auswahl von einem der acht Analog-Eingangskanäle des Ports 7 des µC's, s. Tab.8.9.4.

Über die Multiplex-Bits MX0, MX1, MX2 wird zunächst einer der 8 Eingangskanäle des Ports 7 ausgewählt, dessen Eingangsspannung dann gewandelt wird (Sie erinnern sich: mit 3 Bits lassen sich $2^3 = 8$ Werte, hier Kanal-Nummern, auswählen). Mit anderen Worten: der "Drehschalter" aus Abb.8.9.2 wird über diese drei Bits mit dem entsprechenden Eingangskanal verbunden.

Die *Tab.8.9.4* zeigt in den ersten 8 Zeilen diese Auswahlmöglichkeiten:

MX3	MX2	MX1	MX0	Ausgewählter Kanal	µC-Pin
0	0	0	0	Analogeingang 0	Port 7.0
0	0	0	1	Analogeingang 1	Port 7.1
0	0	1	0	Analogeingang 2	Port 7.2
0	0	1	1	Analogeingang 3	Port 7.3
0	1	0	0	Analogeingang 4	Port 7.4
0	1	0	1	Analogeingang 5	Port 7.5
0	1	1	0	Analogeingang 6	Port 7.6
0	1	1	1	Analogeingang 7	Port 7.7
1	x	0	0	Analogeingang 8	Port 8.0
1	x	0	1	Analogeingang 9	Port 8.1
1	x	1	0	Analogeingang 10	Port 8.2
1	x	1	1	Analogeingang 11	Port 8.3

Tab.8.9.4: Die Auswahl der analogen Eingangskanäle

x ≡ bedeutet, daß es an dieser Stelle gleichgültig ist, ob dieses Bit gesetzt ist oder nicht.

Beispiel:

MX2=1, MX1=0, MX0=1, (MX3=0)

→   Der Eingangskanal (Pin) P7.5 wird an den Eingang des A/D-Wandlers geschaltet und die dort anliegende Spannung gewandelt.

Das gewandelte Ergebnis (das der analogen Eingangsspannung entsprechende Digitalwort) liegt dann im SFR *ADDAT* vor und kann vom µC-Kern (von Ihrem Anwendungsprogramm) ausgelesen und weiter verarbeitet werden (die Auswahl der Kanäle von Port 8 unter Mitwirkung von MX3 wird nachfolgend noch beschrieben). Die *Tab.8.9.5* zeigt den Aufbau des Ergebnis-SFR's:

ADDAT: A/D Converter Data Register, Registeradresse $D9_H$, nicht bitadressierbar

Name:	MSB, 2^7	2^6	2^5	2^4	2^3	2^2	2^1	LSB, 2^0
Nach Reset:	0	0	0	0	0	0	0	0

Tab.8.9.5: Das Ergebnis-SFR ADDAT

ADDAT nimmt nach der Wandlung (Busy Flag = 0) das gültige 8-Bit Wandlungsergebnis auf, und dieses kann dann vom µC ausgelesen werden. Ein neues Wandlungsergebnis (z. B. bei kontinuierlicher Wandlung) überschreibt das alte Ergebnis.
Wird der A/D-Wandler nicht verwendet, so kann ADDAT als ganz normales Speicherregister verwendet werden, d.h., der µC kann Daten dort hineinschreiben und sie auch wieder auslesen.

Weiterhin wird in ADCON0 die grundlegende Betriebsart des A/D-Wandlers festgelegt:
Bit **ADM** dient zur Festlegung des Wandlungs-Modus: ob nach dem Wandlungsstart jeweils nur eine Wandlung durchgeführt und dann auf einen neuen "Startimpuls" gewartet wird, oder ob der Wandler nach dem Startimpuls dauernd automatisch Wandlungen nacheinander durchführt.

Das Bit **ADEX** legt fest, wie die Wandlung gestartet wird: Interner Startimpuls durch Beschreiben des SFR's DAPR (s. nachfolgend) oder externer Startimpuls, ausgelöst durch eine fallende Flanke an Port-Pin P6.0/ADST\, d.h., in dieser Betriebsart wird die Wandlung durch ein externes Ereignis, einen Pegelwechsel von 1 (H) nach 0 (L) an P6.0 ausgelöst. Eine dort erscheinende fallende Flanke wird aber nur dann als Startsignal angesehen, wenn das Bit ADEX zuvor auf log.'1' gesetzt worden ist. Über das Bit ADM wird auch bei diesem externen Start festgelegt, ob eine einzelne oder eine dauernde Wandlung stattfinden soll. Die dauernden extern gestarteten Wandlungen werden gestoppt, wenn der Pegel an P6.0/ADST\ wieder auf log.'1' geht, wobei eine gerade laufende Wandlung noch beendet wird.
Da der A/D-Wandler die Wandlung der analogen Eingangsspannung in ein digitales Datenwort nicht in "Null-Komma-Nix" durchführen kann, sondern eine gewisse Zeit für jede Wandlung braucht (z.B. 13 s bei einer Taktfrequenz von 12 MHz), darf der µC-Kern bzw. das Anwenderprogramm das Wandlungsergebnis nicht zu früh aus dem Ergebnis-SFR ADDAT auslesen, weil der Wert sonst noch nicht vollständig ist bzw. ein alter, vorhergehender Wandlungswert (genauer: der Wert der letzten Wandlung) ausgelesen wird. Zur Signalisierung seines Fertig-Zustandes kann der A/D-Wandler daher von sich aus das Bit *BSY* (= BUSY = Beschäftigt) im SFR ADCON0 setzen bzw. zurücksetzen:
Beim Beginn einer Wandlung setzt der A/D-Wandler daher BSY=1, d.h., der Wandler ist mit einer Umwandlung beschäftigt (busy), und es darf kein Wandlungswert aus dem SFR ADDAT geholt werden. Ist dagegen die Wandlung abgeschlossen, so setzt der A/D-Wandler automatisch das BSY-Bit auf log.'0' und aus dem SFR ADDAT kann ein gültiges Ergebnisbyte ausgelesen werden. Dieses BSY-Zustandsbit kann vom µC-Kern aus nur gelesen werden, ein Versuch, etwas hineinzuschreiben, zeigt keine Wirkung.

8.9 Lektion 9

Nach dem Start einer Wandlung muß also durch das Anwenderprogramm permanent der Zustand des BSY-Bits überprüft werden, und zwar solange, bis BSY=0, die Wandlung also abgeschlossen ist. So ein "programmtechnisches" Abfragen nennt man *Polling-Betrieb*.

> **! Merke: "Der (verfeinerte) Polling-Betrieb"**
> Unter (verfeinertem) Polling-Betrieb versteht man ganz allgemein das Abfragen der Status-Bits von Peripherie-Einheiten durch das µC-Programm, mit dem Ziel, festzustellen, ob die Peripherie-Einheiten mit den ihnen übertragenen Aufgaben schon fertig sind und ob sie somit bereits neue Aufgaben ausführen können oder ob sie noch beschäftigt sind.
>
> *Polling ≡ permanente Abfrage des "Fertig-Meldungs-Bits".*
>
> *Beispiele:*
> - Drucker: *Hat der Drucker alle zuvor übergebenen Zeichen ausgedruckt und kann er nun neue Druckzeichen entgegen nehmen ?*
> - Monitor: *Hat der Monitor-Controller alle zuvor übergebenen Zeichen schon auf dem Bildschirm dargestellt und kann er nun neue darzustellende Zeichen empfangen ?*
> - Serielle Schnittstelle: *Hat die serielle Schnittstelle bereits alle Zeichen ausgesendet und kann sie somit neue zu sendende Zeichen übernehmen ?*
>
> Neben dieser Polling-Betriebsart gibt es noch die **Interrupt-Betriebsart**, die eine effektivere Kommunikation zwischen µC-Kern und Peripherie-Einheit zuläßt, dafür hardwaremäßig aber auch aufwendiger gestaltet werden muß. Hierauf wird in der Lektion 12 noch detaillierter eingegangen.

Die beiden restlichen Bits im SFR ADCON0, BD und CLK, dienen nicht zur Steuerung des A/D-Wandler-Betriebes, sondern für den Betrieb der seriellen Schnittstelle 0 und zur allgemeinen µC-Steuerung und werden daher dort entsprechend erläutert.

Somit ist Ihnen jetzt klar, wie Sie analoge Eingangsspannungen an den Eingängen P7.0 – P7.7 in digitale Byte-Werte wandeln können. Es ist nun noch zu klären, wie man die Eingänge P8.0 – P8.3 anwählen kann. Hierzu dient das SFR *ADCON1*, *Tab. 8.9.6*:

ADCON1: A/D Converter Control Register 1, Registeradresse DC_H, nicht bitadressierbar

Name:	—	—	—	—	MX3	MX2	MX1	MX0
Nach Reset:	x	x	x	x	0	0	0	0

Tab.8.9.6: Das SFR ADCON1

8. Der Mikrocontroller-Kurs, Teil 1

-:   Bits nicht vorhanden.

X   ≡   bedeutet, daß es an dieser Stelle gleichgültig ist, ob dieses Bit gesetzt ist oder nicht.

MX3-
MX0:   Auswahl der acht Analog-Eingangskanäle des Ports 7 sowie der vier Analogeingangskanäle des Ports 8 des µCs, s. Tab.8.9.4.

Hier finden sich die bereits bekannten Auswahlbits MX2, MX1, MX0 und zusätzlich noch das Bit MX3, so daß nun mit diesen vier Bits maximal $2^4 = 16$ Eingänge ausgewählt werden können. Die oberen vier Bits von ADCON1 werden nicht benutzt. Die unteren drei Bits (MX0,1,2) sind identisch mit denen aus dem SFR ADCON0, d.h. es ist egal, in welchem SFR man welche Bits setzt bzw. aus welchem SFR man welche Bits ausliest.
Wenn man nun den Zustand von MX3 mit einbezieht, ergeben sich die unteren vier Auswahlzeilen in der Tab.8.9.4, und es lassen sich jetzt alle 12 analogen Eingangskanäle anwählen.

Nach kurzem Überlegen stellt sich sicherlich die Frage, warum hier diese etwas seltsame doppelte Auslegung der MX0,1,2-Bits vorgenommen wurde. Das hängt nun mit der bereits erwähnten "8051er-Familiengeschichte" zusammen: der "kleinere Bruder" des 80C537ers, der 80C535er, hat einen ON-Chip-A/D-Wandler mit nur 8 Eingängen, und wird über das SFR ADCON gesteuert (ADCON1 ist beim 80C535 nicht vorhanden). Die restlichen SFR's, ADDAT und DAPR, sind bei den beiden Brüdern ebenfalls identisch. Das bedeutet also: ein Programm, das (ohne die symbolische Adressierung) für den 80C535er geschrieben worden ist und daher nur die 8 Analogeingänge dieses µC's benutzt, läuft bezüglich des A/D-Wandlers auch ohne Änderungen auf dem größeren 80C537er, da die SFR's identisch sind, die gleichen Adressen haben und auch die Bits in den SFR's die gleiche Bedeutung besitzen (der einzige Unterschied besteht in der Namengebung: die 8 analogen Eingänge beim 80C535er heißen P6.0 ... P6.7 und beim 80C537er: P7.0 ... P7.7).

Man erreicht also eine sogenannte *Software-Kompatibilität*, d.h. Analogwert-Erfassungsprogramme, die nur die unteren 8 Eingangskanäle verwenden, sind ohne Änderungen auf beiden µC-Typen lauffähig.
Schreibt man nun ein Programm für den 80C537er, das alle 12 Analog-Eingangskanäle benutzt, so ergibt sich kein Unterschied, ob man MX0,1,2 in ADCON0 oder ADCON1 setzt bzw. zurücksetzt: ein Schreibbefehl bezüglich der MX-Bits beeinflußt immer gleichzeitig beide SFR's. Bei der Auswahl der P8-Kanäle muß jedoch auf jeden Fall MX3 in ADCON1 auf log.'1' gesetzt werden.

Die Ports P7 und P8 besitzen beim 80C537er noch eine weitere interessante Besonderheit, es sind sogenannte *Dual Purpose Input Ports*, d.h., es sind Eingangssports mit *doppeltem Zweck*. Mit andern Worten: Die Port-Pin sind als analoge Eingänge (wie eben beschrieben) oder auch als digitale Eingänge benutzbar.

8.9 Lektion 9

Wenn nämlich die digitalen Grenzspannungspegel:

U_{ein}	$\geq 1{,}9$ V	für H-Pegel-Erkennung
U_{ein}	$\leq 0{,}9$ V	für L-Pegel-Erkennung
U_{ein}	$= 0{,}9$ V ... $1{,}9$ V	verbotener Bereich

an den P7-, P8-Port-Eingängen über- bzw. unterschritten werden, so werden *zusätzlich* noch im

SFR zu P7: Name: **P7**, Registeradresse: **DB**$_H$, nicht bitadressierbar und im
SFR zu P8: Name: **P8**, Registeradresse: **DD**$_H$, nicht bitadressierbar

die entsprechenden Bits auf die logischen Werte '0' bzw. '1' gesetzt bzw. nicht vorhersehbar auf '0' oder '1' gesetzt, wenn sich die Eingangsspannung im verbotenen Bereich befindet.

Beispiele:
Analoge Eingangsspannungen an den P8-Pins:

P8.0	$= 0{,}5$ V	$\equiv$	log.'0'
P8.1	$= 3{,}9$ V	$\equiv$	log.'1'
P8.2	$= 1{,}5$ V	$\equiv$	nicht vorhersehbar, ob dieser Pegel vom µC als log.'0' oder als log.'1' interpretiert wird, da diese Spannung im verbotenen Bereich liegt.
P8.3	$= 4{,}9$ V	$\equiv$	log.'1'

Damit erhält das entsprechende SFR P8 folgende Bits:

```
P8.7  .6  .5  .4  .3  .2  .1  .0
 x    x   x   x   1   ?   1   0
```

Die oberen vier Bits sind unbestimmt, da P8 nur die unteren vier Bits besitzt (P8.0 ... P8.3).

Der Inhalt von P8.2 ist ebenfalls nicht vorhersehbar, da die Eingangsspannung an P8.2 im verbotenen Bereich liegt.
Zusammengefaßt gilt daher:

> **!** **Merke: "Die Dual Purpose Ports P7 und P8"**
> Die P7- und P8-Port-Pins können **gleichzeitig** als analoge oder als digitale Input-Pins benutzt werden, d.h., über die SFR's P7 und P8 kann der logische 0/1-Zustand erfaßt und gleichzeitig eine exakte Messung der Eingangsspannung an diesen Pins über den A/D-Wandler vorgenommen werden.

8. Der Mikrocontroller-Kurs, Teil 1

Als nächster Punkt der Betrachtungen zum 80C537er A/D-Wandler wird die herausragende Besonderheit, die diese Funktionseinheit von anderen A/D-Wandlern wesentlich unterscheidet, näher untersucht: dieser A/D-Wandler arbeitet nämlich mit zwei verschiedenen *Referenzspannungen*:

- **Die externe Referenzspannung (V_{AGND}, V_{AREF}):**
  Diese ist konstant und beträgt unveränderlich +5 V, angeschlossen an den entsprechenden externen Pins des μCs: V_{AREF} (+5 V) und V_{AGND} (0 V).
  Damit ergibt sich für den 8 Bit A/D-Wandler zunächst als kleinste unterscheidbare Spannungsstufe:

$$5\,V / 2^8 = 19{,}53\,mV$$

- **Die interne Referenzspannung ($V_{INTAGND}$, $V_{INTAREF}$):**
  Man kann jetzt noch zusätzlich die interne Referenzspannung, mit der der A/D-Wandler *letztendlich arbeitet*, softwaremäßig aus der externen Referenzspannung ableiten, d.h. herunterteilen. Dieses bedeutet, daß man die unbekannte Eingangsspannung noch genauer, mit noch kleineren Vergleichsspannungsstufen, ausmessen kann. Ein Beispiel soll das verdeutlichen:

Beispiel:
Die externe Referenzspannung liegt fest auf 5 V, d.h. $V_{AGND} = 0$ V und $V_{AREF} = 5$ V. Die interne Referenzspannung, $V_{INTAGND}$ und $V_{INTAREF}$, kann nun softwaremäßig auf Zwischenwerte zwischen V_{AGND} und V_{AREF} eingestellt werden.
Der Praxiseinsatz des A/D-Wandlers sieht daher so aus, daß man zunächst eine *Grobwandlung* der Eingangsspannung und danach noch eine *Feinwandlung* durchführen kann:

1) Die Grobwandlung mit einem internen Referenzspannungsbereich von 0 ... 5 V (interne Referenzspannung = externe Referenzspannung) ergibt z.B. den Wandlungswert 168 →

$$U_{ein} = 168 * 19{,}53\,mV = 3{,}28\,V = U_a$$

2) Nun kann man die interne Referenzspannung softwaremäßig umprogrammieren und damit den Spannungsbereich um 3,28 V näher auflösen. Man stellt z.B. ein: $V_{INTAGND} = 2{,}5$ V und $V_{INTAREF} = 3{,}75$ V. Das bedeutet, daß der A/D-Wandler nun mit einer kleinsten noch unterscheidbaren Spannungsstufe von

$$(3{,}75\,V - 2{,}5\,V)/2^8 = \mathbf{4{,}88\,mV}$$

arbeitet.
Wenn nun mit diesen Einstellungen das Wandlungsergebnis 163 beträgt, so läßt sich die unbekannte Eingangsspannung U_{ein} wie folgt bestimmen:

$$U_{ein} = V_{INTAGND} + (V_{INTAREF} - V_{INTAGND}) / 2^8 * 163$$

$$U_{ein} = 2{,}5\text{ V} + (3{,}75\text{ V} - 2{,}5\text{ V}) / 256 * 163 = 3{,}2959\text{ V}$$

Sie erkennen also, daß man jetzt die Eingangsspannung wesentlich genauer erfassen kann.

In der *Tab.8.9.7* sehen Sie die per Programm einstellbaren Werte für die beiden internen Referenzspannungsgrenzen $V_{INTAGND}$ und $V_{INTAREF}$.

DAPR (.3-.0)	$V_{INTAGND}$	DAPR (.7-.4)	$V_{INTAREF}$
0000	0V	0000	5V
0001	0,3125V	0001	—
0010	0,625V	0010	—
0011	0,9375V	0011	—
0100	1,25V	0100	1,25V
0101	1,5625V	0101	1,5625V
0110	1,875V	0110	1,875V
0111	2,1875V	0111	2,1875V
1000	2,5V	1000	2,5V
1001	2,8125V	1001	2,8125V
1010	3,125V	1010	3,125V
1011	3,4375V	1011	3,4375V
1100	3,75V	1100	3,75V
1101	—	1101	4,0625V
1110	—	1110	4,375V
1111	—	1111	4,6875V

Tab.8.9.7: Die einstellbaren internen Referenzspannungsgrenzen

Die untere Grenze $V_{INTAGND}$ kann im Bereich von 0 V bis 3,75 V und die obere Grenze $V_{INTAREF}$ im Bereich von 1,25 V bis 5 V eingestellt werden. Die komplette Einstellung geschieht über eine entsprechende Programmierung des SFR's *DAPR, Tab.8.9.8*:

DAPR: D/A Converter Program Register, Registeradresse DA_H, nicht bitadressierbar

Name:	DAPR.7	DAPR.6	DAPR.5	DAPR.4	DAPR.3	DAPR.2	DAPR.1	DAPR.0
	Programmierung von $V_{INTAREF}$				Programmierung von $V_{INTAGND}$			
Nach Reset:	0	0	0	0	0	0	0	0

Tab.8.9.8: Das SFR DAPR

Folgende Punkte müssen Sie bei der Programmierung dieses SFR's jedoch beachten:

- Die Breite eines programmierbaren Referenzspannungsschrittes beträgt immer genau 5 V / 16 = 0,3125 V, d.h., die internen Referenzspannungen $V_{INTAGND}$ und $V_{INTAREF}$ sind immer nur in Schritten (Stufen) von 0,3125 V programmierbar. Dieser Spannungswert entspricht einer sogenannten *Bit-Stufe* der Referenzspannung.

- Natürlich muß bei den gewählten Einstellungen immer gelten:

$$V_{INTAREF} > V_{INTAGND}$$

- Der Abstand zwischen $V_{INTAGND}$ und $V_{INTAREF}$ muß mindestens 4 Bit-Stufen betragen, sonst arbeitet der A/D-Wandler nicht korrekt, s. Tab.8.9.7. Da eine Bit-Stufe 0,3125 V beträgt, ergibt sich somit ein Mindestabstand der beiden Referenzspannungswerte von 1,25 V. D.h. eine Einstellung von

$$V_{INTAGND} = 0,625 \text{ V und}$$
$$V_{INTAREF} = 1,25 \text{ V}$$

ist zwar möglich, wird auch ohne Fehlermeldung akzeptiert, führt aber zu willkürlichen A/D-Wandlungsergebnissen.

- Die Spannungsdifferenz zwischen $V_{INTAGND}$ und $V_{INTAREF}$ wird immer mit 8 Bit aufgelöst, und somit ergibt sich für den Betrieb des A/D-Wandlers:

kleinste unterscheidbare Spannungsstufe $= (V_{INTAREF} - V_{INTAGND}) / 2^8$

Stellt man nun den kleinst möglichen Abstand von 1,25 V für die beiden Referenzspannungswerte ein, also z.B.:

$$V_{INTAGND} = 0 \text{ V und}$$
$$V_{INTAREF} = 1,25 \text{ V}$$

und wandelt man damit eine Eingangsspannung in diesem Bereich, so hat das niederwertigste Bit, das LSB, des Wandlungsergebnisses einen Wert von

$$(1,25 \text{ V} - 0 \text{ V}) / 2^8 = 4,88 \text{ mV} = \text{Kleinste unterscheidbare Spannungsstufe}$$

Bezieht man diesen kleinsten Spannungsschritt nun auf den gesamten möglichen Meßbereich des A/D-Wandlers von 5 V, so bedeutet das, daß man mit diesem A/D-Wandler eine *Quasi-Auflösung von 10 Bit* erreicht, denn es gilt ja:

$$5 \text{ V} / 2^{10} = 4,88 \text{ mV.}$$

8.9 Lektion 9

> ! *Merke: "Die Programmierung der internen Referenzspannung"*
> *Durch die Programmierung der internen Referenzspannung beim A/D-Wandler des 80C537ers erhält man ein Wandlungsergebnis mit einer Auflösung von quasi 10 Bit. Die Bit-Breite des Wandlungsergebnisses bleibt zwar immer 8 Bit, doch durch die programmierbare interne Referenzspannung kann der Meßbereich des A/D-Wandlers auf den näher interessierenden Eingangsspannungsbereich eingeengt und damit die kleinste noch unterscheidbare Spannungsstufe auf bis zu 4,88 mV verkleinert werden. Dieser Wert entspricht dann einer Auflösung von 10 Bit im gesamten 5 V Meßbereich.*
> *So ist dann auch die Aussage zu verstehen, die man in den Datenblättern zu 8051er-Familienmitgliedern mit 8-Bit-A/D-Wandlern liest:*
> *"Der ON-Chip-A/D-Wandler hat eine Auflösung von 8 bis 10 Bit."*

- Bei U_{ein} > $V_{INTAREF}$ ergibt sich ein konstantes Wandlungsergebnis von ff_H, bei U_{ein} < $V_{INTAGND}$ ein konstantes Wandlungsergebnis von 00_H.

- Zu beachten sind die *absoluten Grenzen* für die Eingangsspannung U_{ein}:
  U_{ein} < 5,2 V
  U_{ein} > -0,2 V
  sonst entstehen zu große Eingangsströme, die den Wandler zerstören und/oder auch die Messungen der anderen Kanäle fehlerhaft beeinflussen können.

Die *Abb.8.9.3* verdeutlicht noch einmal graphisch die Einstellungsmöglichkeiten der internen Referenzspannungsgrenzen:

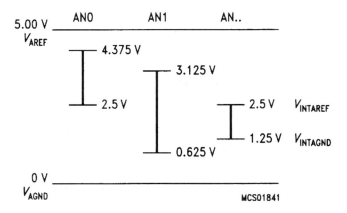

Abb.8.9.3: Die Programmierung der internen Referenzspannungsgrenzen

8. Der Mikrocontroller-Kurs, Teil 1

Hier sei noch einmal angemerkt: Sie müssen nicht mit den programmierbaren internen Referenzspannungen arbeiten, Sie können auch die Grundeinstellungen, wie sie nach einem µC-Reset vorliegen, für die internen Werte bestehen lassen:

$$V_{INTAGND} = V_{AGND} = 0\,V$$
$$V_{INTAREF} = V_{AREF} = 5\,V$$

Sie haben somit zwei verschiedene Entscheidungsmöglichkeiten für die Durchführung einer A/D-Wandlung:

1) Schnelle, aber "grobe" Wandlung:
Sie arbeiten immer mit dem maximalen Eingangsspannungsbereich: $V_{INTAGND} = 0\,V$, $V_{INTAREF} = 5\,V$ und erhalten nach Durchführung nur einer einzigen Wandlung das Wandlungsergebnis mit einer Auflösung von 19,53 mV (schnelles Ergebnis).

2) Langsame, aber "feine" Wandlung:
Sie führen zunächst eine Grobwandlung wie oben durch, programmieren danach die internen Referenzspannungen $V_{INTAGND}$ und $V_{INTAREF}$ um und führen dann eine zweite Feinwandlung durch. Mit Hilfe des letzten Wandlungsergebnisses können Sie dann die unbekannte Eingangsspannung wesentlich exakter mit einer Auflösung von 4,88 mV bestimmen.
Allerdings dauert dieser zweistufige Meßvorgang wesentlich länger als die reine "Grobwandlung" gem. Punkt 1), da Sie hier zwei Messungen durchführen und zwischendurch noch die interne Referenzspannung umprogrammieren müssen.

Weiterhin ist natürlich zu gewährleisten, daß sich die Eingangsspannung zwischen den beiden Wandlungen nicht verändert, die Eingangsspannung darf also eine gewisse "Änderungsgeschwindigkeit" nicht überschreiten.

Beispiel:
Wenn Sie Meßwerte mit maximaler Schnelligkeit erfassen und abspeichern wollen, müssen Sie das entsprechende Programm (den entsprechenden Programmteil) in Assembler schreiben und damit können Sie bei einer µC-Taktfrequenz vom 12 MHz erreichen:

Grobmessung gem. Punkt 1) und Abspeichern des Ergebnisses:
Conversion-Time: 20 µs → max. 50.000 Wandlungen pro Sekunde

Grobmessung, anschließende Feinmessung gem. Punkt 2) und Abspeichern des Ergebnisses:
Conversion-Time: 45 µs → max. 22.222 Wandlungen pro Sekunde

Bei der Programmierung des A/D-Wandlers unter Pascal51 ist der Zeitvorteil einer reinen Grobwandlung gegenüber einer Grob- und einer Feinwandlung jedoch vernachlässigbar. Sie können also Grob- oder Feinwandlung als zeitlich gleichwertig betrachten und Ihre Entscheidung für das eine

8.9 Lektion 9

oder andere Meßverfahren davon abhängig machen, wie genau Sie die Eingangsspannung wandeln möchten.

Die Experten-Ecke: "Die Programmierung der internen Referenzspannung"
Die Programmierung der internen Referenzspannung geschieht dadurch, daß ein interner D/A-Wandler, der die Referenzspannungen für den A/D-Wandler erzeugt, über das DAPR-Register programmiert wird (DAPR = D/A-Converter-Programming-Register). Im Siemens-Handbuch zum 80C537er [3] sind die entsprechenden Berechnungsformeln angegeben, die dann auf die endgültigen Ergebnisse gem. Tab.8.9.7 führen.

Der vorletzte Punkt, der bei der Beschreibung des A/D-Wandlers noch erwähnt werden muß, ist die *Auslösung des Starts einer Wandlung*, hierbei unterscheidet man zwei Fälle:

- **Interner Start:**
  Hierzu ist zunächst das Bit ADEX im SFR ADCON0 auf log.'0' zu setzen, und ein Wandlungsvorgang wird jetzt gestartet, wenn das Register DAPR beschrieben wird, wenn also die Einstellungen für die interne Referenzspannungen ins DAPR eingeschrieben werden. Gleichzeitig wird vom A/D-Wandler das Bit BSY im SFR ADCON0 auf log.'1' gesetzt. Am Ende der Wandlung setzt der A/D-Wandler BSY auf log.'0', und der Wandlungswert kann aus dem SFR ADDAT ausgelesen werden.

- **Externer Start:**
  Hierzu ist das Bit ADEX im SFR ADCON0 auf log.'1' zu setzen. Beim Beschreiben des SFR's DAPR mit den Referenzspannungswerten wird der Wandlungszyklus jetzt noch nicht gestartet, sondern erst dann, wenn am Pin P6.0/ADST\ eine negative Flanke erscheint. Der Rest der Wandlung läuft so ab wie bei einem internen Start.

Zusätzlich können Sie in beiden Fällen noch die einmalige Wandlung oder die kontinuierliche Wandlung auswählen (Bit ADM im SFR ADCON0). Bei kontinuierlicher Wandlung mit internem Start muß das DAPR-Register lediglich vor der ersten Wandlung beschrieben werden, die nachfolgenden Wandlungen werden automatisch gestartet, wenn die vorhergehende Wandlung abgeschlossen ist (BSY-Bit). Beim externen Start wird nach der 1. Wandlung (fallende Flanke am Hardwareanschluß P6.0/ADST\) solange kontinuierlich gewandelt, wie der Hardwareanschluß P6.0/ADST\ einen LOW-Pegel führt.

Die letzten wichtigen SFR's für den A/D-Wandler-Betrieb legen das *Interruptverhalten* dieser Baugruppe fest (*IEN0, IEN1, IRCON, IP0, IP1*), und daher werden diese Register in der Lektion 12 zusammen mit dem gesamten Interruptsystem beschrieben.

Damit ist alles wesentliche über den 80C537er-A/D-Wandler gesagt worden, und Sie sollten sich *für die Programmier-Praxis merken:*

8. Der Mikrocontroller-Kurs, Teil 1

! **Merke: "Der Betrieb des 80C537er-ON-Chip-A/D-Wandlers"**
Um mit dem ON-Chip-A/D-Wandler des 80C537ers zu arbeiten, sind die folgenden Schritte programmtechnisch in Pascal51 (oder in einer anderen Programmiersprache) umzusetzen:

1) *Auswahl der grundlegenden Betriebsart des A/D-Wandlers:*
   - Bit ADEX im SFR ADCON0
   - Bit ADM im SFR ADCON0

2) *Auswahl des Eingangskanals, dessen anliegende Spannung gewandelt werden soll:*
   - Bits MX0 ... MX2 im SFR ADCON0 bzw.
   - Bits MX0 ... MX3 im SFR ADCON1

3) *Start der Wandlung:*
   - Interner Start: Beschreibung von SFR DAPR mit den Werten für die interne Referenzspannung.
   - Externer Start: Beschreibung von SFR DAPR mit den Werten für die interne Referenzspannung **und** warten auf eine negative Flanke an Pin P6.0/ADST\.

4) *Permanente Abfrage des Bits BSY im SFR ADCON0, bis dieses Bit auf log.'0' liegt, d.h. dann ist die Wandlung fertig (hier: Polling-Betrieb).*

5) *Wandlungsergebnis aus SFR ADDAT auslesen, abspeichern und eventuell weiterverarbeiten.*

6) *Beim "Einzelerfassungs-Modus" bei Bedarf neue Wandlung starten → weiter mit Punkt 3).*

Beim "Kontinuierlichen Erfassungs-Modus" auf neuen Wandlungswert warten → weiter mit Punkt 4)
oder: neuen Eingangskanal auswählen → weiter mit Punkt 2).
oder: etc.

Die alternative **Interrupt-Betriebsart** wird in der Lektion 12 näher beschrieben.

Nachdem jetzt alles glasklar ist, erfolgt endlich die Programmerstellung:

"Zu entwickeln ist ein Programm *adw1.pas*, das den A/D-Wandler-Eingangskanal 0 (P7.0) kontinuierlich erfaßt und den Meßwert als Dezimalzahl und als umgerechneten Spannungswert geeignet auf dem Terminal-Bildschirm darstellt. Der A/D-Wandler wird mit interner Startauslösung betrieben. Für die interne Referenzspannung soll der maximal mögliche Bereich eingestellt werden."

8.9 Lektion 9

```
(***************************************************************)
(*                                                             *)
(*           Das Arbeiten mit dem ON-CHIP-A/D-Wandler 1         *)
(*                                                             *)
(*                                                             *)
(*       Kontinuierliche Meßwerterfassung des Eingangskanals 0  *)
(*       =====================================================  *)
(*                                                             *)
(*                    Programm:  adw1.pas                       *)
(*                                                             *)
(***************************************************************)

program adw1;

(***************************************************************)
(*** Definition der verwendeten Pascal-Konstanten ***************)
(***************************************************************)
const
  ADCON0 = $D8;          (* A/D Converter Control Register 0 *)
  ADDAT  = $D9;          (* A/D Converter Data Register *)
  DAPR   = $DA;          (* D/A Converter Program Register *)
  BUSY   = $DC;          (* BUSY-Bit *)

(***************************************************************)
(*** Definition der verwendeten Pascal-Variablen ****************)
(***************************************************************)
var
  adu : byte;                    (* ADU Hilfsbyte *)
  i, wert, spgwert : integer;    (* Variable für Wandlungswert *)

(***************************************************************)
(*** Start des eigentlichen Hauptprogramms **********************)
(***************************************************************)
begin
  write(chr($1a));                (* Bildschirm löschen, Cursor auf (0,0) *)
  writeln;
  adu:=reg(ADCON0);               (* ADCON0 einlesen: MX2-MX0=0 -> Kanal 0, *)
  adu:=adu and %11000000;         (* ADEX=0 -> interner Wandlungsstart, *)
  adu:=adu or %00001000;          (* ADM=1 -> kontinuierliche Wandlung *)
  writereg(adu,ADCON0);           (* Wert für ADCON0 zurück ins SFR schreiben *)
  writereg(0,DAPR);               (* Varef := 5V, Vagnd := 0V, Wandlungsstart *)
  writeln(' Dezimalwert: ');
  writeln(' Spannungswert in mV: ');
  for i:=1 to 2 do write(chr($0B));         (* Cursor 2 Zeilen hoch *)

  repeat
    repeat until(bit(BUSY) = false);        (* Warten, bis Busy=0 *)
    for i:=1 to 15 do write(chr($0C));      (* Cursor auf Spalte 15 *)
    wert:=reg(ADDAT);                       (* Dez. Wandlungserg. *)
    writeln(wert,'   ');                    (* Ausgabe des Dez.wertes *)
    for i:=1 to 23 do write(chr($0C));      (* Cursor auf Spalte 23 *)
    spgwert:=trunc((wert*5000.0) / 256.0);  (* Nichtgerund. Erg. in mV *)
    writeln(spgwert,'    ');                (* Ausgabe des Spg.wertes *)
    for i:=1 to 2 do write(chr($0B));       (* Cursor 2 Zeilen hoch *)
  until false;
end.
```

8. Der Mikrocontroller-Kurs, Teil 1

Im vorstehenden Listing können Sie nun sehr gut die Umsetzung der "Betriebsbeschreibung für den A/D-Wandler" in ein Pascal51er-Programm erkennen, wobei hier schon die neuen Befehle vom Anfang dieser Lektion verwendet worden sind.

Das Ergebnis dieses Programms ist allerdings noch etwas unbefriedigend, denn Sie haben zur Zeit noch keine sinnvolle Eingangsspannung an den Analog-Eingangskanal 0 angeschlossen. Dieser Eingangspin ist noch "offen", und der A/D-Wandler wandelt irgend etwas, was gerade zufällig am Eingang anliegt (Störungen von Leuchtstofflampen, von Maschinen, von Funkwellen, etc.).

Diesen Zustand sollten Sie schnellstmöglich ändern, also zu Ihrem Lötkolben greifen, in Ihre Bauteilkisten schauen und die Schaltung aus *Abb.8.9.4* nachbauen:

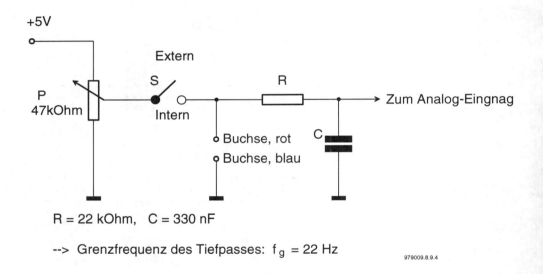

Abb.8.9.4: Die Erzeugung einer einstellbaren Eingangsspannung

Mit dem Poti P können Sie nun bei geschlossenem Schalter S eine Eingangsspannung im Bereich von 0 V bis 5 V einstellen und an den Eingang 0 (P7.0) aufschalten. Der Widerstand R und der Kondensator C dienen als Tiefpaß mit einer Grenzfrequenz von 22 Hz. An den beiden Meßbuchsen läßt sich die eingestellte Spannung mit einem Voltmeter überprüfen.

Wenn Sie den Schalter S öffnen, können Sie direkt eine externe Spannung anschließen, z.B. von einer Sensorschaltung, und diese dann mit dem 80C537er-TFH-Board wandeln und zum Terminal senden.

8.9 Lektion 9

» ***Wichtig: "Das Anlegen von externen Spannungen"***
Achten Sie beim Anlegen von externen Spannungen unbedingt darauf, daß Sie die zulässigen Grenzwerte nicht überschreiten:

- keine Eingangsspannung größer als 5,0 V,
- keine Eingangsspannung kleiner als 0 V.

Wenn Sie diese Randbedingungen nicht einhalten, kann eine solche Fehlspannung an einem der Kanäle die Meßergebnisse der anderen Kanäle negativ beeinflussen (Sie erhalten verfälschte Eingangsspannungen), und im schlimmsten Fall wird die A/D-Wandlerbaugruppe und dadurch mit Sicherheit auch der gesamte 80C537er-Chip zerstört. Glücklicherweise ist der µC-Chip zwar gesockelt, aber Sie müssen der (dem) Verantwortlichen für Ihre Haushaltskasse erklären, warum Sie jetzt schon wieder Geld für Ihr "elektronisches Spielzeug" benötigen.

Wenn Sie die Schaltung aus Abb.8.9.4 zwölf mal aufbauen und in ein geeignetes Kunststoff- oder Metallgehäuse einbauen, *Abb.8.9.5*, so erhalten Sie ein sehr sinnvolles Zubehörteil für Ihr 80C537er-Board, mit dem Sie an allen Kanälen beliebige Eingangsspannungen simulieren können, ohne daß z.B. die Sensorbaugruppen, deren Meßsignale Sie erfassen möchten, bereits real vorhanden sein müssen, d.h., mit diesem Prüfkästchen können Sie bereits im Vorfeld die Funktion Ihrer Meßwerterfassungs- und -auswerte-Software hervorragend austesten.

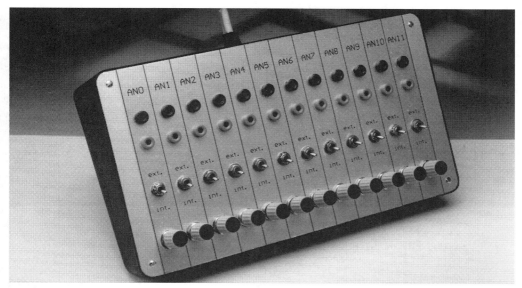

Abb.8.9.5: Prüfkästchen zur Erzeugung einstellbarer Eingangsspannungen an allen analogen Eingangskanälen

8. Der Mikrocontroller-Kurs, Teil 1

Das Programm adw1.pas soll nun wie folgt zum Programm *adw2.pas* erweitert werden:

"Erfassung der Eingangsspannung an den Kanälen 0 bis 3 (P7.0 - P7.3), Darstellung wie bei adw1.pas, zusätzlich nun aber:

- Überwachung der Spannung am Kanal 1 bezüglich des unteren Grenzwertes von 1,5 V und des oberen Grenzwertes von 4,0 V. Bei Überschreitung dieser Spannungsgrenzen sollen entsprechende Meldungen auf dem Terminal erscheinen (diese Grenzwerte sind natürlich nur ca.-Werte; warum wohl ?).
- Die Spannung an Kanal 3 (P7.3) soll mit der höchstmöglichen Genauigkeit (höchste Auflösung) erfaßt werden."

```
(*********************************************************************)
(*                                                                   *)
(*            Das Arbeiten mit dem ON-CHIP-A/D-Wandler 2             *)
(*                                                                   *)
(*                                                                   *)
(*    Meßwerterfassung der Eingangskanäle 0-3, Feinmeßwertermittlung *)
(*    ============================================================   *)
(*    des Eingangskanals 3 und Grenzwertprüfung des Eingangskanals 1 *)
(*    ============================================================   *)
(*                                                                   *)
(*                    Programm:   adw2.pas                           *)
(*                                                                   *)
(*********************************************************************)

program adw2;

(*********************************************************************)
(*** Definition der verwendeten Pascal-Konstanten ********************)
(*********************************************************************)

const
   ADCON0 = $D8;             (* A/D Converter Control Register 0 *)
   ADDAT  = $D9;             (* A/D Converter Data Register *)
   DAPR   = $DA;             (* D/A Converter Program Register *)
   BUSY   = $DC;             (* BUSY-Bit *)

(*********************************************************************)
(*** Definition der verwendeten Pascal-Variablen *********************)
(*********************************************************************)

var
   i,j : byte;                         (* Laufvariablen *)
   adu : byte;                         (* ADU Hilfsbyte *)
   wert, fwert, spgwert : integer;     (* Variable für Wandlungswerte *)

(*********************************************************************)
(*** Start des eigentlichen Hauptprogramms ***************************)
(*********************************************************************)

begin
   write (chr($1a));          (* Bildschirm löschen, Cursor auf (0,0) *)
   for i:= 0 to 5 do writeln; (* 6 Leerzeilen einfügen *)
```

8.9 Lektion 9

```
    writeln('                   Dezimal:   Spannung:   Feinmeßw.:   Grenzwert-
prüfung:');
    writeln;
    writeln(' Meßwertkanal 0:     000       0000 mV      ----      ------------);
    writeln(' Meßwertkanal 1:     000       0000 mV      ----      Meßwert  <
Grenzwert');
    writeln(' Meßwertkanal 2:     000       0000 mV      ----      ------------');
    writeln(' Meßwertkanal 3:     000       0000 mV     0000 mV    ------------');

    repeat
      write (chr($1d));                         (* Cursorpositionierung *)
      for i:=0 to 7 do writeln;                 (* für folgende Meßwert- *)
      for i:=0 to 23 do write (chr($0c));       (* ausgabe auf (8,24) *)
      for i:=0 to 3 do
        begin
          adu:=reg(ADCON0);         (* ADCON0 einlesen: MX2-MX0=0, Kanal 0, *)
          adu:=adu and %11000000;   (* ADM=0, einmalige Wandlung, ADEX=0, int. *)
          adu:=adu or i;            (* Wandlungsstart. Kanalauswahl durch AND i *)
          writereg(adu,ADCON0);     (* Wert für ADCON0 zurück ins SFR schreiben *)
          writereg(0,DAPR);         (* Varef := 5V, Vagnd := 0V, Wandlungsstart *)
          repeat until(bit(BUSY) = false);    (* Warten, bis Busy=0 *)
          wert:=reg(ADDAT);         (* Dez. Wandlungserg. in Int.var. schreiben *)

    (* Rechtsbündige Ausg. des Dez. Wertes und Cursorpos. auf (8+i,33) *)
          if wert <10 then write('  ', wert, '   ')
            else if wert <100 then write(' ', wert,'   ')
              else write(wert,'   ');

          spgwert:=trunc((wert*5000.0) / 256.0);  (* Nichtgerund. Erg. in mV *)

    (* Rechtsbündige Ausg. des Spg. Wertes und Cursorpos. auf (8+i,46) *)
          if spgwert <10 then write('   ', spgwert,' mV      ')
            else if spgwert <100 then write('  ', spgwert,' mV     ')
              else if spgwert <1000 then write('', spgwert,' mV    ')
                else write(spgwert,' mV   ');

          if (i=3) then              (* Feinwandlung des Kanals 3 *)
            begin
              if (wert < $40) then writereg($40,DAPR)        (* VAREF u. *)
                else if (wert < $50) then writereg($51,DAPR) (* VAGND *)
                else if (wert < $60) then writereg($62,DAPR) (* für *)
                else if (wert < $70) then writereg($73,DAPR) (* folgende *)
                else if (wert < $80) then writereg($84,DAPR) (* Fein- *)
                else if (wert < $90) then writereg($95,DAPR) (* wandlung *)
                else if (wert < $a0) then writereg($a6,DAPR) (* neu be- *)
                else if (wert < $b0) then writereg($b7,DAPR) (* rechnen *)
                else if (wert < $c0) then writereg($c8,DAPR) (* und in *)
                else if (wert < $d0) then writereg($d9,DAPR) (* das SFR *)
                else if (wert < $e0) then writereg($ea,DAPR) (* DAPR *)
                else if (wert < $f0) then writereg($fb,DAPR) (* schrei- *)
                else writereg($0c,DAPR);                     (* ben. *)
              repeat until (bit(BUSY) = false);  (* Warten, bis Busy=0 *)
              fwert:=reg(ADDAT);         (* Dez. Wandl.Erg. in Var. schreib. *)
              spgwert:=trunc(((reg(dapr) and $0f)*312.5)+((fwert*1250.0)/256.0));

    (* Rechtsbünd. Ausg. des Spg. Wert. oder Curs.pos. auf (8+i,66) *)
              if spgwert <10 then write('   ', spgwert, 'mV')
                else if spgwert <100 then write('  ', spgwert,'mV')
```

8. Der Mikrocontroller-Kurs, Teil 1

```
                    else if spgwert <1000 then write(' ', spgwert,' mV')
                                      else write(spgwert,' mV');
           end
      else for j:=0 to 20 do write (chr($0c));        (* Cursor (8+i,67) *)

      if i = 1 then                  (* Grenzwertprüfung des Kanals 1 *)
        begin
          if (spgwert < 1500) then write( '< Grenzwert')
            else if (spgwert <= 4000) then write ('OK           ')
                                 else write('> Grenzwert');
        end;
      writeln;                                 (* Cursor Zeile tiefer und *)
      for j:=0 to 23 do write (chr($0c));      (* auf Spalte 24 setzen *)
    end;
  until false;
end.
```

Das kleine Problem, das sich Ihnen sicherlich bei der Feinerfassung der Eingangsspannung an Kanal 3 gestellt hatte, war: "Wie ermittelt man die interne Referenzspannungseinstellung für die Feinmessung ?"

Die Lösung hierzu ist jedoch recht einfach:

- Das Ergebnis der ersten Grobmessung ($V_{INTAGND} = 0$ V, $V_{INTAREF} = 5$ V) sei das 8 Bit Wort: aaaabbbb, mit aaaa = oberes Nibble, bbbb = unteres Nibble.

- Bestimmung der Werte für $V_{INTAGND}$ und $V_{INTAREF}$:
  1. Fall:
  Gilt nun: aaaa < 4, wenn also der Meßwert $01000000_B = 40_H$ ist, dann ist einzustellen:

  $V_{INTAREF}$ = 0100 ≡ 1,25 V
  $V_{INTAGND}$ = 0000 ≡ 0,00 V

  2. Fall:
  Wenn aaaa ≥ 4 ist, dann ist einzustellen:

  $V_{INTAREF}$ = aaaa+1
  $V_{INTAGND}$ = aaaa–3

  Hierin ist bereits die Überschreitung des Zahlenrechenbereiches enthalten:
  z.B.   aaaa = 1111b   → $V_{INTAREF}$ = 0000_B ≡ 5,0 V
                         → $V_{INTAGND}$ = 1100_B ≡ 3,75 V

- In das SFR DAPR werden nun die beiden Nibble-Werte für $V_{INTAGND}$ und $V_{INTAREF}$, zusammengefaßt zu einem Byte, eingeschrieben.

Der mit diesen Werten erfaßte "Fein-Spannungs-Meßwert" berechnet sich dann wie folgt:

$$\text{Feinmeßwert [V]} = V_{INTAGND} * 0{,}3125 \text{ V} + 1{,}25 \text{ V} / 2^8 * mw_{fein}$$

mit

$V_{INTAGND}$ ≡ Ermittelter Nibble-Wert für die $V_{INTAGND}$-Programmierung
mw_{fein} ≡ Ermittelter Feinmeßwert = Inhalt von ADDAT nach der Feinwandlung.

Diese Formel ist auch für größere Wertebereiche zwischen den beiden Referenzspannungsgrenzen gültig (größer als der Mindestabstand von 1,25 V): wenn man z.B. eine Wandlung mit $V_{INTAGND}$ = 0 V und $V_{INTAREF}$ = 3,125 V durchführt, so muß der Faktor 1,25 in der obigen Gleichung nur durch den "Abstandswert" der beiden Referenzspannungswerte ersetzt werden, also:

$$\text{Feinmeßwert [V]} = V_{INTAGND} * 0{,}3125\,V + 3{,}125\,V / 2^8 * mw_{fein}$$

oder mathematisch exakt:

$$\textbf{Feinmeßwert [V]} = V_{INTAGND} * 0{,}3125\,V + (V_{INTAREF} - V_{INTAGND} * 0{,}3125\,V) / 2^8 * mw_{fein}$$

wobei nun für $V_{INTAGND}$ und $V_{INTAREF}$ die jeweiligen Nibble-Werte eingesetzt werden.

Das große A/D-Wandler-Finale:

Übungsaufgaben

1) Erläutern Sie die Begriffe:

   - Auflösung
   - kleinste Spannungsstufe (kleinster Spannungsschritt)
   - Umsetz-Zeit
   - Wandlungen pro Sekunde

2) Gegeben sind A/D-Wandler mit 12, 14 und 16 Bit Auflösung. Berechnen Sie die kleinsten Spannungsstufen, die diese Wandler noch auflösen können, wenn Sie die Wandler einmal mit 5 V und einmal mit 10 V Referenzspannung betreiben.

3) Sie möchten mit einem Wandler 5.000 Meßwerte pro Sekunde erfassen. Wie groß darf die Conversion Time des Wandlers maximal sein ?

4) **Der Höhepunkt**
   Entwickeln Sie ein Pascal51er-Programm, das die folgenden Aufgaben erfüllt:

   - Erfassung der Spannungen aller 12 Eingangskanäle der ON-Chip-A/D-Wandlerbaugruppe des 80C537ers mit einfacher Genauigkeit im Zwei-Sekunden-Takt.

8. Der Mikrocontroller-Kurs, Teil 1

- Geeignete Anzeige der Meßwerte auf dem Terminal-Bildschirm mit Angabe des Datums und der Uhrzeit der Messung. Darstellung der Meßwerte im Dezimalformat und als Spannungswerte.

- Die Meßwerte der Kanäle 2, 7 und 11 sollen auf Grenzwerte hin überwacht werden, und zwar soll gelten:

Kanal	Unterer Grenzwert	Oberer Grenzwert
2	1,00 V	2,00 V
7	3,80 V	4,30 V
11	2,50 V	3,80 V

(Diese Grenzwerte sind natürlich nur ca.-Werte)

Beim Über- und Unterschreiten der Grenzwerte sollen entsprechende Meldungen hinter den Meßwerten auf dem Terminal-Bildschirm erscheinen.

- Zusätzlich sollen die Meßwerte der Kanäle 3 und 8 mit höchster Auflösung gewandelt und die so ermittelten Feinmeßwert ebenfalls als Spannungsmeßwerte auf dem Terminal-Bildschirm dargestellt werden.

Und denken Sie daran:
Beginnen Sie Ihre Programmiertätigkeit mit der Erstellung eines aussagekräftigen Flußdiagramms!

8.10 Lektion 10: Die digitalen I/O-Ports des 80C537ers

> Lernziele:
>
> In dieser Lektion lernen Sie weitere ON-Chip-Schnittstelleneinheiten des 80C537ers kennen, die ihm eine direkte Kommunikation mit der digitalen Außenwelt ermöglichen.
>
> Neu eingeführte Pascal51er-Befehle, Funktionen und Datentypen:
>   *writeport, port, while*
> Behandelte interne ON-Chip-Peripherie-Einheiten: *I/O-Ports*
> Behandelte externe Peripherie-Einheiten: *keine*

Nachdem wir in der vorherigen Lektion die analogen Eingänge des 80C537ers untersucht haben, werden wir uns jetzt mit dessen digitalen I/O-Ports beschäftigen:
Digitaler I/O-Pin bedeutet: Input-/Output (Eingangs-/Ausgangs-)-Pin für einen Bit-Zustand, also Ein- oder Ausgabe von log.'0' oder log.'1'. Mehrere Anschlußpins, meistens 8 Stück (1 Byte), sind zu sogenannten *Ports* zusammengefaßt.
Solche digitalen I/O-Ports erfüllen in einem μC-System (auf einem μC-Chip) im wesentlichen zwei Aufgaben:

1) Einlesen von digitalen Zuständen von der "μC-Außenwelt":

- Abfrage von Schaltern, Tastern und Kontakten
- Erfassung von digitalen Informationsströmen bzw. Impulsreihen.

2) Ausgabe von digitalen Zuständen an die "μC-Außenwelt":

- Ansteuerung von LED's, Relais, Lampen, Motoren, etc.
- Ausgabe digitaler Informationsströme bzw. Impulsreihen.

Bei fast allen μC-Familien gibt es unterschiedlich aufgebaute I/O-Anschlüsse. Man unterscheidet hierbei fünf verschiedene Arten von Ports:

- Port-Pins, die grundsätzlich *nur als Eingänge* betreibbar sind: "unidirektionale Input-Pins".
- Port-Pins, die grundsätzlich *nur als Ausgänge* betreibbar sind: "unidirektionale Output-Pins".
- Port-Pins, die *sowohl als Eingang als auch als Ausgang* betreibbar sind: "bidirektionale I/O-Pins".
  Hierbei gibt es bezüglich des Eingangsverhaltens noch zwei weitere Unterspezifikationen:
  a) Im Eingangszustand liegt an den Port-Pins ein unbestimmtes Potential an, wie das ja normalerweise bei einem Eingang auch der Fall ist. Denken Sie an den offenen Eingang Ihrer HiFi-Verstärkeranlage: dieser Eingang ist sehr hochohmig und "fängt" sich daher irgendwelche Stör-

signale ein, und Sie hören ein fürchterliches Brummen aus den Lautsprechern. Erst wenn Sie den Eingang definiert mit einer "Musikquelle" verbinden, sind die Störungen weg, und der Eingang arbeitet so, wie er soll.

Genauso ist es bei dieser Art von µC-Port-Pins: solange sie offen, also nicht definiert mit einer digitalen Signalquelle verbunden sind, lesen Sie von diesen Eingängen willkürlich und zufällig die logischen Zustände log.'0' oder log.'1' ein. Erst extern angeschlossene Einheiten erzeugen definierte Eingangssignale an diesen Pins. Diese Port-Pins, über die alternativ auch digitale Signale ausgeben werden können, nennt man *echt-bidirektionale Ports,* die Bus-Anschluß-Pins in µC-Systemen sind immer in dieser Struktur ausgelegt.

b) Im Eingangszustand liegt an den Port-Pins ein definiertes festes HIGH-Potential (log.'1') an: das sogenannte *Eingangsruhe-Potential,* das chip-intern durch einen angeschlossenen Pull-Up-Widerstand nach +5V erzeugt wird. Dieses Potential kann dann durch eine externe Signalquelle auf LOW-Pegel gezogen werden, d.h., man liest eine log.'0' an diesem Port-Pin ein, und aus dem Port-Pin fließt ein Strom zur externen Quelle. Gibt die externe Quelle nun ebenfalls ein HIGH-Signal aus, so ändert sich nichts am Port-Pin des µC's und man liest eine log.'1' ein. Solche Port-Pins, über die auch alternativ digitale Signale ausgegeben werden können, nennt man *quasi-bidirektionale Port-Pins.* In den meisten Fällen erfolgt der Anschluß externer digitaler Signalquellen über diese Art von Anschlüssen.

- Port-Pins, die auch als Eingangspins für analoge Spannungen und damit als Eingänge für den ON-Chip-A/D-Wandler dienen können. Über entsprechende Programmierung der zugehörigen SFR's kann dann ganz individuell für jeden einzelnen I/O-Pin die gewünschte analoge oder digitale Port-Eigenschaft eingestellt werden. Man spricht hier von *universellen I/O-Port-Pins.*

- Bezüglich der insgesamt einstellbaren Eigenschaften der meist 8 Bit breiten I/O-Ports läßt sich noch folgendes unterscheiden:
  a) Die gewünschte Eigenschaften sind nur für den gesamten Port, also nur für alle 8 Bits gemeinsam, einstellbar.
  b) Der gesamt Port ist in zwei Halbbytes (Nibbles) aufgeteilt, und die gewünschten Eigenschaften sind für jedes Nibble getrennt einstellbar.
  c) Die gewünschten Eigenschaften sind für jeden Port-Pin einzeln einstellbar.

> **! Merke: "Die digitalen I/O-Ports der 8051er-Familie"**
> *Die µC's der 8051er-Familie besitzen Ports mit den folgenden Eigenschaften:*
>
> - *Rein analoge Eingangs(IN)-Ports; bei einigen Familienmitgliedern (z.B. 80C537) können diese Ports auch parallel als digitale IN-Ports benutzt werden.*
> - *Echt-bidirektionale I/O-Ports (Open Drain).*
> - *Quasi-bidirektionale I/O-Ports, wobei die Festlegung, ob ein Pin als Ein- oder als Ausgang arbeiten soll, individuell für jeden einzelnen Pin erfolgen kann.*

8.10 Lektion 10

> **Wichtig: "Die Ausgabe digitaler Signale"**
> Wird ein Port-Pin als Ausgang betrieben, so ist unbedingt auf den **zulässigen maximalen Ausgangsstrom** zu achten, den dieser Pin liefern bzw. aufnehmen kann und der unter keinen Umständen überschritten werden darf.
>
> **Digitale I/O-Pins können im allgemeinen nicht direkt Relais oder LEDs treiben !**
>
> Es sind meistens noch Schaltverstärkerstufen (Transistorstufen oder Treiber-IC's (Leistungsgatter)) notwendig, die die eigentliche Ansteuerung der externen Einheiten übernehmen, **Abb.8.10.1.**

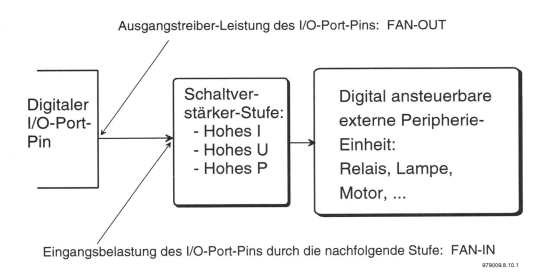

Abb.8.10.1: Die Ansteuerung externer Einheiten über einen µC-Port-Pin

Um diesen wichtigen Punkt der Ausgangsbelastung von Port-Pins näher zu spezifizieren, wurden die sogenannten *Lastfaktoren* "*FAN-IN*" und "*FAN-OUT*" geschaffen (fan = der Fächer, fan out = ausschwärmen), *Abb.8.10.2*.

Schaltet man den Ausgangspin A eines Logik-Gatters oder eines µCs an die Eingänge eines oder mehrerer anderer Gatter (Peripherie-Bausteine) $E_1, E_2, E_3,...$, so stellt sich die Frage, wieviele Eingänge E_i man an A anschließen kann, ohne daß A überlastet wird, ohne daß z.B. ein an A ausgegebener HIGH-Pegel zusammenbricht.

243

8. Der Mikrocontroller-Kurs, Teil 1

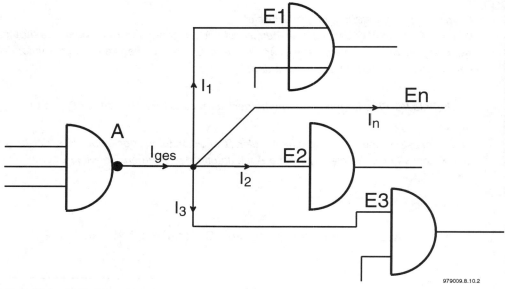

Abb.8.10.2: FAN-IN und FAN-OUT

Man ordnet daher jedem Eingang eines Gatters (eines Peripherie-Bausteins, allgemein: "einer externen Signal-Senke") einen sogenannten *Eingangslastfaktor (FAN-IN)* zu, der angibt, mit welchen Stromflüssen der Eingang den ansteuernden Ausgang in den beiden ausgegebenen Logikzuständen '0' und '1' belastet.

Die Grundlage für die Festlegung des FAN-INs ist ein Standard-TTL-Eingang, der unter "Normbedingungen (Nenntemperatur, Nennspannung, etc.)" betrieben wird, *Abb.8.10.3*.

Ein beliebiger Eingang E hat daher den Eingangslastfaktor $F_i = 1 * TTL$, wenn er die folgende Eingangsbelastung an einem ihn treibenden Ausgang verursacht:

- Der Ausgang A gibt einen LOW-Pegel aus (log.'0', $U_{aus} = 0{,}4$ V):
  Von einem angeschlossenen Eingang E mit einem FAN-IN von 1 fließt ein Strom von 1,6 mA *in den Ausgang A hinein*.

- Der Ausgang A gibt einen HIGH-Pegel aus (log.'1', $U_{aus} = 2{,}4$ V):
  In einen angeschlossenen Eingang E mit einem FAN-IN von 1 fließt *aus dem Ausgang A* ein Strom von 40 µA.

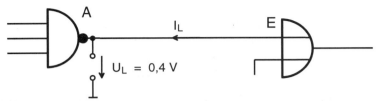

Stromfluß bei "Ausgang A auf LOW-Pegel": $I_L = -1{,}6$ mA, d.h der Strom fließt aus dem Gatter-Eingang E heraus und nach A hinein.

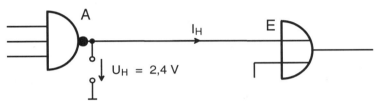

Stromfluß bei "Ausgang A auf HIGH-Pegel": $I_H = +40$ µA, d.h der Strom fließt aus dem Gatter-Ausgang A heraus und nach E hinein.

Abb.8.10.3: Definition von FAN-IN bei einem Standard-TTL-Gatter

Der *Ausgangslastfaktor FAN-OUT (F_o)* eines beliebigen Ausgangs gibt an, wieviel Eingänge mit ihren Eingangslastfaktoren F_i an diesen Ausgang angeschlossen werden dürfen, wobei immer gelten muß:

$$F_o \geq \text{Summe aller } F_i$$

! *Merke: "Port-Ausgangsströme"*
Den größten Ausgangsstrom erhält man also bei Betrieb des Ausgangs mit LOW-Pegel!
Direkt angesteuerte externe Einheiten sollten also möglichst mit log.'0' angesteuert werden. Bei Ansteuerung mit log.'1' (und sehr oft auch bei Ansteuerung mit log.'0') ist immer zu prüfen, ob nicht ein zwischengeschalteter Verstärker notwendig ist.

! *Merke: "Charakteristische Werte für F_o"*

Für µC-Port-Pins: $F_o = 1 .. 3 * TTL$
Für TTL-Standard-Logik-Gatter: $F_o = 10 * TTL$
Für TTL-Leistungs-Treiber-Gatter: $F_o = 30 * TTL$

Sie sehen hieran, daß ein µC-Ausgangspin nur sehr gering belastbar ist und zur Verstärkung entweder Leistungsgatter oder Transistorstufen nachgeschaltet werden müssen.

8. Der Mikrocontroller-Kurs, Teil 1

Da es mittlerweile modernere Gatter-Familien mit geringerer Leistungsaufnahme als die Standard-TTL-Gatter gibt, z.B. die LS-TTLs (Low-Power-Schottky-TTLs), findet man heutzutage sehr oft die Angabe von F_i und F_o in Form von LS-TTL-Lastfaktoren, wobei gilt:

$$1 * TTL = 4 * LS\text{-}TTL$$

*An einem Ausgang kann somit die vierfache Anzahl von LS-TTL-Eingängen angeschlossen werden, und daher sollten die Gatter aus dieser Familie bevorzugt eingesetzt werden. Die modernen externen Peripherie-Bausteine haben meistens CMOS-Eingänge und damit noch kleinere Eingangslastfaktoren, so daß deren **direkter** Anschluß an einen µC-Port-Pin im allgemeinen keine Probleme verursacht.*

Beispiel:
Eine Leuchtdiode mit I_{leucht} = 10 mA soll direkt am Ausgangspin eines µCs angeschlossen werden, der ein $F_{oµC}$ von 1 * TTL besitzt. Wird der Ausgang dadurch überlastet ?
Zunächst muß die LED mit LOW-Pegel aktiviert werden, da in diesem Fall ja der größtmögliche Ausgangsstrom zur Verfügung steht.
Berechnet man nun den Eingangslastfaktor der LED F_{iLED}, mit dem der µC-Ausgang belastet wird, so ergibt sich:

$$F_{iLED} = 10 \text{ mA} / 1{,}6 \text{ mA} = 6{,}26 \quad > \quad F_{oµC} \;!!$$

und damit wäre der µC-Ausgang weit überlastet. Die LED muß also über ein zusätzliches Leistungsgatter oder über eine Transistorstufe angesteuert werden (s. später in dieser Lektion).

Nach diesen allgemeinen Erläuterungen zu den verschiedenen Port-Arten und Port-Eigenschaften erfolgt nun die Betrachtung der ON-Chip-Port-Einheiten der 80C537ers. Dieser µC besitzt insgesamt 9 Port-Baugruppen, P0 bis P8, *Tab.8.10.1*, und zu jedem Port gehört ein SFR, in dem die digitalen Eingangs- bzw. Ausgangsinformationen enthalten sind. Die Tabellen *Tab.8.10.2* bis *Tab.8.10.5* zeigen zusammengefaßt die charakteristischen Eigenschaften dieser 9 Ports.

Insgesamt 9 Port-Baugruppen mit:

- 56 digitalen I/O-Port-Anschlüssen: Port-Baugruppen P0 bis P6, je 8 Bit breit, als Ein- und als Ausgang benutzbar.

- 12 analogen IN-Port-Anschlüssen, die auch parallel als digitale IN-Anschlüsse benutzt werden können: Port 7 (8 Bit breit) und Port 8 (4 Bit breit).

Tab.8.10.1: Die Ports des 80C537ers

8.10 Lektion 10

Name des Ports:	Port 0
Symbolischer SFR-Name:	P0
Adresse des SFR's:	80_H
Breite:	8 Bit
Bitadressierbar:	ja
Zugriff:	les- und beschreibbar
Inhalt nach Reset:	$1111\ 1111_B$
Funktionen:	- digitaler I/O-Port
	- keine Alternativ-Funktionen
	- in 8051er-Systemen: Datenbus und Low-Adreß-Bus
Port-Typ:	- digital, echt-bidirektional
	- keine internen Pull-Up-Widerstände vorhanden:
	• Das ist beim Anschluß von Speichereinheiten auch nicht notwendig, weil bei einem Speicherzugriff automatisch intern ein Pull-Up-Widerstand zugeschaltet wird.
	• Pull-Up-Widerstände müssen auf jeden Fall extern ergänzt werden (47 kΩ), wenn P0 als ganz normaler digitaler Output-Port verwendet werden soll. Die Port-Pins von P0 arbeiten dann als Open-Drain-Ausgänge.
Fan-Out:	ein Port-Pin kann max. 8 LS-TTL-Eingänge treiben

Bemerkungen:
P0 steht nur dann als ganz normaler digitaler I/O-Port zur Verfügung, wenn im gesamten µC-System kein externer Datenbus (bzw. Low-Adreß-Bus) benötigt wird, also z.B. beim Einsatz eines 80C515er mit internem Programmspeicher-ROM und internem Datenspeicher-RAM. Allerdings dürfen auch dann keine externen Peripherie-Einheiten verwendet werden, die den Datenbus benötigen.

Tab.8.10.2: Die Eigenschaften des Ports P0

8. Der Mikrocontroller-Kurs, Teil 1

Name des Ports:	Port 2
Symbolischer SFR-Name:	P2
Adresse des SFR's:	$a0_H$
Breite:	8 Bit
Bitadressierbar:	ja
Zugriff:	les- und beschreibbar
Inhalt nach Reset:	$1111\ 1111_B$
Funktionen:	- digitaler I/O-Port
	- keine Alternativ-Funktionen
	- in 8051er-Systemen: High-Adreß-Bus
Port-Typ:	- digital, quasi-bidirektional
	- interne Pull-Up-Widerstände vorhanden
Fan-Out:	- ein Port-Pin kann max. 4 LS-TTL-Eingänge treiben

Bemerkungen:
P2 steht nur dann als ganz normaler digitaler I/O-Port zur Verfügung, wenn im gesamten µC-System kein externer High-Adreß-Bus benötigt wird, also z.B. beim Einsatz eines 80C515er mit internem Programmspeicher-ROM und internem Datenspeicher-RAM. Allerdings dürfen auch dann keine externen Peripherie-Einheiten verwendet werden, die den High-Adreß-Bus benötigen.

Tab.8.10.3: Die Eigenschaften des Ports P2

Namen der Ports:	Port 1, Port 3, Port 4, Port 5, Port 6		
Symbolische SFR-Namen:	P1, P3, P4, P5, P6		
Adresse der SFR's:	P1: 90_H		
	P3: $b0_H$		
	P4: $e8_H$		
	P5: $f8_H$		
	P6: fa_H		
Breite:	8 Bit		
Bitadressierbar:	Ports P1, P3, P4, P5:	bitadressierbar	
	Port P6:	nicht bitadressierbar	
Zugriff:	les- und beschreibbar		
Inhalt nach Reset:	$1111\ 1111_B$		

8.10 Lektion 10

Funktionen:	- digitale I/O-Ports
	- Alternativ-Funktionen
Port-Typ:	- digital, quasi-bidirektional
	- interne Pull-Up-Widerstände vorhanden
	- Logik-Pegel-Definition: s. Tab.8.10.6
Fan-Out:	- ein Port-Pin kann max. 4 LS-TTL-Eingänge treiben
Bemerkungen: Keine	

Tab.8.10.4: Die Eigenschaften der Ports P1, P3, P4, P5 und P6

Name des Ports:	Port 7, Port 8
Symbolischer SFR-Name:	P7, P8
Adresse der SFR's:	P7: db_H
	P8: dd_H
Breite:	P7: 8 Bit
	P8: 4 Bit
Bitadressierbar:	nein
Zugriff:	nur lesbar
Inhalt nach Reset:	xxxx $xxxx_B$, also unbestimmt
Funktionen:	- analoger IN-Port
	- digitaler IN-Port
	- keine Alternativ-Funktionen
Port-Typ:	- echte analoge Eingänge, d.h. echt offene Eingänge, ohne Ruhepegel (Floating Inputs)

Bemerkungen:
- Alle Port-Pins können *gleichzeitig* als analoge und als digitale Eingänge verwendet werden.
- Die Entscheidung für den logischen Zustand '0' oder '1' erfolgt gemäß den Pegeldefinitionen aus der Tab.8.10.6.
- Wenn analoge Spannungen gewandelt werden, so sollte nach Möglichkeit für die Zeit der Wandlung an allen digitalen Ein- und Ausgängen "Ruhe herrschen", d.h. keine Pegelwechsel stattfinden, um keine Spannungsstörimpulse auf den analogen Spannungseingangssignalen zu erzeugen.

Tab.8.10.5: Die Eigenschaften der Ports P7 und P8

8. Der Mikrocontroller-Kurs, Teil 1

Die analogen/digitalen Ports P7 und P8 mit ihren Doppelfunktionen wurden schon in der Lektion 9 besprochen, so daß wir uns hier auf die Port P0 bis P6 konzentrieren.
Bei der Beschreibung der Ports betrachten wir drei verschiedene Gesichtspunkte:

- der hardwaremäßige Aufbau der Ports
- die softwaremäßige Ansteuerung der Ports
- die funktionale Struktur der Ports.

Der hardwaremäßige Aufbau der Ports

Die *Abb.8.10.4* zeigt die stark vereinfachte Struktur der digitalen I/O-Port-Pins der Ports P0 bis P6.

Jedes I/O-Port-Bit besteht µC-intern aus:

- Einem eigenen Speicherplatz (*Latch*) zur Zwischenspeicherung des Ausgangssignals (log.'0' oder log.'1'). Dieses Latch ist identisch mit dem Bitspeicherplatz im entsprechenden Port-SFR.
- Einer nachgeschalteten Treiber-Stufe (*Output Driver*), zur Verstärkung des Signals und
- einem Eingangspuffer (*Input Buffer*) zur Aufbereitung des Eingangssignals: konkrete Erzeugung des log.'0' oder log.'1'-Zustandes aus der analogen Eingangsspannung zur Einspeicherung in die entsprechende Bitstelle des Port-SFR's.

> ***Die Experten-Ecke: "Der Aufbau der I/O-Port-Pins"***
> *Die Beschreibung des internen Aufbaus und der genauen internen Betriebsfunktion der unterschiedlichen Ports erfolgt hier sehr vereinfacht und teilweise "ungenau".*
> *Das ist aber an dieser Stelle akzeptabel, da für den Hochsprachen-Programmierer nur interessant ist zu wissen, was er mit den einzelnen Ports*
>
> - *eigentlich machen kann (Benutzung als Eingang/Ausgang, max. Belastung, etc.),*
> - *welche Signale zusätzlich ausgegeben bzw. eingelesen werden können (Port-Alternativ-Funktionen) und*
> - *wie er die Pins letztendlich softwaremäßig ansteuert.*
>
> *Was chip-intern dann alles passiert, ist nach außen hin eh nicht sichtbar und daher zunächst für den ersten Einstieg auch irrelevant und durchaus verwirrend.*
> *Detailliertere Informationen zur µC-internen Port-Struktur findet man im Siemens-Handbuch zum 80C537er-µC [3].*

8.10 Lektion 10

Die softwaremäßige Ansteuerung der Ports

Zur Ansteuerung der Ports (Daten ausgeben, Daten einlesen) gibt es unter Pascal51 grundsätzlich zwei Möglichkeiten:

● **Die bitweise Datenein- und -ausgabe**

a) Die bitweise Ausgabe von Daten:

Hierzu können Sie ganz normal die bereits bekannten Pascal51er-Bit-Befehle benutzen.

setbit(adr)	≡	Setzen eines Bits auf log.'1'
clearbit(adr)	≡	Setzen eines Bits auf log.'0'
invertbit(adr)	≡	Invertieren des Bitzustandes

wobei adr die entsprechende Bit-Adresse des gewünschten Port-Bits ist.

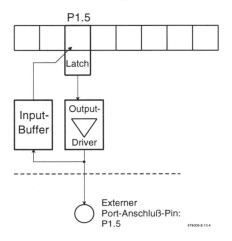

Abb.8.10.4: Die stark vereinfachte Struktur der I/O-Port-Pins

> » **Wichtig: "Die bitadressierbaren Port-SFR's"**
> Nur die SFR's der Ports P0 bis P5 sind bitadressierbar, und nur auf die Bits dieser Ports können die obigen Einzel-Bit-Befehle angewandt werden.
> Die SFR's der Ports P6 bis P8 sind nur als Ganzes, also nur in einem Byte adressierbar, und daher müssen die nachfolgend beschriebenen **Port-Byte-Befehle** benutzt werden.

Beispiele für die bitweise Datenausgabe:

● Bit P1.5 auf log.'1' setzen:
        setbit($95);   SFR-Adresse von P1: 90_H
                               → P1.5 hat dann die Adresse 95_H

● Bit P5.0 auf log.'0' setzen:
        clearbit($f8);

● Zustand von P4.7 invertieren:
        invertbit($ef);

8. Der Mikrocontroller-Kurs, Teil 1

Der einmal ausgegebene Ausgangszustand bleibt solange erhalten (gespeichert im Port-Pin-Latch), bis er durch einen neuen Befehl überschrieben wird. Die sich an den Port-Pins einstellenden Ausgangspegel sind:

    LOW-Pegel an den Ports P1 bis P6:   0 .. 0,45 V
    HIGH-Pegel an den Ports P1 bis P6:   2,4 .. 4,5 V

b) Das bitweise Einlesen von Daten:
Hierzu können Sie ganz normal den bereits bekannten Pascal51er-Bit-Befehl "bit()" benutzen, Sie müssen jedoch unbedingt eines beachten:

> **» Wichtig: "Das Einlesen von Bits über die digitalen I/O-Ports"**
> *Soll ein digitaler I/O-Port-Pin (der Ports P0 bis P6) als Eingang betrieben werden, so muß dieser erst **als Eingang programmiert werden**, und das bedeutet, daß zuvor eine log.'1' an diesen Port-Pin ausgegeben werden muß.*
> *Ein externes Eingangssignal kann diesen HIGH-Pegel dann einfach nach LOW-Pegel ziehen, und man liest daher eine log.'0' ein. Oder das externe Eingangssignal ist ebenfalls HIGH, verändert also den HIGH-Pegel des Pins nicht, und man liest eine log.'1' ein.*
> *Diese notwendige "Eingangsprogrammierung" eines Port-Pins hängt mit dem internen Aufbau der Port-Eingangsschaltungen zusammen ("quasi-bidirektionaler Port-Pin").*
>
> ***Die Ausgabe einer log.'1' an einem Port-Pin und das Umschalten dieses Port-Pins auf seine Eingangsfunktion (auch Ausgabe einer log.'1') sind also identisch.***

Beispiel:
Einlesen des logischen Zustandes an Port-Pin P4.3:

    setbit($eb);   Pin P4.3 auf Eingang schalten
    b:=bit($eb);   Einlesen des logischen Zustandes an P4.3, wobei b eine zuvor definierte Boolesche Variable ist.

Um entsprechende Eingangszustände einlesen zu können, müssen an den Port-Eingängen die folgenden Eingangsspannungspegel U_{ein} anliegen, *Tab.8.10.6*.

Weiterhin muß beachtet werden, daß die Eingangsspannungen nicht zwischengespeichert werden. Der µC liest also wirklich nur den gerade aktuellen, zum Ausführungszeitpunkt des bit()-Befehls vorliegenden Eingangsspannungspegel ein und ordnet diesen sofort einem der Zustände log.'0' oder log.'1' zu.

8.10 Lektion 10

U_{ein}	$\geq 1{,}9\,V$	für HIGH-Pegel-Erkennung
U_{ein}	$\leq 0{,}9\,V$	für LOW-Pegel-Erkennung
U_{ein}	$= 0{,}9\,V \ldots 1{,}9\,V$	verbotener Bereich

Eingangsspannungen, die im verbotenen Bereich liegen, sind unbedingt zu vermeiden, da hierbei der eingelesene logische Zustand unbestimmt ist, d.h., der µC liest bei Eingangsspannungen aus diesem Bereich "je nach Tagesform" einmal log.'0' oder einmal log.'1' ein.

Tab.8.10.6: Die Spannungspegel für digitale Eingangssignale

Aus dieser Port-Struktur ergibt sich eine ganz wichtige Eigenschaft, die beim Entwurf von Schaltungen mit den 8051er-µC's unbedingt zu beachten ist:

> » **Wichtig: "Das Portverhalten nach einem µC-Reset"**
> Nach einem Reset (Einschalten) des 80C537ers (allgemein: eines 8051ers) werden alle digitalen I/O-Ports (P0 – P6) auf "Eingang" geschaltet, damit bereits anliegende Spannungen von anderen Systemteilen nicht zu Zerstörungen der I/O-Ports führen:
> Wenn z.B. ein Port-Pin beim Einschalten LOW-Pegel hätte und von außen bereits ein HIGH-Pegel anläge, so wird dieser Port-Anschluß aufgrund des entstehenden Kurzschlusses meistens zerstört, und damit ist auch der 80C537er-Chip kaputt.
> Umgekehrt: Führt der Port-Pin dagegen HIGH-Pegel, und es liegt bereits ein LOW-Pegel von außen an, so gibt es aufgrund der internen Port-Struktur keine Probleme mit einem Kurzschluß.
> Das bedeutet allerdings auch, daß nach einem Reset an allen Port-Pins eine log.'1' anliegt (Ports sind auf Eingang geschaltet). Werden nun in der Gesamtschaltung einige Port-Pins als Ausgänge verwendet, z.B. zur Ansteuerung einer Lampe oder eines Motors, und erfolgt diese Steuerung wie gewohnt dadurch, daß die Lampe oder der Motor mit log.'1' ein- und mit log.'0' ausgeschaltet wird, so hat man **ein großes Problem**:
> Beim Reset wird der Port-Pin also auf log.'1' gesetzt, d.h., die Lampe (der Motor) geht sofort an und bleibt dann auch an. Daher müssen die über Port-Pins mit log.'1' angesteuerten Einheiten sofort mit den ersten Befehlen des Programms erst einmal wieder ausgeschaltet werden (clearbit()-Befehl). Hier liegt nun das Problem: ein solches kurzfristiges Anlaufen und sofortiges Ausschalten von Verbrauchern im Reset-Moment ist in vielen Schaltungen nicht tolerierbar.
>
> Einen Ausweg aus dieser Misere ergibt sich z.B. dadurch, daß man mit einer "negativen" Ansteuerlogik arbeitet, d.h. Einschalten der externen Einheiten mit log.'0' und Ausschalten mit log.'1' (vom µC aus gesehen). Am µC-Port-Pin muß daher zusätzlich noch ein Inverter angeschlossen werden. **Abb.8.10.5** zeigt diese Problematik und deren Lösung.

8. Der Mikrocontroller-Kurs, Teil 1

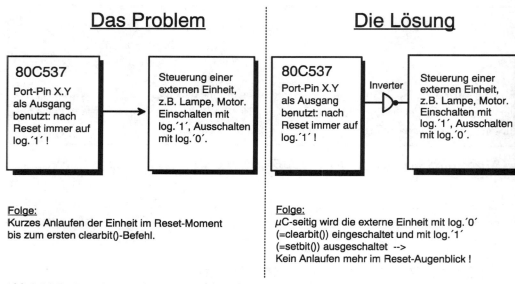

Abb.8.10.5: Das "Port-Reset-Problem" und seine Lösung

- **Die byte- bzw. portweise Datenein- und -ausgabe**

a) Die byteweise Ausgabe von Daten

Diese Möglichkeit des Datentransfers *muß* beim Port P6 und *kann* alternativ bei den Ports P0 bis P5 angewandt werden. Hierbei wird immer ein komplettes Byte in das jeweilige SFR geschrieben, also an den gesamten 8 Bit breiten Port auf einmal ausgegeben.

Beispiel:
An Port P6 sollen:
- an P6.1 und P6.5 eine log.'1' ausgegeben werden,
- an P6.4, P6.6 und P6.7 eine log.'0' ausgegeben werden,
- P6.0, P6.2 und P6.3 sollen als Eingänge betrieben werden, also ebenfalls Ausgabe einer log.'1' an diesen Port-Pins.

Da das SFR von P6 nicht bitadressierbar ist, muß man sich zunächst das gesamte Byte für Port P6 "zusammenbauen" und dieses dann komplett ausgeben. Hier ergibt sich also:

P6.	7	6	5	4	3	2	1	0
	0	0	1	0	1	1	1	1

= 2f$_H$

8.10 Lektion 10

Also: Einschreiben von $2f_H$ in das P6-SFR unter der Adresse fa_H. Hierzu kann dann wieder der bekannte writereg()-Befehl verwendet werden:

$$\text{writereg(\$2f,\$fa);}$$

oder mit der symbolischen Adressierung

$$\text{writereg(\$2f,p6);}$$

Pascal51 bietet nun aber speziell für das Arbeiten mit den digitalen I/O-Ports eines 8051ers zusätzlich besondere Port-Befehle an:

$$\text{writeport(wert,portnummer);}$$

Dieser Befehl ist nichts anderes als eine Spezialversion von writereg(), mit dem Vorteil, daß man hier die Portnummern direkt einsetzen kann.

Es ergibt sich hier also:

$$\text{writeport(\$2f,6);}$$

Dieser Port-Schreibe-Befehl läßt die Portnummern 0 bis 8 zu, ist also für die digitalen Ports P0 bis P6 des 80C537ers geeignet.

> **! Merke: "Die Ports P7 und P8, I"**
> Die Ports P7 und P8 können ja bekannterweise (s. Lektion 9) auch als digitale Ports, allerdings nur als Eingangsports, betrieben werden. Eine Ausgabe von Daten an die entsprechenden SFR's von P7 und P8 mit
>
> *writeport(wert,7);*
> *writeport(wert,8);*
>
> hat hier also keinen Sinn und bewirkt nichts. Diese SFR's können auch nicht als Zwischenspeicher-Register benutzt werden.

Der writeport()-Befehl kann auch auf P0 bis P5 angewendet werden, wenn ein komplettes Byte auf einmal an einen dieser Ports ausgegeben werden soll. Eine solche Ausgabe läuft natürlich schneller ab, als wenn acht Einzel-Bit-Befehle verwendet werden.

8. Der Mikrocontroller-Kurs, Teil 1

a) Das byteweise Einlesen von Daten

Hier ist zu beachten, daß das byteweise Einlesen der Daten eines Ports nur bei den Ports P6, P7 und P8 zwingend notwendig ist und bei den Ports P0 bis P5 alternativ angewendet werden kann.

Zur Realisierung in Pascal51 stehen wieder zwei Möglichkeiten zur Verfügung:

- Der bekannte Befehl "reg(adr)":
  a:=reg($e8);   Byteweises Einlesen des Ports 4 unter Verwendung der
                                      absoluten SFR-Adresse, wobei a eine Byte-Variable ist.
  oder
  a:=reg(P4);   das Gleiche unter Verwendung der symbolischen Adresse
                                      von Port P4

- Sie können aber auch hier den neuen "Port-optimierten" Befehl "port(portnummer)" verwenden:
  a:=port(5);   Byteweises Einlesen des Ports P5

Die "portnummer" hat auch hier wieder den Wertebereich von 0 .. 8.

Die funktionale Struktur der Ports

> **! Merke: "Die Ports P7 und P8, II"**
> *Der Port P8 ist nur 4 Bit breit, das bedeutet beim Einlesen des Bytewertes mit*
>
> *a:=port(8);*
>
> *daß nur die unteren 4 Bits von a gültige Daten enthalten, die oberen 4 Bit sind mit willkürlichen Werten besetzt.*
> *Zur Festlegung der logischen Zustände log.'0' und log.'1' bei diesen vom Prinzip her analogen Eingangsports P7 und P8 gelten ebenfalls die zuvor angegebenen Pegelfestlegungen, Tab.8.10.6.*

Betrachtet man die einzelnen digitalen Ports P0 bis P6 eines 80C537ers etwas näher, so fällt auf, daß diese unterschiedlich strukturiert sind: einige Ports (Port-Pins) sind nur einfache digitale I/O-Ports, andere sind digitale I/O-Ports, die noch weitergehende Zusatzfunktionen übernehmen, d.h., neben den rein digitalen Ein-/Ausgabe-Funktionen stellen sie noch digitale Ein- und Ausgänge für andere ON-Chip-Peripherie-Einheiten bzw. für das Steuersystem des µC's dar, sie erfüllen also zusätzlich noch *alternative Funktionen, Tab.8.10.7.*

8.10 Lektion 10

Port	Pin	Alternative Funktion
P0.0	A0/D0	Adreßleitung A0, Datenleitung D0 für externen Speicherzugriff
P0.1	A1/D1	Adreßleitung A1, Datenleitung D1 für externen Speicherzugriff
P0.2	A2/D2	Adreßleitung A2, Datenleitung D2 für externen Speicherzugriff
P0.3	A3/D3	Adreßleitung A3, Datenleitung D3 für externen Speicherzugriff
P0.4	A4/D4	Adreßleitung A4, Datenleitung D4 für externen Speicherzugriff
P0.5	A5/D5	Adreßleitung A5, Datenleitung D5 für externen Speicherzugriff
P0.6	A6/D6	Adreßleitung A6, Datenleitung D6 für externen Speicherzugriff
P0.7	A7/D7	Adreßleitung A7, Datenleitung D7 für externen Speicherzugriff
P1.0	INT3\CC0	externer Interrupt 3, Capture Eing. bzw. Compare Ausg. des Reg. CRC
P1.1	INT4/CC1	externer Interrupt 4, Capture Eing. bzw. Compare Ausg. des Reg. CC1
P1.2	INT5/CC2	externer Interrupt 5, Capture Eing. bzw. Compare Ausg. des Reg. CC2
P1.3	INT6/CC3	externer Interrupt 6, Capture Eing. bzw. Compare Ausg. des Reg. CC3
P1.4	INT2\CC4	externer Interrupt 2, Capture Eing. bzw. Compare Ausg. des Reg. CC4
P1.5	T2EX	externer reload trigger Eingang des Timers 2
P1.6	CLKOUT	System Clock Ausgang
P1.7	T2	externer Zähl- oder Gate-Eingang des Timers 2
P2.0	A8	Adreßleitung A8 für externen Speicherzugriff
P2.1	A9	Adreßleitung A9 für externen Speicherzugriff
P2.2	A10	Adreßleitung A10 für externen Speicherzugriff
P2.3	A11	Adreßleitung A11 für externen Speicherzugriff
P2.4	A12	Adreßleitung A12 für externen Speicherzugriff
P2.5	A13	Adreßleitung A13 für externen Speicherzugriff
P2.6	A14	Adreßleitung A14 für externen Speicherzugriff
P2.7	A15	Adreßleitung A15 für externen Speicherzugriff
P3.0	RXD0	Eingang der seriellen Schnittstelle 0
P3.1	TXD0	Ausgang der seriellen Schnittstelle 0
P3.2	INT0\	externer Interrupt 0
P3.3	INT1\	externer Interrupt 1
P3.4	T0	externer Zähleingang des Timers 0
P3.5	T1	externer Zähleingang des Timers 1
P3.6	WR\	externes Data Memory Schreibsignal
P3.7	RD\	externes Data Memory Lesesignal

8. Der Mikrocontroller-Kurs, Teil 1

Port	Pin	Alternative Funktion
P4.0	CM0	Compare Ausgang des Compare Registerspaares CM0
P4.1	CM1	Compare Ausgang des Compare Registerspaares CM1
P4.2	CM2	Compare Ausgang des Compare Registerspaares CM2
P4.3	CM3	Compare Ausgang des Compare Registerspaares CM3
P4.4	CM4	Compare Ausgang des Compare Registerspaares CM4
P4.5	CM5	Compare Ausgang des Compare Registerspaares CM5
P4.6	CM6	Compare Ausgang des Compare Registerspaares CM6
P4.7	CM7	Compare Ausgang des Compare Registerspaares CM7
P5.0	CCM0	Concurrent Compare Ausgang 0
P5.1	CCM1	Concurrent Compare Ausgang 1
P5.2	CCM2	Concurrent Compare Ausgang 2
P5.3	CCM3	Concurrent Compare Ausgang 3
P5.4	CCM4	Concurrent Compare Ausgang 4
P5.5	CCM5	Concurrent Compare Ausgang 5
P5.6	CCM6	Concurrent Compare Ausgang 6
P5.7	CCM7	Concurrent Compare Ausgang 7
P6.0	ADST\	externer Start des A/D Umsetzers
P6.1	RXD1	Eingang der seriellen Schnittstelle 1
P6.2	TXD1	Ausgang der seriellen Schnittstelle 1
P7.0	AN0	analoger Eingang 0
P7.1	AN1	analoger Eingang 1
P7.2	AN2	analoger Eingang 2
P7.3	AN3	analoger Eingang 3
P7.4	AN4	analoger Eingang 4
P7.5	AN5	analoger Eingang 5
P7.6	AN6	analoger Eingang 6
P7.7	AN7	analoger Eingang 7
P8.0	AN0	analoger Eingang 8
P8.1	AN1	analoger Eingang 9
P8.2	AN2	analoger Eingang 10
P8.3	AN3	analoger Eingang 11

Tab.8.10.7: Die alternativen Port-Funktionen der 80C537er-Ports

8.10 Lektion 10

! *Merke: "Die alternativen Port-Funktionen"*
*Wird ein bestimmter Port-Pin für eine Alternativ-Funktion ausgewählt, so ist **unbedingt** folgendes zu beachten:*

- Bevor die alternative *Ausgangs-Funktion* eines Port-Pins benutzt werden kann, *muß* an der entsprechenden Bit-Position im zugehörigen SFR eine log.'1' eingeschrieben werden, d.h. man muß am entsprechenden Port-Pin eine log.'1' ausgeben. Diese notwendige Umschaltaktion ergibt sich aus dem internen Aufbau der Port-Pin-Ausgangsschaltungen.
Ob man nun einfach nur eine log.'1' am Port-Pin ausgeben will oder die alternative Ausgangsfunktion des Port-Pins nutzen möchte, macht also programmtechnisch keinen Unterschied, beide Male wird im Port-SFR an die entsprechende Bit-Position eine log.'1' gesetzt.

- Durch Einschreiben einer log.'1' wird der Port-Pin ja gleichzeitig auch in den Eingangsmodus geschaltet und er kann somit als normaler digitaler Eingang oder auch als digitaler Eingang für die alternative Port-*Eingangs-Funktion* benutzt werden.
Generell gilt also:

Bei Benutzung der alternativen Port-Pin-Funktion, egal ob als alternative Eingangs- oder Ausgangsfunktion, muß zuerst am entsprechenden Port-Pin eine log.'1' ausgegeben werden.

An dieser Stelle wird in der Praxis zwar häufig "geschlunzt", da nach einem Reset an den Ports P0 bis P6 generell eine log.'1' ausgegeben wird. Das soll Sie als ordentlicher Programmierer aber keinesfalls daran hindern, grundsätzlich immer vor Benutzung eines Port-Pins als Eingang (bzw. vor Benutzung der alternativen Funktion) in dessen Bitstelle eine log.'1' einzuschreiben.

Beispiele:
a) Port-Pin P3.4 soll als externer Zähleingang für den Timer 0 verwendet werden, also alternative Funktion "Timer 0 external count input". Dazu muß das Bit 3.4 im SFR von P3 auf log.'1' gesetzt werden:
                setbit($b4);
                (Byte-Adresse des SFR's von Port P3: $b0_H$)

b) Der Port-Pin P3.1 ist der Sendedaten-Ausgangspin TXD0 für die serielle Schnittstelle 0. Wenn also hierüber Daten ausgesendet werden sollen, so muß zuvor (einmalig) eine log.'1' an P3.1 ausgegeben werden:
                setbit($b1);
Danach können beliebige Daten gesendet werden.
In so einem Fall dürfen natürlich keine anderen Einheiten an P3.1 angeschlossen werden: P3.1 ist bei Verwendung der seriellen Schnittstelle 0 als normaler digitaler I/O-Port-Pin nicht mehr benutzbar.

8. Der Mikrocontroller-Kurs, Teil 1

- Werden dagegen Steuersignale des µC-Kerns über Port-Pins ausgegeben, z.B.
    - das Schreib-(Write-)Signal für externe Datenspeicher(RAM)-Bausteine: WR\-Signal als Alternativsignal des Port-Pins P3.6 oder
    - das Lese-(Read-)Signal für externe Datenspeicher(RAM)-Bausteine: RD\-Signal als Alternativsignal des Port-Pins P3.7

  so steuert der µC-Kern selber die logischen Pegelzustände an diesen Port-Pins. Hier darf der Anwender keine Befehle zum Schreiben einer log.'1' ausgeben, er muß es sogar unterlassen, da ansonsten das gesamte System abstürzt.

Beispiel:
Über P3.6 wird der Schreibbefehl (WR\) für das Einschreiben von Daten in den externen Datenspeicher ausgegeben. Nur der µC-Kern selber steuert diesen Schreibvorgang und wenn der Anwender nun beliebig log.'0' oder log.'1' in die entsprechende Bitstelle des P3-SFR's einschreibt (also am Port-Pin P3.6 ausgibt), so wird garantiert ein Systemabsturz hervorgerufen. Das bedeutet aber auch, daß in einem System mit externen Datenspeicher(RAM)-Bausteinen (wie beim 80C537er-TFH-Board) speziell die Port-Pins P3.6 und P3.7 für den Anwender *nicht* zur Verfügung stehen und vollständig der Kontrolle des µC-Kerns unterliegen.

- Port-Pins, über die alternative Funktionen abgewickelt werden, stehen im allgemeinen für normale digitale I/O-Funktionen nicht mehr zur Verfügung.

- Auf dem TFH-Board werden speziell noch die folgenden I/O-Port-Pins für alternative Funktionen benutzt und stehen somit für weitere I/O-Aufgaben nicht mehr zur Verfügung:

    P3.0:   RXD0, Empfangsdaten der seriellen Schnittstelle 0 (Daten vom PC)
    P3.1:   TXD0, Sendedaten der seriellen Schnittstelle 0 (Daten zum PC)
    P3.2:   INT0\, Watchdog-Interrupt bei Power-Fail (MAX691)
    P3.3:   INT1\, RTC-Interrupt
    P3.6:   WR\, Schreibsignal für externe Speicher- und Peripherie-Einheiten
    P3.7:   RD\, Lesesignal für externe Speicher- und Peripherie-Einheiten

    P6.1:   RXD1, Empfangsdaten der seriellen Schnittstelle 1
    P6.2:   TXD1, Sendedaten der seriellen Schnittstelle 1

Eine Komplettaufstellung aller von den einzelnen Karten des 80C537er-TFH-Systems belegten Ressourcen ist im Anhang 11.6 vorhanden.

- Die einzige Ausnahmen von der Regel: "Ausgabe einer log.'1' an einem Port-Pin bei Verwendung der Alternativ-Funktion" bilden P1.0 bis P1.4 und P5.0 bis P5.7, wenn diese Port-Pins als Ausgänge der Compare-Logik (s. Lektion 16) benutzt werden. Dann steuert die Compare-Einheit selbständig die Pegelzustände an diesen Anschlüssen.

8.10 Lektion 10

> **Ganz Wichtig:** *"Die Verwendung der Ports P0 und P2"*
> *Die Ports P0 und P2 dienen zur Adressierung von externen Datenspeicher-, Programmspeicher- und Peripherie-Bausteinen und zum Datentransfer zu und von diesen Einheiten:*
>
> Port P0: Daten- und Low-Adreß-Bus des µC-Systems,
> Port P2: High-Adreß-Bus des µC-Systems,
>
> *und das bedeutet:*
>
> **P0 und P2 können in einem 8051er-System, in dem externe Speicher- und Peripherie-Bausteine zum Einsatz kommen, unter gar keinen Umständen vom Anwender genutzt werden, also auch nicht auf dem 80C537er-TFH-Board !**
>
> *Es gibt zwar Anwendungen und µC-Chips, bei denen diese beiden Ports von den obigen Aufgaben befreit sind, z.B. 8051er-Familienmitglieder mit ON-Chip-Programmspeicher-EPROM und großem ON-Chip-Datenspeicher-RAM-Bereich (so daß der Anschluß externer Speichereinheiten nicht notwendig ist), aber viele 8051er-Systeme benutzen externen Speicher- und Zusatzbausteine, so daß P0 und P2 gänzlich besetzt sind.*
> *Alle anderen Ports können vom Anwender beliebig in ihrer normalen oder alternativen Funktion benutzt werden.*

Bevor wir uns nun ganz konkret mit der "Port-Software" auseinandersetzen, noch zwei sehr wichtige

Praxishinweise:

- Kein Port-Pin darf direkt an +5V angeschlossen werden. Der feste Anschluß an HIGH-Pegel (V_{cc}, +5V) sollte immer über einen Widerstand von 10 kΩ erfolgen.

- Der direkte Anschluß eines Port-Pins an 0V (GND, LOW-Pegel) ist dagegen zulässig.

Nun soll das erworbene Wissen in die Pascal51er-Praxis umgesetzt werden:
"Mit dem Programm *port1.pas* soll eine LED blinkend über den Port-Pin P5.0 angesteuert werden, wobei die Blinkzeit im Bereich von 0,1 s bis 5,0 s in Stufen von 0,1 s über das Terminal eingegeben werden kann."

Vor der softwaremäßigen Realisierung ist allerdings noch folgendes zu beachten:

8. Der Mikrocontroller-Kurs, Teil 1

» **Wichtig: "Die Ansteuerung von LEDs über einen 8051er-Port-Pin"**
Normale Standard-LEDs, die einen "Leuchtstrom" von 10-20 mA benötigen, können i.a. niemals direkt von einem normalen µC-Port-Pin angesteuert werden (s. Betrachtungen zum FAN-OUT, FAN-IN am Anfang dieser Lektion). Sie müssen vielmehr über einen Schalttransistor aktiviert werden.
Als (teure) Alternative bieten sich in letzter Zeit "Low-Power-LED's" an, die mit einem Betriebsstrom von 1-2 mA betrieben und daher, natürlich über einen geeigneten Vorwiderstand, direkt an einen µC-Port-Pin angeschlossen werden können.

Grundsätzlich ist jedoch zu beachten, daß direkt angesteuerte LEDs (allgemein: "strom-intensive" Ausgabe-Einheiten) immer mit LOW-Pegel angesteuert werden, da Port-Pins im LOW-Zustand mehr Strom aufnehmen können, als sie im HIGH-Zustand abgeben können:

  Stromfluß im LOW-Zustand in den Port-Pin hinein: max. 1,6 mA
  Stromfluß im HIGH-Zustand aus dem Port-Pin heraus: max. 80 µA.

Werden externe Einheiten dagegen **spannungsmäßig** angesteuert, also z.B. andere Logik-Gatter oder Peripherie-Bausteine, so ist es egal, mit welchen Pegeln dieses geschieht, da solche Bausteine (mit ihren CMOS-Eingängen) fast keine Eingangsströme benötigen bzw. abgeben.

Die Ansteuerung von LED's kann nun gem. *Abb.8.10.6* auf zwei Arten erfolgen:

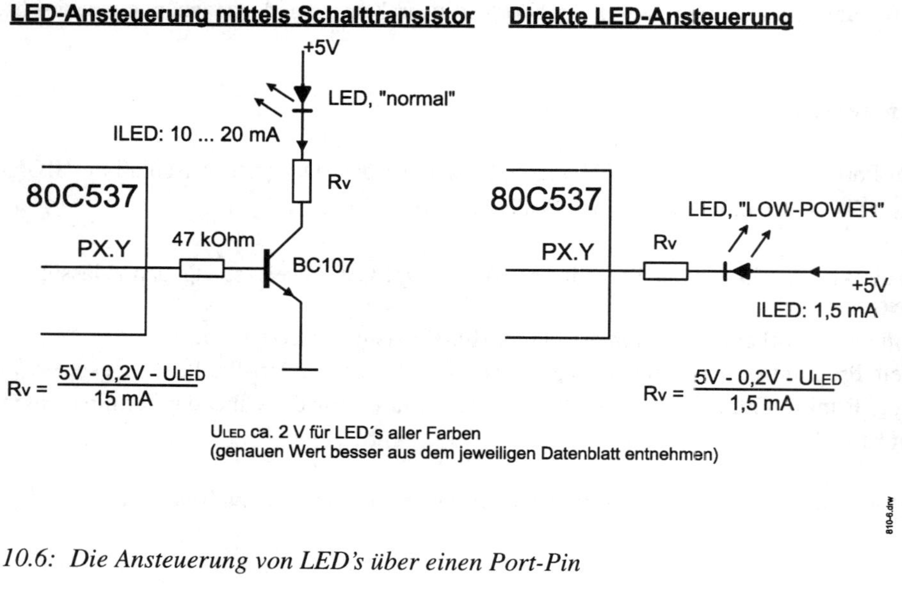

LED-Ansteuerung mittels Schalttransistor   **Direkte LED-Ansteuerung**

80C537 PX.Y — 47 kOhm — BC107, LED "normal", ILED: 10 ... 20 mA, +5V

$$R_v = \frac{5V - 0{,}2V - U_{LED}}{15\ mA}$$

80C537 PX.Y — R_v — LED "LOW-POWER", ILED: 1,5 mA, +5V

$$R_v = \frac{5V - 0{,}2V - U_{LED}}{1{,}5\ mA}$$

U_{LED} ca. 2 V für LED's aller Farben
(genauen Wert besser aus dem jeweiligen Datenblatt entnehmen)

Abb.8.10.6: Die Ansteuerung von LED's über einen Port-Pin

8.10 Lektion 10

Egal für welche Art der Ansteuerung Sie sich entscheiden, die Ansteuersoftware für unseren LED-Blinker bleibt fast gleich. Sie müssen nur beachten:

Direkt angeschlossene LED: Eingeschaltet wird die LED mit LOW-Pegel
Ausgeschaltet wird die LED mit HIGH-Pegel

Ansteuerung der LED über einen Transistor (Transistor = Inverter):

Eingeschaltet wird die LED mit HIGH-Pegel
Ausgeschaltet wird die LED mit LOW-Pegel

Damit sieht der Hauptprogrammteil von *port1.pas* wie folgt aus:

```
var
         bz:integer;

term_clear;
writeln('Bitte die Blinkzeit in Stufen von 0,1 s eingeben: ');
read(bz);

repeat
  setbit($f8);              (* H-Pegel an P5.0 *)
  wait_25ms(4*bz);          (* Wartezeit in Stufen von 100 ms *)
  clearbit($f8);            (* L-Pegel an P5.0 *)
  wait_25ms(4*bz);          (* Wartezeit in Stufen von 100 ms *)
until false;
```

Anstelle der Befehle setbit($f8) und clearbit($f8) hätten Sie hier auch nur einmal den Befehl invertbit($f8) verwenden können, da ja bei einem Blinker der Portzustand immer hin- und hergeschaltet wird:

```
repeat
  invertbit($f8);           (* Pegelwechsel an P5.0 *)
  wait_25ms(4*bz);          (* Wartezeit in Stufen von 100 ms *)
until false;
```

Als nächstes soll ein Taster an P5.1 angeschlossen, Tastendrücke (log. Pegelzustände) erfaßt und auf dem Terminal-Bildschirm dargestellt werden, *port2.pas*. Als geeignete Zusatzhardware können Sie die folgende Schaltung aufbauen, *Abb.8.10.7*.

Ein zusätzlicher externer Pull-Up-Widerstand nach +5V ist hier nicht erforderlich, da, wie bereits beschrieben, die Pins des Ports P5 interne Pull-Up-Widerstände auf dem Chip besitzen.
Denken Sie nur daran, daß bei dieser gewählten Hardware-Struktur ein geöffneter Taster einen HIGH-Pegel und ein geschlossener Taster einen LOW-Pegel erzeugt.

8. Der Mikrocontroller-Kurs, Teil 1

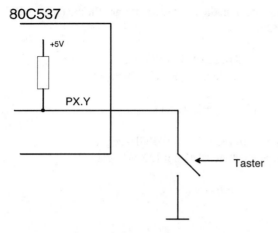

Abb.8.10.7: *Die Abfrage eines Tasters über einen Port-Pin*

Damit sieht der Hauptprogrammteil von *port2.pas* wie folgt aus:

```
var
            taster:boolean;
setbit($f9);                    (* Ausgabe einer log.'1' an P5.1 -> P5.1 ist auf *)
                                (* Eingang geschaltet *)
repeat
            taster:=bit($f9);
            if taster then writeln('Taster wurde NICHT gedrückt')
                      else writeln('Taster wurde gedrückt !');
            wait_25ms(20);  (* 500 ms warten *)
until false;
```

» **Wichtig: "Das Entprellen von Tasten"**
Bei dieser einfachen "Taster-Hardware" wird natürlich keine Entprellung der Taste vorgenommen, d.h., ein Tastenprellen führt zu einer Folge von HIGH-LOW-Wechseln an P5.1, die abwechselnd signalisieren, daß die Taste gedrückt, wieder geöffnet, wieder gedrückt, ... wird. Dieses unerwünschte Prellen kann vermieden werden, indem man entweder (teure) prellfreie Taster einsetzt oder eine softwaremäßige Entprellung der Tasten vornimmt. Im zweiten Fall kann man z.B. den Port-Pin dreimal im Abstand von 25 ms hintereinander abfragen, die logischen Zustände speichern, danach untersuchen, welche "Zustandsmehrheit" vorliegt und daraus dann die Entscheidung treffen, ob die Taste gedrückt ist oder nicht. So können ebenfalls eingestrahlte Störimpulse auf der Tastenleitung eliminiert werden.

8.10 Lektion 10

Wie Sie eine ganze Tastatur mit bis zu 64 Tasten an die Ports anschließen können, erfahren Sie in der Beschreibung zur Zusatzkarte "Die Mensch-Maschine-Schnittstelle" (Lektion 19).

Zum Abschluß dieser Lektion soll noch die letzte Schleifenkonstruktion aus Pascal51 vorgestellt werden, die *while-Schleife*.

Betrachten Sie dazu einmal die folgende Programmkonstruktion:

```
while (Bedingung) do
        begin
                        (* while-Programmblock *)
                .....
                .....
                .....
        end:
Befehl A;
Befehl B;
```

Auch dieser wichtige Programm-Konstrukt ist einfach zu verstehen:

while	**solange wie** die angegebene
Bedingung	**erfüllt** ist, wird der nachfolgende
Programmblock	bearbeitet,

wobei dieser Programmblock auch aus nur einer Programmzeile bestehen kann, und in diesem Falle die Befehlsworte begin und end; entfallen können.
Anhand des Flußdiagramms *Abb.8.10.8* sieht man sehr schön das charakteristische Verhalten der while-Schleife.

Zuerst wird also die while-Bedingung überprüft, und nur wenn diese wahr ist, wird der while-Programmblock bearbeitet.

Ist die Bedingung von Anfang an falsch, wird der gesamte while-Programmblock übersprungen und mit dem Befehl A; fortgefahren.

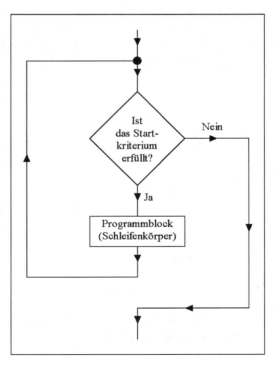

Abb.8.10.8: Das Flußdiagramm der while-Schleife

8. Der Mikrocontroller-Kurs, Teil 1

! *Merke: "Der Unterschied zwischen der "repeat ... until-" und der "while"-Schleife*
Bei der repeat ... until-Schleife wird **zuerst** *der* **repeat-Programmblock** *bearbeitet und dann die Schleifenbedingung geprüft. Mit anderen Worten: der repeat-Programmblock wird mindestens einmal bearbeitet, egal ob die Schleifenbedingung wahr oder falsch ist.*
Die Schleifenbedingung hat hier also die Funktion einer "Wiederholbedingung" für den repeat-Programmblock.

Bei der while-Schleife wird **zuerst** *die* **Schleifenbedingung** *geprüft und danach wird, wenn diese wahr ist, der while-Programmblock abgearbeitet. Ist die Schleifenbedingung zu Anfang nicht erfüllt, so wird der while-Programmblock gar nicht bearbeitet.*
Die Schleifenbedingung hat hier also die Funktion einer "Startbedingung" für den while-Programmblock.

» *Wichtig: "Die Startbedingung bei der while-Schleife"*
Sie müssen unbedingt darauf achten, daß die Startbedingung bei einer while-Schleife auch korrekt formuliert wird, sonst kann es passieren, daß diese Bedingung immer falsch ist und der while-Programmblock nie ausgeführt wird.
Innerhalb der Schleife muß sich ebenfalls eine Befehlssequenz befinden, die die Startbedingung der Schleife auf "false" setzt, also für den geregelten Abbruch der while-Schleife, bei einer bestimmten Programmsituation, sorgt. Wird diese Beendigung nicht generiert, so erhält man eine **Endlosschleife**.

Beispiel:

```
var
    i:integer;

i:=0;

while (i<=5) do
    begin
            writeln('i= ',i);
            i:=i+1;
            if (i=6) then i:=0;
    end;
writeln('Ende !');
```

Hier haben wir es mit einer Endlosschleife zu tun:

- Die Startbedingung ist sinnvoll und konkret formuliert, der while-Programmblock wird also mindestens einmal abgearbeitet.

8.10 Lektion 10

- Die Startbedingung (gleichzeitig auch die "Fortfahr-Bedingung") wird jedoch nie "false", da durch

$$\text{if (i=6) then i:=0;}$$

die Variable i immer rechtzeitig auf 0 zurückgesetzt wird, und somit die Startbedingung

$$i \leq 5$$

immer und ewig "true" ist und es auch bleibt.

Das Programm *port3.pas* verdeutlicht ebenfalls die Funktion der while-Schleife:

```
var
    taste:boolean;

setbit($f9);
taste:=true;

repeat
    while(taste=true) do
            begin
                writeln('Die Taste wurde nicht gedrückt !');
                taste:=bit($f9);
                wait_25ms(20);
            end;
    term_beep; wait_25ms(20); term_beep; wait_25ms(20);
    taste:=bit($f9);
until false;
```

Überlegen Sie nun selber einmal, wie dieses Programm funktioniert !

Bits rein, Bits raus (hier einmal keine kleinen "Bierchen"):

✎ Übungsaufgaben

Schreiben Sie ein Programm, mit dem das Blinken der LED am Port-Pin P5.0 über Tastendrücke an den Ports P5.1, P5.2 und P5.3 gesteuert werden kann:
Die Blinkdauer (LED-EIN-/AUS-Dauer) soll je nach gedrückter Taste bzw. je nach gleichzeitig gedrückten Tasten von 0,3 s bis 2,1 s einstellbar sein (also in 0,3 s -Stufen), wobei die Tasten die folgenden Wertigkeiten haben:

$$
\begin{array}{lcl}
\text{P5.1} & \equiv & 2^0 \\
\text{P5.2} & \equiv & 2^1 \\
\text{P5.3} & \equiv & 2^2
\end{array}
$$

Ist keine Taste gedrückt worden, so soll die LED dauernd an sein.

8. Der Mikrocontroller-Kurs, Teil 1

8.11 Lektion 11: Prozeduren und Funktionen in Pascal

> **Lernziele:**
>
> In dieser Lektion werden wir uns mit sehr wichtigen Feinheiten der Pascal-Programmierung auseinandersetzen, und Sie lernen, wie man durch Verwendung von Prozeduren und Funktionen äußerst effiziente Programme erstellen kann.
> Danach werden Sie auch keine Verständnis-Probleme mehr haben, wenn die Profis von "Modularer Programmierung" sprechen, und es wird für Sie ein einfaches sein, global und lokal zu denken.
>
> Als Höhepunkt werden wir mit der Entwicklung eines eigenen Betriebssystems für das 80C537er-System beginnen.
>
> Neu eingeführte Pascal51er-Befehle, Funktionen und Datentypen:
> *procedure, stringconst, globale und lokale Variablen, function, exit.*
> Behandelte interne ON-Chip-Peripherie-Einheiten: *keine*
> Behandelte externe Peripherie-Einheiten: *keine*

Mit Ihrem bisherigen Wissen können Sie schon eine Vielzahl von Problemen Pascal51-technisch lösen. Was allerdings im Laufe der Zeit auffallen wird, sind "Effizienz-Probleme" bei größeren Programmen: die Programme werden umständlich, unübersichtlich und können im Aufbau sicherlich optimiert werden.

Betrachten wir dazu direkt ein

Beispiel:
Sie müssen ein Programm zur Steuerung und Überwachung einer Maschine schreiben. Dazu ist regelmäßig die Temperatur einer Antriebswelle zu messen und mit der Uhrzeit versehen auf dem Überwachungsmonitor (Terminal-Bildschirm) darzustellen.
Das entsprechende Flußdiagramm, das Ihrer Problemlösung zugrunde liegt, könnte wie folgt aussehen, *Abb.8.11.1*.

Sie sehen, daß Sie bei dieser Lösung den Programmblock
- Temperaturerfassung,
- Uhrzeitermittlung,
- Daten zum Terminal senden

an vier verschiedenen Stellen programmieren müssen.

Gehen wir weiterhin davon aus, daß dieser Block 300 Byte Programmspeicherplatz benötigt, so müssen Sie für diese regelmäßigen Überwachungssequenzen insgesamt 1.200 Byte Speicherplatz einplanen.

Weiterhin

- muß der Block beim Compilieren viermal übersetzt werden und das kostet Zeit,

- erscheint der gesamte Block exakt gleich an vier verschiedenen Stellen im ausgedruckten Programmlisting und dadurch wird dieses länger und unübersichtlicher,

- müssen Sie die vier exakt gleichen Blöcke immer "mitschleppen", wenn Sie im Pascal-Editor arbeiten und das ist ebenfalls umständlich,

- muß eine Programmänderung im Block viermal eingetippt werden.

Es wäre also sehr hilfreich, wenn es ein vereinfachtes Programmierverfahren geben würde, das speziell beim mehrfachen Auftreten absolut gleicher Programmsequenzen (Programm-Blöcke) in einem Gesamtprogramm zum Einsatz kommen könnte.

Ein solches Programm(hilfs)werkzeug gibt es, und es wird *Unterprogramm-Technik* genannt.
(Siehe: Merke – "Das Unterprogramm,I")

Das gesamte Pascal51er-Programm (Gesamtprogramm) besteht im allgemeinen aus einem *Hauptprogramm* oder *Hauptprogramm-Rahmen* und einer *Unterprogramm-Sammlung*.

Das Hauptprogramm ruft die Unterprogramme mit ihren Namen auf. Die *Abb.811.2* verdeutlicht diesen sogenannten *Unterprogramm-Aufruf*.

Dieser Ablauf ist ganz einfach zu verstehen:

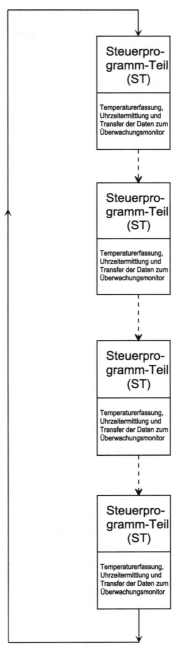

Abb.8.11.1: Temperaturerfassung, Uhrzeitermittlung und Transfer der Daten zum Überwachungsmonitor

8. Der Mikrocontroller-Kurs, Teil 1

! **Merke: "Das Unterprogramm, I"**
Ein Unterprogramm ist nichts anderes als eine beliebige Ansammlung normaler Pascal-Befehle, die über einen eindeutig definierten Namen aufgerufen und dann komplett als Block abgearbeitet werden.
*In Pascal gibt es zwei verschiedene Arten von Unterprogrammen: die **Prozeduren (procedure)** und die **Funktionen (function)**, die wir nachfolgend näher untersuchen werden.*

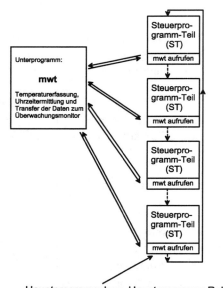

Abb.8.11.2: Der Unterprogramm-Aufruf

- Das Unterprogramm soll "mwt" (Meßwerttransfer) heißen, d.h., in diesem Programmblock sind alle Pascal51er-Befehle enthalten, die zur Temperaturmessung, zur Uhrzeitermittlung und zum Datentransfer zum Terminal benötigt werden.
- Innerhalb des Hauptprogramms wird dieses Unterprogramm nun dadurch aufgerufen, daß man einfach den Namen des Unterprogramms wie einen Pascal-Befehl verwendet:

```
.....
Befehl A;
mwt;            (* Aufruf des Unterprogramms mit dem Namen mwt *)
Befehl B;
Befehl C;
mwt;            (* Aufruf des Unterprogramms mit dem Namen mwt *)
.....
```

- Die Programmausführung verzweigt nun automatisch zum Unterprogramm mwt, arbeitet die in diesem Programm-Block stehenden Befehle ab, kehrt dann wieder zum Hauptprogramm zurück

8.11 Lektion 11

und bearbeitet die nach dem Unterprogramm-Aufruf stehenden Befehle B, C, .. des Hauptprogramms weiter ab. Es gehen also keine Befehle des Hauptprogramms verloren.
- Beim Erscheinen der nächsten Befehlszeile

    ```
    mwt;
    ```
    im Hauptprogramm geschieht das gleiche.

> ! **Merke: "Das Unterprogramm, II"**
> *Man kann ein Unterprogramm ganz einfach als einen neuen Pascal51-(Groß)Befehl auffassen, denn ein Unterprogramm wird genau wie ein normaler Pascal-Befehl gehandhabt bzw. aufgerufen, nur mit dem Unterschied, daß sich hinter einem Unterprogramm ein größerer Programmblock, zusammengesetzt aus beliebigen Pascal-Befehlen, verbirgt.*
> *Bei jedem Aufruf wird immer der gleiche Programm-Block in der gleichen Art und Weise abgearbeitet.*
>
> *Fazit:*
> *Durch die Unterprogramm-Technik kann der Befehlsumfang (Befehlsvorrat) der Pascal-Sprache durch eigene, individuell gestaltete Befehle beliebig erweitert werden.*

Das Ergebnis, das wir nun mit dieser Unterprogramm-Technik erreicht haben, stellt eine erhebliche Verbesserung des entstandenen Programms dar:

- Sie brauchen den Programm-Block mwt zur Temperaturerfassung, zur Uhrzeitermittlung und zum Datentransfer *nur einmal* als Unterprogramm zu schreiben.
- Innerhalb des Gesamtprogramms kommt das Unterprogramm mwt nur einmal vor, im Hauptprogramm dagegen stehen nur vier einzelne Unterprogramm-Aufrufe mwt; also nur vier einzelne Pascal-Befehlszeilen, die dafür sorgen, daß der gesamte Unterprogramm-Block viermal ausgeführt wird.
- Das Programm wird schneller übersetzt. Es müssen nur einmal der Unterprogramm-Block mwt und die vier Aufrufe compiliert werden, anstatt der vier Einzelblöcke.
- Sie sparen wertvollen Programmspeicherplatz:
    - vier Blöcke in der alten Version = 1.200 Byte
    - 1 Block und vier Aufrufe in der neuen Version = ca. 400 Byte.
- Das Programm-Listing wird kürzer und übersichtlicher, ebenso die Arbeit mit dem Pascal-Editor.

Ein Nachteil der Unterprogramm-Technik soll hier allerdings nicht verschwiegen werden: die beim Unterprogramm-Aufruf notwendige Verzweigung in das Unterprogramm selber und der am Ende des Unterprogramms erfolgende Rücksprung zum Hauptprogramm kosten unter anderem Zeit, denn der µC muß bestimmte Datensicherungsaktionen durchführen, damit dieses "Hin- und Herschalten" zwischen Hauptprogramm und Unterprogramm reibungslos und ohne Fehler abläuft (was

8. Der Mikrocontroller-Kurs, Teil 1

dabei im Einzelnen alles durchgeführt werden muß, ist für Sie als Hochsprachenprogrammierer erst einmal belanglos).

> **! Merke: "Der Zeitfaktor bei der Unterprogramm-Technik"**
> *Hauptprogramme, die mit sehr vielen Unterprogrammen arbeiten, laufen im allgemeinen "etwas" langsamer ab, als Hauptprogramme, die auf Unterprogramme verzichten, die also eine Lösung gemäß Abb.8.11.1 verwenden.*
> *Dieser Zeitunterschied wird allerdings erst dann kritisch, wenn sehr schnelle Programmreaktionen erforderlich sind, wenn also z.B. eine sehr schnell laufende Zeitungsdruckmaschine geregelt und überwacht werden soll. Dann müssen weitere besondere Programmiertechniken angewendet werden, um einen zeitoptimalen Programmablauf zu erreichen.*

Mit dieser beschriebenen Unterprogramm-Technik können Sie nun eine Menge weiterer Unterprogramme für andere *immer wiederkehrende gleiche Programmteile* schreiben.

Beispiel:
Die einwandfreie Funktion der bereits erwähnten Maschinenüberwachungsanlage soll zusätzlich noch durch eine blinkende LED angezeigt werden:
- Blinkt die LED, so ist alles o.k.
- Ist die LED dauernd an oder dauernd aus, so liegt ein Fehler vor.

Die entsprechende Blinkroutine (die Sie bereits aus der Lektion 10 kennen) haben Sie nun als Unterprogramm mit dem Namen led_blink geschrieben und der Unterprogramm-Aufruf geschieht dann durch:

```
led_blink;     (* Blinken der LED *)
```

Das Flußdiagramm des so erweiterten Hauptprogramms könnte dann wie in *Abb.8.11.3 gezeigt* aussehen.

Das Hauptprogramm ruft an den entsprechenden Stellen die einzelnen Unterprogramme auf, diese werden abgearbeitet und danach wird mit dem Hauptprogramm fortgefahren. Sie sehen auch, daß die Reihenfolge der Unterprogramm-Aufrufe völlig beliebig sein kann, wie bei jedem anderen normalen Pascal-Befehl auch.
Die Unterprogramm-Technik bietet aber noch einen weiteren sehr wichtigen Vorteil:

> **! Merke: "Das Unterprogramm, III"**
> *Unterprogramme können einzeln nacheinander entwickelt, ausgetestet und danach ins Hauptprogramm integriert werden.*

8.11 Lektion 11

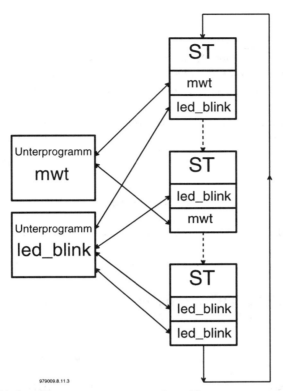

Abb.8.11.3: Zwei verschiedene Unterprogramme, von einem Hauptprogramm aus aufgerufen

Das gesamte Hauptprogramm setzt sich somit aus verschiedenen *Programm-Modulen* zusammen:

- Modul 1: Hauptprogramm-Teil bzw. Hauptprogramm-Rahmen
- Modul 2: Unterprogramm: mwt
- Modul 3: Unterprogramm: led_blink
- Modul 4: Unteprogramm: ...
- etc.

und die geeignete Kombination der einzelnen Modul-Aufrufe ergibt dann das sehr übersichtliche Gesamtprogramm.

Diese Art der Programmerstellung nennt man daher *Modulare Programmierung,* man kann die einmal erstellten Unterprogramm-Module nun auch in beliebigen anderen Programmen verwenden, in denen Meßwerte erfaßt und mit der Uhrzeit ausgesendet werden sollen oder in denen man eine blinkende LED benötigt. Sie brauchen also solche Routinen nicht immer neu schreiben, da sie ab jetzt bereits in ausgetesteter Form vorliegen.

8. Der Mikrocontroller-Kurs, Teil1

! **Merke: "Das Unterprogramm, IV"**
Programmteile, die vielfach in gleicher Form an verschiedenen Stellen des Hauptprogramms zum Einsatz kommen, werden sinnvollerweise in Form von Unterprogrammen geschrieben. Das Hauptprogramm ruft diese Unterprogramme immer dann auf, wenn ihre Funktion gerade benötigt wird.
Im Extremfall reduziert sich ein Hauptprogramm auf einen "Rahmen", in dem eine Ansammlung von Unterprogramm-Aufrufen steht. Das gesamte Programm wird dadurch sehr übersichtlich.

Kommen wir nun zur *Kernfrage*, deren Beantwortung Sie sicherlich schon brennend interessiert:

"Wie schreibt man denn nun eigentlich Unterprogramme in Pascal ?"

In Pascal müssen Sie zwei verschiedene Arten von Unterprogrammen unterscheiden, *Abb.8.11.4*:

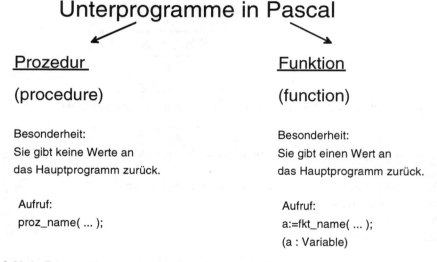

Abb.8.11.4: Die zwei Arten von Unterprogrammen in Pascal

Wenn nachfolgend nur von Unterprogrammen gesprochen wird, so gelten die gemachten Aussagen immer für Prozeduren und Funktionen gemeinsam, da diese sehr ähnlich strukturiert sind.

Prozeduren in Pascal
Eine *Prozedur* in Pascal ist nun ganz einfach aufgebaut:

8.11 Lektion 11

```
procedure name;
        (* Variablen- bzw. Konstanten-Definition wie in einem normalen
        Pascal-Programm *)
const
                .....
                .....
var
                .....
                .....
begin
        (* Programmblock = Befehle der Prozedur = Prozedur-Rumpf *)
                .....
                .....
end;
```

Das war's schon.

Betrachten wir diese Konstruktion einmal etwas näher:

- Prozeduren werden grundsätzlich *nach* den Variablen und Konstanten des Hauptprogramms und *vor* dem eigentlichen Hauptprogramm in das Gesamtprogramm geschrieben, siehe Lektion 2, Abb.8.2.1.
  Das hat einen recht einfachen Grund: wenn Sie im Hauptprogramm eine Prozedur aufrufen, so muß diese Prozedur bereits vorher bekannt sein, das Hauptprogramm muß also sicher sein, daß diese Prozedur existiert. Daher muß sie vor dem Hauptprogramm definiert (eingegeben) worden sein.
  Verwenden Sie einen Prozedur-Aufruf von einer nicht zuvor definierten Prozedur, so erscheint die Fehlermeldung:
  "line x: This identifier is not defined."

- Ein Prozedur-Programmblock wird durch das Pascal-Befehlswort *procedure*, gefolgt von dem beliebigen Namen der Prozedur, eingeleitet. Für die Auswahl des Prozedur-Namens gelten die gleichen Regeln wie für die Namenswahl bei Variablen, siehe Lektion 4.

  Diese gesamte erste Zeile wird *Prozedur-Kopf* genannt:
  procedure name;

- Danach werden die Variablen definiert, die Sie in der Prozedur verwenden wollen. Hierauf werden wir nachfolgend noch näher eingehen.

- Als letztes folgt der komplette Programm-Block selber, in dem die Befehle der Prozedur aufgeführt sind. Dieser Block muß immer durch begin und end; eingeschlossen sein, auch wenn die Prozedur nur aus einem Befehl besteht.

8. Der Mikrocontroller-Kurs, Teil 1

Ein recht einfaches Beispiel soll diese Konstruktion verdeutlichen:

Beispiel:
Sie wollen einen Programmteil schreiben, in dem nacheinander 4 Tastendrücke erfaßt werden. Als Quittung für jeden Tastendruck sollen zusätzlich zur Bildschirmdarstellung auf dem Terminal noch 3 Beeps im Abstand von 300 ms ertönen.
Die herkömmliche Lösung, ohne die Verwendung von Prozeduren, zeigt das Programm *proz1.pas*:

```
(**************************************************************************)
(*                                                                        *)
(*                 Das Arbeiten mit Prozeduren 1                          *)
(*                                                                        *)
(*                                                                        *)
(*                  "Die Ausgangssituation"                               *)
(*                  ========================                              *)
(*                                                                        *)
(*                                                                        *)
(*                 Programm:    proz1.pas                                 *)
(*                                                                        *)
(**************************************************************************)

program proz1;

(**************************************************************************)
(*** Definition der verwendeten Pascal-Variablen ************************)
(**************************************************************************)

var
  i:byte;
  taste:char;


(**************************************************************************)
(*** Start des eigentlichen Hauptprogramms ******************************)
(**************************************************************************)

begin
  (* Zwei Leerzeilen ausgeben *)
  writeln; writeln;

  (* Einschaltmeldung auf dem Terminal-Bildschirm *)
  writeln('Start des Hauptprogramms proz1: Das Arbeiten mit Prozeduren 1');
  writeln;

  (*** Programmteil: Einlesen von 4 Tastendrücken und Ausgabe von Beeps zur
Bestätigung ***)
  i:=1;
  write('Eingabe von Tastendruck ',i,': ');
  read(taste); writeln(taste);
  write(chr(7)); wait_25ms(12);
  write(chr(7)); wait_25ms(12);
  write(chr(7)); wait_25ms(12);

  i:=i+1;
```

```
      write('Eingabe von Tastendruck ',i,': ');
      read(taste); writeln(taste);
      write(chr(7)); wait_25ms(12);
      write(chr(7)); wait_25ms(12);
      write(chr(7)); wait_25ms(12);

      i:=i+1;
      write('Eingabe von Tastendruck ',i,': ');
      read(taste); writeln(taste);
      write(chr(7)); wait_25ms(12);
      write(chr(7)); wait_25ms(12);
      write(chr(7)); wait_25ms(12);

      i:=i+1;
      write('Eingabe von Tastendruck ',i,': ');
      read(taste); writeln(taste);
      write(chr(7)); wait_25ms(12);
      write(chr(7)); wait_25ms(12);
      write(chr(7)); wait_25ms(12);

      writeln; writeln('Fertig'); writeln;
   end.
```

Die erste wesentliche Vereinfachung, noch ohne die Verwendung von Prozeduren, ergibt sich, wie Sie natürlich sofort bemerkt haben, durch den Einsatz zweier for-Schleifen, *proz2.pas*:

```
(*********************************************************************)
(*                                                                   *)
(*                 Das Arbeiten mit Prozeduren 2                     *)
(*                                                                   *)
(*                                                                   *)
(*                   "Die erste Verbesserung"                        *)
(*                   ========================                        *)
(*                                                                   *)
(*                                                                   *)
(*                      Programm:   proz2.pas                        *)
(*                                                                   *)
(*********************************************************************)

program proz2;
(*********************************************************************)
(*** Definition der verwendeten Pascal-Variablen *********************)
(*********************************************************************)

var
  i,k:byte;
  taste:char;


(*********************************************************************)
(*** Start des eigentlichen Hauptprogramms ***************************)
(*********************************************************************)

begin
  (* Zwei Leerzeilen ausgeben *)
  writeln; writeln;
```

8. Der Mikrocontroller-Kurs, Teil 1

```
    (* Einschaltmeldung auf dem Terminal-Bildschirm *)
    writeln('Start des Hauptprogramms proz2: Das Arbeiten mit Prozeduren 2');
    writeln;

    (*** Programmteil: Einlesen von 4 Tastendrüken und Ausgabe von Beeps ***)
    (*** zur Bestätigung                                                  ***)
    for i:=1 to 4 do
      begin
        write('Eingabe von Tastendruck ',i,': ');
        read(taste); writeln(taste);
        for k:=1 to 3 do
          begin
            write(chr(7)); wait_25ms(12);
          end;
      end;
    writeln; writeln('Fertig'); writeln;

end.
```

Diese Lösung sieht doch recht klein und kompakt aus, sie benötigt nur 10 Programmzeilen.

Jetzt überlegen Sie aber einmal, was geschieht, wenn dieser Programmteil in Ihrem Hauptprogramm 22 mal vorkommt. Sie programmieren dann also 22 * 10 = 220 Zeilen, die das Programm unnötig "aufblähen".

Nun können Sie sinnvoll die Unterprogramm-Technik anwenden, indem Sie den kompletten Programm-Block der Tastenabfrage als Prozedur mit dem Namen *tasten_ein* schreiben, *proz3.pas*:

```
(*********************************************************************)
(*                                                                   *)
(*                  Das Arbeiten mit Prozeduren 3                    *)
(*                                                                   *)
(*                                                                   *)
(*              "Der erste Einsatz einer Prozedur"                   *)
(*              ===================================                  *)
(*                                                                   *)
(*                                                                   *)
(*              Programm:    proz3.pas                               *)
(*                                                                   *)
(*********************************************************************)

program proz3;

(*********************************************************************)
(*** Definition der verwendeten Pascal-Variablen *********************)
(*********************************************************************)

var
  i,k:byte;
  taste:char;


(*********************************************************************)
(*** Definition der verwendeten Pascal-Prozeduren und Funktionen ******)
(*********************************************************************)
```

```pascal
procedure tasten_ein;

(*** Variablen, die in dieser Prozedur verwendet werden ***)

var
  i,k:byte;
  taste:char;

(*** Ab hier beginnt der Prozedur-Programmblock ***)
begin
  (*** Programmteil: Einlesen von 4 Tastendrücken und Beeps zur Bestätigung ***)
  for i:=1 to 4 do
    begin
      write('Eingabe von Tastendruck ',i,': ');
      read(taste); writeln(taste);
      for k:=1 to 3 do
        begin
          write(chr(7)); wait_25ms(12);
        end;
    end;
  writeln; writeln('Fertig'); writeln;

end;
(**********************************************************************)


(**********************************************************************)
(**********************************************************************)
(**********************************************************************)


(**********************************************************************)
(*** Start des eigentlichen Hauptprogramms *****************************)
(**********************************************************************)

begin
  (* Zwei Leerzeilen ausgeben *)
  writeln; writeln;

  (* Einschaltmeldung auf dem Terminal-Bildschirm *)
  writeln('Start des Hauptprogramms proz3: Das Arbeiten mit Prozeduren 3');
  writeln;

  (* 1. Mal die 4 Tasten einlesen: Aufruf der Prozedur:  tasten_ein *)
  tasten_ein;

  (* 2. Mal die 4 Tasten einlesen: Aufruf der Prozedur:  tasten_ein *)
  tasten_ein;

  (* 3. Mal die 4 Tasten einlesen: Aufruf der Prozedur:  tasten_ein *)
  tasten_ein;

  (* 4. Mal die 4 Tasten einlesen: Aufruf der Prozedur:  tasten_ein *)
  tasten_ein;

end.
```

8. Der Mikrocontroller-Kurs, Teil 1

Zunächst sehen Sie hier noch einmal den korrekten Eingabeort für Prozeduren (und Funktionen): nach der Variablen-Definition des Gesamtprogramms und vor dem Beginn des Hauptprogramms.

In der Prozedur selber, nach dem *Prozedur-Kopf* (procedure testen_ein;), erfolgt die Variablendefinition für die in der Prozedur verwendeten Variablen und dann der *Prozedur-Rumpf (Prozedur-Programm-Block)*, eingeschlossen von begin und end;.

Das Hauptprogramm besteht hier z.B. aus vier Aufrufen der Prozedur tasten_ein, d.h. es werden viermal die vier Tasten (normalerweise an vier verschiedenen Stellen des Hauptprogramms) abgefragt.
Diese Lösung mit proz3.pas benötigt also:

  16 Programmzeilen für die Prozedur tasten_ein,
   4 Programmzeilen für den Hauptprogramm-Aufruf von taste_ein
  ──
  = 20 Programmzeilen insgesamt

Eine entsprechende Lösung mit dem Tasten-Programmteil aus proz2.pas würde insgesamt 40 Programmzeilen beanspruchen. Es ergibt sich also eine Programmzeilen-Einsparung von gut 50%.

> **!** *Merke: "Über das Arbeiten mit Prozeduren und Funktionen"*
> *Wohlgemerkt: Sie müssen nicht unbedingt mit Unterprogrammen (Prozeduren und Funktionen) arbeiten, denn wie Sie gesehen haben, erfüllen die Programme proz1.pas und poz2.pas beidemal die gleichen Aufgaben.*
> *Die Unterprogramm-Technik vereinfacht jedoch die Programmierung erheblich und führt zu optimal strukturierten Programmen. Das einzelne Austesten der Prozeduren und Funktionen reduziert die Programmentwicklungs- und Programmfehlersuchzeit und einmal entwickelte Prozeduren und Funktionen können sehr einfach in anderen Programmen weiterverwendet werden (Herüberkopieren mit dem Editor).*

Das ist aber bei weitem noch nicht alles, was die Unterprogramm-Technik dem fortgeschrittenen Programmierer alles so zu bieten hat.
Ein Beispiel "lüftet" weitere Geheimnisse:

Die **Parameter-Übergaben**

Beispiel:
Stellen Sie sich vor, Sie wollen den Bildschirmcursor an verschiedenen Stellen des Bildschirms plazieren und dort dann unterschiedliche Meldungen (Texte, Meßwerte, Daten, Uhrzeiten, etc.) ausgeben.

8.11 Lektion 11

Eine Aufgabe, die Sie mit Sicherheit lösen können, aber recht umständlich ist ohne die Verwendung von Prozeduren.

Das soll nun anders werden. Das grundlegende Wissen zur Cursor-Steuerung haben Sie schon in der Lektion 5 kennengelernt:

write(chr($1d));	setzt den Cursor auf die Home-Position (linke obere Ecke)
write(chr($14));	setzt den Cursor um eine Position nach rechts
write(chr($1ch));	setzt den Cursor um eine Position nach unten

Wenn Sie also den Cursor in die 6. Zeile und dort in die 20. Spalte setzten wollen, so können Sie das wie folgt erreichen:

```
var
  i:byte;

write(chr($1d));                    (* Cursor auf Home-Position *)
for i:=0 to 5 do write(chr($1c));   (* Cursor auf Ziel-Zeile setzen *)
for i:=0 to 19 do write(chr($14));  (* Cursor auf Ziel-Spalte setzen *)
```

Wenn Sie diese Positionierungs-Aufgabe mehrfach in Ihrem Hauptprogramm benötigen, so können Sie diesen Programmteil jetzt als Prozedur, z.B. mit dem Namen term_csr_set, schreiben:

```
procedure term_csr_set;

(* Variablen-Definition für die Prozedur *)
var
  i:byte;
begin
  (* Prozedur-Rumpf *)
  write(chr($1d));                    (* Cursor auf Home-Position *)
  for i:=0 to 5 do write(chr($1c));   (* Cursor auf Ziel-Zeile setzen *)
  for i:=0 to 19 do write(chr($14));  (* Cursor auf Ziel-Spalte setzen *)
end;
```

Nach jedem Aufruf von term_csr_set steht der Cursor nun an der gewünschten Bildschirmstelle (6,20).

Wie geht es aber nun weiter, wenn Sie den Cursor an verschiedenen Stellen auf dem Bildschirm plazieren wollen, um etwas auszugeben. Man kann ja schlecht für jede Bildschirmposition eine eigene "Plazierungs-Prozedur" schreiben.

Ein Ausweg ergibt sich durch die Verwendung einer Prozedur, an die *Parameter übergeben* werden können, proz4.pas.

8. Der Mikrocontroller-Kurs, Teil 1

```pascal
(****************************************************************)
(*                                                              *)
(*              Das Arbeiten mit Prozeduren 4                   *)
(*                                                              *)
(*                                                              *)
(*                "Die Parameter-Übergabe"                      *)
(*                =========================                     *)
(*                                                              *)
(*                                                              *)
(*                Programm:    proz4.pas                        *)
(*                                                              *)
(****************************************************************)
program proz4;

(****************************************************************)
(*** Definition der verwendeten Pascal-Variablen ***************)
(****************************************************************)


(****************************************************************)
(*** Definition der verwendeten Pascal-Prozeduren und Funktionen ********)
(****************************************************************)
procedure term_csr_set(zeile,spalte:byte);

var
  i:byte;

begin

  (* Cursor auf Home-Position setzen *)
  write(chr($1d));

  (* Cursor auf Ziel-Zeile setzen *)
  for i:=0 to (zeile-1) do write(chr($1c));

  (* Cursor auf Ziel-Spalte setzen *)
  for i:=0 to (spalte-1) do write(chr($14));

end;
(****************************************************************)


(****************************************************************)
(****************************************************************)
(****************************************************************)


(****************************************************************)
(*** Start des eigentlichen Hauptprogramms *********************)
(****************************************************************)

begin
  (* Zwei Leerzeilen ausgeben *)
  writeln; writeln;
```

8.11 Lektion 11

```
(* Bildschirm löschen *)
write(chr($1a));

(* Einschaltmeldung auf dem Terminal-Bildschirm *)
writeln('Start des Hauptprogramms proz4: Das Arbeiten mit Prozeduren 4');
writeln;

(* Positionierung auf Zeile 5, Spalte 5 *)
term_csr_set(5,5); write('Hier: (5,5)');

(* Positionierung auf Zeile 20, Spalte 8 *)
term_csr_set(20,8); write('Hier: (20,8)');

(* Positionierung auf Zeile 7, Spalte 43 *)
term_csr_set(7,43); write('Hier: (7,43)');

(* Positionierung auf Zeile 21, Spalte 4 *)
term_csr_set(21,4); write('Hier: (21,4)');

(* Positionierung auf Zeile 12, Spalte 60 *)
term_csr_set(12,60); write('Hier: (12,60)');

(* Positionierung auf Zeile 23, Spalte 52 *)
term_csr_set(23,52); write('Hier: (23,52)');
end.
```

Was hier sofort auffällt, ist der *erweiterte* Prozedur-Kopf der Prozedur term_csr_set:

```
procedure term_csr_set(zeile,spalte:byte);
```

Die beiden Variablen zeile und spalte in der Klammer sind sogenannte *Formal-Parameter* oder ganz einfach *Platzhalter* des Datentyps Byte. Mit diesen Größen kann zunächst ganz normal im Programm-Block der Prozedur gearbeitet werden: sie sehen die Verwendung dieser Platzhalter in den beiden for-Schleifen.

Wenn die Prozedur term_csr_set nun vom Hauptprogramm aufgerufen wird, so werden beim Aufruf der Prozedur zwei konkrete Werte für diese beiden Platzhalter übergeben, z.B.:

```
term_csr_set(13,45);
```

Das bedeutet nun, daß beim Aufruf von term_csr_set im Prozedur-Rumpf die Platzhalter durch diese Zahlen ersetzt werden. Mit anderen Worten:

- Überall, wo der (im Programmkopf erste) Platzhalter "zeile" steht, wird nun die (im Programmaufruf erste) Zahl 13 eingesetzt und damit ergibt sich im Prozedur-Block:

  ```
  for i:=0 to (13-1) do write(chr($1c));
  ```

- Entsprechend gilt: Überall, wo der Platzhalter "spalte" steht, wird nun die Zahl 45 eingesetzt, und damit ergibt sich im Prozedur-Block:

8. Der Mikrocontroller-Kurs, Teil 1

```
for i:=0 to (45-1) do write(chr($14));
```

Mit diesen übergeben Werten wird also aktuell im Prozedur-Rumpf gearbeitet, und man nennt diese Parameter daher *Aktual-Parameter*.

> **! Merke: "Prozeduren mit Parameter-Übergabe"**
> *Bei Prozeduren mit Parameter-Übergabe werden beim Prozedur-Aufruf die Formal-Parameter (Platzhalter) durch die jeweiligen Aktual-Parameter des Prozedur-Aufrufes ersetzt, und der Prozedur-Rumpf wird mit diesen Werten abgearbeitet.*
> *Durch solch eine Parameter-Übergabe können Prozeduren sehr universell gestaltet werden, und jeder Aufruf der im Prinzip immer gleichen Prozedur ergibt mit anderen Aktual-Parametern ein anderes Ergebnis.*
>
> *Wichtig sind noch zwei Festellungen:*
> *1) Die Parameterübergabe verläuft hier nur vom aufrufenden Programmteil zur Prozedur.*
> *2) Der übergebene Parameter wird in der Prozedur (bzw. von der Prozedur) nicht verändert.*

Jeder Aufruf von term_csr_set mit anderen Aktual-Parametern führt daher zu einer anderen Cursor-Positionierung.
Die Anwendung dieser Plazierungs-Prozedur mit verschiedenen Übergabe-Werten sehen Sie nun im Hauptprogramm-Teil von proz4.pas, und das Ergebnis können Sie auf dem Bildschirm betrachten.

Beim Arbeiten mit solchen Parameter-Übergaben an Prozeduren müssen Sie nur einige wenige Punkte beachten:

- Im Prozedur-Kopf können fast beliebig viele Formal-Parameter enthalten sein (die genaue Anzahl bitte im Originalhandbuch zur aktuellen Pascal51er-Version nachschlagen).

- Für jeden Formal-Parameter muß der Parameter-Typ (Variablen-Typ) im Prozedur-Kopf mit angegeben werden, wobei zunächst Byte-, Integer-, Real-, Boolean- und Charakter-Parameter zulässig sind.

Beispiel:

```
procedure beisp_1 (a,b:byte; i1,i2:integer; r1:real; b1,b2:boolean; c1:char);
```

Die einzelnen Parameter-Gruppen sind dabei durch Semikolons zu trennen.

8.11 Lektion 11

> » **_Wichtig: "Der Austausch Formal-Parameter <-> Aktual-Parameter"_**
> *Beim Aufruf einer Prozedur mit Parameter-Übergabe muß:*
>
> 1) *die Anzahl der übergebenen Aktual-Parameter mit der Anzahl der Formal-Parameter übereinstimmen,*
>
> 2) *jeder Aktual-Parameter vom gleichen Typ sein wie der entsprechende Formal-Parameter,*
>
> 3) *die Reihenfolge der Parameter-Übergabe der Aktual-Parameter mit der Reihenfolge der Formal-Parameter übereinstimmen.*

Beispiele:
Betrachten Sie das Programm proz4.pas mit der Prozedur term_csr_set:

1) Sie übergeben beim Aufruf im Hauptprogramm nur einen anstatt zwei Aktual-Parameter:

```
term_csr_set(25);
```

Dadurch erhalten Sie die Fehlermeldung:

```
"line x: The number of parameters does not correspond to its definition."
```

2) Die Formal-Parameter in term_csr_set sind als Byte-Typen definiert. Wenn Sie die Prozedur mit einem Real-Wert aufrufen:

```
term_csr_set(2,1.5);
```

so erscheint die Fehlermeldung:

```
"line x: This parameter does not correspond to its definition."
```

Kritisch wird es allerdings, wenn Sie einen Integer-Wert (also einen Wert 255) übergeben:

```
term_csr_set(500,978);
```

Hier erhalten Sie *keine* Fehlermeldung und auf das Ergebnis dürfen Sie gespannt sein.
Bei der Verwendung von Charakter- oder Boolean-Werten erscheint allerdings wieder die vorstehende Fehlermeldung.

3) Wenn Sie innerhalb des gleichen Variablen-Typs die Reihenfolge der Aktual-Parameter vertauschen, so erhalten Sie zwar keine Fehlermeldung, aber die Prozedur arbeitet trotzdem nicht so, wie Sie es wollen.
Sie möchten z.B. den Cursor in die Zeile 7 und dort in die Spalte 19 setzen und Sie programmieren:

```
term_csr_set(19,7);
```

8. Der Mikrocontroller-Kurs, Teil 1

Der Cursor wird also ohne Fehlermeldung falsch plaziert.
Solche Fehler sind sehr unangenehm, da sie schwer zu finden sind. Achten Sie daher bei der Parameter-Übergabe immer auf die richtige Reihenfolge der Aktual-Parameter.

Sie brauchen für die Aktual-Parameter nicht unbedingt "richtige" Zahlen einzugeben, Sie können auch Variablen aus dem Hauptprogramm übergeben. Ergänzen Sie daher das Programm proz4.pas am Ende des Hauptprogrammteils um die folgenden Programmzeilen:

```
for i:=1 to 22 do
  begin
            term_csr_set(i,3*i);
            write('*');
  end;
```

und betrachten Sie, was passiert.

In der Lektion 5 haben Sie bereits String-Konstanten kennengelernt. Sie erinnern sich: Strings sind ganz einfach Zeichenketten, also eine beliebige Aneinanderreihung von bis zu 132 ASCII-Zeichen, die in Hochkommata eingeschlossen wird. Solche Strings können Sie ebenfalls an Prozeduren übergeben und im Prozedur-Rumpf verarbeiten lassen. Da Sie bei der Übergabe eines Strings an eine Prozedur einen Variablen(Daten)-Typ angeben müssen, gibt es in Pascal51 den Daten-Typ *stringconst*. Damit kann man das Programm proz4.pas noch weiter vereinfachen, indem man die an der Bildschirmposition auszugebenden Zeichenstrings einfach mit an die Cursor-Positionierungsprozedur übergibt, *proz5.pas*:

```
(******************************************************************)
(*                                                                *)
(*                Das Arbeiten mit Prozeduren 5                   *)
(*                                                                *)
(*                                                                *)
(*             "Die Übergabe von String-Konstanten"               *)
(*             ====================================               *)
(*                                                                *)
(*                                                                *)
(*                Programm:    proz5.pas                          *)
(*                                                                *)
(******************************************************************)

program proz5;

(******************************************************************)
(*** Definition der verwendeten Pascal-Variablen *****************)
(******************************************************************)




(******************************************************************)
(*** Definition der verwendeten Pascal-Prozeduren und Funktionen ********)
(******************************************************************)

procedure term_txt_pos(zeile,spalte:byte;txt:stringconst);
```

8.11 Lektion 11

```pascal
var
  i:byte;

begin

  (* Cursor auf Home-Position setzen *)
  write(chr($1d));

  (* Cursor auf Ziel-Zeile setzen *)
  for i:=0 to (zeile-1) do write(chr($1c));

  (* Cursor auf Ziel-Spalte setzen *)
  for i:=0 to (spalte-1) do write(chr($14));

  (* Übergebenen Text ausgeben *)
  write(txt);

end;
(***********************************************************************)


(***********************************************************************)
(***********************************************************************)
(***********************************************************************)



(***********************************************************************)
(*** Start des eigentlichen Hauptprogramms *****************************)
(***********************************************************************)

begin
  (* Zwei Leerzeilen ausgeben *)
  writeln; writeln;

  (* Bildschirm löschen *)
  write(chr($1a));

  (* Einschaltmeldung auf dem Terminal-Bildschirm *)
  writeln('Start des Hauptprogramms proz5: Die Übergabe von String-Konstan-
ten');
  writeln;

  (* Positionierung auf Zeile 5, Spalte 5 *)
  term_txt_pos(5,5,'Hier: (5,5)');

  (* Positionierung auf Zeile 20, Spalte 8 *)
  term_txt_pos(20,8,'Hier: (20,8)');

  (* Positionierung auf Zeile 7, Spalte 43 *)
  term_txt_pos(7,43,'Hier: (7,43)');

  (* Positionierung auf Zeile 21, Spalte 4 *)
  term_txt_pos(21,4,'Hier: (21,4)');

  (* Positionierung auf Zeile 12, Spalte 60 *)
  term_txt_pos(12,60,'Hier: (12,60)');
```

8. Der Mikrocontroller-Kurs, Teil 1

```
    (* Positionierung auf Zeile 23, Spalte 52 *)
    term_txt_pos(23,52,'Hier: (23,52)');
end.
```

Zunächst wurde der Name der Positionierungs-Prozedur in term_txt_pos (Terminal-Text-Positionierung) geändert und deren Prozedur-Kopf erweitert:

```
procedure term_txt_pos(zeile,spalte:byte;txt:stringconst);
```

Zusätzlich wird jetzt beim Prozedur-Aufruf eine String-Konstante, also ein fester Text, an die Prozedur übergeben, der im Prozedur-Rumpf dann mit write(txt) ausgegeben wird.

Der Prozedur-Aufruf vom Hauptprogramm aus sieht dann wie folgt aus:

```
term_txt_pos(11,47,'Test-Text');
```

oder alternativ:

```
(* Vorherige Definition fester Meldungstexte im Hauptprogramm *)
const
         txt_1='Hallo';
         txt_2='Kuckuck !';
         txt_3='Susi';
(* Ausgabe der Fest-Texte mit: *)
term_txt_pos(1,1,txt_1);

term_txt_pos(16,8,txt_2);

term_txt_pos(10,10,txt_3);
```

Diese Prozedur wird in Ihrem weiteren "Programmierer-Leben" sicherlich eine sehr wichtige Rolle spielen, denn damit können Sie an beliebigen Stellen auf dem Bildschirm beliebige Text-Meldungen ausgeben.

Das Betriebssystem

Mit den beiden Prozeduren term_csr_pos() und term_txt_pos() haben wir nun den ersten Schritt zur Entwicklung eines eigenen *Betriebssystems* für das 80C537er-TFH-Board gemacht:

> **!** *Merke: "Das Betriebssystem"*

Den Begriff "Betriebssystem" kennen Sie sicherlich schon aus der PC-Welt:
Unter einem Betriebssystem versteht man die Sammlung aller grundlegenden (Hilfs)Programme, die es überhaupt erst ermöglichen, daß man mit einem PC sinnvoll arbeiten kann.

8.11 Lektion 11

Das (PC-DOS-)Betriebssystem realisiert auf unterster Ebene z.B.:

- daß man sich den Inhalt der Festplatte ansehen kann: Befehl bzw. Programm: "dir",
- daß man sich den Inhalt einer Datei auf dem Bildschirm ansehen kann: "type",
- daß man sich den Inhalt einer Datei auf dem Drucker ausgeben lassen kann: "copy .. to lpt1:"
- daß man Dateien löschen kann: "del",
- daß man den Bildschirm löschen kann: "cls",
- daß man im PC-System die Zeit und das Datum einstellen kann: "time", "date",
- die Einbindung von Gerätetreibern für Tastatur, Bildschirm, Drucker, etc.

Mit anderen Worten: ohne ein Betriebssystem ist die Arbeit mit dem PC zwar möglich, aber sehr, sehr umständlich und wirklich nur für Experten durchführbar.

Die Entwicklung eines leistungsfähigen und weltweit identischen Betriebssystems hat den Siegeszug des PC's erst ermöglicht.
Dank Billy Gates verfügen wir auf dem PC-Gebiet über MS-DOS, Ver.ZZ und über WindowsXX, wobei das letztere ja auch nichts anderes ist als ein "sehr hübsches und sehr buntes" Betriebssystem.

Betriebssysteme würden auch auf der µC-Ebene, mit der wir uns beschäftigen, eine große Hilfe darstellen. Leider ist man hier noch nicht so weit, bzw. für jede der großen µC-Familien auf der Welt gibt es ein eigenes, auf die jeweiligen µC's, optimiertes Betriebssystem:

- Für die 16 und 32 Bit Prozessoren aus der Intel-Familie (also 8086 bis Pentium) kann man natürlich MS-DOS oder Windows verwenden.
- Für die Hochleistungs-Prozessoren der Motorola-Familie gibt es das Betriebssystem OS9.
- Für viele 8-Bit-µC-Familien gibt es keine Betriebssysteme.
- Für die 8-Bit-µCs der 8051er-Familie gibt es zwar sogenannte Echtzeit-Betriebssysteme (RTX-Systeme), die jedoch speziell für "Hochleistungsanwendungen" geschaffen wurden.

Fazit:
Für fast alle 8-Bit-µC-Systeme gibt es keine Betriebssysteme, der Anwender muß sich also all seine benötigten, stets wiederkehrenden Routinen zur Darstellung von Daten auf dem Terminal-Monitor oder auf einem LC-Display, zum Ausdruck von Daten auf dem Drucker, zum Aussenden von Daten über die serielle Schnittstelle, zur Tastaturabfrage, etc. immer wieder selber schreiben.

Ein Ausweg aus diesem Betriebssystem-Dilemma bietet sich nun dadurch an, daß man für ein bestimmtes µC-System (sein "Lieblingssystem") ein eigenes Betriebssystem schreibt, und wenn dieses µC-System dann in vielen unterschiedlichen Anlagen und Systemen eingesetzt wird, ist dieses Betriebssystem eine große Erleichterung bei der Entwicklung der eigentlichen Anlagensoftware, da dann die Programmierung von Routine-Programmteilen weitestgehend entfällt.

8. Der Mikrocontroller-Kurs, Teil 1

Mit der hier kennengelernten Unterprogramm-Technik ist es nun möglich, ein eigenes kleines Betriebssystem für das 80C537er-TFH-System zu entwickeln, denn alle Betriebssysteme sind nichts anderes als eine Sammlung nützlicher Unterprogramme für ein µC-/P-System. Diese Unterprogramme können dann von jedem Punkt des eigentlichen Hauptprogramms (des Anwendungsprogramms) aus aufgerufen werden und erledigen dann die "lästigen" Routine-Aufgaben.

Mit den beiden Prozeduren term_csr_set und term_txt_pos aus dem Bereich:

"Betriebssystem-Prozeduren für die Datendarstellung auf dem Terminal-Monitor"

beginnen wir nun die Entwicklung unseres eigenen Betriebssystems für das 80C537er-System. Im Laufe der Lektionen und Übungen werden noch weitere sinnvolle Prozeduren und Funktionen hinzukommen (Darstellung von Daten auf einem LC-Display, Abfrage einer Tastatur, etc.).

Im Anhang 11.7 finden Sie eine komplette Beschreibung aller Betriebssystem-Prozeduren und -Funktionen und auf der CD gibt es die Datei *betr.pas*, in der dieses Betriebssystem im Pascal51er-Code vorliegt. Sie brauchen jetzt nur die Prozeduren/Funktionen aus betr.pas in Ihr eigentliches Hauptprogramm zu kopieren (bzw. Sie benutzen betr.pas als Start-File für Ihr neu zu entwickelndes Hauptprogramm) und können das Betriebssystem sofort verwenden. Nicht benötigte Betriebssystem-Prozeduren bzw. -Funktionen werden einfach gelöscht.

Drei Anmerkungen müssen hier allerdings noch gemacht werden:

- Betriebssysteme für µC-Systeme werden zwar so entwickelt, allerdings niemals in der Programmiersprache Pascal. Profis entwickeln in Assembler oder in C. Für Sie als "Noch-Anfänger" ist unser Betriebssystem aber sehr gut geeignet, und Sie können es später jederzeit in eine andere Programmiersprache umschreiben.

- Betriebssysteme sollten möglichst klein und kompakt sein (d.h. wenig Programmzeilen beanspruchen), damit noch viel Programmspeicherplatz für das eigentliche Hauptprogramm übrig bleibt. Weiterhin sollten die Betriebssystem-Routinen möglichst schnell ablaufen: Betriebssysteme sind also hinsichtlich ihrer Größe und Geschwindigkeit bis aufs "letzte" hin optimiert.

Das ist bei unserem Betriebssystem nicht der Fall: die Pascal51er-Routinen laufen zwar schnell, aber nicht mit der maximal möglichen Geschwindigkeit ab (diese erreichen Sie nur durch eine Assembler-Programmierung). Weiterhin haben unsere Routinen nicht den minimalen Platzbedarf: es kann also vorkommen, daß Sie zu viele Betriebssystem-Routinen in Ihrem Programm haben und dann kein Speicherplatz mehr für Ihr eigentliches Hauptprogramm übrig bleibt. Hier müssen Sie dann geschickt reduzieren oder den Programmspeicher des TFH-Boards erweitern.

8.11 Lektion 11

- Unser Betriebssystem ist natürlich nicht genormt, es wird also i.a. nicht auf anderen 8051er-Systemen laufen, zumal ja auch die Hardwarestruktur stark variieren kann.

Zurück nun zu unserer Prozedur term_txt_pos, die einen Fest-Text ausgibt.
Wie gibt man jetzt noch beliebige Zahlenwerte an beliebigen Bildschirmstellen aus ? Mit diesem Problem können Sie sich am Ende der Lektion, in einer Übungsaufgabe, auseinander setzen und so eine weitere Prozedur für unser Betriebssystem entwickeln.
Wir haben aber noch lange nicht alle Möglichkeiten besprochen, die uns die Pascal-Prozeduren bieten:

Globale und lokale Variablen

Betrachten Sie noch einmal das Programm proz3.pas, insbesondere die dortigen Variablendefinitionen. An zwei Stellen werden hier Variablen definiert: einmal im Hauptprogramm und einmal in der Prozedur tasten_ein, und zwar beidesmal identische Variablen:

```
var
   i,k:byte;
   taste:char;
```

Normalerweise müßte der Pascal-Compiler hier "meckern", denn die doppelte Variablendefinition ist erstens nicht zulässig, und zweitens steht die Definition, die in der Prozedur enthalten ist, mitten im Programm und nicht am Programmanfang. Der Compiler meldet sich aber nicht, da die beiden Variablendefinitionen einen unterschiedlichen *Wirkungsbereich* besitzen.

> **! Merke: "Globale und lokale Variablen, I"**
> Unter **Globalen Variablen** versteht man diejenigen Variablen, die im Hauptprogramm definiert werden, die also wie gewohnt am Anfang des gesamten Programms eingeführt werden. Diese Variablen besitzen in allen Teilen des Programms (im Hauptprogramm und in allen Prozeduren und Funktionen) Gültigkeit. Mit anderen Worten: mit globalen Variablen kann man in allen Programmbereichen des Gesamtprogramms arbeiten bzw. von allen Programmstellen aus auf diese Variablen zugreifen, diese Variablen sind also "global" gültig.
> Im Gegensatz dazu stehen die **Lokalen Variablen**: das sind diejenigen Variablen, die in Prozeduren oder Funktionen definiert sind. Sie haben nur lokale Gültigkeit, nämlich nur in der entsprechenden Prozedur oder Funktion, und außerhalb dieser Prozedur oder Funktion sind sie unbekannt. Vom Hauptprogramm aus kann niemals auf solche lokalen Variablen zugegriffen werden. Lokale Variablen haben ihre Gültigkeit nur im Prozedur- bzw. Funktionsrumpf der ihnen zugeordneten Prozedur bzw. Funktion.
> Das zuvor Erläuterte gilt natürlich auch für Konstanten: es lassen sich solche mit globaler Gültigkeit (direkt am Programmanfang definiert) und solche mit lokaler Gültigkeit (in Prozeduren und Funktionen definiert) festlegen.

8. Der Mikrocontroller-Kurs, Teil 1

Das nachfolgende Programm proz6.pas verdeutlicht die unterschiedlichen Geltungsbereiche lokaler Variablen und Konstanten:

```pascal
(*****************************************************************************)
(*                                                                           *)
(*                     Das Arbeiten mit Prozeduren 6                         *)
(*                                                                           *)
(*                                                                           *)
(*             "Lokale und globale Konstanten und Variablen"                 *)
(*             ==============================================                *)
(*                                                                           *)
(*                                                                           *)
(*                    Programm:    proz6.pas                                 *)
(*                                                                           *)
(*****************************************************************************)

program proz6;

(*****************************************************************************)
(*** Definition der verwendeten Pascal-Variablen ***********************)
(*****************************************************************************)

(**** HIER:  Definition von GLOBALEN Konstanten und Variablen !!!!! ****)

const
  txt_1='Hauptprogramm';

var
  g1,g2:byte;
  i,j,k:byte;
  c1,c2:char;



(*****************************************************************************)
(*** Definition der verwendeten Pascal-Prozeduren und Funktionen ********)
(*****************************************************************************)

procedure proz_1;

(**** HIER:  Definition von LOKALEN Konstanten und Variablen !!!!! ****)
(**** Hier noch keine Definitionen                                ****)

begin

  (* Ändern der GLOBALEN Variablen-Werte *)
  g1:=55; g2:=66;
  writeln('Werte IN der Prozedur:     g1=',g1,'  g2=',g2);

end;

(*****************************************************************************)

procedure proz_2;

(**** HIER:  Definition von LOKALEN Konstanten und Variablen !!!!! ****)

var
```

```pascal
    i,j,k,m:byte;
    c1,c2:char;

begin

  (* Ändern der LOKALEN Variablen-Werte *)
  i:=66; j:=77; k:=88; c1:='y'; c2:='z';
  writeln('Werte IN der Prozedur:    i=',i,'  j=',j,'  k=',k,'  c1=',c1,'  c2=',c2);

end;
(*****************************************************************************)

procedure proz_3;

(**** HIER:  Definition von LOKALEN Konstanten und Variablen !!!!! ****)

const
   txt_1='Prozedur proz_3';

begin

   writeln('Text IN der Prozedur:    ',txt_1);

end;
(*****************************************************************************)


(*****************************************************************************)
(*****************************************************************************)
(*****************************************************************************)


(*****************************************************************************)
(*** Start des eigentlichen Hauptprogramms ***********************************)
(*****************************************************************************)

begin

  (* Bildschirm löschen *)
  write(chr($1a));

  (* Einschaltmeldung auf dem Terminal-Bildschirm *)
  writeln('Start des Hauptprogramms proz6: Das Arbeiten mit Prozeduren 6');
  writeln;

  (**************************************************************************)
  (*** 1. Fall: GOBALE Variablen können überall geändert werden       ***)
  (**************************************************************************)
  writeln('1. Fall:');
  writeln('GLOBALE Variablen können überall geändert werden:');
  g1:=11;  g2:=22;
  writeln('Werte VOR Proz.-Aufruf:    g1=',g1,'   g2=',g2);
  (* Aufruf der Prozedur *)
  proz_1;
  writeln('Werte NACH Proz.-Aufruf:   g1=',g1,'   g2=',g2);
```

293

8. Der Mikrocontroller-Kurs, Teil 1

```
    writeln;

(************************************************************************)
  (*** 2. Fall: LOKALE Variablen haben keinen Einfluß auf GLOBALE Variablen
  ***)
(************************************************************************)
    writeln('2. Fall:');
    writeln('LOKALE Variablen haben keinen Einfluß auf GLOBALE Variablen:');
    (* Festlegung der globalen Variablenwerte *)
    i:=11; j:=22; k:=33; c1:='a'; c2:='b';
    writeln('Werte VOR Proz.-Aufruf:   i=',i,'   j=',j,'   k=',k,'   c1=',c1,'
c2=',c2);
    (* Aufruf der Prozedur *)
    proz_2;
    writeln('Werte NACH Proz.-Aufruf:  i=',i,'   j=',j,'   k=',k,'   c1=',c1,'
c2=',c2);
    writeln;

(********************************************************)
  (*** 3. Fall: Alles gilt auch für Pascal-Konstanten ***)
(********************************************************)
    writeln('3. Fall:');
    writeln('Alles gilt auch für Pascal-Konstanten:');
    (* Festlegung der globalen Variablenwerte *)
    writeln('Text VOR Proz.-Aufruf:   ',txt_1);
    (* Aufruf der Prozedur *)
    proz_3;
    writeln('Text NACH Proz.-Aufruf:  ',txt_1);
    writeln;

end.
```

1. Fall:

Im Hauptprogramm werden die beiden globalen Variablen g1 und g2 definiert. Diesen Variablen werden vor Aufruf der Prozedur proz_1 Anfangswerte zugeordnet. In der Prozedur proz_1 werden g1 und g2 verändert, so daß diese bei der Rückkehr zum Hauptprogramm neue Werte besitzen.

2. Fall:

Sowohl im Hauptprogramm als auch in der Prozedur proz_2 werden zunächst drei gleichnamige Integer-Variablen (i,j,k) und zwei gleichnamige Charakter-Variablen (c1,c2) definiert.

- Im Hauptprogramm werden diese globalen Variablen auf feste Anfangswerte gesetzt und zur Kontrolle ausgegeben.
- Danach erfolgt der Aufruf der Prozedur proz_2.
- In der Prozedur proz_2 werden die lokalen Variablen, die die gleichen Namen haben wie die globalen Variablen im Hauptprogramm, auf andere Werte gesetzt.
- Nach Bearbeitung von proz_2 erfolgt der Rücksprung ins Hauptprogramm, und dort werden dann erneut die Werte der globalen Variablen ausgegeben.

Ergebnis:
Die zuvor gesetzten Werte der globalen Variablen werden durch die "Änderungs-Befehle" für die lokalen Variablen in der Prozedur proz_2 nicht verändert !

> **! Merke: "Globale und lokale Variablen, II"**
> *Globale und lokale Variablen können durchaus die gleichen Namen haben; da sie aber unterschiedliche Gültigkeitsbereiche besitzen, beeinflussen sie sich nicht.*
>
> *Zur besseren Lesbarkeit von Programmen sollte man nach Möglichkeit aber immer unterschiedliche Namen wählen.*

3. Fall:
Das zuvor Ausgeführte gilt natürlich auch für Pascal-Konstanten: im Hauptprogramm wird die globale String-Konstante txt_1 mit dem Text "Hauptprogramm" definiert und in der Prozedur proz_3 eine lokale String-Konstante gleichen Namens mit dem Text "Prozedur proz_3". Ein Aufruf von proz_3 führt zu keinem Konflikt mit der Konstanten txt_1 aus dem Hauptprogramm.

Beachten:
Der Inhalt von Konstanten kann im Programmverlauf sowieso nicht geändert werden. Konflikte könnten jedoch durch die gleiche Namensgebung auftauchen. Das ist hier jedoch nicht der Fall, da beide Konstanten einen anderen Wirkungsbereich haben.

4. Fall:
In der Prozedur proz_2 ist zusätzlich noch die Byte-Variable m definiert, so daß man im Prozedur-Rumpf vom proz_2 z.B. programmieren kann:

```
m:=6;
```

da m in proz_2 bekannt ist.

Der gleiche Befehl im Hauptprogramm dagegen führt zur Fehlermeldung:

```
"line x: This identifier is not defined."
```

da m nur lokal in proz_2 bekannt ist und nicht global im Hauptprogramm.

5. Fall:
Die gleiche Variablen- und Konstantenabgrenzung gilt natürlich auch zwischen den Prozeduren: die Variable m ist lediglich in proz_2 lokal bekannt, in proz_1 und proz_3 ist m dagegen unbekannt.

8. Der Mikrocontroller-Kurs, Teil 1

6. Fall:

! *Ganz Wichtig: "Globale und Lokale Variablen, III"*
*Die folgende Situation kann zu **sehr unangenehmen und schwer zu findenden Fehlern**
führen:*

In fast allen Programmiersprachen und von vielen Programmierern wird als Laufvaribale für die for-Schleife sehr gerne die Variable i benutzt, also z.B.:

```
for i:=1 to 34 ....
```

(weil man bei der Eingabe dann wenig tippen muß und i als "Kennzeichen" für Integer steht).

Sie haben nun in Ihrem Hauptprogramm eine for-Schleife mit der Variablen i gebildet, und im zugehörigen Programmblock der for-Schleife rufen Sie eine Prozedur auf, die ebenfalls eine for-Schleife mit der Variablen i enthält.

```
(* Hauptprogramm *)

(* Globale Variablen *)

var
     i:byte;


(*******************)

(*** Definition von Prozeduren ***)

procedure proz_7;
(* Lokale Variablen *)
var
     i:byte;   (* NICHT vergessen, lokale Variablen zu definieren !!!! *)

begin
     (* for-Schleife in der Prozedur mit der Laufvariablen i *)
     for i:=34 to 123 do
          begin
               ...
               ...
          end;
end;

(*** Ende der Definition von Prozeduren ***)

(*******************)


(* Hauptprogramm *)

for i:=1 to 15 do
     begin
```

8.11 Lektion 11

```
             .....
             .....
             proz_7;
             .....
    end;
```

Ihr Programm wird so, wie zuvor dargestellt, einwandfrei laufen, denn den *großen Knackpunkt* haben Sie korrekt gelöst:
Sie haben zwei (Lauf-)Variablen namens "i" im Programm, aber die eine ist als globale Variable im Hauptprogramm, und die andere ist als lokale Variable in der Prozedur proz_7 definiert. Der Gültigkeitsbereich dieser Variablen ist also eindeutig abgegrenzt.
Im Eifer der Programmierung kommt es jedoch sehr häufig vor, daß man die Definition der lokalen Variablen in der Prozedur vergißt und das Programm dennoch fehlerfrei übersetzt wird. In der Prozedur "wirkt" nun die globale Variable i des Hauptprogramms, und damit wird die Schleife des Hauptprogramms vollkommen falsch abgearbeitet, denn in proz_7 wird ja i verändert, und das hat fatale Folgen für die übergeordnete Hauptprogramm-Schleife:

Beispiel:
Die Schleife des Hauptprogramm wird das erste Mal abgearbeitet: mit (global) i=1 wird also die Prozedur aufgerufen. In der Prozedur selber wird nun das gleiche i weiterverwendet (da die lokale Definition von i fehlt), und die Prozedur-Schleife läuft von 34 bis 123, d.h., nach Beendigung der Prozedur hat i (global) den Wert 123, und damit wird zum Hauptprogramm zurückgesprungen. Die Hauptprogrammschleife läuft aber nur bis 15, und mit i=123 wird daher die Bearbeitung dieser Schleife sofort beendet, und Ihr Programm arbeitet fehlerhaft. Diesen Fehler zu finden ist sehr schwierig, da Sie vom Compiler keinerlei Hilfshinweise bekommen: er weiß ja nicht, daß die Variable i in proz_7 eigentlich als lokale Variable definiert sein sollte.

Also:

> **! Merke: "Globale und lokale Variablen, IV"**
> *Falls Sie es nicht vermeiden können oder wollen, globale und lokale Variablen mit gleichen Namen zu verwenden, so achten Sie unbedingt darauf, daß Sie lokale Variablen auch als solche am Anfang der Prozedur definieren und damit den Gültigkeitsbereich dieser Variablen eindeutig festlegen.*

7. Fall:
Arbeitet man mit lokalen Variablen, so muß man unbedingt beachten, daß die lokalen Variablen ihren Wert verlieren, sobald man die Prozedur verläßt, denn der interne Datenspeicherplatz für die lokalen Variablen wird diesen vom µC nur temporär (zeitweise) zugeordnet, d.h., nach Beendigung der Prozedur wird der Speicherplatz für lokale Variablen wieder freigegeben, und dort können dann die lokalen Variablen von anderen Prozeduren abgespeichert werden.

8. Der Mikrocontroller-Kurs, Teil 1

Beispiel:

```
procedure test;
var
            k:byte;
begin
            .....
            .....
            k:=7;
end;
```

Die Prozedur test, mit der lokalen Variablen k, wird mit dem Wert 7 für k verlassen, und der Programmverlauf springt zum Hauptprogramm zurück. Beim nächsten Aufruf der Prozedur test (insbesondere wenn zwischendurch noch andere Prozeduren bearbeitet worden sind) kann *nicht* davon ausgegangen werden, daß k noch den Wert 7 besitzt, der Prozedur-Anfangs-Wert von k bei einem erneuten Prozedur-Aufruf ist vielmehr völlig zufällig.

> **! Merke: "Globale und lokale Variablen, V"**
> *Arbeitet man in einer Prozedur mit lokalen Variablen, so muß man diesen Variablen innerhalb der Prozedur zuerst geeignete Anfangswerte zuordnen, bevor man mit ihnen sinnvoll arbeiten kann.*

Zum Abschluß dieses Themenbereiches über Variablen soll noch die Frage beantwortet werden: Warum arbeitet man eigentlich mit globalen und lokalen Variablen?

> **! Merke: "Globale und lokale Variablen, VI"**
> *Der Einsatz von globalen Variablen bietet den **großen Vorteil**, daß diese in Prozeduren und Funktionen verändert werden können. Es sind z.B. Berechnung in Prozeduren möglich, und deren Ergebnisse können sofort im Hauptprogramm weiterverwendet werden, wenn man die Ergebnisvariable global definiert. Neben dem Hauptprogramm können nun auch alle anderen Prozeduren und Funktionen auf solche globalen Werte zugreifen und diese weiterverarbeiten. Man spart sich also umständliche Variablenübergaben an das Hauptprogramm bzw. Parameter-Übergaben an andere Prozeduren und Funktionen.*
> *Globale Variablen bilden damit auch die Grundlage für die Entwicklung von Betriebssystemen, denn Betriebssystem-Routinen können solche Variablen verändern, die dann im Hauptprogramm weiter benutzt werden und umgekehrt.*
> *Sollen dagegen bestimmte Variablen nur in einer Prozedur Gültigkeit haben, so definiert man diese einfach als lokale Variablen.*
> *Hier liegt dann aber auch, wie gesehen, der einzige Gefahrenpunkt, wenn man nämlich vergißt, lokale Variablen auch als solche zu definieren.*
> *Die Werteübergabe mittels globaler Variablen ist die einfachste Form des Wertetransfers innerhalb eines Programms, auch wenn die "Profis" noch weitere Programmiermöglichkeiten kennen. Diese werden aber, bis auf eine Ausnahme, nicht von Pascal51 unterstützt.*

8.11 Lektion 11

Die Experten-Ecke: "Globale und lokale Variablen, VII"
*In Pascal51 kann noch die alternative Werteübergabe an das Hauptprogramm mittels der var-Deklaration für Variablen im Prozedur-Kopf verwendet werden (**veränderliche Variablen(-Deklaration)**). Die Syntax ist hierbei genauso wie beim Standard-Pascal.*
Nähere Informationen dazu finden Sie im Original-Pascal51er-Handbuch.

Die Unterprogramm-Schachtelung

Kommen wir nun zur letzten wichtigen Eigenschaft von Unterprogrammen: Sie können Unterprogramme nicht nur vom Hauptprogramm aus aufrufen, sondern auch von anderen Unterprogrammen aus, mit anderen Worten: in einer Prozedur kann wieder ein Prozedur-Aufruf stehen, usw. Man spricht dann von einer *Unterprogramm-Schachtelung*.

Beispiel:

```
procedure proz_1;
         begin
                        .....
         end;
procedure proz_2
         begin
                        .....
                        proz_1;
                        .....
         end;
procedure proz_3;
         begin
                        .....
                        proz_1;
                        proz_2;
                        .....
         end;
```

Hier sind nun drei Prozeduren vorhanden, die sich untereinander aufrufen. Auch diese Programmkonstruktion vereinfacht die Erstellung des Gesamtprogramms erheblich und führt zu einer übersichtlichen Programmstruktur.

Hierbei ist jedoch ein Punkt zu beachten:
Der Pascal-Compiler übersetzt Ihren Quelltext ja von "oben nach unten" und das heißt: Bevor eine Prozedur in einer anderen Prozedur verwendet werden kann, muß sie dem Compiler bekannt sein. Bei dem letzten Beispiel ergeben sich keinerlei Probleme: wenn z.B. proz_1 in der Prozedur proz_2 aufgerufen wird, ist proz_1 vom Compiler schon übersetzt worden, proz_1 ist dem Compiler also schon bekannt. Das gleiche gilt für die Aufrufe von proz_1 und proz_2 in der Prozedur proz_3.

8. Der Mikrocontroller-Kurs, Teil 1

Anders sähe es aber aus, wenn Sie proz_3 oder proz_2 in der Prozedur proz_1 aufrufen würden. Beim Übersetzen von proz_1 kennt der Compiler proz_2 und proz_3 noch gar nicht, und daher erscheint die Fehlermeldung:

```
"line x: This identifier is not defined."
```

> ! **Merke: "Die Schachtelung von Prozeduren"**
> Bevor eine Prozedur X von einer anderen Prozedur Y aufgerufen werden kann, muß die Prozedur X bereits definiert sein, im Programmtext also **vor** der Prozedur Y stehen.
> Die Schachtelung von Prozeduren kann beliebig tief sein und wird nur durch den verfügbaren Datenspeicherplatz begrenzt, denn bei jeder Schachtelstufe legt der µC automatisch bestimmte Daten im Datenspeicher ab, um nach Beendigung der Prozeduren wieder seinen "Rückweg" zum Hauptprogramm zu finden.
> Allerdings sollten Sie die Schachtelungen nicht übertreiben, da sonst die gerade gewonnene Übersichtlichkeit des Gesamtprogramms wieder verlorengeht.

> *Die Experten-Ecke: "Die Stack-Überprüfung"*
> Die maximale Schachtelungstiefe wird begrenzt durch die Größe des zur Verfügung stehenden Stack-Bereiches. Bei Pascal51 kann dieser Stack-Bereich in den externen Datenspeicher gelegt werden, man ist also nicht auf den kleinen internen Stack-Bereich eines 8051ers angewiesen. Trotzdem ist auch dieser externe Bereich irgendwann einmal voll.
> Im Original-Handbuch zu Pascal51 finden Sie Hinweise darauf, wie Sie diesen User-Stack im externen RAM überprüfen können. Beim Stack-Overflow wird dann eine entsprechende Meldung über die serielle Schnittstelle ans Terminal ausgegeben.

In Pascal51 ist es weiterhin möglich, daß sich Unterprogramme selber aufrufen.

Beispiel:
```
  procedure proz_1;
            begin
                  .....
                  proz_1;
                  .....
            end;
```

Die Prozedur proz_1 ruft sich hier also selber auf, und so etwas nennt man *Rekursion*.

Der Einsatz von Rekursionen wird in der täglichen Programmierpraxis nicht allzuoft auftreten. Bestimmte mathematische Berechnungsprobleme lassen sich aber sehr effizient und elegant mit dieser Konstruktion lösen.

Bei der Anwendung von Rekursionen müssen Sie zwei wichtige Punkte beachten:

8.11 Lektion 11

- Sie müssen dafür sorgen, daß Ihr Programm irgendwann die Rekursion verläßt, d.h., der Programmverlauf muß wieder zum Hauptprogramm zurückkehren, sonst läuft sich das Programm tot. Der Einbau geeigneter Abbruchbedingungen ist also zwingend notwendig. Ein rekursiver Aufruf einer Prozedur wird daher meistens mit if-Abfragen oder repeat...until-Schleifen verbunden:

    ```
    -   if (Bedingung) then do proz_1;
    -   repeat
            .....
            proz_1;
            .....
        until (Bedingung)
    ```

- Wenn die rekursiv aufgerufene Prozedur lokale Variablen benutzt, wird für jeden Prozedur-Aufruf ein bestimmter Speicherplatz u.a. für diese lokalen Variablen im Datenspeicher reserviert. Je mehr rekursive Aufrufe erfolgen, desto mehr Speicherplatz wird nun besetzt. Irgendwann ist der Speicher voll, und das Programm stürzt ab.
  Bei rekursiven Unterprogramm-Aufrufen müssen Sie also unbedingt abschätzen, wieviel Datenspeicher benötigt wird, und das ist nicht ganz einfach. Daher wenden auch die Experten Rekursionen nur mit großer Vorsicht an.

Kommen wir nun zur zweiten Art von Pascal-Unterprogrammen, zu den Funktionen, s. Abb.8.11.4.

Die Funktionen

! *Merke: "Funktionen, I"*
Funktionen sind nun nichts anderes als besondere Unterprogramme (Prozeduren), die zusätzlich noch einen Wert an das Hauptprogramm zurückgeben, der dort dann einer Variablen zugeordnet wird.
Es handelt sich hier also um eine weitere Möglichkeit, dem Hauptprogramm einen Wert aus einem Unterprogramm zu übermitteln.
Mathematisch gesehen wird der Wert einer Funktion (der Funktionswert) ermittelt und einer Variablen zugeordnet:

$$y = f(x)$$

x wird an die Funktion übergeben, und als Ergebnis erhält man f(x).

Sie kennen bereits einige Funktionen aus dem Standard-Pascal-Sprachschatz:

Beispiel:
Der Pascal-Befehl "trunc()", s. Lektion 4, ist solch eine Funktion. Damit wandeln Sie ja eine

8. Der Mikrocontroller-Kurs, Teil 1

Real-Zahl in eine Integer-Zahl um, d.h., von der Real-Zahl werden die Nachkomma-Zahlen abgeschnitten:

```
var
    r:real;
    i:integer;

r:=3.2576;
i:=trunc(r); (* ergibt i=3 *)
```

Der Funktion trunc() wird der Parameter r übergeben (diese Parameter-Übergabe läuft genauso ab wie bei einer Prozedur), innerhalb des Funktions-Rumpfes von trunc() wird nun aus r die entsprechende Integer-Zahl ermittelt, und diese wird beim Verlassen der Funktion der Integer-Variablen i zugeordnet (der Rückgabewert der Funktion ist also eine Integer-Größe).

> **!** *Merke: "Funktionen, II"*
>
> - *Funktionen stellen eine weitere Möglichkeit zur eigenen Ergänzung und Erweiterung des Pascal-Befehlsumfanges dar.*
> - *Eine Funktion besitzt als "Einsprungstelle" den sogenannten **Funktions-Kopf**, der fast identisch aufgebaut ist wie ein Prozedur-Kopf.*
> - *Die Parameter-Übergabe an Funktionen funktioniert genauso wie bei Prozeduren: mit den übergebenen Parametern wird dann im **Funktionsrumpf** gearbeitet.*
> - *Die Unterscheidung: globale/lokale Variablen gilt genauso wie bei Prozeduren.*
> - *Funktionen können geschachtelt werden, wobei Funktionen und Prozeduren natürlich auch "durcheinander gemischt" werden können, also Funktionsaufrufe innerhalb von Prozeduren und umgekehrt.*
> - *Funktionen können rekursiv aufgerufen werden.*

Der erste Unterschied im Vergleich zu den Prozeduren liegt im Aufbau des Funktionskopfes:

    Prozedur-Kopf: procedure proz(Parameter-Übergabe);
    Funktions-Kopf: function test(Parameter-Übergabe):integer;

- Das Schlüsselwort für Funktionen ist *function*.
- Danach folgt der *Funktions-Name*, gebildet gemäß den "Pascal-Namens-Regeln".
- Die Parameter-Übergabe ist identisch mit der Übergabe bei den Prozeduren.
  Innerhalb des Funktionsrumpfes wird mit den übergebenen Werten gerechnet und nun folgt der zweite Unterschied zu den Prozeduren:
  Innerhalb des Funktions-Rumpfes muß das Ergebnis der Funktionsberechnung dem Funktionsnamen zugeordnet werden, also zum Beispiel:

```
function test(a,b:byte):byte;    (* Funktion mit dem Funktionsnamen test *)
          begin
             (* Berechnungen mit a und b durchführen *)
```

8.11 Lektion 11

```
        .....
        .....
        (* Meist letzter Befehl im Funktions-Rumpf: *)
        (* Berechneter Funktionswert wird dem Funktionsnamen *)
        (* zugeordnet, mit diesem Wert wird dann im Hauptpro- *)
        (* gramm weitergearbeitet. *)
        test:= ......;
    end;
```

- Nun gibt es im Funktions-Kopf noch einen weiteren Unterschied im Vergleich zu Prozeduren: wie gesehen, geben Funktionen ja einen (Zahlen)Wert an das Hauptprogramm zurück und gemäß den Pascal-Definitionen muß jeder Wert eine Typ-Festlegung haben.

Hier ist nun, am Ende des Funktions-Kopfes, der Wert integer angegeben, also gibt die Funktion eine Integer-Zahl zurück und diese Zahl muß im Hauptprogramm natürlich auch einer Integer-Variablen zugeordnet werden, hier der Variablen i.

Die Zuordnung zu einer Real-Variablen im Hauptprogramm würde zu einer Fehlermeldung führen (r1 sei eine Real-Variable):

```
                    r1:=trunc(r);
```

Sie müssen also immer darauf achten, daß die Ergebnisvariable den gleichen Variablen-Typ hat wie die Funktion.

Zulässige Funktionstypen in Pascal51 sind:

    integer,
    real,
    char,
    boolean und
    byte

! *Merke: "Funktionen, III"*

Funktionen können immer nur auf der rechten Seite einer Wertzuweisung stehen, also:

```
        a:=fkt_1;
```

oder in Ausgabe-Ausdrücken mit write/writeln:

```
        write(fkt_1);
```

oder in Abfragen:

```
        if fkt_1<4711 then .....
```

("Eine Funktion ersetzt einen mathematischen Ausdruck".)

Ein direkter Aufruf funktioniert nicht, denn es wird als Funktionsergebnis ja lediglich ein Wert zurückgeliefert, der alleine keinen Pascal-Befehl darstellt:

```
        fkt_1;
```

8. Der Mikrocontroller-Kurs, Teil 1

ergibt die Fehlermeldung:

```
"line x: An assignment as procedure call is expected here."
```

Zur Verdeutlichung ein

Beispiel:

Sie möchten den Mittelwert (Real-Größe) aus drei Meßwerten (Byte-Größen, die Sie mit dem A/D-Wandler erfaßt haben) bestimmen und dafür eine Funktion schreiben. Die mathematische Gleichung lautet ja bekannterweise:

$$mi\_we = 1/3 * (mw\_1 + mw\_2 + mw\_3)$$

mit:

mi_we = gesuchter Mittelwert
mw_1, mw_2, mw_3 = die drei Meßwerte

Damit sähe eine Lösungsmöglichkeit so aus, *fkt1.pas*:

```
(****************************************************************************)
(*                                                                          *)
(*                  Das Arbeiten mit Funktionen 1                           *)
(*                                                                          *)
(*                                                                          *)
(*                     "Mittelwert-Berechnung"                              *)
(*                     =======================                              *)
(*                                                                          *)
(*                                                                          *)
(*                  Programm:    fkt1.pas                                   *)
(*                                                                          *)
(****************************************************************************)

program fkt1;

(****************************************************************************)
(*** Definition der verwendeten Pascal-Variablen ************************)
(****************************************************************************)

(**** HIER:   Definition von GLOBALEN Konstanten und Variablen !!!!! ****)


var
  r1:real;
  i1,i2,i3:byte;


(****************************************************************************)
(*** Definition der verwendeten Pascal-Prozeduren und Funktionen ********)
(****************************************************************************)

(*** Funktion zur Berechnung des Mittelwertes aus drei Byte-Werten ***)
```

8.11 Lektion 11

```
function mi_we(mw_1,mw_2,mw_3:byte):real;

var
  r:real;

begin
  r:=mw_1+mw_2+mw_3;
  mi_we:=r/3;
end;
(***************************************************************)
(***************************************************************)
(***************************************************************)
(***************************************************************)


(***************************************************************)
(*** Start des eigentlichen Hauptprogramms *********************)
(***************************************************************)

begin

  (* Bildschirm löschen *)
  write(chr($1a));

  (* Einschaltmeldung auf dem Terminal-Bildschirm *)
  writeln('Start des Hauptprogramms fkt1: Das Arbeiten mit Funktionen 1');
  writeln;

  (* Erste Mittelwert-Berechnung *)
  r1:=mi_we(23,56,205);
  writeln('Der erste Mittelwert ist: ',r1); writeln;

  (* Zweite Mittelwert-Berechnung *)
  i1:=145; i2:=234; i3:=174;
  r1:=mi_we(i1,i2,i3);
  writeln('Der zweite Mittelwert ist: ',r1); writeln;

end.
```

Sie können nun die Funktion mi_we mit beliebigen Werten aufrufen und das Ergebnis des Funktionsaufrufes (den Mittelwert) im Hauptprogramm beliebig weiterverarbeiten oder auf dem Terminal-Monitor ausgeben lassen.

Manchmal kann es nützlich sein, Prozeduren oder Funktionen vorzeitig zu verlassen, wenn z.B. die weitere Bearbeitung des Prozedur- bzw. Funktions-Rumpfes als nicht sinnvoll erscheint:

Beispiel:
```
procedure proz_1;
    begin
           .....
           (* Meßwerte b und c ermitteln *)
           .....
           .....
           (* Verarbeitung der Meßwerte *)
```

305

8. Der Mikrocontroller-Kurs, Teil 1

```
              a:=b/c;
              .....
              (* Weitere Berechnungen mit a durchführen *)
              .....
              .....
       end;
```

In der vorstehenden Prozedur ermitteln Sie z.B. die Meßwerte b und c, und der Wert a ergibt sich als Quotient von b und c. Mit dem Wert von a wird dann im nachfolgenden Verlauf des Prozedur-Rumpfes weitergerechnet.

Wenn nun c den Wert 0 annimmt, ist der Wert von a unbestimmt (Division durch Null), und die Bearbeitung des Restes der Prozedur ist sinnlos, kann im schlimmsten Fall sogar zu gefährlich falschen Werten führen.

Im Falle von c=0 kann (muß) man also die Prozedur vorzeitig verlassen und zum Hauptprogramm zurückkehren (und eventuell andere Aktionen einleiten). Dieses Verlassen einer Prozedur (einer Funktion) wird durch den Befehl *exit (Aussprung)* erzwungen: erscheint im Prozedur(Funktions-)-Rumpf der Befehl exit;, so wird sofort zum Hauptprogramm, oder bei einer Schachtelung, zum übergeordneten Unterprogramm, zurückgesprungen.

Das vorangehende Beispiel kann daher wie folgt erweitert werden:

```
              .....
              (* Verarbeitung der Meßwerte *)
              if (c=0) then exit;
              a:=b/c;
              .....
```

Dieser erzwungene Aussprung kann natürlich auch dann verwendet werden, wenn andere Bedingungen erfüllt sind, die eine weitere Bearbeitung des Unterprogrammes überflüssig machen.

> » *Zusammenfassung: "Prozeduren und Funktionen"*
>
> *Mit Prozeduren und Funktionen haben Sie die Möglichkeit, den Standard-Sprachumfang von Pascal51 um eigene, leistungsfähige Programmroutinen (Befehle) zu erweitern. Funktionen und Prozeduren werden in einem Pascal-Programm wie ganz normale Pascal-Sprachelemente eingesetzt.*
>
> *Der Aufbau von Prozeduren und Funktionen ist weitgehend identisch und besteht aus den Elementen:*
>
> - *Prozedur- bzw. Funktions-Kopf,*
> - *Prozedur- bzw. Funktions-Rumpf,*
> - *bei Funktionen zusätzlich noch: Zuordnung des Ergebnisses zum Funktionsnamen im Funktions-Rumpf.*
>
> *An Prozeduren und Funktionen lassen sich Parameter übergeben, die dann im Rumpf verarbeitet werden. Wichtig ist hierbei der globale bzw. lokale Gültigkeitsbereich von Variablen.*

8.11 Lektion 11

Prozeduren und Funktionen können geschachtelt werden, auch ein rekursiver Aufruf ist möglich.

Die bekannten Sprachelemente von Pascal51, die wir bisher einfach mit "Pascal-Befehle" bezeichnet haben, sind in Wirklichkeit Prozeduren und Funktionen, die sogenannten **Standard-Prozeduren** *und* **Standard-Funktionen** *von Pascal51, z.B.:*

- *write() ist eine Prozedur: die Übergabe-Werte (Parameter) werden über die serielle Schnittstelle ausgesendet.*
- *wait() ist eine Prozedur: der übergebene Parameter bestimmt die Wartezeit.*
- *i:=ord('G'): ord() ist eine Funktion: sie ermittelt den ASCII-Code von "G" (=71) und ordnet diesen der Variablen i zu.*
- *b:=not(a): not() ist eine Funktion: sie invertiert den Wert von a und ordnet das Ergebnis der Variablen b zu.*

Wir werden daher ab jetzt immer korrekterweise von Pascal-Prozeduren bzw. Pascal-Funktionen sprechen, anstatt von Pascal-Befehlen.

Viele interessante Probleme warten schon auf Sie:

✎ Übungsaufgaben

Für die nachfolgenden Aufgaben sollten Sie sich zwei Nachmittage völlig frei nehmen (also abklären mit Freundin, Freund und Familie).
Zunächst sollen Sie einige weitere nützliche Prozeduren für unser 80C537er-Betriebssystem entwickeln:

Betriebssystem-Routinen für die externe Peripherie-Einheit: **Terminal**

- Schreiben Sie eine Prozedur namens *term_beep*, bei deren Aufruf der Beeper im Terminal aktiviert wird.
- Schreiben Sie eine Prozedur namens *term_clear*, bei deren Aufruf der Terminal-Bildschirm gelöscht wird.
- Schreiben Sie ein Prozedur namens *term_csr_home*, bei deren Aufruf der Bildschirm-Cursor auf die Home-Position (oben links) gesetzt wird.
- Schreiben Sie eine Prozedur namens *rtc_read*, die die Uhrzeit- und Datums-Informationen aus der RTC ausliest und so unter geeigneten Byte-Variablen abspeichert, daß von allen Stellen des Gesamtprogramms auf diese Werte zugegriffen werden kann.
- Schreiben Sie zwei Prozeduren namens *term_uhr_set(z,s:byte)* und *term_datum_set(z,s:byte)*, die die Uhrzeit und das Datum in die Zeile z und dort an die Spaltenposition s setzen.
- Schreiben Sie eine Prozedur namens

8. Der Mikrocontroller-Kurs, Teil 1

term_zahlen_set(z,s,b:byte; i:integer; r:real; l,a1,a2,a3,a4:boolean);

mit der man an beliebigen Stellen auf dem Terminal-Monitor beliebige Zahlenwerte ausgeben kann, wobei gilt:

	z:	Zeile der Ausgabe
	s:	Spalte der Ausgabe
	b:	auszugebender Byte-Wert
	i:	auszugebender Integer-Wert
	r:	auszugebender Real-Wert
	l:	auszugebender Boolean-Wert
	a1:	Auswahl: es wird nur der Byte-Wert ausgegeben
	a2:	Auswahl: es wird nur der Integer-Wert ausgegeben
	a3:	Auswahl: es wird nur der Real-Wert ausgegeben
	a4:	Auswahl: es wird nur der Boolean-Wert ausgegeben

Über die Werte a1 .. a4 wird festgelegt, welcher übergebene Wert ausgegeben werden soll, d.h., durch Aufruf dieser Prozedur kann immer nur ein Wert an einer Bildschirmposition ausgegeben werden.

Weitere interessante Aufgaben:

- Schreiben Sie eine Prozedur namens

    rect(x1,y1,x2,y2:byte;c1:char);

(= rectangle = Rechteck) bei deren Aufruf ein ausgefülltes Rechteck aus dem übergebenen ASCII-Charakter-Zeichen c1 auf dem Bildschirm gezeichnet wird, wobei gilt:

	(x1,y1):	untere linke Ecke des Rechtecks
	(x2,y2):	obere rechte Ecke des Rechtecks

- Schreiben Sie eine Prozedur namens

    balken(z,s,h,:byte;a:boolean;c1:char);

die einen Balken auf dem Terminal-Bildschirm zeichnet, wobei gilt:

	z:	Start-Zeile für den Balken
	s:	Start-Spalte für den Balken
	h:	Balken-Höhe
	a:	Art des Balkens:
		a=false: senkrechter Balken, Balken wächst von unten nach oben.
		a=true: waagerechter Balken, Balken wächst von links nach rechts.
	c1:	Zeichen, mit dem der Balken gezeichnet wird. (Balken = ein Zeichen breit)

Diese Prozedur können Sie ebenfalls in unser Betriebssystem aufnehmen, denn mit ihr kann man übersichtsartig Balkendiagramm z.B. zur Meßwertdarstellung auf dem Terminal-Monitor erzeugen.

8.12 Lektion 12: Interrupts

> Lernziele:
>
> In dieser Lektion werden Sie mit
> **unvorhersehbaren Ereignissen der besonderen Art**
> konfrontiert und Sie werden lernen, wie ein Mikrocontroller darauf schnellstmöglich, gezielt und effizient reagiert.
>
> Neu eingeführte Pascal51er-Befehle, Funktionen und Datentypen:
> *intr_handler, interrupt, ireturn*
> Behandelte interne ON-Chip-Peripherie-Einheiten: *Interrupt-System*
> Behandelte externe Peripherie-Einheiten: *keine*

Sie sitzen also eines Samstagabends friedlich an Ihrem Werktisch und arbeiten sich genußvoll mit diesem Buch in die Geheimnisse der µC-Programmierung ein.
Plötzlich und unvorhergesehen erscheint Ihre Freundin (Ihr Freund) und will Sie mit ins Kino "schleppen", da dort der neueste Film mit David Hasselhoff (Demi Moore) läuft. Aller Widerstand nützt nichts, Sie müssen mit.
Damit Sie aber nach dem Kinobesuch und dem sich anschließenden "Candle-Light-Dinner" am Sonntag-Spätnachmittag wieder frisch und aktiv mit Ihrem µC-System weiterarbeiten können, müssen Sie sich, bevor Sie aus dem Haus gezerrt werden, noch merken, wo Sie in Ihrer Arbeit stehengeblieben sind und wo Sie daher nach dieser (gelungenen) Unterbrechung im Stoff weiter machen müssen. So können Sie dann zu einem beliebigen Zeitpunkt, trotz der zwischenzeitlichen Bearbeitung eines anderen "Programmteils", an der alten Stelle mit Ihrem "Hauptprogramm" fortfahren.

Dieses sehr reale Beispiel aus dem täglichen Leben soll Sie auf eine der wichtigsten Eigenschaften von µC's hinleiten, der Fähigkeit zur *Interrupt-Bearbeitung*.

Die bisher entwickelten µC-Programme waren alle dadurch gekennzeichnet, daß der µC einen Befehl nach dem anderen abgearbeitet hat. Zwischendurch erfolgten zwar einige Unterprogramm-Aufrufe, aber grundsätzlich war immer vorhersehbar, was der µC als nächstes machen wird. Man spricht hier auch von einer *linearen Befehlsbearbeitung*.

Nun kann es aber in der Realität sehr häufig vorkommen, daß kritische unvorhersehbare Ereignisse auftreten, für die der µC sofort sein eigentliches Hauptprogramm verlassen und auf die er mit besonderen Programmabläufen reagieren muß (ähnlich dem: "Komm jetzt sofort mit ins Kino!")

Für ein µC-System könnte das z.B. bedeuten:

8. Der Mikrocontroller-Kurs, Teil 1

- Der µC steuert eine Maschine. Plötzlich und unerwartet platzt ein Hydraulikschlauch, und der Druck der Hydraulikzylinder sinkt auf 0 bar. Der µC muß also sofort reagieren, sein normales Steuer-Hauptprogramm verlassen, die Maschine in einen sicheren Zustand fahren und eine Alarmmeldung an eine Zentrale ausgeben. Erst wenn die notwendige Reparatur erfolgt ist, darf der µC wieder mit seinem normalen Steuer-Hauptprogramm fortfahren.
- Der µC druckt Meßwerte aus. Plötzlich und unerwartet hat der Drucker kein Papier mehr. Der µC muß sofort sein Druck-Hauptprogramm unterbrechen, eine Alarmmeldung an den Bediener ausgeben und auf neues Papier im Drucker warten. Erst wenn der Drucker wieder sein o.k. signalisiert, darf der µC mit seinem Druck-Hauptprogramm fortfahren.

In beiden Beispielen haben also plötzlich und unerwartet auftretende Ereignisse eine Unterbrechung, einen *Interrupt* des normalen Hauptprogramms hervorgerufen.

> **!** *Merke: "Interrupts, I"*
> Durch die Fähigkeit eines µCs auf
> **beliebige, plötzlich und unerwartet auftretende, interne oder externe Ereignisse (Interrupts)**
> schnell und gezielt reagieren zu können, ergibt sich eine große Flexibilität bei der Steuerung, Regelung und Überwachung von Prozessen aller Art.
> Beim Auftreten von Interrupts verläßt der µC also seinen normalen Programmablauf, führt andere, vorher definierte Programmroutinen aus und kehrt danach wieder zum normalen Programmablauf zurück, ohne daß irgendwelche Befehle übersprungen werden oder verloren gehen.
> Wohlgemerkt: Ein Programm muß nicht unbedingt mit Interrupts arbeiten, aber deren Verwendung erleichtert die Behandlung gewisser Probleme erheblich.

Interrupts werden in µC-Systemen hauptsächlich dann verwendet, wenn Ereignisse auftreten,

- die zu Verzögerungen im Prozeßablauf führen können,
- die mit Schadensfällen zusammenhängen oder
- die zur Optimierung von Programmabläufen dienen.

Konkret ausgedrückt gibt es im Detail drei verschiedene Systemzustände, für die eine Interrupt-Steuerung sinnvoll eingesetzt werden kann:

- Sofortige Reaktionen auf kritische Systemzustände, die zu Schäden oder Ausfällen führen können bzw. rechtzeitiges Verhindern solcher Zustände. Hier dienen Interrupts zur *Behandlung von Alarmmeldungen*.
  Beispiele:
  Maschinenüberwachung:

8.12 Lektion 12

- geplatzte Hydraulikleitungen
- heißgelaufene Wellen
- betätigte Schnell-Stop-Taster

Meßwerterfassung:
- Über- bzw. Unterschreitung kritischer Grenzwerte

- Meldung von internen oder externen Peripherie-Einheiten, wenn diese mit den ihnen übertragenen Aufgaben fertig sind. Hier dienen Interrupts zur *Zeitoptimierung von Programmabläufen*.

Beispiel:
"Meßwerterfassung durch den ON-Chip-A/D-Wandler"
Bisher haben wir durch Polling des BSY-Bits festgestellt, ob und wann der A/D-Wandler mit einer Wandlung fertig war. Das kann mitunter recht umständlich sein, denn der μC macht eine Zeit lang ja nichts anderes, als immer nur das BSY-Bit abzufragen und darauf zu warten, daß es den Zustand log.'0' einnimmt. Besser wäre es sicherlich, wenn der μC bereits etwas anderes bearbeiten könnte (im Programm schon fortfahren könnte), während der A/D-Wandler noch wandelt. Erst wenn das Wandlungsergebnis wirklich komplett vorliegt, unterbricht der A/D-Wandler den Programmablauf des μC's durch einen Interrupt, und der μC kann jetzt den fertig gewandelten Meßwert aus dem entsprechenden SFR auslesen und sofort weiterverarbeiten.

- Aufwecken eines "schlafenden" μC's im Rahmen eines Energie-Management-Systems. Hier dienen Interrupts der *Energieeinsparung*.

Beispiel:
"Batteriegespeistes Meßsystem, das alle 10 s einen Meßwert aufnimmt und abspeichert."
Hierbei ist es sehr wichtig, mit dem Energieinhalt der Batterie sparsam umzugehen. Der μC hat ja nur alle 10 s etwas zu tun, nämlich den A/D-Wandler zu aktivieren, einen Meßwert aus dem Wandler auszulesen und diesen abzuspeichern. Während der Zeit zwischen zwei Messungen macht der μC nichts, außer "Strom zu verbrauchen".
Viele μCs besitzen daher die Möglichkeit, sich selbst und die Peripherie-Einheiten in einen energieminimalen "Schlafzustand" zu versetzen, d.h., zur Zeit nicht benötigte Systemteile und auch Teile des μC's selber werden einfach abgeschaltet. Das reduziert erheblich die Stromaufnahme und verlängert somit die Betriebsdauer der Batterie. Dieser Ruhezustand wird durch die Programmierung von Bits in bestimmten SFR's hervorgerufen und aus solch einem Zustand kann der μC nur durch einen Interrupt wieder aufgeweckt werden.

Eine Lösung für das zugrundeliegende Meßwerterfassungssystem könnte nun so aussehen, daß im System eine Real-Time-Clock (RTC) vorhanden ist, die alle 10 s einen Interrupt beim μC auslöst:

8. Der Mikrocontroller-Kurs, Teil 1

- o Der µC "wacht auf",
- o schaltet sich selbst und die benötigten Peripherie-Einheiten ein,
- o führt die notwendigen Meßaufgaben durch,
- o speichert die Meßergebnisse ab,
- o legt sich selber und die Peripherie-Einheiten wieder "schlafen", d.h. schaltet die aktivierten Einheiten wieder ab und
- o wartet auf den nächsten Interrupt.

Solche Energiespar-Konzepte werden nicht nur in µC-Systemen verwendet, sondern finden sich z.B. in allen Laptops: wenn Sie eine Zeitlang keine Taste betätigt haben, schaltet der Prozessor den Bildschirm, das Hard-Disk-Laufwerk und andere Systemeinheiten in den energieminimalen Schlafzustand, und erst wenn wieder eine Taste betätigt wird, "läuft das System wieder hoch".

Alle diese Beispiele geben bereits einen sehr guten Überblick über das tiefere Wesen von Interrupts, *Abb.8.12.1*.

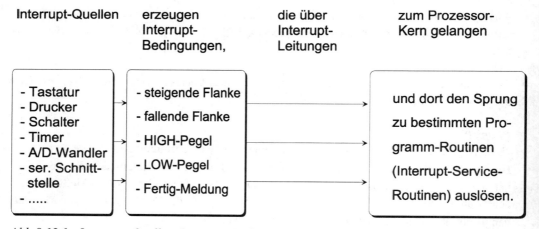

Abb.8.12.1: Interrupt-Quellen, Interrupt-Bedingungen, Interrupt-Leitungen

Zunächst gibt es die *Interrupt-Quellen*, die die Interrupts auslösen. Hierbei unterscheidet man grundsätzlich drei Arten von Quellen:

- Interrupt-Quellen können Einheiten sein, die extern an das µC-System angeschlossen sind:
  - Drucker: Interrupt "Papier zu Ende !"
  - Motor: Interrupt "Wellenlager heiß gelaufen !"
  - Tastatur: Interrupt "Taste wurde gedrückt !"

8.12 Lektion 12

- Interrupt-Quellen können Einheiten sein, die im µC-System selber, also auf den verschiedenen Platinen des Systems, enthalten sind:

  Schnittstellenbaustein: Interrupt "Zeichen empfangen !"
  Real-Time-Clock: Interrupt "Eine Sekunde ist abgelaufen !"
  Display-Treiber: Interrupt "Neue Zeichen können dargestellt werden !"

- Interrupt-Quellen können Einheiten sein, die als ON-µChip-Peripherie-Einheiten auf dem µC-Chip selber integriert sind:

  A/D-Wandler: Interrupt "Meßwert ist fertig gewandelt worden !"
  Zähler: Interrupt "Zählerüberlauf ist aufgetreten !"
  Zähler: Interrupt "Vergleichszahl ist erreicht worden !"

Diese Interrupt-Quellen erzeugen nun bestimmte *Interrupt-Bedingungen*, auf die dann der µC reagiert. Da wir uns hier mit elektronischen Systemen beschäftigen, können solche Interrupt-Bedingungen nur durch elektrische Signale dargestellt werden, d.h., die Interrupt-Bedingung: "Wellenlager heiß gelaufen" muß durch einen geeigneten Sensor erfaßt und in eine elektrische Größe umgewandelt werden, die dann den Interrupt auslöst. Hierzu gibt es im wesentlichen fünf verschiedene *Interrupt-Auslöser* (Interrupt-Bedingungen):

- einen "LOW-Pegel",
- einen "HIGH-Pegel",
- eine "fallende Flanke" (HIGH → LOW-Pegelübergang),
- eine "steigende Flanke" (LOW → HIGH-Pegelübergang),
- eine "Fertig-Meldung": solche Interrupt-Bedingungen werden nur von ON-Chip-Peripherie-Einheiten ausgelöst, wenn z.B. der interne Zähler den Zählwert 0 erreicht hat. Hierbei ist es für den Programmierer unerheblich, wie der Interrupt intern ausgelöst wird. Er weiß nur, daß er ausgelöst wird, wenn die entsprechende Bedingung erfüllt ist, und das ist ausreichend.

Die von den Interrupt-Quellen ausgelösten Interrupt-Bedingungen werden nun über die *Interrupt-Leitungen* zum µC geführt, d.h. je nach Programmierung reagiert der µC nur auf eine der obigen Bedingungen, wenn diese an einem seiner *Interrupt-Eingänge* anliegt bzw. erscheint. Meistens kann man die gewünschte Interrupt-Bedingung für jede einzelne Interrupt-Leitung (für jeden einzelnen Interrupt-Eingang des µCs) getrennt per Software einstellen und erhält somit eine große Flexibilität, um auf die unterschiedlichsten Arten von Interrupt-Quellen reagieren zu können.

Erkennt der µC also eine gültige Interrupt-Bedingung, so verläßt er augenblicklich sein normales Hauptprogramm und führt eine besondere, vorher programmierte Programmsequenz aus, in der die Reaktionen auf diesen Interrupt festgelegt sind. Diesen Programmteil nennt man *Interrupt-Service-Routine*. Solch eine Routine ist genau so aufgebaut wie ein normales Unterprogramm.

8. Der Mikrocontroller-Kurs, Teil 1

> ! **Merke: "Die Bearbeitung von Interrupts, I"**
> Die Abarbeitung eines Interrupts, also der Aufbau und die Abarbeitung einer Interrupt-Service-Routine ist identisch mit dem Aufbau und der Abarbeitung eines Unterprogramms.
> Der einzige Unterschied besteht darin, daß ein Unterprogramm gezielt und zu vorhersehbaren Zeiten durch einen bestimmten Befehl (≡ Name der Prozedur bzw. Funktion) aufgerufen wird, der Interrupt (die Interrupt-Service-Routine) dagegen wird zu nicht vorhersehbaren Zeiten durch ein besonderes internes oder externes Ereignis ausgelöst. Nach der Auslösung wird die Interrupt-Service-Routine dann aber wie ein normales Unterprogramm abgearbeitet.

Um sinnvoll mit Interrupts arbeiten zu können, sind für den µC aber noch einige wichtige Fragen zu klären:

- Wo finde ich im Gesamtprogramm die entsprechende Interrupt-Service-Routine für den jeweiligen Interrupt ?
- Welchen Interrupt bearbeite ich zuerst, wenn mehrere Interrupts gleichzeitig auftreten ?
- Wie kann ich einen Interrupt abschalten, wenn er nicht wirken soll ?
- Was mache ich, wenn ich auf einen Interrupt gar nicht reagieren kann oder will, d.h., wie lösche ich einen Interrupt, ohne die Interrupt-Service-Routine aufzurufen ?
- usw.

All diese Fälle sind eindeutig geregelt und werden nachfolgend erläutert.

Die Interrupt-Vektor-Adresse

Jedem Interrupt, den ein µC bearbeiten kann, ist eine eindeutige Startadresse im Programmspeicher zugeordnet, an der die jeweilige Interrupt-Service-Routine beginnen muß, *Tab.8.12.1*:

Interrupt Quelle	Startadresse im Programmspeicher für die Interrupt-Service-Routine zu dieser Interrupt-Quelle (Interrupt-Vektor-Adresse)
Externer Interrupt 1	0013H
Timer 1 Overflow	001bH
Serielle Schnittstelle 0	0023H
A/D-Wandler	0043H
.....	.....
Serielle Schnittstelle 1	0083H
.....	.....

Tab.8.12.1: Die Startadressen der jeweiligen Interrupt-Service-Routinen bei einem 80C537er (Auszug)

8.12 Lektion 12

Das bedeutet nun z.B.: Beim Auftreten des Interrupts vom A/D-Wandler ("Wandlung ist abgeschlossen") verläßt der µC sofort sein normales Hauptprogramm und springt ganz automatisch und selbständig, d.h. ohne Zutun des Programmierers, zur Programmspeicherstelle mit der Adresse 0043_H und erwartet dort den Anfang der Interrupt-Service-Routine, also den ersten Befehl der entsprechenden Interrupt-Service-Routine.
Der Anwendungsprogrammierer muß also dafür sorgen, daß ab 0043_H die geeigneten Befehle stehen. Das Gleiche gilt für den Interrupt der seriellen Schnittstelle 1: ab der Adresse 0083_H im Programmspeicher müssen die ersten Befehle der zugeordneten Interrupt-Service-Routine beginnen.

> **! Merke: "Die Interrupt-Vektor-Adressen, I"**
> Somit hat jeder Interrupt seine eigene, eindeutige, unverwechselbare Ansprungstelle für seine ihm zugeordnete Interrupt-Service-Routine, und dadurch können die Reaktionen auf die einzelnen Interrupts exakt auseinandergehalten werden. Man nennt diese Startadressen der Interrupt-Service-Routinen auch die **Interrupt-Vektor-Adressen**.
> Diese Interrupt-Vektor-Adressen sind vom µC-Hersteller **unveränderbar** festgelegt worden, und der µC springt sie beim Auftreten eines Interrupts selbständig an.

Für Sie als Pascal51er-Programmierer stellt sich hier nun die Frage:
"Wie plaziere ich die Interrupt-Service-Routine genau an die richtige Interrupt-Vektor-Adresse im Programmspeicher ?" Die Anwort hierauf ist ganz einfach und "erschütternd".

> **! Merke: "Die Interrupt-Vektor-Adresse, II"**
> Unter Pascal51 können Sie **keine** Programmteile definiert an bestimmte Programmspeicherplätze legen. Der Pascal-Compiler alleine bestimmt, wo die Programmsequenzen im Programmspeicher zu liegen kommen, und darauf haben Sie keinen Einfluß.
> Eine solche gezielte Plazierung ist nur in den Programmiersprachen Assembler51 und C51 möglich.

Was nun ?
Aber keine Angst, Sie brauchen in Pascal51 keinesfalls auf die Interrupt-Benutzung zu verzichten, nur funktioniert die Interrupt-Behandlung hier etwas anders, siehe *Abb.8.12.2*.

Zur Interrupt-Verarbeitung unter Pascal51 definiert der Compiler eine besondere Byte-Speicherstelle (*IByte*) und eine besondere Bit-Speicherstelle (*IBit*) im internen ON-Chip-RAM-Speicherbereich des µC's.
Wenn ein Interrupt auftritt (also eine Interrupt-Bedingung erfüllt ist), so verzweigt der µC ganz normal zur entsprechenden Interrupt-Vektor-Adresse. Dort steht nun, ganz automatisch vom Pascal-

8. Der Mikrocontroller-Kurs, Teil 1

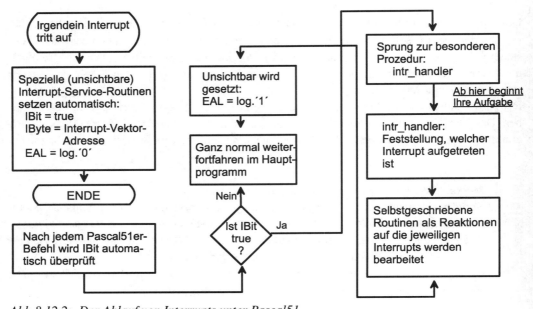

Abb.8.12.2: Der Ablauf von Interrupts unter Pascal51

Compiler (ohne Ihren Einfluß) erzeugt, für jeden möglichen Interrupt eine besondere Interrupt-Service-Routine. Diese Service-Routinen machen nur drei Dinge:

- Sie setzen das IBit auf log.'1' (true), als Kennzeichen dafür, *daß ein Interrupt* aufgetreten ist.
- Unter IByte wird die entsprechende Interrupt-Vektor-Adresse des aufgetretenen Interrupts abgespeichert, als Kennzeichen dafür, *welcher Interrupt* aufgetreten ist.
- Alle weiteren möglichen Interrupts werden vom µC-Kern global abgeschaltet (Öffnen des Generalschalters: EAL auf log.'0', s. später).

Danach ist jede der unterschiedlichen Interrupt-Service-Routinen beendet, es wird wieder zum unterbrochenen Hauptprogramm zurückgesprungen und an der unterbrochenen Stelle im Programmablauf fortgefahren.

Damit ist automatisch vom µC zunächst nur festgehalten worden, daß ein Interrupt und welcher Interrupt aufgetreten ist.

Wie erfolgt aber nun die weitere Auswertung durch Ihr eigenes Anwendungsprogramm?

Auch hier "schlägt" der Pascal51er-Compiler wieder ganz ohne Ihr Zutun und unsichtbar für Sie zu.

Nach *jedem* Ihrer Pascal-Befehle fügt er beim Übersetzen ganz automatisch eine eigenen Befehlsfolge ein, die nichts anderes macht, als zu überprüfen, ob das IBit gesetzt worden ist.

8.12 Lektion 12

Ist dieses Bit nicht gesetzt worden (zwischendurch ist also kein Interrupt aufgetreten), so wird ganz normal mit dem nächsten übersetzten Pascal-Befehl fortgefahren. Ist das IBit aber gesetzt (zwischendurch ist also ein Interrupt aufgetreten), so verzweigt der µC automatisch in die Prozedur intr_handler (*"Interrupt-Behandler", Prozedur zur Behandlung von Interrupts*), und ab hier beginnt dann erst Ihre eigentliche Interrupt-Programmierarbeit, d.h., Sie müssen jetzt diese Prozedur intr_handler programmäßig ausfüllen.

> **!** *Merke: "Der Interrupt-Handler"*
> *Wenn Sie unter Pascal51 mit Interrupts arbeiten, so* **muß** *in Ihrer Prozedursammlung immer eine Prozedur mit exakt dem Namen* **intr_handler** *vorhanden sein. In dieser Prozedur ermitteln Sie zunächst, welcher Interrupt aufgetreten ist, und danach werden die eigentlichen, von Ihnen geschriebenen Interrupt-Service-Routinen aufgerufen.*
> *An intr_handler können keine Variablen übergeben werden.*
>
> *Fehlt die Prozedur intr_handler, so wird beim Auftreten eines Interrupts immer ein µC-Reset ausgelöst, d.h., das gesamte µC-System wird komplett zurückgesetzt und startet mit der Programmausführung neu ab der Adresse 0000_H.*

In der Prozedur intr_handler muß also zunächst einmal festgestellt werden, welcher Interrupt eigentlich aufgetreten ist. Dazu wird das IByte ausgelesen (abgefragt), denn dort wurde ja die eindeutige Interrupt-Vektor-Adresse (s. Tab.8.12.1) des aufgetretenen Interrupts hinterlegt. Dieser Wert von IByte kann nun mit der Pascal51er-Funktion namens *interrupt* ermittelt werden, d.h. mit:

```
var
    a:byte;

a:=interrupt;
```

wird der Variablen a der Wert der Interrupt-Vektor-Adresse zugeordnet und kann dann weiter verarbeitet werden.
Ebenso ist natürlich auch möglich:

```
            if interrupt=.... then ...
            case interrupt of
                    .....
                    .....
            end;
```

8. Der Mikrocontroller-Kurs, Teil 1

Zur Verdeutlichung ein
Beispiel:

```
(*** Notwendige Definition des Interrupt-Handlers ***)

procedure intr_handler;

     (*** Definition lokaler Konst., Var., Proz., u. Fkt's ***)

     (*** Beginn des eigentlichen Prozedur-Rumpfes ***)
begin
     (* Ermittlung des auslösenden Interrupts, also der eigentlichen *)
     (* Interrupt-Vektor-Adresse *)
     case interrupt of
        $1b: proz_1;         (* IR-SR für IR: Ser.Schnittst. 0 *)
        $23: proz_2;         (* IR-SR für IR: Timer 1 overflow *)
        $43: proz_3;         (* IR-SR für IR: A/D-Wandler *)
     end;

     (*** Letzter Befehl der Interrupt-Service-Routine: ***)
     (*** Niemals vergessen !!!! ***)
     ireturn;
end;
```

(IR-SR≡ Interrupt-Service-Routine)

Die Prozeduren proz_1, proz_2, proz_3, ... sind nun von Ihnen geschriebene, ganz normale Pascal51er-Prozeduren (mit oder ohne Parameter-Übergaben, mit oder ohne Verwendung lokaler und globaler Variablen).

Wenn jetzt z.B. der Timer 1-Overflow-Interrupt auftritt (der maximal zulässige Zählbereich von Timer 1 wurde überschritten), so verzweigt das Programm zunächst automatisch, ohne Ihr Zutun in die Prozedur intr_handler. Nach der Definition der dort benötigten lokalen Größen erfolgt im Prozedur-Rumpf die Ermittlung des auslösenden Interrupts und dann die Verzweigung in die zugehörige Interrupt-Service-Routine, hier die Verzweigung zur Prozedur proz_2.
Diese Prozedur proz_2 (enthält die Programmreaktionen auf den Timer 1-Overflow) wird nun komplett bearbeitet und nach dem Rücksprung daraus wird der case-Block sofort beendet. Als letzter Befehl in der Prozedur intr_handler *muß zwingend* der Befehl *ireturn* erscheinen. Durch diese Anweisung werden die beiden Interrupt-Merker IBit und IByte wieder gelöscht und alle Interrupts wieder global freigegeben (s. später), d.h., das System ist nun erneut bereit, auf einen neuen Interrupt zu reagieren.

Die Experten Ecke: "Die Schachtelung von Interrupts"
*Die Schachtelung von Interrupts ist in Pascal51 leider **nicht** möglich, da der Interrupt-Handler nicht rekursiv aufrufbar ist.*

8.12 Lektion 12

> ! **Merke: "Die Bearbeitung von Interrupts, II"**
> Unter Pascal51 gilt: Wenn gerade ein Interrupt bearbeitet wird, so kann ein neu auftretender Interrupt die weitere Bearbeitung der gerade laufenden Interrupt-Service-Routine **nicht** unterbrechen. Die aktuelle Interrupt-Service-Routine wird erst zu Ende bearbeitet, danach kann der neue Interrupt erst wirken und seine Interrupt-Service-Routine auslösen.
> Interrupts müssen also irgendwie zwischengespeichert werden, damit sie nicht verlorengehen (mehr dazu, s. später).

Ein Beispiel soll das bisher Ausgeführte erst einmal verdeutlichen.

Beispiel:
"Eine fallende Flanke am Port-Pin P3.3 soll einen Interrupt auslösen."

Aus der Lektion 10 wissen Sie bereits, daß alle Port-Pins alternative Funktionen haben. Der Pin P3.3 kann daher als normaler digitaler I/O-Pin benutzt werden oder als Interrupt-Auslöse-Eingangs-Pin für den Anschluß einer externen Interrupt-Quelle (externer Interrupt 1 ≡ INT1\). Die externe Interrupt-Quelle ist hier ein einfacher Taster, und die für den Port-Pin 3.3 programmierbaren Interrupt-Bedingungen zum Auslösen eines Interrupts sind:

o eine fallende Flanke (HIGH → LOW-Übergang) oder
o ein LOW-Pegel.

Um also den INT1\ auszulösen, muß man mit dem Taster die jeweils programmierte Interrupt-Bedingung erzeugen. Wenn wir uns für die "Fallende Flanken-Auslösung" entscheiden, so kann der Taster wie folgt an den Pin P3.3 angeschlossen werden, *Abb.8.12.3*:

Beachten:
Vor Anschluß des Tasters und vor Start des Programms muß der Jumper J6 entfernt werden !

Aus der Lektion 10 ist ja bekannt, daß der Widerstand R ein chip-interner Pull-Up-Widerstand ist, der den I/O-Pin normalerweise auf HIGH-Pegel hält. Wird nun der Taster gedrückt, so wird P3.3 nach LOW gezogen, und eine fallende Flanke entsteht, die den Interrupt auslöst. Das Programm *inter1.pas* zeigt die programmtechnische Erfassung des Interrupts:

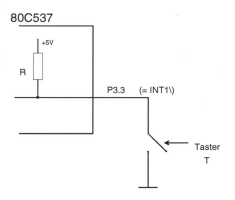

Abb.8.12.3: Fallende-Flanke-Auslösung von INT1\ durch einen Taster

8. Der Mikrocontroller-Kurs, Teil 1

```pascal
(************************************************************************)
(*                                                                      *)
(*                     Das Arbeiten mit Interrupts 1                    *)
(*                                                                      *)
(*                                                                      *)
(*      Externer Interrupt mittels Taster am Hardwareanschluß INT1\     *)
(*      ===========================================================     *)
(*                                                                      *)
(*                                                                      *)
(*                      Programm:  inter1.pas                           *)
(*                                                                      *)
(************************************************************************)
program inter1;

(************************************************************************)
(*** Definition der verwendeten Pascal-Konstanten ********************** )
(************************************************************************)

const
        EAL = $AF;         (* Enable All Interrupts (Generalschalter) *)
        EX1 = $AA;         (* Enable externen Interrupt 1 *)
        IT1 = $8A;         (* Auswahlbit für INT1\ (Flanke oder Pegel) *)
        P33 = $B3;         (* Portpin des externen Interrupts 1 *)

(************************************************************************)
(*** Definition der verwendeten Pascal-Prozeduren ********************** )
(************************************************************************)

procedure isr_int1;

begin
  writeln;
  writeln(' *** INTERRUPT *** ');
  write(chr($07));
end;

(************************************************************************)

procedure intr_handler;

begin;
  if interrupt = $13 then isr_int1;     (* Wenn Interrupt, dann isr_int1 *)
  ireturn;                              (* Interuptroutine beenden! *)
end;

(************************************************************************)
(*** Start des eigentlichen Hauptprogramms ***************************** )
(************************************************************************)

begin
  setbit(P33);             (* Hardwareanschluß INT1\ als Eingang definieren *)
  setbit(EAL);             (* Alle Interrupts freigeben! *)
  setbit(EX1);             (* INT1\ freigeben! *)
  setbit(IT1);             (* INT1\ reagiert auf fallende Flanke! *)
  while true do write(' WARTE ');       (* Warte-Text *)
end.
```

8.12 Lektion 12

Hier sehen Sie sehr deutlich die charakteristischen Programmpunkte bei der Interrupt-Programmierung :

- Der Interrupt-Handler (die Prozedur intr_handler) muß vorhanden sein.
- Innerhalb des Interrupt-Handlers wird die auslösende Interrupt-Quelle ermittelt und die entsprechende Interrupt-Service-Routine aufgerufen, hier die Prozedur *isr_int1*.
- Innerhalb der Interrupt-Service-Routine legen Sie fest, wie die Reaktionen auf den Interrupt aussehen sollen, hier: Ausgabe eines Meldungstextes und eines Beeps.
- Im Hauptprogramm selber erfolgt die Initialisierung (Einstellung) des Interrupts (s. nachfolgend).
- Danach beginnt das eigentliche Hauptprogramm, dieses besteht hier nur aus einer Endlosschleife (hier neu: gebildet mit der while-Konstruktion). Es wird also permanent der "Warte-Text" ausgegeben. Sobald ein Interrupt erscheint, sobald Sie also die Taste betätigen, wird in die Interrupt-Service-Routine verzweigt, der dortige Meldungstext auf den Bildschirm ausgegeben. Danach wird wieder zurück ins Hauptprogramm gesprungen und bis zum nächsten Tastendruck (Interrupt) weiterhin der Wartetext zum Terminal gesendet.

Für Sie wichtig und neu ist nun die Initialisierung des Interrupts, und dieses geschieht in vier Schritten:

1) Einstellung des Port-Pins auf seine Alternativ-Funktion:
Wie Sie in Lektion 10 gelernt haben, erfolgt die Programmierung eines I/O-Port-Pins auf seine Alternativ-Funktion durch Einschreiben einer log.'1' in die entsprechende Bitstelle des jeweiligen Port-SFR's, hier also P3.3=1, d.h. setbit(P33); oder setbit($b3);.

2) Die Festlegung der Interrupt-Bedingung:
Der Interrupt soll hier durch eine fallende Flanke ausgelöst werden. Auch diese Einstellung wird durch eine Bitstelle in einem SFR vorgenommen. Dieses SFR heißt *TCON* und für den externen Interrupt 1 (INT1\) ist das 2. Bit, namens IT1, zuständig:

IT1 = 1 ≡ Interrupt-Auslösung durch eine fallende Flanke
IT1 = 0 ≡ Interrupt-Auslösung durch einen LOW-Pegel.

Hier ist IT1 also auf log.'1' zu setzen.

> **Wichtig: "Die SFR's der Interrupt-Logik"**
> Eine genaue Auflistung und Erläuterung der SFR's für die sogenannte **Interrupt-Logik** des 80C537ers erfolgt im Anhang 11.5.

8. Der Mikrocontroller-Kurs, Teil 1

Die Interrupt-Maskierung

3) Die Freigabe des Interrupts:
In einem µC-System kann jeder Interrupt gezielt freigegeben werden, d.h., man kann ganz genau programmieren, ob man überhaupt mit einem Interrupt arbeiten will oder nicht (denn Sie wissen ja: man muß nicht unbedingt mit Interrupts arbeiten). Der Freigabe eines Interrupts dienen wiederum einzelne Bits innerhalb bestimmter SFR's. Diese Bits haben also eine *Schalterfunktion*, Abb.8.12.4:

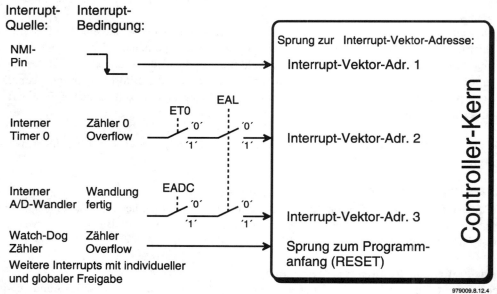

Abb.8.12.4: *Die Aktivierung eines Interrupts*

! **Merke: "Die Maskierung von Interrupts"**
In der korrekten µC-Sprache spricht man von der:
Maskierung eines Interrupts ≡ Interrupt disable ≡ Sperrung eines Interrupts.
In diesem Falle ist der Schalter geöffnet, das entsprechende Steuerbit hat also den Wert log.'0'.
Demaskierung eines Interrupts ≡ Interrupt enable ≡ Freigabe eines Interrupts
In diesem Falle ist der Schalter geschlossen, das entsprechende Steuerbit hat also den Wert log.'1'.
Durch diese Maskierung von Interrupts kann man sehr einfach und sehr flexibel in verschiedenen Programmteilen aufgabenspezifisch festlegen, ob und wann man mit Interrupts arbeiten will, und wenn ja, mit welchen Interrupts, denn zu jedem Interrupt existiert so ein Schalterbit. All diese Schalterbits sind zu den sogenannten **Interrupt-Enable-SFR's** zusammengefaßt.

8.12 Lektion 12

4) Die globale Freigabe für alle demaskierten Interrupts:
Weiterhin gibt es noch einen globalen Ein-/Aus-Schalter für alle Interrupts. Mit diesem Schalter kann man alle freigegebenen Interrupts auf einmal sperren (ausschalten) oder einschalten (freigeben). Der **General-Ein-Aus-Schalter** ist ebenfalls ein Bit in einem SFR. Es hat den Namen EAL (Enable All Interrupts), und es gilt:

- EAL = 1   Alle freigegebenen Interrupts wirken auf den µC-Kern ≡ der Generalschalter ist geschlossen.
- EAL = 0   Alle freigegebenen Interrupts wirken nicht auf den µC-Kern ≡ der Generalschalter ist geöffnet.

Solch eine globale Ein- und Ausschaltmöglichkeit von freigegebenen Interrupts werden Sie später noch zu schätzen wissen, vor allen Dingen, wenn Sie sehr schnelle Routinen in Assembler schreiben. Es kommt durchaus häufig vor, daß Sie so zeitkritische Programmteile haben, die nicht durch Interrupts unterbrochen werden dürfen, die also unbedingt an einem Stück abgearbeitet werden müssen. In so einem Falle müßten Sie vor der Ausführung dieser Routinen alle zuvor demaskierten Interrupts einzeln sperren (und dazu benötigen Sie mehrere Bit-Befehle). Nach diesen zeitkritischen Routinen sind alle Interrupts wieder einzeln frei zu geben (ebenfalls durch mehrere Bit-Befehle), wobei Sie jetzt auch noch wissen müssen, welche Interrupts denn vorher eigentlich aktiviert waren und welche nicht.
Einfacher und schneller geht es in diesem Fall mit dem Generalschalter: mit einem einzigen Bit-Befehl werden alle Interrupts abgeschaltet, und ein weiterer einzelner Bit-Befehl schaltet später dann all die Interrupts wieder zu, die auch vorher freigegeben waren.

> **!** *Merke: "Der Zustand der Interrupt-Schalter nach einem Reset"*
> *Nach einem Reset bzw. nach dem Einschalten der Betriebsspannung sind zunächst alle Interrupts gesperrt, d.h., alle Einzelschalter und der Generalschalter sind geöffnet.*
> *Will man also im Programm mit Interrupts arbeiten, so müssen die Schalter erst entsprechend geschlossen werden.*
>
> *Wichtig:*
> *Gerade der Programmieranfänger setzt zwar die Einzel-Aktivierungs-Schalter der Interrupts korrekt, vergißt aber sehr oft, den Generalschalter zu schließen, und wundert sich, warum die freigegebenen Interrupts nicht wirken.*
> *Vergessen Sie also nie, das Bit EAL beim 8051er auf log.'1' zu setzen, wenn Interrupts erkannt werden sollen.*

Damit sollte Ihnen der Aufbau und die Funktion des ersten Einführungsprogramms inter1.pas klar geworden sein. Wir kommen nun zunächst zu einer allgemeinen Beschreibung weiterer interessan-

8. Der Mikrocontroller-Kurs, Teil 1

ter Feinheiten der Interrupt-Programmierung, und danach führen wir den konkreten, detaillierten Transfer dieser Grundlagen auf das Interrupt-System des 80C537ers aus.

Die Interrupt-Request-Flags

Was passiert nun z.B., wenn eine Interrupt-Bedingung erfüllt ist, der Interrupt also ausgelöst wird, und der entsprechende Einzelschalter bzw. der Generalschalter aber geöffnet ist ?
Hier gilt nun: Jeder aufgetretene Interrupt wird grundsätzlich immer erst in einer Ein-Bit-Speicherstelle, "**Flag-Speicher**" (Flaggen- oder Anzeige-Speicher), zwischengespeichert, und erst sobald der entsprechende Interrupt-Schalter (und der Generalschalter) geschlossen wird, "schlägt" der Interrupt zu, d.h., die zugehörige Interrupt-Service-Routine wird dann sofort bearbeitet.

> **!** *Merke: "Die Interrupt-Request-Flags"*
> *Jeder auftretende Interrupt wird in sogenannten **Interrupt-Request-Flags** ("**Interrupt-Anforderungs-Flags**", oft auch **Interrupt-Status-Flag** genannt, Ein-Bit-Speicherstellen) zwischengespeichert. Die Einspeicherungen in diese Bitstellen sind die eigentlichen Auslöser der Interrupts.*
>
> *Wenn die Interrupt-Service-Routine des entsprechenden Interrupts angesprungen wird, wird das zugehörige Interrupt-Request-Flag meistens automatisch gelöscht (Ausnahmen, s. nachfolgend), und somit kann während der Bearbeitung der Interrupt-Service-Routine ein neu auftretender Interrupt erneut zwischengespeichert werden und geht so nicht verloren. Wenn die laufende Interrupt-Service-Routine dann zu Ende bearbeitet worden ist, kann der zwischengespeicherte Interrupt jetzt wirken und seine Interrupt-Service-Routine auslösen. Sie erinnern sich: In Pascal51 kann ein Interrupt unter keinen Umständen die gerade laufende Bearbeitung einer Interrupt-Service-Routine unterbrechen.*

Das bedeutet allerdings auch: wenn zwei oder mehrere gleiche Interrupts während der Bearbeitung einer Interrupt-Service-Routine auftreten, so gehen diese verloren, da immer nur jeweils ein Interrupt in seiner ihm zugeordneten Flag-Speicherstelle gespeichert werden kann. Der Anwender muß also sicherstellen, daß die Interrupt-Service-Routinen nicht länger dauern als der Abstand zwischen zwei Interrupts, sonst gehen unter Umständen Interrupts verloren.

Die Software-Interrupts

Mit Hilfe der Interrupt-Request-Flags kann man nun auch per Software Interrupts auslösen: dazu beschreibt man die entsprechende Interrupt-Status-Flag-Bitstelle einfach mit einer log.'1' (setbit()-Prozedur), der µC erkennt dadurch einen ausgelösten Interrupt und verzweigt in die entsprechende Interrupt-Service-Routine.

8.12 Lektion 12

Es ist daher nicht immer eine reale Interrupt-Quelle notwendig, um einen Interrupt auszulösen. Das hat den großen Vorteil, daß man schon vorab die Reaktionen auf einen Interrupt, also die ordnungsgemäße Funktion der Interrupt-Service-Routine austesten kann, ohne daß die spätere Interrupt-Quelle (z.B. eine Tastatur) bereits auf dem "Tisch des Entwicklers" liegen muß.

Die nicht maskierbaren Interrupts

In den bisherigen Betrachtungen haben Sie gesehen, daß man Interrupts nach Belieben per Software zu- oder abschalten kann.
Nun ist aber auch die umgekehrte Situation vorstellbar: Es kann vorkommen, daß äußerst kritische Systemzustände oder Ereignisse existieren, auf die der µC in jedem Fall sofort und unmittelbar reagieren muß, egal in welcher Programmroutine er sich gerade befindet, mit anderen Worten: der Interrupt muß immer erkannt und sofort behandelt werden und darf nicht maskierbar sein. Eine solche Situation kann zum Beispiel ein bevorstehender Spannungszusammenbruch im System sein: eine geeignete Überwachungsschaltung beobachtet permanent die Systemspannung und meldet via Interrupt dem µC das Unterschreiten unter eine erste Warngrenze, die noch unkritisch für das System ist. Der µC kann nun noch, bevor die Spannung gänzlich ausfällt, wichtige Daten in einen batteriegepufferten Datenspeicher ablegen, den Prozeß in einen sicheren Zustand fahren (z.B. Schließen eines Ventils) und eine Alarmmeldung an die übergeordnete Leitwarte über den bevorstehenden Spannungszusammenbruch absetzen. Der Interrupt vom Spannungsüberwachungsmodul muß also zu jeder Zeit vom µC erkannt und sofort behandelt werden.

> **! Merke: "Die nicht maskierbaren Interrupts"**
> *Solche Interrupts nennt man im allgemeinen **Nicht Maskierbare Interrupts (None Maskable Interrupts, NMI)**. Sie können nicht ausgeschaltet werden, unterbrechen den µC in jeder Programmsituation, "lauern" unmittelbar nach dem Einschalten der µC-Betriebsspannung auf die entsprechende Interrupt-Bedingung und lösen nach deren Vorliegen sofort einen Interrupt aus, **Abb.8.12.4**.*

Ein weiterer wichtiger, nicht maskierbarer Interrupt ist z.B. der *Watchdog* (Wachhund)-Interrupt. Ein interner oder externer Zähler (Watchdog-Zähler) wird auf einen bestimmten Wert (z.B. 0) gesetzt und zählt automatisch auf $ffff_H$ hoch. Wenn dieser Zustand erreicht worden ist (Interrupt-Bedingung erfüllt beim Übergang von $ffff_H$ nach 0000_H bei einem 16-Bit-Zähler), wird ein spezielles Interrupt-Signal ausgegeben, mit dem sich der µC selbst zurücksetzt. Nur wenn der µC den Zähler rechtzeitig, d.h. vor dem Erreichen des Endwertes, zurücklädt auf den Anfangswert (0), erfolgt kein Reset. Dieser Watchdog-Zählerbaustein überwacht also die ordnungsgemäße Funktion des Programmablaufes in der folgenden Weise: im Programm werden regelmäßig Anweisungen eingefügt, die den Watchdog-Zähler immer auf den Anfangswert (0) zurückladen und somit den Reset verhindern. Tritt nun eine Störung im normalen Programmablauf auf und der µC gerät dadurch z.B. in

8. Der Mikrocontroller-Kurs, Teil 1

eine Endlosschleife, in der der Watchdog-Zähler nicht immer wieder auf den Anfangswert zurückgeladen wird, so läuft dieser Zähler hoch, erzeugt beim Zählerübergang von ffff$_H$ nach 0000$_H$ einen Interrupt und somit einen µC-Reset zum Programmanfang. Der fehlerhafte Zustand des µC's wird dadurch aufgehoben, und das Programm startet erneut.

Wenn der Watchdog-Zähler durch einen externen Baustein realisiert wird, so ist der Watchdog-Zählerausgang in der Praxis im allgemeinen mit dem NMI-Eingang des µC's verbunden. Befindet sich der Watchdog-Zähler intern mit auf dem Controller-Chip, so besitzt er eine eigene, nicht maskierbare Interrupt-Leitung direkt zum µC-Kern. Nach dem Anlegen der Betriebsspannung wird dieser Watchdog dann entweder automatisch oder mit einem der ersten Befehle des Programms auf den Zähleranfangswert (0) geladen und läuft bis zum Endwert hoch. Der µC muß nun regelmäßig den Anfangswert in den Watchdog-Zähler schreiben, um den Reset zu vermeiden. Diese "Hochzähl-Funktion" des Watchdogs ist, einmal gestartet, durch keinen Befehl zu stoppen und permanent aktiv (mehr dazu in der Lektion 17).

Wie aus der *Abb.8.12.4* zu erkennen ist, wirkt auch der Generalschalter also nie auf solche None-Maskable-Interrupts.

Die Interrupt-Prioritäten

Abschließend soll noch die Möglichkeit behandelt werden, verschiedene Interrupts in ihrer Wichtigkeit staffeln zu können.
Treten mehrere Interrupts *gleichzeitig* am Controller-Kern auf, so stellt sich die Frage, welcher Interrupt nun zuerst behandelt werden soll. Man muß also eine geeignete Abstufung über die Reihenfolge der Interrupt-Bearbeitung festlegen, denn ein Interrupt, der eine kritische Motortemperaturerhöhung meldet, ist sicherlich vordringlicher zu behandeln als ein Interrupt, der meldet, daß der Drucker kein Papier mehr hat.
Die einzelnen Interrupts sind also sinnvollerweise mit *Prioritäten* bzw. mit *Prioritätsstufen* zu versehen. Liegen mehrere Interrupts gleichzeitig an, so wird der Interrupt mit einer hohen Prioritätsstufe vor dem Interrupt mit einer niedrigeren Prioritätsstufe abgearbeitet: der Interrupt mit der niedrigeren Prioritätsstufe wird in seinem Interrupt-Request-Flag gespeichert, nach der Abarbeitung des höherprioren Interrupts wird diese Speicherung vom Controller-Kern erkannt, und dann wird der niederpriore Interrupt bearbeitet.
Weiterhin ist es durch die Priorisierung von Interrupts möglich, daß eine gerade bearbeitete Interrupt-Service-Routine eines niederprioren Interrupts von einem höherprioren Interrupt in der Weise unterbrochen werden kann, daß zuerst die Interrupt-Service-Routine des höherprioren Interrupts bearbeitet und danach erst die Routine des niederprioren Interrupts zu Ende ausgeführt wird. Das ist z.B. dann besonders wichtig, wenn mit NMI's gearbeitet wird: ein NMI muß *alle* Routinen unterbrechen können, also auch gerade laufende Service-Routinen von anderen Interrupts. Der NMI hat daher bei allen µC's die höchste Prioritätsstufe. Im allgemeinen gilt daher, daß ein Interrupt höherer Priorität jederzeit die Interrupt-Service-Routine eines Interrupts niederer Priorität unter-

brechen kann. Umgekehrt kann ein Interrupt niederer Priorität niemals die Interrupt-Service-Routine eines Interrupts höherer Priorität unterbrechen. Weiterhin können sich Interrupts mit gleicher Prioritätsstufe nicht gegenseitig unterbrechen. Der erste Interrupt wird zuerst zu Ende bearbeitet, danach der zweite Interrupt. Innerhalb einer Prioritätsstufe gibt es dann noch weitere Festlegungen, welcher Interrupt zuerst bearbeitet wird, wenn mehrere Interrupts der gleichen Stufe gleichzeitig auftreten.

Die Festlegung der einzelnen Prioritätsstufe für jeden Interrupt erfolgt per "SFR-Bit-Setz-Befehl":

Ein µC besitzt zum Beispiel sechs verschiedene Interrupt-Quellen, die zwei verschiedenen Interrupt-Prioritätsstufen (HIGH oder LOW) zugeordnet werden können. Mit anderen Worten: durch das Setzen/Rücksetzen entsprechender Bits in bestimmten SFR's kann jedes der sechs Quellen die Stufe HIGH oder LOW zugeordnet werden, wobei ein HIGH-Interrupt jederzeit die Bearbeitung einer LOW-Interrupt-Service-Routine unterbrechen kann.

Soviel zur Theorie und zur Auslegung von Interrupt-Prioritäten bei µC's. Leider werden diese Eigenschaften, über die auch die 8051er verfügen, von Pascal51 nicht vollständig unterstützt.

> **!** *Merke: "Die Interrupt-Prioritätsstaffelung"*
> *Bei Pascal51 ist die Interrupt-Prioritätsstaffelung nur eingeschränkt nutzbar, da beim Auftreten eines jeden Interrupts der Generalschalter EAL grundsätzlich immer geöffnet und erst nach der Bearbeitung der Interrupt-Service-Routine wieder geschlossen wird.*
> *Eine Unterbrechung einer niederprioren Interrupt-Service-Routine durch einen höherprioren Interrupt ist leider nicht möglich, obwohl die 8051er dieses von ihrer Interrupt-Struktur her natürlich zulassen würden. Hierauf wird später noch näher eingegangen.*

> **!** *Merke: "Zusammenfassung Interrupts"*
>
> - *Interrupts sind Unterbrechungen des normalen Programmablaufes und dienen der Behandlung kritischer Situationen, der Zeitoptimierung von Programmabläufen oder der Realisierung eines Power-Management-Systems.*
> - *Interrupts treten im allgemeinen zu unbestimmbaren, zu vorher nicht definierbaren Zeiten auf (sog. beliebige asynchrone interne oder externe Ereignisse) und werden durch unterschiedliche Interrupt-Quellen ausgelöst. Auf Interrupts reagiert der Prozessor sofort, wenn die Interrupt-Behandlung freigegeben worden ist.*
> - *Jeder Interrupt-Quelle ist im allgemeinen eine eigene Interrupt-Leitung zugeordnet.*
> - *Auf den Interrupt-Leitungen gibt es fünf verschiedene, meist programmierbare Interrupt-Bedingungen, die einen Interrupt auslösen können: High-, Low-Pegel; steigende-, fallende Flanke; Fertig-Zustand.*

8. Der Mikrocontroller-Kurs, Teil 1

- *Beim Auftreten eines Interrupts identifiziert der µC anhand der aktivierten Leitung die Interrupt-Quelle, ermittelt die zugehörige Interrupt-Vektor-Adresse und kann damit zu einer vom Anwender programmierten speziellen Interrupt-Service-Routine verzweigen, in der festgelegt ist, was bei diesem Interrupt zu tun ist. Die weitere Bearbeitung dieser Interrupt-Service-Routine ist identisch mit der Abarbeitung eines normalen Unterprogrammaufrufes.*
- *Um eine Interrupt-Service-Routine ungestört vom Auftreten anderer Interrupts durchführen zu können, ist es möglich, andere Interrupts für die entsprechende Bearbeitungszeit (aus)zu sperren (zu maskieren, zu disablen).*
- *Über eine Prioritätsstaffelung wird die Abarbeitungsreihenfolge mehrerer anstehender Interrupts bzw. einzelner nacheinander eintreffender Interrupts geregelt.*
- *Es gibt Interrupts, die immer die höchste Priorität haben und unverhinderbar immer vom Prozessor bearbeitet werden (NMI's; jeder Prozessor besitzt naturgemäß maximal zwei dieser Interrupts).*
- *Nach der Bearbeitung des Interrupts kehrt der µC wieder zu seinem normalen Programmablauf zurück, er führt die Programmbearbeitung an der Stelle fort, wo er unterbrochen wurde, d.h., durch das Auftreten des Interrupts geht kein Befehl des normalen Programms verloren.*

Nun können wir endlich die "Lupe" auf den 80C537er richten und uns dessen recht komplexes Interrupt-System detaillierter ansehen. Die *Tab.8.12.2* zeigt zunächst eine Übersicht über die Interrupt-Möglichkeiten dieses µC's:

Insgesamt 14 Interrupt-Quellen:
- o 7 Interrupts von ON-Chip-Peripherie-Einheiten:
  - Timer 0
  - Timer 1
  - Timer 2
  - Compare-Timer
  - Serielle Schnittstelle 0
  - Serielle Schnittstelle 1
  - A/D-Wandler
- o 7 Interrupts, ausgelöst durch extern anschließbare Interrupt-Quellen mit unterschiedlich programmierten Interrupt-Bedingungen:
  - steigende Flanke
  - fallende Flanke
  - LOW-Pegel

- o Alle Interrupts können softwaremäßig auf insgesamt 4 Prioritätsstufen verteilt werden. Die Interrupts sind zu 6 Paaren bzw. Tripletts zusammengefaßt, und jede dieser Gruppen kann einer Prioritätsstufe zugeordnet werden.

8.12 Lektion 12

- Jeder Interrupt kann einzeln enabled/disabled werden.
- Ein General-Ein-/Ausschalter wirkt auf alle Interrupts.
- Es gibt einen internen NMI (Non maskable Interrupt), der nur vom Watchdog ausgelöst werden kann (keine externe Auslösung eines NMI's möglich !)

Tab.8.12.2: Die Interrupt-Möglichkeiten des 80C537ers

Die *Abb.8.12.5* zeigt das *noch* recht unübersichtliche Blockdiagramm der Interrupt-Struktur:

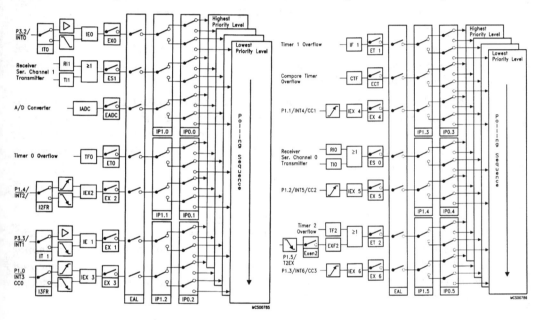

Abb.8.12.5: Die Interrupt-Struktur des 80C537ers

Bringen wir also etwas mehr Licht in diese Struktur und beginnen mit dem Ablauf einer Interrupt-Behandlung bei den 8051ern:

> **! Merke: "Der Ablauf einer Interrupt-Behandlung bei der 8051er-Familie"**
>
> 1) Eine Interrupt-Quelle (intern oder extern) löst beim Vorliegen der Interrupt-Bedingung einen Interrupt aus, d.h. es wird sofort das entsprechende Interrupt-Request-Flag im zugehörigen SFR gesetzt und zwar unabhängig davon, ob der Interrupt enabled oder disabled ist oder ob der Generalschalter geöffnet oder geschlossen ist. War das Interrupt-Request-Flag schon gesetzt (von einem vorherigen Interrupt), so bleibt es gesetzt, und der zweite Interrupt geht somit verloren.

329

8. Der Mikrocontroller-Kurs, Teil 1

2) Ist der Interrupt enabled:
   - das Interrupt-spezifische Enable-Bit ist auf log.'1' gesetzt **und**
   - der Generalschalter EAL ist auf log.'1' gesetzt,

   so wird der Interrupt sofort vom µC-Kern erkannt und die entsprechende Interrupt-Service-Routine angesprungen.

3) Ist der Interrupt disabled, so bleibt die Speicherung des Interrupt-Zustandes im Interrupt-Request-Flag solange erhalten, bis die Bedingungen aus Punkt 2) erfüllt sind.

4) Wenn die Interrupt-Service-Routine bearbeitet wird, muß das Interrupt-Request-Flag wieder gelöscht werden, denn auf den Interrupt wurde ja jetzt reagiert. Diese Löschung kann auf zwei Arten erfolgen:

   a) Der µC löscht das Interrupt-Request-Flag ganz automatisch, ohne das Zutun des Programmierers, wenn er zur Interrupt-Vektor-Adresse verzweigt, wenn also die Interrupt-Service-Routine aufgerufen wird.

   b) Der Programmierer muß bewußt, d.h. per Programm-Befehl (z.B. clearbit()) dieses Interrupt-Request-Flag löschen, und zwar innerhalb der Interrupt-Service-Routine. Damit ein weiterer auftretender Interrupt erkannt und zwischengespeichert werden kann, sollte diese Löschung möglichst mit dem ersten Befehl innerhalb der Interrupt-Service-Routine erfolgen.

» **Wichtig: "Die Löschung von Interrupt-Request-Flags"**
Muß ein Interrupt-Request-Flag vom Anwender bewußt gelöscht werden (s. zuvor Punkt 4b)), so darf dieses unter keinen Umständen vergessen werden, weil sonst der Interrupt **immer** aktiv bleibt, d.h., sobald die Interrupt-Service-Routine verlassen wird, steht der alte Interrupt immer noch an, und die Interrupt-Service-Routine wird erneut aufgerufen, obwohl unter Umständen gar kein Interrupt mehr aufgetreten ist.

Die von den ON-Chip-Peripherie-Einheiten ausgelösten Interrupts

In der *Tab.8.12.3* sind alle wichtigen Informationen zu den Interrupts, die von den internen Interrupt-Quellen (ON-Chip-Peripherie-Einheiten) ausgelöst werden können, zusammengestellt (außer der Programmierung der Prioritätsstaffelung).

! *Merke: "Die Besonderheiten der Interrupts"*

- Jede Interrupt-Quelle setzt beim Vorliegen der Interrupt-Bedingung das entsprechende Interrupt-Request-Flag, d.h., dieses Setzen des Interrupt-Request-Flags ist der eigentliche Interrupt-Auslöser beim µC.

8.12 Lektion 12

- Durch Setzen der Interrupt-Request-Flags per Programm-Befehl (setbit()) können die Interrupts auch softwaremäßig, also ganz gezielt ausgelöst werden.
- Die Löschung der Interrupt-Request-Flags kann auf eine von zwei Arten erfolgen:

   Hardwaremäßig:
   Die Löschung erfolgt automatisch durch den µC, sobald er die Interrupt-Service-Routine bearbeitet.

   Softwaremäßig:
   Die Löschung muß gezielt vom Anwender, per Programm-Befehl (clearbit()), erfolgen.

Interrupt-Quelle	Interrupt-Bedingung	Interrupt Enable Bit	Bit-Adresse des Enable Bits	Interrupt Request Flag	Bit-Adresse des Request Flags	Löschung des Request Flags	Interrupt Vektor Adresse
A/D-Wandler	Wandlung abgeschlossen	EADC = 0 disable EADC = 1 enable	EADC = B8$_H$	IADC	IADC = C0$_H$	Softwarelöschung	0043$_H$
serielle Schnittstelle 0	- Zeichen komplett empfangen oder - Zeichen komplett gesendet	ES0 = 0 disable ES0 = 1 enable	ES0 = AC$_H$	RI0 oder TI0	RI0 = 98$_H$ TI0 = 99$_H$	Softwarelöschung Softwarelöschung	0023$_H$
serielle Schnittstelle 1	- Zeichen komplett empfangen oder - Zeichen komplett gesendet	ES1 = 0 disable ES1 = 1 enable	ES1 im SFR IEN2, nicht bitadressierbar	RI1 oder TI1	RI1 und TI1 im SFR S1CON, nicht bitadressierbar	Softwarelöschung Softwarelöschung	0083$_H$
Timer 0	Überlauf des Zählregisters *)	ET0 = 0 disable ET1 = 1 enable	ET0 = A9$_H$	TF0	TF0 = 8D$_H$	Hardwarelöschung	000B$_H$
Timer 1	Überlauf des Zählregisters	ET1 = 0 disable ET1 = 1 enable	ET1 = AB$_H$	TF1	TF1 = 8F$_H$	Hardwarelöschung	001B$_H$
Timer 2	- Überlauf des Zählregisters oder - externer Reload Vorgang	ET2 = 0 disable ET2 = 1 enable EXEN2 = 0 disable *) EXEN2 = 1 enable	ET2 = AD$_H$ oder EXEN2 = BF$_H$	TF2 oder EXF2	TF2 = C6$_H$ EXF2 = C7$_H$	Softwarelöschung Softwarelöschung	002B$_H$
Compare Timer	Überlauf des Zählregisters	ECT = 0 disable ECT = 1 enable	ECT im SFR IEN2, nicht bitadressierbar	CTF	CTF im SFR CTCON, nicht bitadressierbar	Softwarelöschung	009B$_H$

Tab.8.12.3: Die internen Interrupts des 80C537er

(*): besondere ergänzende Beschreibung im nachfolgenden Text)

8. Der Mikrocontroller-Kurs, Teil 1

Die "Einstell-Steuer-Bits" für die Interrupt-Funktionen finden Sie in den SFR's zum gesamten Interrupt-System (ausführlich beschrieben im Anhang 11.5).

Was hierbei zunächst auffällt, ist die dreimalige Doppelbelegung von jeweils zwei Interrupt-Quellen auf eine Interrupt-Leitung (auf eine Interrupt-Vektor-Adresse), *Abb.8.12.6*:

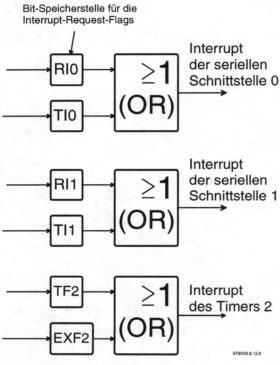

Abb.8.12.6: Die Doppelbelegung von Interrupts

1) Interrupt-Doppelbelegung bei der seriellen Schnittstelle 0:

Diese ON-Chip-Peripherie-Einheit besitzt intern zwei voneinander unabhängige Interrupt-Quellen:

- RI0: Receiver-(Empfänger)-Interrupt-Flag 0: Dieser Interrupt wird immer dann ausgelöst (log.'1'), wenn die serielle Schnittstelle 0 ein Zeichen vollständig empfangen hat, d.h., der µC kann nun ein komplettes Zeichen aus dem Empfangs-SFR S0BUF auslesen und weiter verarbeiten.
- TI0: Transmitter-(Sender)-Interrupt-Flag 0: Dieser Interrupt wird immer dann ausgelöst (log.'1'), wenn die serielle Schnittstelle 0 ein Zeichen vollständig ausgesendet hat, d.h., der µC kann nun ein neues zu sendendes Zeichen in das Sende-SFR S0BUF einschreiben.

Beide Interrupt-Quellen lösen nun aber den gleichen Interrupt aus (OR-Verknüpfung der Interrupt-Request-Flags). Die Unterscheidung, welches die auslösende Quelle ist, erfolgt durch die Abfrage der Interrupt-Request-Flags innerhalb der ersten Befehle der Interrupt-Service-Routine:

```
(*** Interrupt-Service-Routine zum Interrupt der seriellen Schnittstelle 0 ***)
procedure isr_ss0;

    begin
                (* Ermittlung der Interrupt-Quelle *)
            if RI0=true then
                begin
                            (* Reaktionen auf den Empfangs-IR *)
```

8.12 Lektion 12

```
              .....
     end
(* wenn RI0 nicht true ist, kann nur TI0 true sein: *)
  else
    begin
            (* Reaktionen auf den Sende-IR *)
              .....
    end;
end;
```

Freigegeben, also enabled werden diese beiden Interrupts auch gemeinsam:
ES0 ≡ Freigabe / Sperrung des Interrupts der seriellen Schnittstelle 0, s. Abb.8.12.5.

2) Interrupt-Doppelbelegung bei der seriellen Schnittstelle 1:
Hier gilt entsprechend das gleiche wie für die serielle Schnittstelle 0.

3) Interrupt-Doppelbelegung beim Timer 2:

- TF2: Timer 2 Overflow-(Zeitgeber 2 Überlauf)-Interrupt-Flag: Dieser Interrupt erscheint, wenn sich beim Timer 2 ein Überlauf einstellt, wenn also der maximale Zählbereich dieses Timers überschritten wird.
- EXF2: Timer 2 external reload-(Externes Timer 2 Nachlade)-Interrupt-Flag: Dieser Interrupt erscheint, wenn durch eine negative Signalflanke am Pin T2EX (P1.5) ein Reload des Timers 2 ausgelöst wird.

Die Auswertung, welche Interrupt-Quelle nun ausgelöst hat, wird genau so wie unter Punkt 1) dargestellt, durchgeführt.
Alle restlichen Interrupts wirken direkt, ohne weitere OR-Verknüpfung mit anderen Interrupt-Signalen, auf die Interrupt-Logik des 80C537ers.

Die von externen Quellen ausgelösten Interrupts

Externe Quellen können Interrupts auslösen, indem die Quellen an bestimmte Port-Pins angeschlossen werden und dort die entsprechenden Interrupt-Bedingungen erzeugen. Die *Tab.8.12.4* zeigt diese sieben externen Interrupt-Möglichkeiten:

Externer Interrupt	Anschluß der Interrupt-Quelle an Port-Pin
INT0\	P3.2
INT1\	P3.3
INT2\	P1.4
INT3\	P1.0
INT4	P1.1
INT5	P1.2
INT6	P1.3

Tab.8.12.4: Die externen Interrupts

8. Der Mikrocontroller-Kurs, Teil 1

Zusätzlich zur allgemeinen Freigabe dieser Interrupts durch die entsprechenden Interrupt-Enable-Bits können für einige dieser extern auslösbaren Interrupts noch verschiedene Interrupt-Auslösebedingungen programmiert werden. In der *Tab.8.12.5* sind alle wichtigen Informationen zu diesen Interrupts des 80C537ers zusammengestellt (außer der Programmierung der Prioritätsstaffelung).

Interrupt-Quelle	Bit zur Programmierung der Interrupt-Bedingung	Bit-Adresse des Bit für die Interrupt-Bedingung	Interrupt Enable Bit	Bit-Adresse des Enable Bits	Interrupt Request Flag	Bit-Adresse des Request Flags	Löschung des Request Flags	Interrupt Vektor Adresse
Externer Interrupt INT0\	IT0 = 0, Low Level IT0 = 1, fallende Flanke	IT0 = 88_H	EX0 = 0 disable EX0 = 1 enable	EX0 = $A8_H$	IE0	IE0 = 89_H	Software-/Hardware-löschung [*]	0003_H
Externer Interrupt INT1\	IT1 = 0, Low Level IT1 = 1, fallende Flanke	IT0 = $8A_H$	EX1 = 0 disable EX1 = 1 enable	EX1 = AA_H	IE1	IE1 = $8B_H$	Software-/Hardware-löschung [*]	0013_H
Externer Interrupt INT2\	IT2 = 0, Low Level IT2 = 1, steigende Flanke	IT0 = CD_H	EX2 = 0 disable EX2 = 1 enable	EX2 = $B9_H$	IEX2	IEX2 = $C1_H$	Hardware-löschung	$004B_H$
Externer Interrupt INT3\	IT3 = 0, Low Level IT3 = 1, steigende Flanke	IT0 = CE_H	EX3 = 0 disable EX3 = 1 enable	EX3 = BA_H	IEX3	IEX3 = $C2_H$	Hardware-löschung	0053_H
Externer Interrupt INT4	Kein Bit vorhanden, fest auf steigende Flanke eingestellt	Nicht vorhanden	EX4 = 0 disable EX4 = 1 enable	EX4 = BB_H	IEX4	IEX4 = $C3_H$	Hardware-löschung	$005B_H$
Externer Interrupt INT5	Kein Bit vorhanden, fest auf steigende Flanke eingestellt	Nicht vorhanden	EX5 = 0 disable EX5 = 1 enable	EX5 = BC_H	IEX5	IEX5 = $C4_H$	Hardware-löschung	0063_H
Externer Interrupt INT6	Kein Bit vorhanden, fest auf steigende Flanke eingestellt	Nicht vorhanden	EX6 = 0 disable EX6 = 1 enable	EX6 = BD_H	IEX6	IEX6 = $C5_H$	Hardware-löschung	$006B_H$

Tab.8.12.5: Die externen Interrupts des 80C537er
(*): besondere ergänzende Beschreibung im nachfolgenden Text)

> ! **Merke: "Die Besonderheiten der Interrupts"**
>
> - Jede Interrupt-Quelle setzt beim Vorliegen der Interrupt-Bedingung das entsprechende Interrupt-Request-Flag, d.h. dieses Setzen des Interrupt-Request-Flags ist der eigentliche Interrupt-Auslöser beim µC.
> - Durch Setzen der Interrupt-Request-Flags per Programm-Befehl (setbit()) können die Interrupts auch softwaremäßig, also ganz gezielt, ausgelöst werden.

8.12 Lektion 12

- *Die Löschung der Interrupt-Request-Flags kann auf eine von zwei Arten erfolgen:*
  - *Hardwaremäßig:*
    Die Löschung erfolgt automatisch durch den µC, sobald er die Interrupt-Service-Routine bearbeitet.
  - *Softwaremäßig:*
    Die Löschung muß gezielt vom Anwender, per Programm-Befehl (clearbit()) erfolgen.

Bei der Löschung der Interrupt-Request-Flags der externen Interrupts INT0\ und INT1\ ist noch folgendes zu beachten:
Wird die Interrupt-Auslösung auf "fallende Flanke" programmiert, so werden die Flags IE0 und IE1 durch den µC automatisch gelöscht, sobald die zugehörige Interrupt-Service-Routine bearbeitet wird (Hardware-Löschung).
Wurde die Interrupt-Auslösung jedoch auf LOW-Pegel programmiert, so steuert die angeschlossene externe Interrupt-Quelle direkt das Interrupt-Request-Flag. Das bedeutet: solange die externe Quelle ihren LOW-Pegel nicht zurücknimmt, wird immer wieder ein Interrupt ausgelöst. Innerhalb der Interrupt-Service-Routine muß also dafür gesorgt werden, daß die Interrupt-Quelle bestimmte Daten (Befehle) erhält und dadurch die Interrupt-Bedingung (den LOW-Pegel) wieder zurücknimmt. In der Beschreibung der Interrupt-Quelle findet man daher entsprechende Hinweise, welche Daten der µC an die Quelle senden muß, damit der LOW-Pegel am Interrupt-Eingang wieder nach HIGH wechselt.
Weiterhin gibt es bei den externen Interrupts 2,3,4,5 und 5 noch eine Doppelbelegung mit Funktionen der Compare-Einheit (CCU≡ Compare-Capture-Unit). Wenn ein Compare-Ereignis auftritt (s. Lektion 16), so wird der Pegel am entsprechenden, dem Ereignis zugeordneten Port-Pin von 0 nach 1 verändert, also eine steigende Flanke erzeugt, und diese löst den zugehörigen Interrupt aus bzw. setzt das zugehörige Interrupt-Request-Flag. Hierbei gilt dann die Zuordnung gem. *Tab.8.12.6:*

Port-Pin	Ext. IR	Compare-Output	Gesetztes IR-Req.-Flag
P1.4	INT2\	CC4	IEX2
P1.3	INT6	CC3	IEX6
P1.2	INT5	CC2	IEX5
P1.1	INT4	CC1	IEX4
P1.0	INT3\	CC0	IEX3

Tab.8.12.6: Die Port-Pins und die Compare-Ausgänge

8. Der Mikrocontroller-Kurs, Teil 1

! ***Merke: "Software-Interrupts"***
Alle Interrupts der µC's der 8051er-Familie können auch softwaremäßig ausgelöst bzw. gelöscht werden:

- *Die softwaremäßige Auslösung von Interrupts geschieht durch das Setzen des zugehörigen Interrupt-Request-Bits(Flags), z.B.:*

    Auslösung des externen Interrupts 3 durch: setbit(iex3);   bzw.
                                                                                                        setbit($c2);

- *Die softwaremäßige Löschung eines anstehenden Interrupts wird durch Rücksetzen des zugehörigen Interrupt-Request-Bits(Flags) erreicht, z.B.:*

    Löschen des Interrupts von Timer 0 durch: clearbit(tf0);   bzw.
                                                                                           clearbit($8d);

Das Löschen von noch nicht behandelten Interrupts kann dann sinnvoll sein, wenn auf diese Interrupts nicht mehr reagiert werden soll oder muß, weil inzwischen schon etwas anderes passiert ist. Nur mittels des clearbit()-Befehls ist solch eine Löschung möglich, wenn man von einem kompletten Reset des Systems einmal absieht.

Die einzigen Ausnahmen bei dieser softwaremäßigen Interrupt-Auslösung bilden die externen Interrupts INT0\ und INT1\, wenn diese auf LOW-Pegel-Auslösung programmiert sind. In diesem Fall werden die Interrupt-Auslösebedingungen ja nur von den extern angeschlossenen Quellen kontrolliert und vorgegeben. Das Einschreiben einer log.'1' in die Bits IE0 und IE1 löst hier nun *keinen* Interrupt aus, IE0 und IE1 werden dadurch nicht gesetzt.

In diesem Fall kann ein Interrupt nur dann ausgelöst werden, wenn man eine log.'0' direkt an die Port-Pins rausschreibt, z.B.:

    Auslösung des externen Interrupts INT1\:
        Setzen von Port-Pin P3.3 auf log.'0':   clearbit(P33);   bzw.
                                                                                clearbit($b3);

Beachten:
Da durch diesen Befehl der Port-Pin nach außen hin "echt" auf LOW-Pegel gezogen wird, muß natürlich sichergestellt sein, daß eine an P3.3 angeschlossene Hardware (z.B. eine externe Interrupt-Quelle) diesen LOW-Pegel auch verträgt und es zu keinem zerstörerischen Kurzschluß(strom) kommt.

8.12 Lektion 12

Und hier noch einmal:

> » **Wichtig: "Die generelle Freigabe von Interrupts"**
> Wenn Sie mit Interrupts arbeiten wollen, vergessen Sie nicht, die generelle Freigabe aller enabelten Interrupts durch Setzen des Generalschalters EAL auf log.'1' durchzuführen:
>
> setbit(eal);   bzw.   setbit($af);
>
> Ein sofortiges Sperren aller freigegebenen Interrupts ist ebenfalls möglich mit:
>
> clearbit(eal);   bzw.   clearbit($af);

Die Festlegung von Interrupt-Prioritäten

Die Verwendung von sogenannten Interrupt-Prioritätsstufen *(Interrupt-Leveln)* dient, wie bereits gesehen, dazu festzulegen, welche Interrupts beim gleichzeitigen Anliegen mehrerer Interrupts zuerst bearbeitet werden.
Wie in Tab.8.12.2 aufgeführt ist, besitzen die 8051er *keinen* von extern auslösbaren nicht maskierbaren Interrupt *(NMI)*. Dafür können die 14 Interrupts beim 80C537er jedoch auf insgesamt 4 verschiedenen Prioritätsstufen (Stufe (Level) 0 bis 3) verteilt werden. Dabei gilt: die Interrupts auf der Prioritätsstufe 3 haben die höchste Priorität, und die Interrupts auf der Prioritätsstufe 0 die niedrigste. Liegen also gleichzeitig Interrupts der Stufen 0, 1, 2 und 3 an, so werden zuerst diejenigen der Stufe 3, dann diejenigen der Stufe 2, dann diejenigen der Stufe 1 und zuletzt diejenigen der Stufe 0 bearbeitet.
Darüber hinaus gilt noch, daß jeder höher-priore Interrupt die Bearbeitung der Interrupt-Service-Routine eines Interrupts niederer Priorität jederzeit unterbrechen kann.
Also: Wird gerade die Interrupt-Service-Routine eines Interrupts der Stufe 1 abgearbeitet und tritt ein Interrupt der Stufe 2 auf, so wird die Interrupt-Service-Routine des Interrupts der Stufe 1 sofort unterbrochen und die Interrupt-Service-Routine des Interrupts der Stufe 2 bearbeitet. Erst wenn die Interrupt-Service-Routine des höher-prioren Interrupts zu Ende bearbeitet worden ist, wird die Interrupt-Service-Routine des Interrupts der Stufe 1 weiter bearbeitet.
Tritt dagegen bei der Bearbeitung eines Interrupts der Stufe 1 ein Interrupt der Stufe 0 auf, so wird die Bearbeitung der Interrupt-Service-Routine des Interrupts der Stufe 1 nicht unterbrochen. Der Interrupt der Stufe 0 wird vielmehr zwischengespeichert (Interrupt-Request-Flag) und die gerade laufende Interrupt-Service-Routine des Interrupts 1 zuerst beendet. Erst danach wird die Interrupt-Service-Routine des Interrupts der Stufe 0 bearbeitet.

Damit nun alle 14 Interrupts des 80C537ers auf die nur vier Prioritätsstufen verteilt werden können, hat der µC-Hersteller alle Interrupt-Quellen gruppenweise zusammengefaßt (Gruppen von 2 bzw.

8. Der Mikrocontroller-Kurs, Teil 1

3 Interrupt-Quellen), und diese Einteilung ist fest vorgegeben und kann nicht geändert werden, *Tab.8.12.7:*

Gruppe 1	Gruppe 2	Gruppe 3	Gruppe 4	Gruppe 5	Gruppe 6
Externer Interrupt 0	Timer 0 Interrupt	Externer Interrupt 1	Timer 1 Interrupt	Serielle Schnittstelle 0	Timer 2 Interrupt
Serielle Schnittstelle 1			Compare Timer Interrupt		
A/D-Wandler Interrupt	Externer Interrupt 2	Externer Interrupt 3	Externer Interrupt 4	Externer Interrupt 5	Externer Interrupt 6

Tab.8.12.7: Die Interrupt-Gruppenbildung

Das bedeutet nun, daß man jeder dieser Gruppen eine von 4 verschiedenen Prioritätsstufen zuordnen kann:

Beispiele:
- Externer Interrupt 0 / Interrupt Serielle Schnittstelle 1 / Interrupt A/D-Wandler auf Interrupt-Prioritätsstufe 2
  Interrupt Timer 2 / Externer Interrupt 6 auf Interrupt-Prioritätsstufe 3
  etc.
- Es können aber auch die eine Hälfte der Interrupts auf Stufe 1 und die andere Hälfte der Interrupts auf Stufe 2 gelegt werden. Hiermit ergibt sich dann eine zweistufige Prioritätsstaffelung.
- Man kann auch alle Interrupts auf eine Stufe setzen. Aber selbst dann besitzen die Interrupts untereinander noch eine Prioritätsabstufung. Es gilt also nicht: "Wer zuerst auftritt, wird zuerst abgearbeitet". Die Unterbrechung einer laufenden Interrupt-Service-Routine durch einen anderen Interrupt ist auch hierbei möglich.

Nach einem Reset des µCs sind alle Interrupts auf Prioritätsstufe 0 eingestellt und die dann vorliegende Prioritätsabstufung zeigt die *Tab.8.12.8:*

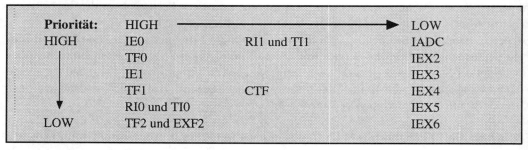

Tab.8.12.8: Die Reihenfolge der Interrupt-Bearbeitung nach einem Reset

8.12 Lektion 12

Liegen also alle Interrupts auf Prioritätsstufe 0, so hat IE0 die höchste und IEX6 die niedrigste Priorität, IE1 wird vor IEX3, CTF wird vor RI0 bearbeitet usw.

Die konkrete Festlegung der Interrupt-Prioritätsstufe für jede der Interrupt-Gruppen geschieht nun über zwei besondere SFR's, die *Interrupt-Prioritäts-SFR's IP0* und *IP1*, (s. Anhang 11.5).

Beispiel:

IE1 / IEX3 auf Level 0	(a)
TF0 / IEX2 auf Level 1	(b)
(TF2+EXF2) / IEX6 auf Level 2	(c)
IE0 / (RI1+TI1) / ADC auf Level 2	(d)
TF1 / CTF / IEX4 auf Level 3	(e)
(RI0+TI0) / IEX5 auf Level 3	(f)

Damit ergibt sich für den Inhalt von:

Bit-Nr.:	7	6	5	4	3	2	1	0
IP0:	x	x	0	1	1	0	1	0
IP1:	x	x	1	1	1	0	0	1
			↓	↓	↓	↓	↓	↓
Fall:			(c)	(f)	(e)	(a)	(b)	(d)

Die entsprechenden Bits in beiden SFR's legen zusammen den jeweiligen Interrupt-Level für die entsprechende Interrupt-Gruppe fest.

> » **Wichtig: "Die Interrupt-Prioritätsabstufung"**
> Der gerade beschriebene Ablauf der möglichen **gegenseitigen** Interrupt-Unterbrechungen sorgt erst für die gewünschte sehr große Flexibilität bei der Interrupt-Behandlung durch die 8051er.
>
> *Allerdings funktionieren diese Abläufe bei Pascal51 leider nur eingeschränkt !*
>
> *In Pascal51 wird sofort nach dem Erkennen eines Interrupts automatisch der Generalschalter EAL geöffnet, und neu auftretende Interrupts höherer Priorität gelangen gar nicht bis zur Interrupt-Logik durch.*
> *Erst bei der Beendigung des Interrupt-Handlers, genauer gesagt mit dem Befehl ireturn, wird EAL wieder geschlossen, und die nun noch anliegenden Interrupts können wirken, d.h., der Interrupt-Handler wird dann erneut aufgerufen, um den jeweils höchst-prioren anliegenden Interrupt abzuarbeiten.*

8. Der Mikrocontroller-Kurs, Teil 1

Das hat folgende Konsequenzen:

- *Eine gerade laufende Interrupt-Service-Routine kann unter Pascal51 von keinem anderen Interrupt unterbrochen werden.*
- *Die Interrupt-Prioritätsstaffelung funktioniert bei gleichzeitig anliegenden und nacheinander eintreffenden Interrupts: der Interrupt mit der jeweils höchsten Priorität wird zwar zuerst bearbeitet, aber erst dann, wenn die gerade laufende Interrupt-Service-Routine beendet worden ist.*

In Pascal51 ist also nur eine eingeschränkte Interrupt-Staffelung möglich; so gesehen sind einige der vorhergehenden Betrachtungen eher für den Assembler51- oder C51-Programmierer interessant.

Wichtig:
Sie sollten innerhalb des Interrupt-Handlers bzw. innerhalb der Interrupt-Service-Routinen den Generalschalter EAL nicht per Programmbefehl schließen (was natürlich möglich ist), weil der Interrupt-Handler selber nicht rekursiv aufrufbar ist und das Programm abstürzen würde.

! *Merke: "Die Interrupt-Betriebsart von Peripherie-Einheiten"*

*Unter der **Interrupt-Betriebsart** einer internen oder externen Peripherie-Einheit versteht man nun die "Ansteuerung" des µC-Kerns über geeignete Interrupts von Seiten der Peripherie-Einheiten aus.*

Erst wenn ein Interrupt auftritt, reagiert der µC-Kern auf die "Bedürfnisse" der auslösenden Interrupt-Quelle. Zwischen den Interrupts kann der µC andere Aufgaben des Hauptprogramms erledigen, d.h. das Hauptprogramm weiter bearbeiten.

Das Zeitverhalten des Programmablaufes wird dadurch wesentlich optimiert: nur wenn wirklich "etwas Neues" vorliegt, wendet sich der µC-Kern einer Peripherie-Einheit zu.

Im Gegensatz dazu fragt beim Polling-Betrieb der µC-Kern ja dauernd die Peripherie-Einheit ab, ob sich etwas getan hat oder nicht. Hierbei ist das Zeitverhalten wesentlich schlechter, da viele unnütze Abfragen ("es hat sich noch nichts getan" bzw. "die Peripherie-Einheit ist noch nicht fertig") durchgeführt werden.

*Betrachtet man die **Realisierungen** der beiden Betriebsarten, so ist der Polling-Betrieb programmtechnisch wesentlich einfacher durchzuführen und benötigt keine besondere Hardware, während man für den Interrupt-Betrieb eine erweiterte, interne µC-Hardware benötigt (komplettes Interrupt-System auf dem Chip) und softwaremäßig mehr Grundeinstellungen (geeignete Programmierung der Interrupt-SFR's) durchführen muß.*

8.12 Lektion 12

Zum Abschluß dieser Lektion noch die "Hängepartie" aus Lektion 7: Sie erinnern sich, die bisher noch nicht erläuterten SFR's REGD und REGE der RTC, die in Zusammenhang mit dem Interrupt dieser Einheit stehen, *Tab.8.12.9*:

Adresse					Daten				Registername
Dual				Hex					
A3	A2	A1	A0	A3-A0	D3	D2	D1	D0	
1	1	0	1	D	30 ADJ	IRQ FLG	BUSY	HOLD	REG D
1	1	1	0	E	t1	t0	INT/STND	MASK	REG E

Tab.8.12.9: Auszug aus Tab.8.7.2: "Die Bedeutung der RTC-SFR's"

Register D, interne RTC-SFR-Adresse: d_H
Die Funktionen der Bits 30 ADJ, BUSY und HOLD stehen nicht im Zusammenhang mit der Interrupt-Bearbeitung. Ihre Erläuterung würde den Rahmen sprengen, daher können sie bei Bedarf im Datenblatt der RTC 72421 [8] nachgelesen werden.

Bit IRQ FLG:
Dieses Bit ist das Interrupt-Request-Flag der RTC. Es steht im direkten Zusammenhang mit dem RTC Anschlußpin STD.P. Wenn sich ein Interrupt der RTC ereignet hat, hat das IRQ FLG Bit den Zustand log.'1', und solange dieser ansteht, wird an STD.P ein LOW-Signal ausgegeben. In der Interrupt-Betriebsart "STANDARD" (siehe Bit INT/STND) bleibt das Interrupt-Request-Flag ca. 8 ms gesetzt, bevor es automatisch zurückgesetzt wird. In der Betriebsart "INTERRUPT" bleibt es solange gesetzt, bis es per Software vom µC aus zurückgesetzt wird.
Wenn das Interrupt-Request-Flag (noch) gesetzt ist und ein weiterer Interrupt erfolgt, so geht dieser verloren. Das IRQ FLG Bit kann per Software nur auf log.'0' gesetzt werden. Das Einschreiben einer log.'1' hat keine Wirkung (am Ausgang STD.P).

Register E, interne RTC-SFR-Adresse: e_H

Bits t1 und t0:
Diese Bits dienen der Einstellung der Interrupt-Periodendauer, also der Zeit, die zwischen der Auslösung zweier Interrupts verstreicht.

t_1	t_0	Interrupt-Periodendauer
0	0	1/64 Sekunden
0	1	1 Sekunde
1	0	1 Minute
1	1	1 Stunde

8. Der Mikrocontroller-Kurs, Teil 1

Bit INT/STND:
Dieses Bit dient zur Einstellung der Interrupt-Betriebsart. Bei gesetztem INT/STND Bit ist die Betriebsart INTERRUPT eingestellt, bei zurückgesetztem INT/STND Bit ist die Betriebsart STANDARD gewählt. Die eingestellte Betriebsart wirkt sich direkt auf den Signalverlauf am RTC Anschlußpin STD.P aus. In der Betriebsart STANDARD wird an STD.P ein LOW-Signal von ca. 8 ms ausgegeben, in der Betriebsart INTERRUPT wird an STD.P solange ein LOW-Signal ausgegeben, bis das IRQ FLG Bit per Software auf log.'0' gesetzt wird. In beiden Betriebsarten muß das MASK Bit auf log.'0' gesetzt sein, damit der STD.P Anschluß als Ausgang definiert ist.

Bit MASK:
Dieses Bit dient als Ein-/Ausschalter des STD.P Anschlusses. Wenn das MASK Bit gesetzt ist, ist der STD.P Anschluß offen, wenn es zurückgesetzt ist, fungiert der STD.P Anschluß als Ausgang der RTC.

> **!** *Merke: "Ein RTC-Interrupt-gesteuertes -Programm*
>
> - *Damit der µC überhaupt einen Interrupt der RTC erkennen kann, muß auf dem TFH-Board der Jumper J6 gesteckt werden. Dieser Jumper verbindet den STD.P Ausgang der RTC mit dem externen Interrupt Eingang INT1\ des µC's.*
> - *Auf der **µC-Seite** muß der externe Interrupt 1 zugelassen werden (Steuerbits: EAL, EX1). Zusätzlich muß die Interrupt-Bedingung (fallende Flanke oder LOW-Pegel) mittels des IE1 Steuerbits eingestellt werden. Sie sollten hier sinnvollerweise die fallende Flanke wählen, da sonst bei LOW-Pegel der Interrupt während des gesamten negativen Pulses ansteht.*
> - *Auf der **RTC-Seite** muß der STD.P Ausgang freigeschaltet werden (Steuerbit: MASK), die Interrupt-Periodendauer (Steuerbits: t1, t0) und die Interrupt-Betriebsart (Steuerbit: INT/STND) gewählt werden. Um das Interrupt-Request-Flag nicht immer per Software zurücksetzen zu müssen, sollten Sie die STANDARD Betriebsart wählen.*

Dauernd diese Unterbrechungen:

✎ Übungsaufgaben

1) Erläutern Sie die wichtigen Funktionen, die Interrupts in einem µC-System erfüllen.

2) Erläutern Sie die Begriffe:

- Interrupt-Vektor-Adresse
- Interrupt-Service-Routine
- Interrupt-Prioritätsabstufung
- Nicht maskierbare Interrupts.

8.12 Lektion 12

3) Schreiben Sie ein Programm, das folgende Aufgaben erfüllt:

- Aktivierung des Interrupts der RTC auf dem 80C537er-TFH-Board und Einstellung einer Interrupt-Zeit von 1 s.
- Der µC selber befindet sich in einer Hauptprogrammschleife, gibt permanent den Text "Hier und Heute" auf dem Terminal-Bildschirm aus und wartet auf den Sekunden-Interrupt von der RTC.
- Wenn der Sekunden-Interrupt von der RTC erscheint, so soll auf dem Bildschirm die Meldung "RTC-IR" und ein Beep erscheinen. Danach erfolgt wieder die Abarbeitung des Hauptprogramms.
- Weiterhin sollen die RTC-Interrupts gezählt werden, und nach jedem 10. Interrupt soll *softwaremäßig* der Interrupt vom A/D-Wandler ausgelöst werden.
- Die Interrupt-Service-Routine des A/D-Wandler-Interrupts schreibt auf dem Terminal-Bildschirm "Kuck-Kuck" und zwei Beeps.

Beachten:
Um den RTC-Interrupt an den 80C537er zu führen, muß auf dem 80C537er-TFH-Board der Jumper J6 gesteckt werden. Der RTC-Interrupt gelangt dann an den Port-Pin P3.3 (externer Interrupt 1) des 80C537ers.

8. Der Mikrocontroller-Kurs, Teil 1

8.13 Lektion 13: Die Grundlagen der Datenübertragung

> Lernziele:
>
> In dieser Lektion lernen Sie, wie man Daten von einem Ort zu einem anderen übertragen kann, egal ob es sich dabei um die Überbrückung von Entfernungen im cm-Bereich oder im 10m-Bereich handelt.
>
> Neu eingeführte Pascal51er-Befehle, Funktionen und Datentypen: *keine*
> Behandelte interne ON-Chip-Peripherie-Einheiten: *keine*
> Behandelte externe Peripherie-Einheiten: *keine*

Stellen Sie sich einmal vor, Sie haben mit dem 80C537er-TFH-Board ein kleines Meßlabor entwickelt, das auf dem Dachboden Ihres Hauses steht und Wetterdaten erfaßt: Temperatur, Luftfeuchtigkeit, Tageshelligkeit, Regenmenge, etc. Diese Daten möchten Sie sich nun regelmäßig auf Ihrem Terminal (PC) ansehen, dieses steht aber 3 Etagen tiefer ihn Ihrem Wohnzimmer.

Alternativ können Sie auch ein anderes Einsatzszenario betrachten: Das 80C537er-TFH-Board steuert im Keller die Heizung und sichert mit verschiedenen Alarmsensoren Ihr Haus (Ihre Wohnung). Die "Einsatzzentrale" liegt nun in Ihrem Arbeitszimmer im 2. Stock, und Sie müssen eine ganze Menge von Daten dorthin übertragen bzw. von dort an die einzelnen Einheiten im Haus übermitteln.

Das grundsätzliche Problem in beiden Fällen lautet daher:

"Wie übertrage ich schnell, sicher, einfach und über größere Entfernungen meine Nutzdaten ?"

Zu diesem Zweck sind im Laufe der Zeit verschiedene Verfahren zur Datenübertragung entwickelt worden, die alle ihre Vor- und Nachteile haben, *Abb.8.13.1*, [10,11].

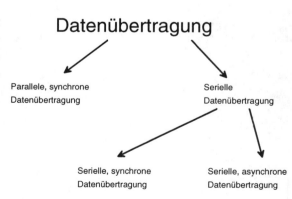

Abb.8.13.1: Die verschiedenen Verfahren zur Datenübertragung

8.13 Lektion 13

Die parallele Datenübertragung

Bei diesem Verfahren werden über eine bestimmte Anzahl von parallelen Leitungen zwischen Datensender und Datenempfänger mehrere Bits gleichzeitig übertragen, Abb.8.13.2. Solch eine "Ansammlung" von parallelen Leitungen zum Datentransfer nennt man *Bus*.

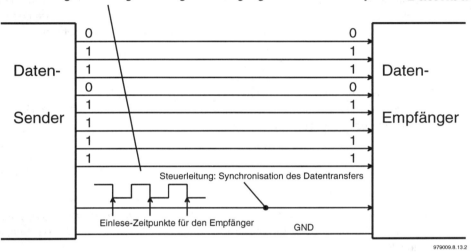

Abb.8.13.2.: Die parallele Datenübertragung

In diesem Beispiel werden alle 8 Bits eines Bytes auf einmal übertragen. Zusätzlich ist noch mindestens eine Steuerleitung notwendig, über die der Sender dem Empfänger mitteilt, wann die Sendedaten gültig sind und der Empfänger sie einlesen kann. Damit ergeben sich die folgenden Schritte zur parallelen Datenübertragung:

- Der Sender legt alle 8 Bits eines Bytes gleichzeitig auf die 8 Datenleitungen.
- Wenn die Daten stabil anliegen, erzeugt der Sender ein Steuersignal, z.B. eine fallende Flanke auf der Steuerleitung.
- Der Empfänger erkennt anhand dieser Steuersignalflanke, daß nun gültige Daten auf den Datenleitungen anliegen und daß er diese jetzt einlesen kann.

Da hierbei ein Steuer- bzw. Taktsignal zur Koordination des Datentransfers verwendet wird, spricht man auch von einer *synchronen parallelen Datenübertragung*: Der Datentransfer geschieht *synchron (gleichzeitig)* mit dem Taktsignal.

Der Vorteil dieses Verfahrens ist, daß es das schnellste zur Datenübertragung überhaupt ist, da eine Vielzahl von Bits immer gleichzeitig übertragen wird und die Busbreite zwischen 4 und 64 Leitun-

8. Der Mikrocontroller-Kurs, Teil 1

gen groß sein kann. Zusätzlich sind die Datenübertragungsleitungen meistens noch bidirektional ausgelegt, d.h., der Datentransfer kann in beide Richtungen stattfinden.

Der gravierende Nachteil der parallelen Datenübertragung ist jedoch die Einschränkung auf sehr geringe Abstände zwischen Datensender und Datenempfänger: Zum einen kann man Leitungen mit 8, 16, 24 oder gar 64 Adern nicht preiswert fertigen und dann auch noch über große Entfernungen verlegen, und zum anderen nimmt die Störempfindlichkeit solch einer langen Leitung stark zu. Von außen erzeugte Störungen (Motoren, Leuchtstofflampen, etc.) können auf 8, 16, 24 oder 64 Leitungsadern gleichzeitig einwirken. Man kann natürlich die Adern einzeln oder in Gruppen schirmen, aber schon eine Leitung aus 8 geschirmten Adern ist in der Praxis nur sehr aufwendig zu handhaben.

! **Merke: "Das Einsatzgebiet der parallelen Datenübertragung"**
Die parallele Datenübertragung ist geeignet für einen Datentransfer mit höchster Geschwindigkeit, aber nur über geringe Entfernungen (< 1m).

Beispiele:
- Auf dem 80C537er-TFH-Board erfolgt der parallele Datenaustausch zwischen dem µC und den Daten- und Programmspeichern und den externen Peripherie-Einheiten (die sich aber noch auf der System-Platine befinden) über solche parallelen Bussysteme, die zwischen 4 und 16 Bit breit sind:
Daten zu/von den Datenspeichern werden 8 Bit breit bidirektional parallel über den *Datenbus* übertragen, wobei die Adressen der ausgewählten Speicherstellen über den 16 Bit breiten *Adreßbus* zu den Speicherbausteinen gelangen. Die Steuerung der Richtung des Datentransfers geschieht über zwei Steuerleitungen des *Steuerbusses*: durch das RD\(Read)- und durch das WR\(Write)-Signal.
Hier wird die parallele Datenübertragung optimal eingesetzt: Hochgeschwindigkeits-Datentransfer zwischen den Einheiten über kurze Entfernungen (ca. 200 mm bei einer Europa-Karte).

- Die Hauptplatine Ihres PCs, auf dem die einzelnen Erweiterungskarten aufgesteckt werden, besitzt ebenfalls mehrere parallele Bussysteme (Daten- Adreß- und Steuerbus), um so einen Datentransfer mit höchster Geschwindigkeit zwischen den einzelnen Modulen Ihres PCs (Mikroprozessor, Harddisk, Graphik-Controller, CD-ROM-Laufwerk, etc.) zu realisieren. Auch hierbei liegen die zu überbrückenden Entfernungen weit unter einem Meter.

- Eine der wenigen Ausnahmen für eine synchrone, parallele Datenübertragung über größere Entfernungen im Meter-Bereich stellen die Druckerschnittstellen LPT1 und LPT2 (Centronics-Schnittstellen) am PC dar. Die Daten, die ausgedruckt werden sollen, werden 8 Bit breit parallel vom PC zum Drucker übertragen. Einige Steuerleitungen steuern den korrekten Datentransfer und übermitteln Statusmeldungen vom Drucker zurück zum PC: z.B. "Bereit", "Papier alle", etc.

Wenn Sie ein sehr hochwertiges und optimal abgeschirmtes Druckerkabel verwenden, können Sie Entfernungen bis zu maximal 10 m überbrücken, aber das ist dann schon die äußerste Grenze.

Weiterhin wird solch eine Druckerschnittstelle sehr oft nicht mit der maximal möglichen Datenübertragungsgeschwindigkeit betrieben.

Als Fazit kann man daher festhalten, daß die parallele Datenübertragung z.B. zur Realisierung eines Datentransfers in einem Haus oder zur Überbrückung größerer Entfernungen nicht geeignet ist.

Die serielle Datenübertragung

Um dieses Entfernungsproblem "in den Griff" zu bekommen, hat man die serielle Datenübertragung entwickelt, *Abb.8.13.3*:

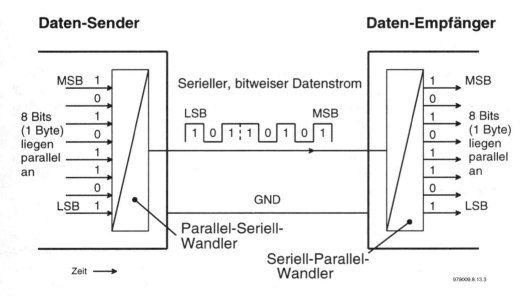

Abb.8.13.3: Die serielle Datenübertragung

Hierbei werden die 8 Bits eines Bytes nicht parallel auf einmal, sondern *seriell nacheinander* übertragen. Im Sender sorgt ein *Parallel-Seriell-Wandler (PSW)* dafür, daß die 8 Bits zeitlich nacheinander herausgeschoben werden, und im Empfänger realisiert ein *Seriell-Parallel-Wandler (SPW)* wieder den korrekten Zusammenbau des Bytes, so daß der µC auf der Empfangsseite mit parallelen Byte-Daten weiter arbeiten kann.

8. Der Mikrocontroller-Kurs, Teil 1

Werden nun sowohl der Datensender als auch der Datenempfänger mit je einem SPW und einem PSW ausgestattet, so ist eine bidirektionale serielle Datenübertragung möglich, *Abb.8.13.4*:

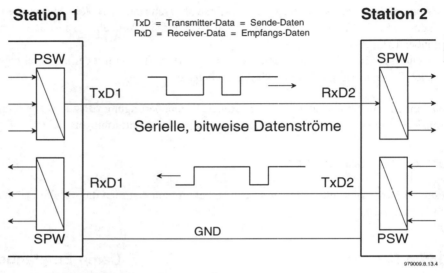

Abb.8.13.4: Die bidirektionale serielle Datenübertragung

Der Vorteil dieser Datenübertragungsmethode liegt nun klar auf der Hand: zwischen beiden Stationen braucht nur eine dreiadrige Leitung (Daten senden, Daten empfangen, Masse) verlegt zu werden. Solch ein Datenübertragungsmedium ist preiswert herzustellen, sehr leicht abzuschirmen (Schutz vor dem Eindringen externer Störungen) und einfach auch über größere Entfernungen zu verlegen.
Leider ergibt sich aber hierbei ein nicht zu unterschätzender Nachteil: die serielle Übertragung von Daten benötigt wesentlich mehr Zeit als die parallele Datenübertragung. 8 Bits nacheinander zu übertragen dauert eben wesentlich länger, als 8 Bit auf einmal auszusenden.

> **! Merke: "Die serielle Datenübertragung"**
> Die serielle Datenübertragung ist gut geeignet zum Datentransfer über große (größte) Entfernungen, wobei man allerdings eine wesentliche Reduzierung der Datenübertragungsgeschwindigkeit (im Vergleich zur parallelen Datenübertragung) in Kauf nehmen muß.

Die serielle synchrone Datenübertragung

Bei der seriellen Datenübertragung ist allerdings noch ein wichtiger Punkt zu beachten. Der Datensender sendet nun ein Byte nach dem anderen seriell bitweise zum Datenempfänger aus. Woher weiß der Empfänger nun aber, wann jeweils ein Bit anfängt und wann es aufhört, d.h., wodurch

8.13 Lektion 13

erkennt der Empfänger, wann er ein Bit korrekt einlesen darf und wann noch nicht (weil noch das vorhergehende Bit auf der Leitung liegt) ?
Bei der parallelen Datenübertragung war der Einlesezeitpunkt ganz klar durch das Steuersignal definiert: bei der fallenden Flanke dieses Signals kann der Empfänger die neuen Daten einlesen. Eine solche Steuerung des Datentransfers fehlt bisher bei der seriellen Datenübertragung.
Deshalb hat man noch eine vierte Leitung eingeführt, auf der ein sogenanntes *Taktsignal* zwischen Sender und Empfänger übertragen wird. Dieses Taktsignal steuert mit seinen Flanken die Gültigkeit der einzelnen gesendeten Bits, *Abb.8.13.5*:

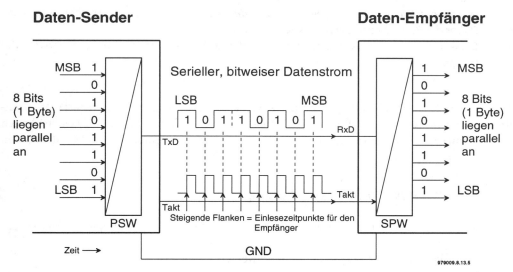

Abb.8.13.5: Die serielle synchrone Datenübertragung

Der Datensender steuert das Taktsignal nun z.B. so, daß bei der steigenden Flanke ein gültiges Datenbit auf der Leitung anliegt. Der Empfänger weiß jetzt: "Bei jeder steigenden Flanke des Taktes kann ich den Zustand auf der Leitung als gültigen Pegelzustand für ein Bit interpretieren und dieses Bit in meinen SPW einlesen."
Durch dieses Taktsignal, auch Synchronisationssignal genannt, erreicht man somit eine *Synchronisierung (einen Gleichlauf)* des Datentransfers zwischen Sender und Empfänger, d.h., der Datenaustausch zwischen Sender und Empfänger erfolgt zeitlich synchron (gleichlaufend). Die Datenübertragungsgeschwindigkeit wird daher durch die Frequenz des Taktsignals vorgegeben, und so kann man Sender und Empfänger optimal aneinander anpassen.
Die Taktleitung selber ist sehr oft bidirektional ausgelegt, d.h., sie kann von beiden Stationen benutzt werden, um den Datentransfer mit der jeweils anderen Station zu koordinieren, wobei natürlich immer nur eine Station senden und die andere empfangen kann. Eine einzige Taktleitung zwischen beiden Teilnehmern ist also ausreichend.

> **! Merke: "Die serielle synchrone Datenübertragung"**
> Serielle synchrone Datenübertragung bedeutet, daß neben den seriell zu übertragenen Daten auf einer zusätzlichen 4. Leitung noch serielle Taktinformationen mit übertragen werden, die zeitlich synchron zu den Datenbits verlaufen.
> Durch gleichartige Programmierung auf der Sender- und auf der Empfängerseite kann festgelegt werden, wann gültige Daten auf der Datenleitung vorliegen, z.B. entsprechende Programmierung beim Sender und beim Empfänger: "Einlesen eines gültigen Datenbits von der Datenleitung bei der fallenden (steigenden) Flanke des Taktsignals."
> Mittels dieser Taktimpulse wird zwischen Sender und Empfänger eine feste Synchronisation (ein fester Gleichlauf) für die gesamte Dauer der Datenübertragung aller Zeichen hergestellt.
> Daher die Bezeichnung serielle **synchrone** Datenübertragung.
> Diese serielle synchrone Datenübertragung ist die schnellste der seriellen Datentransfer-Methoden.

Die einzelnen Bits der zu übertragenden Bytes werden somit als kontinuierlicher serieller Datenstrom *ohne Zwischenpausen* auf die Sendeleitung ausgegeben: wenn z.B. 200 Bytes übertragen werden sollen, so erscheint auf der Sendeleitung ein zusammenhängender Strom von 200*8 Bits = 1600 Bits.

Die serielle asynchrone Datenübertragung

Für viele Anwendungen ist der Aufwand für die serielle synchrone Datenübertragung noch zu hoch:

- eine zusätzliche vierte Leitung muß installiert werden,
- auf der Senderseite muß ein besonderer Taktgenerator vorhanden sein,
- auf der Empfängerseite muß eine Taktaufbereitungsstufe aufgebaut werden.

Daher hat man als zweite serielle Datenübertragungsmethode die sogenannte *serielle asynchrone Datenübertragung* entwickelt, siehe *Abb.8.13.6*.

Sender und Empfänger enthalten hierbei jeweils eine eigene Taktstufe, den *Baud-Rate-Generator*, die unabhängig voneinander arbeiten. Beide Generatoren haben jedoch ungefähr die gleiche Frequenz, da sie quarzgesteuert sind und die benötigten Datenübertragungsquarze mit sehr kleinen Toleranzen hergestellt werden können.

Das grundlegende Problem der seriellen Datenübertragung bleibt zunächst jedoch noch erhalten: Der Empfänger muß wissen, wann ein neues Bit anfängt und wann er es einlesen kann. Es muß also auf jeden Fall eine Synchronisation zwischen Sender und Empfänger hergestellt werden.

Für diesen Gleichlauf sorgt nun das zu übertragende Zeichen selber: Im Ruhezustand liegt die Sendedatenleitung immer fest auf HIGH-Pegel. Wenn ein Zeichen gesendet werden soll, erzeugt der Sender zunächst ein sogenanntes *Start-Bit*, indem er die Datenleitung auf LOW-Pegel zieht.

8.13 Lektion 13

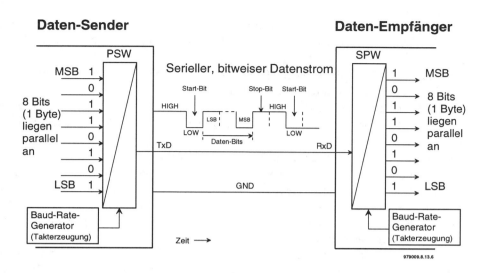

Abb.8.13.6: Die serielle asynchrone Datenübertragung

Das erkennt natürlich der Empfänger und weiß nun, daß ab jetzt einzelne Bits kommen und zwar im Abstand der von seinem Baud-Rate-Generator erzeugten Taktimpulse, die in ihrer Breite ja ungefähr der Breite der Sendertaktimpulse entsprechen. Der Empfänger besitzt nun ein intern erzeugtes, festes Zeitraster und kann daher die nachfolgenden Bits zu den korrekten Zeitpunkten einlesen.

Ein Beispiel soll dieses verdeutlichen, *Abb.8.13.7*:

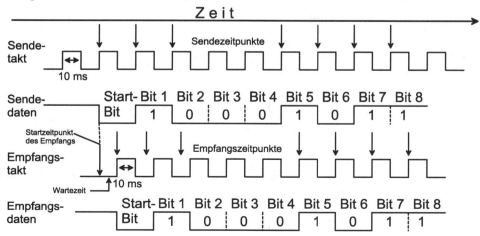

Abb.8.13.7: Die Herstellung der Synchronisation zwischen Sender und Empfänger bei der seriellen asynchronen Datenübertragung

351

8. Der Mikrocontroller-Kurs, Teil 1

Der Sender arbeitet mit einer Taktfrequenz von 50 Hz, was einer Taktperiode von 20 ms entspricht (2 * 10 ms). Bei jeder steigenden Flanke des Taktsignals sendet er ein Bit aus, hier z.B. die Bitfolge 10001011 .....

Zuerst wird jedoch das Start-Bit gesendet. Dieses wird vom Empfänger erkannt und zur Synchronisation seines eigenen Baud-Rate-Generators benutzt.

Damit der Empfänger die einzelnen Bits auch sicher unterscheiden kann, wartet er eine halbe Taktperiode (10 ms) und liest dann alle 20 ms (bei jeder steigenden Flanke des Taktsignals) den Zustand der Datenleitung (HIGH- oder LOW-Pegel) ein.

Durch diese Wartezeit wird erreicht, daß der Empfänger immer in der Mitte eines Bits die Leitung abtastet. Jetzt gelingt es ihm sicher, die gesendete Datenfolge: Start-Bit, 1, 0, 0, 0, 1, 0, 1, 1, ... einzulesen. Somit läßt sich also auch eine serielle Datenübertragung realisieren, wenn hierbei nicht ein *großes Problem* auftreten würde: Man wird es in der Praxis nie erreichen können, daß der Empfänger-Taktgenerator (Baud-Rate-Generator) *100%ig exakt* mit der gleichen Frequenz arbeitet wie der Sender-Taktgenerator. Das ist aber die absolut notwendige Voraussetzung dafür, daß die Datenübertragung einwandfrei funktioniert (bei der seriellen synchronen Datenübertragung war das ja kein Problem, denn dort wurde der Sendetakt direkt über die Taktleitung zum Empfänger übertragen). Betrachten Sie dazu ein weiteres Beispiel, *Abb.8.13.8*:

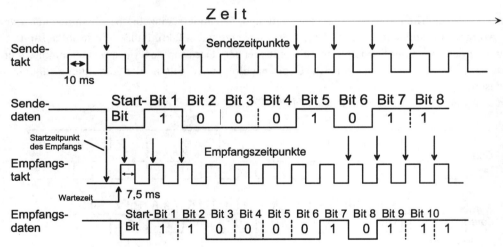

Aussenden mit der steigenden Flanke, Empfangen mit der steigenden Flanke

Abb.8.13.8: Der Verlust der Synchronisation zwischen Sender und Empfänger bei der seriellen asynchronen Datenübertragung

Der Sender sendet weiterhin mit einer Taktperiode von 20 ms. Der Empfänger arbeitet aufgrund von Toleranzen, schlechter Einstellung, etc. mit einer Taktperiode von 15 ms, und das entspricht einer Taktfrequenz von ca. 67 Hz (so groß sind die Abweichungen in der Praxis zwar nie, aber hiermit läßt sich der "Fehler-Effekt" sehr gut verdeutlichen).

8.13 Lektion 13

Der Empfänger

- tastet also alle 15 ms anstatt alle 20 ms die Datenleitung ab,
- dadurch verschiebt sich das gesamte Zeitraster auf der Empfängerseite,
- die dringend benötigte Synchronisation zwischen Sender und Empfänger geht verloren
- und nach anfangs noch richtig empfangenen Bits werden auf einmal "falsche" (versetzte) Zustände empfangen, da der Empfänger zu falschen (versetzten) Zeiten die Leitung abtastet.

Im Beispiel aus der Abb.8.13.8 empfängt der Empfänger die Bits:

    Start-Bit, 1, 1, 0, 0, 0, 0, 1, 0, ...
    anstatt
    Start-Bit, 1, 0, 0, 0, 1, 0, 1, 1, ...

Bereits nach dem zweiten Bit entsteht hier ein Fehler aufgrund des Synchronisationsverlustes.

Wie bereits erwähnt, sind die Unterschiede in den Taktfrequenzen zwischen Sender und Empfänger in der Praxis bei weitem nicht so groß wie hier angenommen, aber sie sind auf jeden Fall vorhanden. Das bedeutet, daß ein Empfangsfehler aufgrund der Zeitrasterverschiebung vielleicht erst nach dem 10., 12. oder 20. übertragenen Bit auftritt. Aber auch das ist natürlich nicht tolerierbar. Daher muß man bei der seriellen asynchronen Datenübertragung mit wesentlichen Einschränkungen leben:

> **! Merke: "Die serielle asynchrone Datenübertragung, I"**
> *Bei der seriellen asynchronen Datenübertragung sind folgende Grundfestlegungen getroffen worden:*
>
> - *Die notwendige Synchronisation zwischen Sender und Empfänger kann maximal (mit "Sicherheitszuschlägen") für 10 Bits aufrechterhalten werden, dann führen die real vorhandenen Frequenztoleranzen langsam (aber sicher) zu einem kritischen Synchronisationsverlust zwischen Sender und Empfänger.*
> - *Das hat zur Folge, daß man neben dem Start-Bit, das den Empfänger-Baud-Rate-Generator synchronisiert, maximal 9 (Nutz)Datenbits übertragen kann. Danach muß, durch Aussendung eines neuen Start-Bits, wieder eine neue Synchronisation hergestellt werden, um wieder maximal 9 Bits sicher übertragen zu können.*
> - *Zwischen den einzelnen übertragenen 9er-Bit-Gruppen muß zur Trennung der einzelnen Gruppen eine notwendige Pause vorhanden sein: Sendedatenleitung fest auf HIGH-Pegel. Dem Empfänger wird es so ermöglicht, sich auf eine neue Synchronisation einzustellen.*
> - *Die **Abb.8.13.9** zeigt den Ablauf dieser Datenübertragung: Gruppenweises Aussenden von Datenbits, die durch ein Start-Bit synchronisiert und durch eine Pause voneinander getrennt werden.*

8. Der Mikrocontroller-Kurs, Teil 1

- Wenn also z.B. 200 Byte übertragen werden sollen, werden 200 solcher Kombinationen von "Start-Bit, 8 Bit breitem Datenblock, Pause" ausgesendet.
- Da die Synchronisation zwischen Sender und Empfänger also nicht während der gesamten Datenübertragung aufrechterhalten werden kann, sondern bei jedem zu übertragenen Byte eine erneute Synchronisation erfolgen muß, spricht man daher von einer seriellen **asynchronen** Datenübertragung. Da nach jeder Bitgruppe eine Pause erfolgen muß, nennt man dieses Datentransferverfahren auch "Asynchrones Start-/Stop-Verfahren".
- Die bekanntesten Beispiele für serielle asynchrone Datenübertragungsschnittstellen sind die COM-Schnittstellen des PCs: so verläuft z.B. die Kommunikation zwischen dem 80C537er-TFH-Board und dem Terminal über solch eine asynchrone Verbindung.

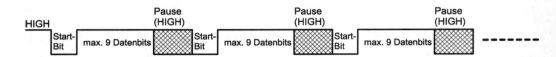

Abb.8.13.9: Der konkrete Ablauf der seriellen asynchronen Datenübertragung

Die Experten-Ecke: Die serielle Datenübertragung
Die Darstellung der seriellen asynchronen Datenübertragung erfolgt hier etwas vereinfacht, da auf die Überabtastung im Sender und Empfänger nicht eingegangen wird. Ebenso fehlen Erläuterungen zur seriellen synchronen Datenübertragung mit Zeichensynchronisierung. Dieses Wissen gehört aber schon in die "Spezialisten-Ecke", und für den "Anfänger" ist die Kenntnis der Grundlagen der am häufigsten verwendeten seriellen asynchronen Datenübertragung in vielen Fällen mehr als ausreichend.

! **Merke: "Die serielle asynchrone Datenübertragung, II"**
Die serielle asynchrone Datenübertragung hat sich heute in vielen Bereichen der Datenkommunikation dominierend durchgesetzt. Für diese Datentransfermethode sind mittlerweile wichtige Zusatzbaugruppen, sogenannte **Modems**, entwickelt worden, die eine störsichere Datenübertragung auch über große und größte Entfernungen ermöglichen.
So können die asynchron übertragenen Datenpakete

- über normale Kupferleitungen (Datenleitungen) bis zu 3.000 m und mehr übertragen werden (z.B. bei der TTY-Übertragung),
- über die normale 230V-Netzleitung in einem gesamten Gebäude verteilt werden,

8.13 Lektion 13

- über Funk- und Infrarot-Lichtstrecken ohne Kabel versendet werden,
- über Lichtwellenleiter (LWL) besonders störsicher und besonders weit transferiert werden und schließlich
- über das Telefonnetz weltweit verteilt werden.

Das zu Anfang dieser Lektion vorgestellte Problem:

"Schnelle, sichere und einfache Verteilung von Nutzdaten über größere Entfernungen"

kann daher durch die serielle asynchrone Datenübertragung bestens gelöst werden und daher liegt der Schwerpunkt der nachfolgenden Betrachtungen auf dieser Datentransfermethode.

Nach diesen ganzen Betrachtungen über Synchronisation und Verlust derselben braucht der "Programmieranfänger" aber keine bleibenden Frustrationen gegenüber der seriellen Datenübertragung zu entwickeln und zu behalten, denn die Halbleiterindustrie hat eine Menge nützlicher Chips für diese synchronen und asynchronen Datenübertragungsmethoden entwickelt. Diese Bausteine müssen Sie nur noch mit dem µC verbinden, einen Quarz anschließen und schon haben Sie die komplette Hardware für eine korrekte Datenübertragung. Lediglich einige Software-Programmierungen müssen noch vorgenommen werden und, danach können Sie beliebige Daten austauschen. Beim 80C537er-µC haben Sie sogar den Vorteil, daß sich bereits zwei komplette Datenübertragungsbaugruppen ON-Chip befinden, deren Programmierung über entsprechende SFR's erfolgt. Bevor wir aber damit beginnen, müssen wir erst noch einige grundlegende Begriffe der seriellen asynchronen Datenübertragung einführen und erklären.

Das UART-Zeichenformat

Die Halbleiterbausteine, die eine serielle Datenübertragung problemlos ermöglichen, haben besondere Namen:

- **UASRT**-Baustein: Universal **S**ynchronous/**A**synchronous **R**eceiver/**T**ransmitter,
  also ein Baustein, in dem jeweils ein Empfänger und ein Sender für sowohl die synchrone als auch für die asynchrone serielle Datenübertragung enthalten ist.
- **UART**-Baustein: Universal **A**synchronous **R**eceiver/**T**ransmitter,
  ein Baustein, in dem jeweils ein Empfänger und ein Sender für die asynchrone serielle Datenübertragung enthalten ist.

Sollen nun Nutzdatenbits übertragen werden (meistens in Form von Bytes, also immer 8 bitweise), so werden die Daten an eine UART übergeben, und diese wandelt die parallelen Daten in einen seriellen Bitdatenstrom um. Das von der UART ausgegebene serielle Zeichen (der serielle Zeichenstrom) hat nun einen besonderen Aufbau, den man *UART-Zeichen (UART-Charakter)* nennt und der genormt ist (DIN 66020), siehe *Abb.8.13.10*.

8. Der Mikrocontroller-Kurs, Teil 1

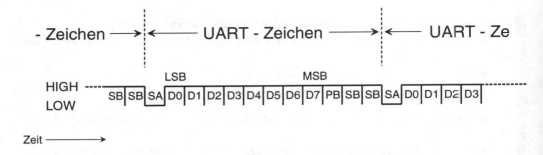

Abb.8.13.10: Der Aufbau eines UART-Zeichens

Nach dem Start-Bit folgen die Datenbits, deren Anzahl meistens programmierbar ist Es können:

- 5 oder 6 Bits (D0 ... D4 bzw. D0 ... D5) ausgesendet werden. Diese Datenbreite stammt noch aus der Vergangenheit (Fernschreibtechnik) und wird heute kaum noch verwendet.
- 7 Bits (D0 ... D6) ausgesendet werden. Diese Breite wird verwendet, wenn reine ASCII-Zeichen übertragen werden sollen, die ja nur 7 Bit breit sind.
- 8 Bits ausgesendet werden. Das ist die am häufigsten eingestellte Breite, die für den Transfer eines kompletten Bytes benötigt wird.

Wie Sie erkennen, wird nach dem Start-Bit immer zuerst das LSB (Bit D0) und zuletzt das MSB (Bit D7) ausgesendet. Nach diesen Nutzdatenbits wird noch, je nach Bedarf das Paritäts-Bit gesendet, das der Fehlersicherung dient (darauf werden wir gleich noch eingehen). Den Abschluß bilden die sogenannten *Stop-Bits*, die für die notwendige Pause zwischen den einzelnen UART-Zeichen sorgen. Die Anzahl dieser Stop-Bits, also die Mindestbreite der Pause, ist ebenfalls programmierbar und beträgt 1, 1,5 oder 2 Bit. Man nennt das Start-Bit, das Paritäts-Bit und die Stop-Bits auch die Rahmenbits, die die Nutzdatenbits einrahmen.

Um ein Nutzdatenbyte zu übertragen, werden also minimal bzw. maximal die folgenden Bits benötigt:

1 Start-Bit	1 Start-Bit
8 Nutzdatenbits	8 Nutzdatenbits
1 Paritäts-Bit	
2 Stop-Bits	1 Stop-Bit
12 Bits	10 Bits

8.13 Lektion 13

Dieses entspricht einem sogenannten *Übertragungswirkungsgrad* von

$$\frac{8 \text{ Nutzbits}}{12 \text{ Bits insgesamt}} = 0{,}667 \equiv 66{,}7\% \quad \textbf{bzw.} \quad \frac{8 \text{ Nutzbits}}{10 \text{ Bits insgesamt}} = 0{,}8 \equiv 80{,}0\%.$$

Man sieht hier schon den wesentlichen Unterschied bzw. den wesentlichen Nachteil gegenüber der seriellen synchronen Datenübertragung: um 8 Nutzbits zu übertragen, benötigt man bei der synchronen Datenübertragung keine Rahmenbits, man hat also einen Wirkungsgrad von fast 100% (wenn man einmal die notwendige Informationsübertragung zur Fehlersicherung vernachlässigt). Beim asynchronen Datentransfer hat man einen "Überhang" zwischen 20% und 33,3%, der eigentlich nichts zur Nutzbitübertragung beiträgt und der nur für die Synchronisation notwendig ist.

> **! Merke: "Die serielle asynchrone Datenübertragung, III"**
> *Die serielle asynchrone Datenübetragung ist zwar hardwaremäßig einfacher zu realisieren und kommt auch mit nur drei Leitungen aus, ist aber langsamer als die serielle synchrone Datenübertragung.*
> *Trotzdem wird der serielle asynchrone Datentransfer heutzutage noch am meisten eingesetzt.*

Damit sind wir dann auch schon beim nächsten wichtigen Punkt:

Wie schnell ist eigentlich die serielle asynchrone Datenübetragung ?

Die Datenübertragungsrate

In der Abb.8.13.7 haben Sie gesehen, daß die Datenübertragung in einem festen Zeitrahmen abläuft, der durch den Baud-Rate-Generator (Taktgenerator) bestimmt wird. Geschichtlich und technologisch bedingt haben sich im Laufe der Zeit bestimmte, heute genormte Datenübertragungsraten herausgebildet, siehe *Tab.8.13.1*.

Die Datenübertragungsrate wird in der Einheit *Baud* (Bd, Bit pro Sekunde) angegeben; 9.600 Bd bedeutet, daß 9.600

Datenüber-tragungsrate [Bd]	Zeit für die Übertragung eines einzelnen Bits
50	20 ms
75	13,3 ms
110	9,1 ms
150	6,7 ms
300	3,3 ms
600	1,67 ms
1200	833 µs
2400	417 µs
7200	139 µs
9600	104 µs
14400	69 µs
19200	52 µs

Tab.8.13.1: Die gebräuchlichsten Datenübertragungsraten

8. Der Mikrocontroller-Kurs, Teil 1

Bits pro Sekunde transferiert werden. Daraus wiederum ergibt sich die Zeit für die Übertragung eines Bits:

$T_{bit} = 1 / \text{Baudrate}$, hier $T_{bit} = 1 / 9.600 \text{ Bd} = 104 \text{ µs}$

Um also ein Nutzbyte, eingepackt in ein Start-Bit, ein Parity-Bit und zwei Stop-Bits (also insgesamt 12 Bits) zu übertragen, sind somit 12 * 104 µs = 1,25 ms notwendig. Wird die gleiche Bitanzahl mit 50 Bd bzw. 19.200 Bd übertragen, so benötigt man 240 ms bzw. 625 µs.

> ! **Merke: "Die Datenübertragungsrate"**
> Die Wahl der Datenübertragungsrate (der Baudrate) bestimmt die Schnelligkeit und die Reichweite der seriellen asynchronen Datenübertragung.
> Als "Faustformel" kann man hier angeben:
>
> **"Je schneller die Daten übertragen werden, desto geringer ist die erzielbare Reichweite."**
>
> Es ist also immer ein optimaler Kompromiß zwischen diesen beiden Größen zu finden.
>
> Bei allen UART-Bausteinen bzw. bei den ON-Chip-UARTs der µC's ist die Baudrate daher innerhalb weiter Grenzen individuell programmierbar und somit für viele Einsatzfälle anpaßbar.

Die Datensicherung durch das Paritäts-Bit

Werden nun die Daten über eine kurze oder über eine längere Entfernung übertragen (z.B. auf einer Kupferleitung), so ist es niemals auszuschließen, daß Störungen auftreten, die die Nutzbits verfälschen können: so wird z.B. vom Sender das Bit D3 als log.'1' (HIGH-Pegel) ausgesendet, durch eine Störung (ein Motor wird eingeschaltet) wird der Pegel auf der Sendeleitung zu LOW verfälscht, und der Empfänger liest für D3 damit eine log.'0' ein.
So etwas ist natürlich nicht tolerierbar und muß daher unter allen Umständen vermieden werden. Da man Störungen nicht 100%ig ausschließen bzw. unterdrücken kann, sind zwei wichtige Datensicherungsverfahren entwickelt worden:

1) Die reine *Fehlererkennung*: Der Sender sendet zusätzlich zu den Nutzdaten auch noch Fehlersicherungsdaten, mit Hilfe derer der Empfänger Fehler in der Datenübertragung ermitteln kann. Wenn der Empfänger nun einen Empfangsfehler erkennt, verwirft er die fehlerhaft empfangenen Daten und fordert solange neue Daten beim Sender an, bis die Daten korrekt empfangen worden sind.

2) Die *Fehlererkennung und die Fehlerkorrektur*: Der Sender sendet zusätzlich zu den Nutzdaten und den Fehlersicherungsdaten auch noch Fehlerkorrekturdaten. Wenn der Empfänger nun einen

8.13 Lektion 13

Fehler erkennt, so kann er mit Hilfe der Sicherungsdaten die Fehlerstelle im seriellen Datenstrom lokalisieren und selbständig eine Fehlerkorrektur durchführen. Er braucht also nicht erneut Daten beim Sender anzufordern.

Es ist einsichtig, daß das Verfahren gem. Punkt 2) wesentlich aufwendiger zu realisieren ist als das Verfahren der reinen Fehlererkennung. Daher werden wir hier nur die reine Fehlersicherung näher untersuchen.

Eine der hierbei angewandten Methoden ist das Verfahren der **Datensicherung durch Paritäts-Bit**.

Das sogenannte Paritäts-Bit wird den eigentlichen Nutzdaten als zusätzliches Bit hinzugefügt (s. Abb.8.13.10). Der Sender bestimmt den Wert dieses Bits beim Aussenden der Nutzdaten nach den folgenden Regeln, wobei zwei verschiedenen Fälle unterschieden werden:

- Das Arbeiten mit der geraden Parität (EVEN-Parity):

"Der Wert des Paritäts-Bits wird so festgelegt, daß die Gesamtanzahl der Einsen der Nutzdatenbits incl. des Paritäts-Bits gerade (engl.: even) ist".

Beispiele:
Nutzdatenbits: 1010 0001$_B$ –>   Even-Paritäts-Bit = 1

Die Anzahl der Einsen bei den Nutzdatenbits ist ungerade (3) und daraus ergibt sich, daß das Paritäts-Bit zu log.'1' gesetzt werden muß, damit die Gesamtanzahl der Einsen wieder gerade wird.

Nutzdatenbits: 0110 1001$_B$ –>   Even-Paritäts-Bit = 0

Die Anzahl der Einsen bei den Nutzdatenbits ist gerade (4) und daraus ergibt sich, daß das Paritäts-Bit zu log.'0' gesetzt werden muß, damit die Gesamtanzahl der Einsen auch gerade bleibt.

- Das Arbeiten mit der ungeraden Parität (ODD-Parity):

"Der Wert des Paritäts-Bits wird so festgelegt, daß die Gesamtanzahl der Einsen der Nutzdatenbits incl. des Paritäts-Bits ungerade (engl.: odd) ist".

Beispiele:
Nutzdatenbits: 1011 1101$_B$ –>   Odd-Paritäts-Bit = 1

Die Anzahl der Einsen bei den Nutzdatenbits ist gerade (6), und daraus ergibt sich, daß das Paritäts-Bit zu log.'1' gesetzt werden muß, damit die Gesamtanzahl der Einsen wieder ungerade wird.

8. Der Mikrocontroller-Kurs, Teil 1

Nutzdatenbits: $0110\ 1011_B$ --> Odd-Paritäts-Bit = 0

Die Anzahl der Einsen bei den Nutzdatenbits ist ungerade (5) und daraus ergibt sich, daß das Paritäts-Bit zu log.'0' gesetzt werden muß, damit die Gesamtanzahl der Einsen auch ungerade bleibt.

Beachten:
Das Datenwort $0000\ 0000_B$ besitzt eine gerade Anzahl von Einsen.

Bei der seriellen asynchronen Datenübertragung entscheidet man sich für eines der beiden Paritätsverfahren; eine Fehlererkennung z.B. durch EVEN-Paritäts-Prüfung sieht dann wie folgt aus, *Abb.8.13.11*:

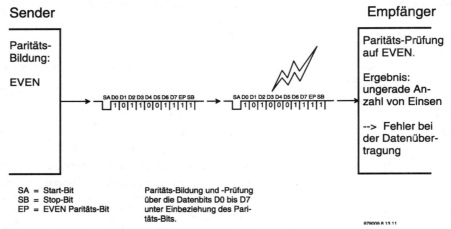

Abb.8.13.11: Die Fehlererkennung durch EVEN-Paritätsprüfung

Der Sender sendet das Byte $1100\ 1101_B$ aus. Die Anzahl der Einsen ist ungerade, also setzt der Sender das Paritäts-Bit auf log.'1'. Auf dem Weg zum Empfänger tritt nun eine Störung auf, und das Nutzdatenbit D3 wird von log.'1' auf log.'0' verfälscht.
Der Empfänger arbeitet nun auch mit EVEN-Parität und zählt die empfangenen Einsen im Nutzdatenfeld incl. dem Paritäts-Bit. Als Ergebnis ermittelt der Empfänger 5 Einsen und weiß damit, daß irgendwo im UART-Zeichen ein Fehler aufgetreten ist. Die genaue Stelle des fehlerhaften Bits kann er jedoch nicht feststellen. Somit fordert der Empfänger das Zeichen erneut beim Sender an.

Was passiert aber, wenn durch die Störung auch noch das Bit D4 betroffen ist und seinen Wert von log.'0' nach log.'1' ändert ?
Der Empfänger stellt jetzt bei seiner Prüfung wieder eine gerade Anzahl von Einsen fest, damit ist für ihn alles in Ordnung, und er verarbeitet ein fehlerhaftes Byte.
Daher muß man hier den folgenden wichtigen Sachverhalt festhalten:

8.13 Lektion 13

> **! Merke:** *"Die Fehlersicherung mit Paritäts-Bits"*
> Mit Hilfe der Fehlererkennung durch Paritäts-Bits lassen sich sogenannte **Ein-Bit-Fehler** erkennen, also Fehler, die durch die Änderung von genau einem Bit entstehen.
> Werden dagegen durch eine Störung **Mehr-Bit-Fehler** verursacht, so wird durch die Paritäts-Sicherung unter Umständen kein Fehler erkannt und ein fehlerhaft empfangenes Datum durch den µC weiterverarbeitet.
> Eine Fehlerkorrektur mit Hilfe des Parity-Verfahrens ist nicht möglich.
>
> Die häufigsten Fehler, die auftreten, sind Ein-Bit-Fehler, so daß das Parity-Verfahren zur Fehlersicherung bei der seriellen asynchronen Datenübertragung fast immer angewendet wird. Als Ergänzung werden, je nach Bedarf, noch komplexere Verfahren zur Erkennung von Mehr-Bit-Fehlern und zur Fehlerkorrektur hinzugefügt. Hierauf wird nicht jedoch nicht näher eingegangen, sondern auf die entsprechende Literatur verwiesen [12].

Wenn Sie sich nun für das Parity-Verfahren zur Fehlererkennung entschließen, so brauchen Sie zum Glück nicht damit anzufangen, die Einsen in Ihren zu sendenden Bytes zu zählen. Jeder UART-Baustein führt auf der Senderseite automatisch die Paritäts-Erzeugung und auf der Empfänger-Seite automatisch die entsprechende Paritäts-Prüfung durch mit der Ausgabe einer Fehlermeldung, wenn die empfangene Anzahl der Einsen nicht gerade bzw. nicht ungerade ist.

Sie als Programmierer müssen der UART nur durch Programmierung der entsprechenden SRFs mitteilen:

- ob Sie überhaupt mit dem Paritäts-Sicherungsbit arbeiten wollen, also: Parity EIN/AUS. Wenn Sie sich für AUS entscheiden, so entfällt das Paritäts-Bit in der Abb.8.13.10 ersatzlos, d.h., nach dem MSB des Datenbytes folgt (folgen) sofort das (die) Stop-Bit(s).

- Entscheiden Sie sich für das Arbeiten mit dem Parity-Bit, so müssen Sie noch angeben, ob Sie EVEN- oder ODD-Parität verwenden wollen.

Und nun die schlechte Nachricht:
Die ON-Chip-UARTs des 80C537ers können zwar ein Parity-Bit mit aussenden, aber zunächst *nicht* den notwendigen Wert des Paritäts-Bits berechnen. Die Ermittlung des korrekten logischen Zustandes für das Parity-Bit muß bei allen 8051ern immer über den Akkumulator des µC-Kerns erfolgen, und hierzu sind dann detaillierte Kenntnisse über den internen µC-Aufbau und aus dem Bereich der Assembler-Sprache notwendig, so daß für uns hier *leider noch* gilt:

8. Der Mikrocontroller-Kurs, Teil 1

! Merke: "Die zur Zeit verwendete serielle asynchrone Datenübertragung beim 80C537er"
Mit den bisherigen Kenntnissen über die µC's der 8051er-Familie läßt sich nur eine ungesicherte serielle asynchrone Datenübertragung ohne Paritäts-Bit-Verwendung realisieren, so daß man bei der Datenübertragung auf eine störungsfreie Datenübertragungsstrecke (Datenübertragungskabel) achten muß.
Das ist aber bei kurzen Entfernungen sehr oft unkritisch, denn während der ganzen Zeit Ihres Arbeitens mit dem TFH-Board und dem Terminal benutzten Sie eine solche ungesicherte Datenübertragung: Der serielle asynchrone Datentransfer zwischen 80C537er-TFH-Board und dem Terminal verläuft ohne Parity-Bit, und Sie sollten bisher eigentlich keine Probleme beim Herunter-Laden von Programmen vom Terminal auf das Board oder beim Hinauf-Senden von Daten vom Board zum Terminal gehabt haben.
Das hierbei verwendete Datenübertragungsformat ist somit:

1 Start-Bit, 8 Daten-Bits, ein Stop-Bit, 9.600 Bd

insgesamt also 10 Bits, wobei die Stop-Bit-Länge nicht programmierbar und fest auf 1 Stop-Bit (minimaler Wert) eingestellt ist.

Bei der Verwendung größerer Leitungslängen (15 m) sollten Sie allerdings sehr sorgfältig auf die Vermeidung von Störungen achten oder sich mit dem weitergehenden (Spezial)Thema der Fehlersicherung auseinandersetzen [12].

Damit kommen wir zum wichtigsten Merkpunkt der seriellen asynchronen Datenübertragung:

! Merke: "Die Programmierung der seriellen asynchronen Datenübertragung"
Damit die serielle asynchrone Datenübertragung zwischen Sender und Empfänger einwandfrei funktioniert, müssen Sie sowohl auf der Sender- als auch auf der Empfänger-Seite die gleichen Schnittstellen-Parameter für die seriellen asynchronen Schnittstellen programmieren. Beide Stationen:

- müssen die gleiche Baudrate verwenden,
- müssen auf die gleiche Anzahl von übertragenen Nutzdatenbits eingestellt sein,
- müssen die gleiche Art der Paritäts-Erzeugung bzw. der Paritäts-Prüfung verwenden und
- müssen die gleiche Anzahl von Stop-Bits anfügen.

Ist nur eine dieser Bedingungen nicht erfüllt, so funktioniert die gesamte Datenübertragung gar nicht oder nur fehlerhaft.
Das Start-Bit wird bei der seriellen asynchronen Datenübertragung immer automatisch von einer UART generiert (beim Aussenden) bzw. automatisch wieder entfernt (beim Empfangen). Hier braucht nichts programmiert zu werden.

8.13 Lektion 13

Beim Betrieb mit dem 80C537er-TFH-Board und dem Terminal brauchen Sie sich zunächst um nichts zu kümmern: Das Monitor-Programm auf dem Board initialisiert die serielle Schnittstelle 0 des 80C537ers korrekt, und das gleiche macht das Terminal-Programm mit der entsprechenden COM-Schnittstelle (COM 1 oder COM 2) auf dem PC.
Die Verbindung zwischen den beiden Stationen erfolgt über drei Leitungen (s. Abb.8.13.12).

Damit kommen wir zum letzten Teilkapitel dieser Lektion:

Die V24-Schnittstelle

Bisher sind wir davon ausgegangen, daß die logischen Signale '0' und '1' auf der Datenübertragungsleitung in Form von HIGH- und LOW-Pegeln übertragen werden. Eine konkrete Spannungs- oder Stromzuordnung zu diesen logischen Zuständen haben wir noch nicht vorgenommen.

Naheliegend ist es zunächst, mit den bekannten TTL-Pegeln zu arbeiten:

$$\begin{aligned} \log.\,'1' &\equiv +5V \\ \log.\,'0' &\equiv 0V\ (GND) \end{aligned}$$

Nun hat es sich aber gezeigt, daß man mit diesen Spannungen zwar eine Datenübertragung realisieren kann, die dann allerdings nur eine sehr geringe Reichweite (2 m) hat und sehr störanfällig ist.
Daher wurde die sogenannte V24-Schnittstelle (oder *RS232-Schnittstelle*) geschaffen, die mit größeren Spannungspegeln arbeitet und somit eine störsichere Datenübertragung über größere Entfernungen zuläßt, *Tab.8.13.2*:

Die Festlegungen der V24-Schnittstellen-Norm (DIN 66020) definieren:

- einen Satz von Daten- und Steuerleitungen für die Datenübertragung zwischen zwei Teilnehmern,
- die Signal-Pegel auf den Daten- und Steuerleitungen,
- die Belegung des Schnittstellensteckers für die Datenübertragung und
- den bereits bekannten asynchronen UART-Zeichenrahmen.

Für die Pegel-Festlegungen auf den Datenleitungen gilt:

log.'1'	≡	Spannungen im Bereich von –3 V ... –15 V
log.'0'	≡	Spannungen im Bereich von +3 V ...+15 V
verbotener Bereich	≡	Spannungen im Bereich von –3 V ... +3 V

Spannungen aus dem verbotenen Bereich sollten vermieden werden, um eine einwandfreie Datenübertragung zu garantieren.

8. Der Mikrocontroller-Kurs, Teil 1

> (Die Steuerleitungen haben andere Pegelfestlegungen !)
>
>   Maximale Datenübertragungsrate: 20 kBd
>   Maximale Reichweite bei 20 kBd: 15 m
>
> Belegung des Schnittstellensteckers (Auszug, Mindestbelegung):
>
>   *25pol. DSUB-Steckverbinder:*
>   - Sende-Daten (TxD)   Pin 2
>   - Empfangsdaten (RxD)   Pin 3
>   - Betriebserde (GND)   Pin 7
>
>   *9pol. DSUB-Steckverbinder:*
>   - Sende-Daten (TxD)   Pin 3
>   - Empfangsdaten (RxD)   Pin 2
>   - Betriebserde (GND)   Pin 5

Tab.8.13.2: Die V24-Schnittstelle

Die V24-Norm beschreibt auch noch Steuerleitungen (Taktleitungen, Meldeleitungen) zur komfortablen Steuerung des Datentransfers (Experten-Stichwort: Hand-Shake-Betrieb, etc.), die wir aber nicht benutzen und daher auch nicht näher untersuchen werden.
Da die in Tab.8.13.2 erwähnte DIN-Norm teilweise aus dem Jahre 1981 stammt, sind die hierin festgesetzten technischen Einsatzgrenzwerte heutzutage bereits weit überschritten worden:

- Datenübertragungsraten über 100 kBd sind möglich.
- Überbrückbare Entfernungen von 50 m und mehr, allerdings nur bei den niedrigen Baud-Raten unter 10 kBd, sind ebenfalls realisierbar.

Bei der Steckerbelegung ist besonders darauf zu achten, daß die RxD- und die TxD-Anschlüsse beim 25poligen und beim 9poligen Stecker genau vertauscht sind.

Die Realisierung der Pegelumsetzung vom µC-TTL (CMOS)-Pegel auf die Spannungspegel der V24-Schnittstelle geschieht durch integrierte Bausteine, so daß der gesamte Aufbau solch einer Schnittstelle wesentlich erleichtert wird.
Die *Abb.8.13.12* zeigt die endgültig realisierte Schaltung der V24-Schnittstelle auf dem 80C537er-TFH-Board und die Verbindung zum Terminal.
Beim 80C537er-TFH-Board wurde allerdings eine abweichende Steckerbelegung gewählt, um das Datenübertragungskabel einfach konfektionieren zu können: man kann jetzt nämlich die D-SUB-Stecker 1:1 verbinden und braucht keine Leitungen mehr zu kreuzen.

8.13 Lektion 13

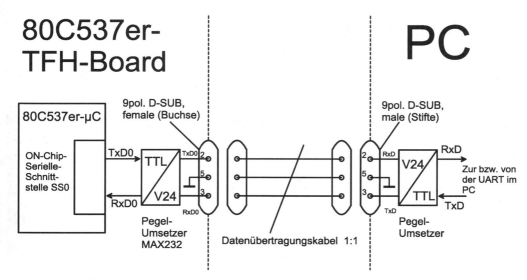

Abb.8.13.12: Die V24er-Schnittstelle im 80C537er-TFH-System

Laßt die Bits flitzen ....

✎ Übungsaufgaben

1) Stellen Sie die Gemeinsamkeiten und die Unterschiede der seriellen asynchronen und der seriellen synchronen Datenübertragung in einer Tabelle gegenüber und nennen Sie deren Vor- und Nachteile.

2) Erläutern Sie den Aufbau eines UART-Zeichens und erklären Sie die Funktion der einzelnen Bits.

3) Nennen Sie einige gängige Datenübertragungsraten für die serielle asynchrone Datenübertragung.

4) Was ist bei der Programmierung von seriellen Schnittstellenbausteinen zu beachten ?

5) Nennen Sie die spezifischen Kenndaten einer V24-Schnittstelle.

6) Was ist eine UART / USART ?

7) Wie sieht die minimale Anschlußkonfiguration einer V24-Schnittstellenverbindung zwischen zwei Stationen aus ?

8.14 Lektion 14: Der Betrieb der internen seriellen Schnittstellen des 80C537ers

> **Lernziele:**
>
> In dieser Lektion erfolgt nun der Transfer des "Datenübertragungsgrundwissens" aus der Lektion 13 auf die ON-Chip-Schnittstellen des 80C537ers, wobei allerdings nur eine der insgesamt vier Betriebsarten näher untersucht wird.
>
> Neu eingeführte Pascal51er-Befehle, Funktionen und Datentypen: *keine*
> Behandelte interne ON-Chip-Peripherie-Einheiten: *serielle Schnittstelle 0*
> *serielle Schnittstelle 1*
> Behandelte externe Peripherie-Einheiten: *keine*

Der 80C537er besitzt zwei serielle ON-Chip-Schnittstelleneinheiten SS0 und SS1, deren verschiedene Betriebsmodi die *Tab.8.14.1* zeigt:

Serielle Schnittstelle	Datenübertragungs-Betriebsart	Quelle für die Baud-Rate-Generierung, Baud-Rate	Anzahl der Nutzdatenbits	Multiprozessor Betrieb möglich?	Zusätzliche Übertragung eines 9. Bits möglich	Gesamtanzahl der gesendeten Bit incl. Start- u. Stop-Bit	Bezeichnung der Betriebsart
SS0, Mode 0	synchron	Quarz, 1/12 fosc (=1000kBd)	8	nein	nein	8	"synchroner Shift-Modus"
SS0, Mode 1	asynchron	Timer 1 oder Baud-Rate-Generator der SS0, variable	8	nein	nein	10	"8-Bit UART, variable Baud-Rate"
SS0, Mode 2	asynchron	Quarz, 1/32 fosc oder 1/64 fosc (=375kBd oder 187,5 kBd)	8	ja	ja	11	"9-Bit UART, fixed Baud-Rate"
SS0, Mode 3	asynchron	Baud-Rate-Generator der SS0, variable	8	ja	ja	11	"9-Bit UART, variable Baud-Rate"
SS1, Mode A	asynchron	Baud-Rate-Generator der SS1, variable	8	ja	ja	11	"9-Bit UART, variable Baud-Rate"
SS1, Mode B	asynchron	Baud-Rate-Generator der SS1, variable	8	nein	nein	10	"8-Bit UART, variable Baud-Rate"

Tab.8.14.1: Die verschiedenen Betriebsmodi der seriellen 80C537er-Schnittstellen

Bemerkungen:
1. Die angegebenen Baud-Raten mit der Baud-Raten-Quelle "Quarz" gelten bei 12 MHz Taktfrequenz!
2. Bei der Nutzung des Timers 1 als Baud-Raten-Quelle läßt sich die Baud-Rate zwischen 0,5 Bd und 62,5 kBd nahezu beliebig einstellen.

8.14 Lektion 14

3. Der Baud-Raten-Generator der seriellen Schnittstelle 0 liefert die Baud-Raten 4,8 kBd und 9,6 kBd.
4. Der Baud-Raten-Generator der seriellen Schnittstelle 1 liefert bei 12 MHz Taktfrequenz zwischen 1,5 kBd und 375 kBd nahezu beliebig einstellbare Baudraten.

Wie man erkennt, bietet SS0 dem Anwender serielle synchrone und serielle asynchrone Datenübertragungen an, und bei SS1 wurde eine Untermenge der asynchronen Funktionalität von SS0 geschaffen.

Beide Kanäle übertragen die Zeichen byteweise und können *vollduplex* betrieben werden. Das bedeutet, daß zur gleichen Zeit jede Schnittstelle ein Byte senden und ein Byte empfangen kann (*halbduplex*: eine Schnittstelle kann zu einem Zeitpunkt entweder nur ein Zeichen empfangen oder nur ein Zeichen aussenden).
Jeder der Empfänger besitzt zusätzlich noch ein Empfangsbuffer-Register, *Abb.8.14.1*. Dadurch kann bereits ein zweites Byte empfangen werden, ohne daß zuvor das erste Byte vom µC abgeholt (ausgelesen) werden muß.

Ist allerdings das zweite Byte komplett empfangen und das erste Byte noch nicht aus dem Empfangsbuffer ausgelesen worden, so überschreibt das zweite Byte das erste, und damit geht dieses verloren. Empfangene Bytes müssen also rechtzeitig vom µC (vom Anwenderprogramm) ausgelesen und weggespeichert bzw. verarbeitet werden.
Das Datenformat ist hier festgelegt auf das Byte-Format (fest auf 8 Nutzdatenbits), zusätzlich kann in einigen Betriebsmodi noch ausgewählt werden, ob ein weiteres 9. Zusatzbit (log.'0' oder log.'1') mit ausgesendet werden soll.

Durch dieses ergänzende zusätzliche Bit kann man die Funktionalität der seriellen asynchronen Datenübertragung in den Betriebsmodi 2 und 3 noch wesentlich erweitern:

1) Man kann dieses Bit als weiteres zusätzliches 9. Datenbit benutzen.
oder
2) Mit diesem Bit läßt sich ein Even- oder Odd-Paritäts-Bit zur Fehlersicherung an der richtigen Stelle übertragen, denn das Zusatzbit wird ja nach dem 8. Datenbit ausgesendet.
oder

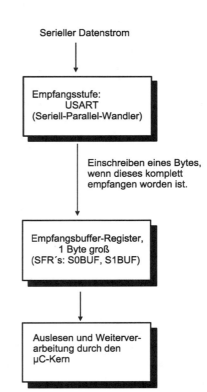

Abb.8.14.1: Das Empfangsbuffer-Register

8. Der Mikrocontroller-Kurs, Teil 1

3) Man setzt dieses 9. Bit konstant auf log.'1' (HIGH-Pegel) und erhält somit ein zweites Stop-Bit.
oder
4) Mit Hilfe dieses Bits läßt sich sehr einfach eine busgestützte Multiprozessor-Kommunikation zwischen verschiedenen µCs und PCs aufbauen. Hierauf wird im Rahmen dieses Grundlagenbuches jedoch nicht näher eingegangen.

Die Nutzdatenbytes werden grundsätzlich mit dem LSB (niederwertigstes Bit D0) zuerst ausgesendet, und das bedeutet z.B. für den asynchronen Betrieb: nach dem Start-Bit wird das erste Bit des Bytes ausgesendet, und als letztes Datenbit erscheint das achte Bit des Bytes, danach kommt, je nach Auswahl, das 9. Zusatzbit und zuletzt das immer fest eingestellte eine Stop-Bit.
Als Taktgenerator (Baud-Rate-Generator) für die Datenübertragung kann der Anwender je nach Betriebsmodus verschiedene Taktquellen auswählen:

- Die Betriebsfrequenz f_{osz} des µC's wird durch 12, 32 oder 64 geteilt und steht danach als Baud-Rate zur Verfügung.
  Bei einer Oszillatorfrequenz von 12 MHz erhält man somit feste Baud-Raten von 1 MBd, 375 kBd oder 187,5 kBd.
- Verwendung des Timers 1 als Baud-Rate-Generator: Hierdurch ist eine variable (und auch "krumme") Einstellung der Datenübertragungsrate in weiten Bereichen möglich.
- Verwendung von besonderen, eigenen Baud-Rate-Generatoren, die nur für diese Schnittstellen bestimmt sind. Hiermit sind allerdings bei der SS0 nur die zwei häufigsten Baud-Raten, 4.800 Bd oder 9.600 Bd, fest einstellbar. Bei der SS1 dagegen ist mit dem ihr zugeordneten Baud-Rate-Generator eine variable Einstellung der Baud-Rate möglich.

Die Kennzeichnung "variabel" in der Tab.8.14.1 umfaßt hier die Taktquellen gemäß den beiden letzten Punkten, d.h., in den Betriebsmodi 1 und 3 der SS0 steht dem Anwender die größte Baud-Raten-Vielfalt zur Verfügung.
Mit der SS1 verfügt man nur über Möglichkeiten zur seriellen asynchronen Datenübertragung in zwei Betriebsmodi: Verwendung als 8-Bit- oder 9-Bit-UART.

Als letzte wichtige Eigenschaft kann jede serielle Schnittstelle noch zwei Interrupts auslösen:

- Einen Interrupt, der generiert wird, wenn ein Byte komplett empfangen worden ist: Der µC kann dieses dann aus dem Empfangbuffer-Register auslesen und weiter verarbeiten.
  Sollen die Empfangsinterrupts der seriellen Schnittstellen nicht verwendet werden, so kann der µC trotzdem durch permanentes Polling des entsprechenden Interrupt-Request-Flags feststellen, wann ein Byte empfangen wurde, denn diese Kennzeichnungsflags werden bei einem komplett empfangenen Byte immer gesetzt, egal ob der jeweilige Interrupt freigegeben worden ist oder nicht (s. Lektion 12).
- Einen Interrupt, der generiert wird, wenn ein Zeichen vollständig ausgesendet ist. Dieser Interrupt ist besonders dann wichtig, wenn man das Zeitverhalten des Programmablaufes optimieren will:

8.14 Lektion 14

Der µC übergibt das auszusendende Byte an die entsprechende Schnittstellen-Baugruppe, d.h., er schreibt das Byte in das jeweilige Sende-SFR. Danach braucht er sich um nichts mehr zu kümmern, das komplette Aussenden (wie auch der komplette Empfang) wird von der ON-Chip-Schnittstelleneinheit selbständig erledigt.
Aber: dieses serielle Aussenden der Bits benötigt Zeit und diese Zeit ist im allgemeinen wesentlich größer als die Zeit, die der µC für die Abarbeitung eines Pascal51er-Befehls benötigt, und erst recht größer als die Befehlsbearbeitungszeit für einen Assembler-Befehl.

> **! Merke: "Die Übergaben von Sendedaten an die UART's"**
> *Die beiden seriellen Schnittstellen des 80C537ers (jedes 8051ers) besitzen keinen Sendezwischenspeicher, d.h. erst muß ein Byte wirklich komplett ausgesendet worden sein, bevor der µC das nächste Byte übergeben kann.*
> *Wird diese Bedingung nicht eingehalten, so werden fehlerhafte Zeichen ausgesendet: das neue Zeichen überschreibt ganz oder teilweise das Zeichen, das gerade ausgesendet wird.*

Beispiel:
Das Aussenden eines UART-Zeichens mit einem Start-Bit, 8 Datenbits und einem Stop-Bit (insgesamt also 10 Bits) dauert bei einer Datenübertragungsrate von 9.600 Bd ca. 1,042 ms. Die mittlere Bearbeitungszeit eines Assembler-Befehls beim 8051er beträgt 3 Maschinenzyklen und ein Maschinenzyklus sind 1 µs bei 12 MHz Taktfrequenz. Also benötigt ein Befehl ca. 3 µs und innerhalb der 1,042 ms Datenübertragungszeit für ein auszusendendes Zeichen kann ein 8051er ca. 347 Assmebler-Befehle bearbeiten.

Will nun der µC mehrere Bytes aussenden, so muß er immer unnütz auf die "Aussende-Fertig-Meldung" der UART warten, bis er das nächste Byte zur Aussendung an die serielle Schnittstelle übergeben kann.

Um diesen Fertig-Zustand anzuzeigen, besitzt jede der beiden seriellen Schnittstellen ein Zustands-Bit. Dieses "Busy-Bit" kann

- im permanenten Polling-Betrieb vom µC abgefragt werden: der µC verliert also Zeit bei der Bearbeitung seines Programms, was in bestimmten Anwendungen kritisch sein kann.
  oder
- dieses Busy-Bit kann zusätzlich noch einen Interrupt auslösen: der µC übergibt also das zu sendende Byte an die Schnittstellen-Baugruppe und fährt dann, ohne auf die Fertig-Meldung zu warten, in seinem normalen Programm fort.
  Hat die Schnittstelle nun das Byte vollständig ausgesendet, so erzeugt sie einen Interrupt und in der entsprechenden Interrupt-Service-Routine kann der Anwender (µC) nun ein neues zu sendendes Byte an die Schnittstelle übergeben. So erfolgt das kontinuierliche, interrupt-gesteuerte Aussenden mehrerer Bytes ohne kritische Wartezeiten für den µC.

8. Der Mikrocontroller-Kurs, Teil 1

! Merke: "Die Behandlung der seriellen Schnittstellen in diesem Buch"
Da die komplette Beschreibung aller Betriebsmodi den Umfang diesen Buches überschreiten würde, werden für die seriellen Schnittstellen nur die 8-Bit-UART-Betriebsmodi (also ohne Aussendung des 9. Zusatzbits) behandelt.
Mode 1 für die SS0 und Mode B für die SS1. Als Taktquelle für die Datenübertragungen werden hierbei die jeweiligen speziellen Baud-Rate-Generatoren für jede Schnittstelle benutzt.
Aber Sie wissen ja: Ihrem Experimentierdrang sind keine Grenzen gesetzt; somit können Sie sich das 80C537er-Handbuch "schnappen" und alle anderen Betriebsmodi und Takterzeugungsmöglichkeiten ausprobieren.

Damit kommen wir nun zum konkreten Betrieb der beiden Schnittstellen:

! Merke: "Der Betrieb der seriellen Schnittstellen"
Für den Einsatz der seriellen ON-Chip-Schnittstellenbaugruppen sind grundsätzlich die folgenden vier Einstellungs-(Parametrierungs-)Schritte notwendig:

- Auswahl des Betriebsmodus für die Schnittstelle.

- Auswahl der Taktquelle für die Baud-Raten-Erzeugung und, bei Bedarf, entsprechende Parametrierung dieser Quelle zur Erzeugung der gewünschten Baud-Rate.

- Festlegung, wie das 9. Zusatzbit verwendet werden soll, wenn unter 1) ein 9-Bit-UART-Betrieb ausgewählt wurde. Verwendung:
    - als zusätzliches 9. Datenbit,
    - als Paritäts-Bit,
    - als 2. Stop-Bit oder
    - für die Multiprozessor-Kommunikation

- Festlegung, ob mit Empfangs- und/oder Sendeinterrupt gearbeitet werden soll.

Das Aussenden von Daten geschieht nun durch einfaches Einschreiben des zu sendenden Bytes in das jeweilige Senderegister (S0BUF oder S1BUF), und die Feststellung des "Sende-Fertig-Zustandes" wird durch Polling oder durch Interrupt-Auslösung realisiert.
Ist der Empfänger freigegeben, so erfolgt der Empfang von Bytes automatisch durch die Schnittstellenbaugruppe beim Erscheinen eines Start-Bits auf der Empfangsleitung. Die Feststellung des "Empfangs-Fertig-Zustandes" geschieht durch Polling oder über Interrupt-Auslösung.
Um diese Parametrierungen und den Datenverkehr durchführen zu können, besitzt jede serielle Schnittstelle einen Satz von SFR's.

8.14 Lektion 14

Die serielle Schnittstelle 0 (SS0)

Die *Tab.8.14.2* zeigt die wichtigsten Kenndaten der seriellen Schnittstelle 0:

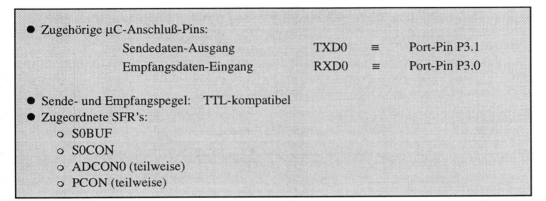

- Zugehörige µC-Anschluß-Pins:
  - Sendedaten-Ausgang   TXD0   ≡   Port-Pin P3.1
  - Empfangsdaten-Eingang   RXD0   ≡   Port-Pin P3.0
- Sende- und Empfangspegel: TTL-kompatibel
- Zugeordnete SFR's:
  - S0BUF
  - S0CON
  - ADCON0 (teilweise)
  - PCON (teilweise)

Tab.8.14.2: Die wichtigsten Kenndaten der seriellen Schnittstelle 0

S0BUF: Serial Channel 0 Buffer Register, Registeradresse 99_H, nicht bitadressierbar

Name:	MSB, 2^7	2^6	2^5	2^4	2^3	2^2	2^1	LSB, 2^0
Nach Reset:	X	X	X	X	X	X	X	X

X bedeutet, daß der Wert nach einem Reset nicht festgelegt ist.

Dieses SFR ist gleichzeitig das Sende- und Empfangsregister für die serielle Schnittstelle 0:

- Wird in dieses Register ein Byte eingeschrieben, so wird dieses weiter in das eigentliche interne Senderegister transferiert und sofort ausgesendet.

- Wird aus diesem Register ein Byte ausgelesen, so wird dadurch das zuletzt empfangene Byte aus dem internen Empfangsbuffer herausgeholt (s. Abb.8.14.1):

Anhand der jeweiligen Datentransferrichtung (SFR auslesen oder beschreiben) erkennt die ON-Chip-UART automatisch, daß sie das Empfangsbyte aus dem Empfangsbuffer lesen oder den Inhalt aus S0BUF aussenden soll. Obwohl also der Sende-/Empfangstransfer über nur ein SFR abläuft, gibt es keine "Datenvertauschungskonflikte".

8. Der Mikrocontroller-Kurs, Teil 1

S0CON: Serial Channel 0 Control Register, Registeradresse 98_H, bitadressierbar

Bitadresse:	$9F_H$	$9E_H$	$9D_H$	$9C_H$	$9B_H$	$9A_H$	99_H	98_H
Name:	SM0	SM1	SM20	REN0	TB80	RB80	TI0	RI0
Nach Reset:	0	0	0	0	0	0	0	0

SM0-
SM1: Betriebsartenwahlbits der seriellen Schnittstelle 0

Betriebsmodus	SM0	SM1	Beschreibung des Betriebsmodus:
0	0	0	Serial mode 0, 8-bit Schieberegister, feste Baud-Rate
1	0	1	Serial mode 1, 8-bit UART, variable Baud-Rate
2	1	0	Serial mode 2, 9-bit UART, feste Baud-Rate
3	1	1	Serial mode 3, 9-bit UART, variable Baud-Rate

SM20: Bit für die "Multiprozessor-Kommunikation" in den Betriebsarten 2 und 3. SM20 steht im direkten Zusammenhang mit dem Empfangsinterrupt-Bit RI0. Wird in der Betriebsart 2 oder 3 das SM20 Bit gesetzt, so wird das Empfangsinterrupt-Bit nur aktiviert, wenn das empfangene 9. Zusatzbit log.'1' ist.
Ist das SM20-Bit in der Betriebsart 1 gesetzt, so wird das Empfangsinterrupt-Bit nur aktiviert, wenn zuvor ein gültiges Stop-Bit empfangen wurde.
In der Betriebsart 0 sollte das SM20-Bit zurückgesetzt sein.

REN0: Bit für die Empfangsfreigabe:
        1 ≡ Empfänger freigegeben
        0 ≡ Empfänger gesperrt

TB80: 9. Zusatzbit, das in den Betriebsarten 2 oder 3 gesendet wird. Dieses Bit kann per Software beliebig gesetzt oder rückgesetzt werden.

RB80: 9. Zusatzbit, das in den Betriebsarten 2 oder 3 empfangen wird. Ist das SM20 Bit in der Betriebsart 1 auf log.'0' gesetzt, so wird im RB80 Bit das empfangene Stop-Bit abgelegt. In der Betriebsart 0 wird das RB80 Bit nicht verwendet.

TI0: Sende-Interrupt-Request-Flag. Wird hardwaremäßig gesetzt, wenn in der Betriebsart 0 die Übertragungszeit für das 8. Datenbit abgelaufen ist. In den Betriebsarten 1 bis 3 wird TI0 mit dem Beginn der Stop-Bit-Übertragung gesetzt. TI0 muß softwaremäßig, also durch Programm-Befehl, zurückgesetzt werden.

8.14 Lektion 14

RI0: Empfangs-Interrupt-Request-Flag. Wird hardwaremäßig gesetzt, wenn in der Betriebsart 0 die Empfangszeit für das 8. Datenbit abgelaufen ist. In den Betriebsarten 1 bis 3 wird das RI0-Bit in der Mitte des Stop-Bit-Empfangs gesetzt. Ausnahmen siehe SM20. RI0 muß softwaremäßig, also durch Programm-Befehl zurückgesetzt werden.

Die beiden Serial-Mode(SM)-Bits SM0 und SM1 legen den Betriebsmodus fest, und da wir uns hier mit dem Mode 1 beschäftigen, werden sie auf SM0=0 und SM1=1 gesetzt.
Das Bit SM20 dient der Multiprozessor-Kommunikation und wird hier auf log.'0' festgelegt (Multiprozessor-Kommunikation ausgeschaltet).
REN0 (Receiver Enable 0) gibt den Empfänger der SS0 frei, d.h., solange REN0=0 ist, reagiert der Empfänger nicht, egal welche Signale am RXD0-Pin anliegen. Erst bei REN0=1 beginnt der Empfänger beim Erscheinen des Start-Bits an RXD0 mit dem Empfang neuer Zeichen.
Das Bit TB80 (Transmit-Bit Nr. 8 der SS0 9. Zusatzbit) ist das zusätzlich aussendbare 9. Bit, das vom Anwender entweder auf log.'0' oder auf log.'1' gesetzt werden kann und das nur beim Auswählen eines "9-Bit-UART"-Modus (Mode 2 oder Mode 3) mitgesendet wird.
In Bit RB80 (Receive-Bit Nr. 8 der SS0 9. Zusatzbit) wird das 9. empfangene Bit abgelegt, wenn der Sender des Kommunikationspartners auf "9-Bit-UART" eingestellt ist. Ist auf beiden Seiten ein 8-Bit-Mode eingestellt, so wird in RB80 das empfangene Stop-Bit abgelegt.
Die Bits TI0 und RI0 sind die Interrupt-Request-Flags der SS0, wobei dieser gemeinsam ausgelöste Interrupt ja noch über das Interrupt-Enable-Bit ES0 (im SFR IEN0) und über den Generalschalter EAL (ebenfalls im SFR IEN0) freigegeben werden muß (s. Lektion 12).

! *Merke: "Der Interrupt der seriellen Schnittstelle 0"*
Wurde ein Interrupt der SS0 ausgelöst, so kann die eigentliche Interrupt-Quelle (SS0-Sender oder SS0-Empfänger) nur durch Abfrage (Polling) der Interrupt-Request-Flags TI0 und RI0 ermittelt werden.
Wird kein Interrupt-Betrieb verwendet, so werden TI0 und RI0 dennoch immer entsprechend gesetzt; sie können nun ganz normal per Programm abgefragt, und so kann der Zustand der SS0 bestimmt werden.

Da wir beim Betrieb der SS0 nur den speziellen internen Baud-Rate-Generator für diese Schnittstelle benutzen werden (der Betrieb des Timer 1 als Baud-Rate-Generator ist ja ebenfalls möglich, wird hier aber nicht näher behandelt), müssen noch folgende Parametrierungen vorgenommen werden:

ADCON0: A/D Converter Control Register 0, Registeradresse $D8_H$, bitadressierbar

Bitadresse:	DF_H	DE_H	DD_H	DC_H	DB_H	DA_H	$D9_H$	$D8_H$
Name:	BD	CLK	ADEX	BSY	ADM	MX2	MX1	MX0
Nach Reset:	0	0	0	0	0	0	0	0

8. Der Mikrocontroller-Kurs, Teil 1

Diese Bits werden für die serielle Schnittstelle 0 nicht benötigt. Sie gehören zu einem anderen Block und werden dort erläutert.

BD: Baud-Raten-Generator-Bit: Wenn es gesetzt ist, wird der besondere interne Baud-Rate-Generator der SS0 benutzt. Ist hardwaremäßig ein 12 MHz Quarz am µC angeschlossen, so können in den Betriebsarten 1 und 3 der seriellen Schnittstelle 0 die beiden Standard-Baud-Raten 4.800 Bd oder 9.600 Bd generiert werden. Die Umschaltung zwischen diesen beiden Werten erfolgt mit dem Bit SMOD im SFR PCON.

Wir wählen BD=1 und aktivieren damit den speziellen internen Baud-Rate-Generator für die SS0.

Nun kann man noch ganz konkret die zwei verschiedenen Baud-Raten einstellen: 4.800 Bd oder 9.600 Bd und dieses geschieht über das SFR PCON:

PCON: Power Control Register, Registeradresse 87_H, nicht bitadressierbar

Name:	SMOD	PDS	IDLS	SD	GF1	GF0	PDE	IDLE
Nach Reset:	0	0	0	0	0	0	0	0

PDS- / IDLE: Diese Bits werden für die serielle Schnittstelle 0 nicht benötigt. Sie gehören zu einem anderen Block und werden dort erläutert.

SMOD: Verdoppelung der Baud-Rate der seriellen Schnittstelle 0 in den Betriebs-Modi 1, 2 und 3:

       1 ≡ Verdoppelung der Baud-Rate
       0 ≡ keine Verdoppelung der Baud-Rate

Wir wählen hier eine der am häufigsten benutzten Baud-Raten, mit der auch unser Terminal arbeitet, nämlich 9.600 Bd und setzen daher SMOD=1.

> » **Wichtig: "Die Programmierung des SFR's PCON**
> Sie müssen unbedingt beachten, daß das SFR PCON **nicht** bitadressierbar ist. Wenn Sie also das Bit SMOD setzen oder zurücksetzen wollen, so müssen Sie immer ein komplettes Byte in PCON einschreiben. Dabei dürfen Sie aber unter keinen Umständen die anderen Bits des Bytes verändern, weil Sie sonst eventuell einen "Power-Safe-Modus" anwählen und der 80C537er sich selber abschaltet. Danach läuft dann nichts mehr (s. Lektion 17).
> Eine "gefahrlose" Beeinflussung von SMOD ist daher nur durch geeignetes Maskieren von Bits möglich:
>
> a sei als Byte-Variable und PCON als Konstante mit dem Wert 87_H definiert:

8.14 Lektion 14

```
a:=reg(PCON);
a:=a or %10000000;      (* Setzen des Bits SMOD *)
```

oder

```
a:= a and %01111111;    (* Rücksetzen des Bits SMOD *)
writereg(a,PCON);       (* Einschreiben des neuen Wertes *)
```

Damit ist die SS0 vollständig parametriert, und der Datentransfer via SFR S0BUF kann beginnen. Zuvor aber noch einige sehr wichtige Hinweise zu dieser Schnittstelle:

» **Große Warnung: "Der Datentransfer über die serielle Schnittstelle 0"**
Die SS0 dient ja der Kommunikation mit dem Terminal (Programm- und Datentransfer zum bzw. vom 80C537er-TFH-Board), und daher sollten Sie **absolut keine Umparametrierungen** an dieser Schnittstelle vornehmen.
Wenn Sie nämlich z.B. die Datenübertragungsrate auf 4.800 Bd einstellen oder einen 9-Bit-UART-Mode programmieren, funktioniert nach dem Start Ihres Programms nichts mehr in Verbindung mit dem Terminal, und Sie können das gesamte TFH-System nur noch zurücksetzen.
Die auf jeden Fall zunächst beizubehaltenden Schnittstellendaten sind:

- 8-Bit-UART-Mode 1,
- Datenübertragungsrate: 9.600 Bd,
- TI0 muß einmalig vor der Übertragung des ersten Zeichens zum Terminal auf log.'1' gesetzt werden. Das wird vom Pascal51er-Compiler automatisch gemacht, aber Sie müssen dieses beachten, wenn Sie (warum auch immer) selber eine eigene Datenübertragungsprozedur schreiben wollen.

Als Baud-Rate-Generator können Sie hier den Timer 1 oder den internen Baud-Rate-Generator für die SS0 verwenden, wobei die letztere Methode auf jeden Fall zu bevorzugen ist, da dann der Timer 1 noch für andere Aufgaben frei bleibt. (Der Timer 1 muß nur bei denjenigen 8051er-Familienmitgliedern, die keine besonderen Baud-Rate-Generatoren für ihre seriellen Schnittstellen besitzen, zwingend als Baud-Rate-Generator verwendet werden.)

Will man dennoch andere Datenübertragungsparameter einstellen, so muß man auch das Terminal umprogrammieren, damit wieder eine einwandfreie Datenkommunikation zustande kommt, siehe dazu Anhang. 11.2.

8. Der Mikrocontroller-Kurs, Teil 1

» **Wichtig: "Die Erstellung eines eigenen EPROMs"**
Wenn Sie das 80C537er-TFH-Board (wie gewohnt) im Monitor-Betrieb starten, so läuft ja zuerst das Monitor-Programm aus dem Programmspeicher-EPROM ab, und dieses Programm initialisiert u.a. die serielle Schnittstelle 0 mit den korrekten Schnittstellen-Parametern.
Wenn man nun ein eigenes Programm entwickelt hat und will dieses in ein EPROM brennen (s. Kap. 7.3), so vergißt man sehr häufig die serielle Schnittstelle 0 zu initialisieren, da dieses ja bisher immer automatisch und unsichtbar vom Monitorprogramm durchgeführt wurde.
Man wundert sich daher sehr oft, daß das eigene EPROM-Programm absolut nichts oder nur Unsinn auf den Terminal-Bildschirm schreibt bzw. keine Eingaben vom Terminal an das 80C537er-TFH-System möglich sind.

"Vergessen Sie also niemals in Ihren eigenen Programmen, die aus einem EPROM laufen sollen, eine entsprechende Schnittstelleninitialisierung für die serielle Schnittstellen 0 mit den notwendigen Parametern durchzuführen !"

Sie können sich auch von Anfang an angewöhnen, grundsätzlich immer in jedem Ihrer Programme eine Schnittstelleninitialisierung durchzuführen, auch wenn Sie in der Testphase noch mit dem Monitorprogramm arbeiten. Ihr eigenes Programm überschreibt dann zwar die Einstellungen, die das Monitorprogramm beim Systemstart durchführt, das ist aber völlig unkritisch, solange Sie die gleichen Parameter einstellen. Sehen Sie sich dazu einmal als Beispiel das in dieser Lektion noch zu entwickelnde Programm **ser1.pas** genau an.

Ein letzter wichtiger Punkt ist noch zu beachten:

! **Merke: "Der Pascal51er-Compiler und die serielle Schnittstelle 0"**
Der Pascal51er-Compiler wurde so konzipiert, daß mit ihm Programme **für alle** 8051er-µC's entwickelt werden können, also auch für solche, die für ihre serielle Schnittstelle keinen besonderen Baud-Rate-Generator besitzen. Das trifft zum Beispiel auf den 80C51er zu. Bei solchen µC's muß der Timer 1 als Baud-Rate-Generator verwendet werden.
Der Pascal51er-Compiler fügt also immer am Anfang jedes Programms, unsichtbar für Sie, Befehlssequenzen ein, die den Timer 1 entsprechend initialisieren.
Wird jedoch, wie beim 80C537er-TFH-Board der Fall, ein 80C537er-µC mit eigenem Baud-Rate-Generator eingesetzt, so ist die Verwendung des Timers 1 als Baud-Rate-Generator eine "pure Verschwendung", denn der Timer 1 fällt ja jetzt für "immer und ewig" für andere Einsatzzwecke aus.

8.14 Lektion 14

Daher sollten Sie grundsätzlich immer als erstes mit einem Prozedur-Aufruf am Anfang Ihres Pascal51er-Programms die serielle Schnittstelle 0 für Betrieb mit dem internen Baud-Rate-Generator umprogrammieren, denn damit erhalten Sie wieder einen frei verfügbaren Timer 1, s. **ser1.pas** *(die größeren Brüder des 8051ers sind ja extra mit eigenen Baud-Rate-Generatoren ausgestattet worden, damit der Timer 1 von seinen Baud-Rate-Generator-Aufgaben befreit wird).*

Die serielle Schnittstelle 1 (SS1)

Die *Tab.8.14.3* zeigt die wichtigsten Kenndaten der seriellen Schnittstelle 1:

- Zugehörige µC-Anschluß-Pins:
  - Sendedaten-Ausgang   TXD1 ≡ Port-Pin P6.2
  - Empfangsdaten-Eingang   RXD1 ≡ Port-Pin P6.1

- Sende- und Empfangspegel: TTL-kompatibel

- Zugeordnete SFR's:
  - S1BUF
  - S1CON
  - S1REL

Tab.8.14.3: Die wichtigsten Kenndaten der seriellen Schnittstelle 1

Die einstellbaren Betriebsmodi der SS1 (s. Tab.8.14.1) sind weitgehend identisch mit den Modi der SS0, und zwar entspricht der Mode A dem Mode 3 und der Mode B dem Mode 1.

> **! Merke: "Die Unterschiede zwischen der SS0 und der SS1"**
> Die Unterschiede bei der SS1 zur SS0 bestehen:
>
> a) in der Erzeugung der Baud-Rate und
> b) in der Behandlung des Steuerregisters S1CON, das bei der seriellen Schnittstelle 1 **nicht** bitadressierbar ist.

8. Der Mikrocontroller-Kurs, Teil 1

S1BUF: Serial Channel 1 Buffer Register, Registeradresse $9C_H$, nicht bitadressierbar

Name:	MSB, 2^7	2^6	2^5	2^4	2^3	2^2	2^1	LSB, 2^0
Nach Reset:	X	X	X	X	X	X	X	X

X bedeutet, daß der Wert nach einem Reset nicht festgelegt ist.

Dieses SFR erfüllt dieselben Aufgaben wie das SFR S0BUF bei der SS0, und daher gilt das dort ausgeführte auch für S1BUF.

S1CON: Serial Channel 1 Control Register, Registeradresse $9B_H$, nicht bitadressierbar

Name:	SM	—	SM21	REN1	TB81	RB81	TI1	RI1
Nach Reset:	0	X	0	0	0	0	0	0

—: Bit ist nicht vorhanden.

X ≡ bedeutet, daß es an dieser Stelle gleichgültig ist, ob dieses Bit gesetzt ist oder nicht.

SM: Betriebsarten-Wahl:
       0 ≡ Auswahl: Modus A, 9-Bit-UART
       1 ≡ Auswahl: Modus B, 8-Bit-UART

SM21: Bit für die "Multiprozessor-Kommunikation" in der Betriebsart A. SM21 steht im direkten Zusammenhang mit dem Empfangsinterrupt-Bit RI1. Wird in der Betriebsart A das SM21-Bit gesetzt, so wird das Empfangsinterrupt-Bit nur aktiviert, wenn das empfangene 9. Zusatzbit log.'1' ist.
Ist das SM21-Bit in der Betriebsart B gesetzt, so wird das Empfangsinterrupt-Bit nur aktiviert, wenn zuvor ein gültiges Stop-Bit empfangen wurde.

REN1: Bit für die Empfangsfreigabe:
       1 ≡ Empfänger freigegeben
       0 ≡ Empfänger gesperrt

TB81: 9. Zusatzbit, das in der Betriebsart A gesendet wird. Dieses Bit kann per Software beliebig gesetzt oder rückgesetzt werden.

RB81: 9. Zusatzbit, das in der Betriebsart A empfangen wird. Ist das SM21-Bit in der Betriebsart B auf log.'0' gesetzt, so wird im RB81-Bit das empfangene Stop-Bit abgelegt.

8.14 Lektion 14

TI1: Sende-Interrupt-Request-Flag. Wird hardwaremäßig mit Beginn der Stop-Bit-Übertragung gesetzt. TI1 muß softwaremäßig, also durch Programm-Befehl, zurückgesetzt werden.

RI1: Empfangs-Interrupt-Request-Flag. Wird hardwaremäßig während des Empfangs des Stop-Bits gesetzt, Ausnahme siehe SM21. RI1 muß softwaremäßig, also durch Programm-Befehl, zurückgesetzt werden.

Wie Sie sehen, gelten auch hier die entsprechenden Beschreibungen von S0CON, allerdings mit zwei Ausnahmen, von denen die zweite gravierender Art ist:

- Es gibt hier nur ein Mode-Bit, und die serielle Schnittstelle 1 kann daher nur in zwei Betriebsmodi betrieben werden: als asynchrone 9-Bit-UART oder als asynchrone 8-Bit-UART.
- Das SFR S1CON ist *nicht* bitadressierbar; das bedeutet, daß die Abfrage oder das Setzten/Rücksetzen einzelner Bits in diesem SFR immer nur über Byte-Befehle, mit den entsprechenden Masken (also ohne die Beeinflussung der anderen Bits des SFR's), möglich ist.

Beispiele (a sei eine Byte-Variable):

- a) Setzen von SM auf log.'1':

```
a:=reg(s1con);         (* Wert von S1CON einlesen *)
a:=a or %10000000B;    (* Bit 7 (=SM) auf 1 setzen, ohne die *)
                       (* anderen Bits zu beeinflussen *)
writereg(a,s1con);     (* Neuen Wert an S1CON ausgeben *)
```

- Löschen von RI1:

```
a:=reg(s1con);         (* Wert von S1CON einlesen *)
a:=a and %11111110B;   (* Bit 0 (=RI1) auf 0 setzen, ohne die *)
                       (* anderen Bits zu beeinflussen *)
writereg(a,s1con);     (* Neuen Wert an S1CON ausgeben *)
```

- Testen von RI1 im Polling-Betrieb, d.h. überprüfen, ob schon ein Byte komplett empfangen wurde:

```
a:=reg(s1con);         (* Wert von S1CON einlesen *)
a:=a and %00000001B;   (* Bit 0 (=RI1) ausmaskieren, die anderen *)
                       (* Bits werden zwangsweise zu Null gesetzt *)
if a<>0 then do
   begin
      (* Es wurde ein Byte empfangen: Empfangsroutine ausführen, *)
      (* d.h. Bearbeitung des empfangenen Bytes *)
               .....
               .....
   end;
```

8. Der Mikrocontroller-Kurs, Teil 1

Sie sehen hierbei ganz deutlich:
Das Fehlen der Bitadressierbarkeit bei bestimmten SFR's macht die Handhabung der entsprechenden ON-Chip-Peripherie-Einheiten etwas komplizierter und aufwendiger.

Im weiteren Verlauf dieser Lektion werden wir schwerpunktmäßig den Mode B der SS1 verwenden (8-Bit-UART).

S1REL: Serial interface 1 Reload Register, Registeradresse **9D$_H$**, nicht bitadressierbar

Name:	MSB, 2^7	2^6	2^5	2^4	2^3	2^2	2^1	LSB, 2^0
Nach Reset:	0	0	0	0	0	0	0	0

Dieses SFR dient zur Festlegung der Baud-Rate des für die serielle Schnittstelle zuständigen Baud-Rate-Generators, d.h., der Inhalt von S1REL bestimmt die Baud-Rate, und es gilt:

$$\text{Inhalt von S1REL} = \frac{8192 * \text{BdR} - f_{osz}}{32 * \text{BdR}}$$

mit:

BdR $\equiv$ gewünschte Baud-Rate

f_{osz} $\equiv$ Oszillatorfrequenz des µC's; beim 80C537er-TFH-Board gilt: $f_{osz} = 12$ MHz $= 12 * 10^6$ Hz

Beispiel:
Zur Einstellung der Baud-Rate von 4.800 Bd ergibt sich:

$$\text{Inhalt von S1REL} = \frac{8192 * 4800 - 12 * 10^6}{32 * 4800} = 177,875$$

also wird (aufgerundet) programmiert:

```
writereg(178,s1rel);
```

Die *Tab.8.14.4* zeigt die S1REL-Werte für einige gängige Baud-Raten, wobei der Einstellungsspielraum bei der SS1 zwischen 1,5 kBd und 375 kBd liegt.

8.14 Lektion 14

Damit sind wir beim praktischen Teil dieser Lektion angelangt, bei der Programmierung der seriellen Schnittstellen des 80C537ers, siehe *Abb.8.14.2*.

Um einen sinnvollen Betrieb der beiden seriellen Schnittstellen zu zeigen, benötigt man eine zweite Signalquelle, die Nutzdatenbytes asynchron aussenden kann. Am einfachsten würde sich ein zweiter PC anbieten, auf dem ebenfalls das Monitorprogramm mt.exe läuft.

Alternativ kann natürlich auch ein anderes "altes Rechner-Schätzchen" (V64, ZX81, etc.) oder ein zweites 80C537er-TFH-Board als Signalgenerator verwendet werden.

Falls Sie eine solche zweite Station (noch) nicht besitzen, so ist das auch nicht weiter tragisch, Sie sollten sich aber auf jeden Fall das nachfolgende Beispielprogramm ser1.pas als "Trockenübung" ansehen.

Baud-Rate [kBd]	Inhalt von S1REL [dez]
1,5	6
2,4	100
4,8	178
7,2	204
9,6	217
14,4	230
19,2	236
38,4	246
375	255

Tab.8.14.4: Die Werte für S1REL bei verschiedenen Baud-Raten

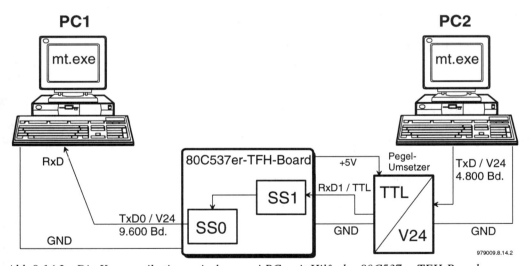

Abb.8.14.2: Die Kommunikation zwischen zwei PCs mit Hilfe des 80C537er-TFH-Boards

Die Aufgabe (s. Abb.8.14.2):
Auf dem PC 2 wird zunächst das Monitorprogramm mt.exe mit 4.800 Bd gestartet (s. Anhang 11.2). Jeder Tastendruck wird ja nun an dessen Schnittstelle (COM1 oder COM2) ausgegeben, und zwar mit V24-Pegel. Da die serielle Schnittstelle 1 des 80C537er-TFH-Boards jedoch mit TTL-Pegeln arbeitet, ist eine Pegelumsetzung notwendig, wie sie die *Abb.8.14.3* zeigt.

8. Der Mikrocontroller-Kurs, Teil 1

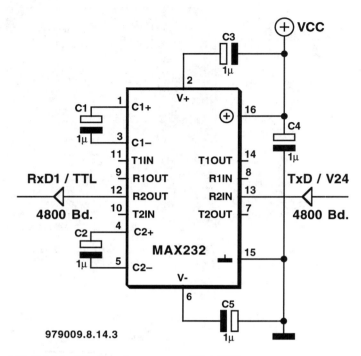

Abb.8.14.3. Die Pegelumsetzung: V24 TTL

Die 5 V-Spannungsversorgung für den Umsetzerbaustein können Sie dem 80C537er-TFH-Board entnehmen. Bauen Sie zunächst diesen Pegelumsetzer auf.

Hinweis:
Solch eine V24-Schnittstellen-Pegelwandlung für die SS1 (mit dem entsprechenden D-SUB-Stecker auf der Frontplatte) befindet sich bereits fertig aufgebaut auf der Zusatzkarte 1 "Die Mensch-Maschine-Schnittstelle".

Die so gewandelten Signale werden von der seriellen Schnittstelle 1 empfangen (SS1 wird im Polling-Betrieb eingesetzt) und über die serielle Schnittstelle 0 mit 9.600 Bd (Baud-Raten-Erzeugung über den internen Baud-Raten-Generator) an den PC 1 übertragen, auf dem ebenfalls das Terminal-Programm mt.exe läuft. Die Tastendrücke von PC 2 werden nun auf dem Bildschirm von PC 1 angezeigt.

```
(*********************************************************************)
(*                                                                   *)
(*            Das Arbeiten mit den ON-CHIP-Schnittstellen            *)
(*                                                                   *)
(*                                                                   *)
(*      Das TFH-Board als Baudraten Converter zwischen zwei PCs      *)
(*      =======================================================      *)
(*                                                                   *)
(*                                                                   *)
(*                    Programm:  ser1.pas                            *)
(*                                                                   *)
(*********************************************************************)

program ser1;

(*********************************************************************)
(*** Definition der verwendeten Pascal-Konstanten ********************)
```

8.14 Lektion 14

```
(*********************************************************************)
const       S1BUF  = $9C;      (* Sende- u. Empfangsregister der SS1 *)
            S1CON  = $9B;      (* Kontrollregister der SS1 *)
            S1REL  = $9D;      (* Reload Wert für SS1 *)
            PCON   = $87;      (* SFR beinhaltet das SMOD-Bit *)
            BD     = $DF;      (* Baudratengenerator-Bit der SS0*)
            RELOAD = 178;      (* Reload Wert für 4,8kBd der SS1 *)

(*********************************************************************)
(*** Definition der verwendeten Pascal-Variablen *********************)
(*********************************************************************)

var    RI1, a : byte;

(*********************************************************************)
(*** Definition der verwendeten Pascal-Prozeduren ********************)
(*********************************************************************)

(*** Uminitialisierungsroutine für SS0 ***)

procedure uminit_ss0;

begin
  setbit(BD);             (* Baudratengenerator für SS0 eingeschaltet *)
  a:=reg(PCON);           (* SMOD-Bit zur Einstellung der Baudrate von *)
  a:=a or %10000000;      (* 9600Baud auf High setzen, ohne die anderen *)
  writereg(a,PCON);       (* Bits im SFR PCON zu ändern. *)
end;

(*********************************************************************)

(*** Initialisierungsroutine für SS1 ***)

procedure init_ss1;

begin
  writereg(RELOAD,S1REL);       (* 4800Baud für SS1 einstellen *)
  writereg(%10010000,S1CON);    (* SS1: 8-Bit-UART, Empfang freigegeben *)
end;

(*********************************************************************)
(*** Start des eigentlichen Hauptprogramms ***************************)
(*********************************************************************)

begin
  uminit_ss0;                         (* Uminitialisierungsproz, der SS0 *)
  init_ss1;                           (* Initialisierungsproz, der SS1 *)
  repeat                              (* Endlosschleife *)
    RI1:=reg(S1CON) and %00000001;    (* Empfangs-IR-Flag der SS1 einles. *)
    if RI1=1 then                     (* Wenn Empfangs-IR-Flag gesetzt, *)
      begin                           (* dann: *)
        write(chr(reg(S1BUF)));       (* ASCII-Zeichen durch write Befehl *)
        a:=reg(S1CON);                (* (über SS0) auf PC1 ausgeben und *)
        a:=a and %11111110;           (* Empfangs-IR-Flags softwaremäßig *)
        writereg(a,S1CON);            (* auf Low setzen, ohne die anderen *)
      end;                            (* Bits des SFR S1CON zu ändern *)
  until false;
end.
```

8. Der Mikrocontroller-Kurs, Teil 1

Natürlich könnten Sie hier die beiden PC's auch direkt miteinander verbinden, dann wären aber die Eingaben von PC 2 wegen der unterschiedlichen Baud-Raten auf PC 1 nicht lesbar !
Das 80C537er-TFH-Board arbeitet hier also als *Baud-Raten-Konverter* zur Verbindung unterschiedlicher Rechnersysteme untereinander.

Alle Bits schön der Reihe nach rauskommen ...

✎ Übungsaufgaben

1) Welchen Baud-Raten-Bereich bei der seriellen asynchronen Datenübertragung können Sie mit den seriellen Schnittstellen 0 und 1 des 80C537ers abdecken ?

2) Nennen Sie die charakteristischen Betriebsmodi der seriellen Schnittstellen 0 und 1 des 80C537ers.

3) Was ist beim Interrupt-Betrieb der beiden seriellen Schnittstellen des 80C537ers zu beachten ?

4) Schreiben Sie ein Programm, das:

- die serielle Schnittstelle 0 uminitialisiert, so daß zur Baud-Raten-Erzeugung der interne Baud-Rate-Generator benutzt wird,
- die serielle Schnittstelle 1 initialisiert,
- die ASCII-Zeichen von 0 .. 127 über die SS1 aussendet und wieder empfängt (Brücke zwischen TXD1 und RXD1 anbringen),
- die empfangenen Zeichen dann über SS0 zum Terminal sendet, wo Sie dargestellt werden.

Die Empfangsschnittstelle SS1 arbeitet im Interrupt-Betrieb.
Die Daten der beiden Schnittstellen sind:

        SS1:   8-Bit-UART, 4.800 Bd
        SS0:   8-Bit-UART, 9.600 Bd

8.15 Lektion 15: Die Timer/Counter 0 und 1 des 80C537ers

> Lernziele:
>
> In dieser Lektion machen wir einen großen Schritt zurück und beschäftigen uns mit den allerersten Grundlagen der Mathematik: Wir "lernen" **zählen, zählen, zählen.**
>
> Sie werden erkennen, wie der µC einfache Ereignisse zählt und diese dann z.B. dazu benutzt, um sehr kleine Zeiten weit unter 100 ms exakt auszumessen bzw. solche Zeiten zu erzeugen.
>
> | | |
> |---|---|
> | Neu eingeführte Pascal51er-Befehle, Funktionen und Datentypen: | *keine* |
> | Behandelte interne ON-Chip-Peripherie-Einheiten: | *Timer 0* |
> | | *Timer 1* |
> | Behandelte externe Peripherie-Einheiten: | *keine* |

Die Beschreibung der Lernziele läßt eventuell die Freude aufkommen, daß es sich diesmal um ein kurzes Kapitel handelt, denn was kann beim Zählen schon Besonderes dran sein? Leider müssen wir Sie hier enttäuschen, denn der 80C537er zählt zwar nur einfache Ereignisse, aber das mit einer sehr großen Vielfalt und äußerster Raffinesse.
Die in dieser und in der nächsten Lektion ansatzweise beschriebenen "Timer/Counter-Funktionen" haben dafür gesorgt, daß der 80C537er eines der "8-Bit-µC-Schlachtschiffe" im Bereich der Steuerung und Regelung geworden ist.

Beginnen wir daher zunächst mit einer kleinen *Timer/Counter-Begriffskunde*:

Die Zählregister

Grundsätzlich geht es bei Timer/Counter-Funktionsbaugruppen immer um das Zählen:

- von Rechteckimpulsen bzw.
- von negativen Flanken (HIGH-LOW-Pegelwechseln)

Dazu besitzen diese Einheiten sogenannte *Zählregister*, die nach jedem Zählereignis um den Faktor 1 erhöht (inkrementiert) werden.

Die Breite der Zählregister schwankt zwischen 8 und 16 Bit, und das bedeutet:

- mit einem 8 Bit breiten Zählregister können maximal $2^8-1=255$ Ereignisse gezählt werden (0 .. 255).
- mit einem 16 Bit breiten Zählregister können maximal $2^{16}-1=65.535$ Ereignisse gezählt werden (0 .. 65.535).

8. Der Mikrocontroller-Kurs, Teil 1

Diese Zählregister sind als *kontinuierliche Zählregister (Ringzähler)* aufgebaut, d.h., wenn der maximale Zählwert erreicht ist, fangen Sie wieder bei 0 an zu zählen, es tritt also ein *Überlauf (Overflow) des Zählregisters* auf.

Beispiel:
Ein 8-Bit-Zähler zählt daher (Zahlen im Binär-Code):

```
00000000   ->   00000001   ->   00000010   ...   11111101   ->   11111110   ->
   +1              +1              +1        ...     +1              +1

11111111   ->   00000000   ->   00000001
   +1              +1              +1
Überlauf des Zählregisters
```

Wenn so ein Überlauf eintritt (≡ besonderes Ereignis), kann meistens zusätzlich noch ein Interrupt ausgelöst werden, der den µC in diesem Fall zu bestimmten Aktionen veranlaßt (Abarbeitung der entsprechenden Interrupt-Service-Routine).

Der Timer

Ein Timer ist ein Zähler, der seine Zählimpulse aus dem "Inneren" des µC's erhält, genauer gesagt, die Impulse, die gezählt werden, werden von der Taktfrequenz des µC's abgeleitet. Da diese im allgemeinen von einem hochstabilen Schwingquarz erzeugt werden, hat ein Zählimpuls eine sehr genaue Zeitdauer und kann somit zur exakten Zeitmessung oder Zeiterzeugung benutzt werden (Timer ≡ Zeitmesser).

> **!** **Merke: "Der Timer-Betrieb"**
> Beim Betrieb einer 80C537er-Timer/Counter-Baugruppe als **Timer** zählt dieser immer Impulse von der exakten Dauer "12 * Periodendauer der µC-Quarzperiodendauer", bzw. die **Zählfrequenz** beträgt exakt 1/12 der Quarzfrequenz.
> Da das 80C537er-TFH-Board mit einem 12 MHz-Quarz betrieben wird, ergibt sich hier:
>
> o *Exakte Zählfrequenz : 1 MHz bzw.*
> o *Exakte Zeitdauer eines Zählimpulses: 1µs (≡ 12/12 MHz)*

> **Die Experten-Ecke: "Die Timer-Zähl-Impulse"**
> Ein 8051er-Timer zählt immer die einzelnen Maschinenzyklen des µC's, und ein Maschinenzyklus besteht aus genau 12 einzelnen Taktzyklen der µC-Taktquelle.

8.15 Lektion 15

Die Verwendung eines Timers zeigen die folgenden

Beispiele:
1) Sie möchten die Dauer eines externen Ereignisses (z.B. HIGH-Dauer eines Meßimpulses) ausmessen und benutzen dazu den Timer, *Abb.8.15.1*:

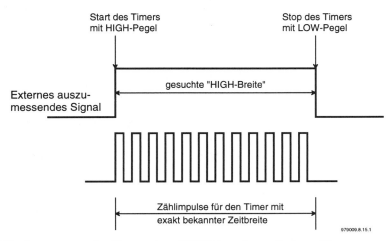

Abb.8.15.1: Die Ausmessung der Dauer eines HIGH-Impulses mit einem Timer

Der Timer wird nun durch einen externen HIGH-Pegel gestartet und durch einen externen LOW-Pegel wieder gestoppt. Wenn der Timer zwischen HIGH- und LOW-Pegel nun 22.586 Zählimpulse in sein 16-Bit-Zählregister gezählt hat, so war der externe HIGH-Impulse genau

$$22.586 * 1\mu s = 22{,}586 \text{ ms}$$

breit.

2) Sie möchten gerne alle 100 µs einen Interrupt auslösen und danach den Pegel am Port-Pin P5.1 wechseln (invertieren), so daß dort ein Rechtecksignal mit der Periodendauer 200 µs (Frequenz: 5 kHz) erscheint, siehe *Abb.8.15.2*.

Dazu muß der Timer exakt 100 µs / 1µs = 100 Impulse zählen, bevor der Pegelwechsel durchgeführt wird. Daher benötigen Sie (nur) einen 8-Bit-Timer, der bei einem Overflow einen Interrupt auslöst. Um genau 100 Impulse zu zählen, benutzen Sie einen *wesentlichen Trick* bei der Programmierung: Sie laden das Zählregister mit einem Wert vor und zwar mit:

2^8 – gewünschte Zählanzahl   hier also mit $2^8 - 100 = 156$.

8. Der Mikrocontroller-Kurs, Teil 1

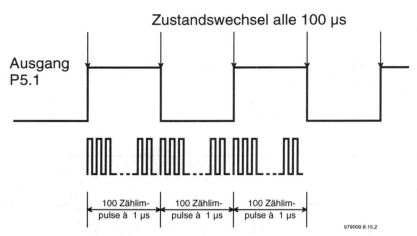

Abb.8.15.2: Die Erzeugung von Rechtecksignalen hoher Frequenzkonstanz mit einem Timer

Nun zählt der Timer zunächst 99 Impulse, und beim 100. Impuls tritt der Overflow von (2^8-1) nach 0 auf. Dieser Überlauf löst einen Interrupt aus, und in der Interrupt-Service-Routine müssen jetzt zwei Dinge gemacht werden:

  ❐ Invertierung des Zustandes am Port-Pin P5.1
  ❐ Neuladen des Zählregisters mit 156.

Dadurch erscheint exakt alle 100 µs ein Pegelwechsel an P5.1.

 Die Experten-Ecke: "Der Auto-Reload-Timer"
Das zweite Beispiel ist natürlich der typische Einsatzfall für einen Auto-Reload-Timer, der später noch ausführlich besprochen wird.

Der Counter

Ein Counter ist nun ebenfalls ein Zähler, der jedoch externe Ereignisse zählt: an einem I/O-Port-Anschlußpin des Cs werden Impulse angelegt, und der Counter zählt die fallenden Flanken (HIGH nach LOW-Pegelübergänge).
Durch die Verwendung eines Counters können Sie nahezu alle externen Ereignisse zählen:

- die Anzahl von Tastendrücken
- die Anzahl von produzierten Schrauben eines Schraubenautomaten
- die Drehzahl von Motoren und Maschinen
- etc.

8.15 Lektion 15

> **! Merke: "Der Counter-Betrieb"**
> Beim Betrieb einer 80C537er-Timer/Counter-Baugruppe als **Counter** kann dieser eine maximale Zählfrequenz von 1/24 der Oszillatorfrequenz verarbeiten.
> Beim 80C537er-TFH-Board ergibt sich daraus eine maximale Zählfrequenz von 500 kHz.
> Die zu zählenden Impulse müssen dabei eine Impulsbreite von mindestens 1 µs haben.

Der Vorteiler

Mit Hilfe eines Vorteilers läßt sich die Zählbreite eines Zählregisters sowohl für den Timer- als auch für den Counter-Betrieb erhöhen. Dazu übernimmt meistens ein zweites Register die Rolle des Vorteilers, so daß beide Register quasi hintereinander geschaltet sind und sich die Zählregisterbreite verdoppelt.

Beispiel:
Das Zählregister hat eine Breite von 8 Bit und kann somit von 0 bis 255 zählen. Zur Erhöhung der Zählfähigkeit wird ein zweites Register (bzw. ein Teil davon) als Vorteiler mit einer Breite von 5 Bit vor das eigentliche Hauptzählregister geschaltet.
Der neue maximale Zählbereich ergibt sich nun zu:

$$(2^5 * 2^8) - 1 = (32 * 256) - 1 = 8191 = 2^{13} - 1$$

$2^8 \rightarrow$ Hauptzählregister-Breite
$2^5 \rightarrow$ Breite des Vorteilers

Man hat somit einen 13-Bit-Zähler realisiert.

Die Gated Timer/Counter-Funktion

Bei vielen Timer/Counter-Einheiten kann der Timer bzw. der Counter noch zusätzlich durch ein externes Signal gestartet und gestoppt werden, bzw. der Strom der Zählimpulse wird an den Zähler angelegt oder unterbrochen. Dieses Start/Stop-Signal wird an einem weiteren C-Port-Pin angeschlossen und heißt *Gate-Signal (Gating-Signal, Tor-Signal)*, siehe Abb.8.15.3.

Die jeweiligen Steuerbits für die Umschaltung in den Gated-Modus sind entsprechende Bits in den Timer/Counter-Steuer-SFR's.
So kann man bei Bedarf von Außen exakt den Zeitpunkt vorgeben, ab wann der Timer/Counter zählen soll. Genau diese Gated-Funktion ist erforderlich, wenn man das erste Beispiel aus der Timer-Beschreibung (Impulsbreitenmessung) realisieren will: der externe Impuls wird an den Gate-

8. Der Mikrocontroller-Kurs, Teil 1

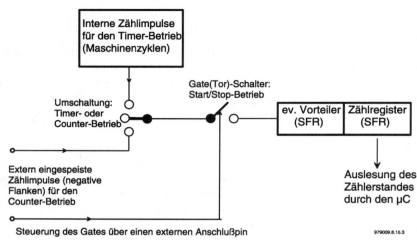

Abb.8.15.3: Der Gated-Betrieb

Pin angeschlossen, ein HIGH-Pegel startet die Timer-Zählfunkltion und ein LOW-Pegel stoppt diese wieder.

Die Interrupt-Auslösung

Alle Timer/Counter-Einheiten lösen einen Interrupt aus, wenn der Zählbereich überschritten wird: *Overflow-Interrupt*.

Beispiel:
8-Bit-Zählregister, aktueller Zählerstand: ff_H.
Tritt nun noch ein Zählereignis auf, so ergibt sich:
- $ff_H + 1 = 00$: neuer Zählerstand (ein Overflow hat stattgefunden) und
- Setzen des entsprechenden Interrupt-Request-Flags und damit bei Bedarf, d.h., wenn freigegeben, Auslösung eines Interrupts beim µC-Kern. In der Interrupt-Service-Routine können dann die entsprechenden Reaktionen auf diesen Interrupt enthalten sein.

Damit ist die Funktionsvielfalt solcher Timer/Counter-Einheiten aber bei weitem noch nicht erschöpft, kommen wir nun zu den *Höheren Timer/Counter-Funktionen*:

Die Automatik-Reload (Auto-Reload)-Funktion

In dieser Betriebsart wird das Zählregister beim Auftreten eines Overflows mit einem neuen Startwert aus einem anderen Register, dem *Auto-Reload-Register*, nachgeladen, d.h., das Zählregister zählt hierbei nicht immer von Null an hoch, *Abb.8.15.4*:

8.15 Lektion 15

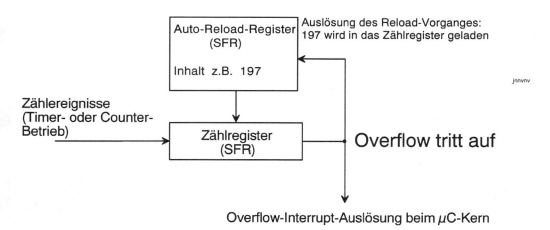

Abb.8.15.4: Der Auto-Reload-Betrieb

Im *Auto-Reload-SFR* wird der (meistens) von Null verschiedene Anfangszählwert für das eigentliche Zählregister eingeladen, z.B. der Wert 197.
Der Timer/Counter zählt nun beim Start zunächst von 0 bis 255 hoch. Wenn der erste Overflow auftritt (255+1), so passiert im Auto-Reload-Betrieb folgendes:

- Aus dem Auto-Reload-Register wird der Reload-Wert (197) als neuer Anfangswert in das Zählregister geladen.
  Der Inhalt des Reload-Registers wird durch den Nachladevorgang nicht verändert, er bleibt also bis zur nächsten Änderung durch den µC erhalten.
- Bei Bedarf kann zusätzlich ein Overflow-Interrupt ausgelöst werden.

Der Timer/Counter zählt also jetzt von 197 bis 255. Tritt der nächste Overflow auf, so wird das Zählregister wieder mit 197 nachgeladen, d.h., ab jetzt zählt der Timer/Counter immer nur 255-197=58 Zählereignisse (Impulse) bis zum nächsten Überlauf.
Diese sehr vielseitige Funktion haben Sie schon im zweiten Beispiel bei der Beschreibung zur Timer-Funktion kennengelernt (Generierung eines Rechtecksignals bestimmter Periodendauer).

> **!** **Merke: "Die Auto-Reload-Funktion"**
> *Mit Hilfe der Auto-Reload-Funktion (bei Bedarf noch in Verbindung mit dem Overflow-Interrupt) wird die Funktionalität speziell in der Timer-Betriebsart wesentlich erhöht; es können so z.B. Rechtecksignale mit unterschiedlichen Puls-Pausen-Verhältnissen einfach generiert werden.*

8. Der Mikrocontroller-Kurs, Teil 1

Weitere wichtige Timer/Counter-Funktionen werden Sie in der nächsten Lektion kennenlernen; wir werden uns jetzt zunächst einmal die beiden Timer/Counter-Einheiten 0 und 1 des 80C537ers näher ansehen.

Die Timer/Counter-Einheiten 0 und 1

Die *Tab.8.15.1* zeigt eine Übersicht über die Leistungsdaten dieser beiden ON-Chip-Peripherie-Einheiten:

Funktion:	Timer 0	Timer 1
Zählregister	Zwei Zähl-SFR's à 8 Bit Breite TL0, TH0 (L=Low, H=High Byte)	Zwei Zähl-SFR's à 8 Bit Breite TL1, TH1 (L=Low, H=High Byte)
Grundsätzliche Betriebsart:	Timer- oder Counter-Betrieb Counter Eingang: T0 (P3.4)	Timer- oder Counter-Betrieb Counter Eingang: T1 (P3.5)
Betrieb mit Vorteiler möglich ?	Ja: TL0: eigentliches Zählregister, TH0: 5 oder 8 Bit Vorteiler, Insgesamt: 13 oder 16 Bit Zählregister	Ja: TL1: eigentliches Zählregister, TH1: 5 oder 8 Bit Vorteiler, Insgesamt: 13 oder 16 Bit Zählregister
Gated-Betrieb möglich ?	Ja: Gate Steuerung INT0\ (P3.2) HIGH am Gate-Eingang: Timer/Counter frei, LOW am Gate-Eingang: Timer/Counter gesperrt.	Ja: Gate Steuerung INT1\ (P3.3) HIGH am Gate-Eingang: Timer/Counter frei, LOW am Gate-Eingang: Timer/Counter gesperrt.
Interruptauslösung bei Overflow ?	Ja, siehe Text Interrupt-Auslösung Interrupt-Request-Flag: TF0	Ja, siehe Text Interrupt-Auslösung Interrupt-Request-Flag: TF1
Auto-Reload-Betrieb möglich ?	Ja: TL0: Zahlregister TH0: Reloadregister	Ja: TL1: Zahlregister TH1: Reloadregister
Besondere Mixed Betriebsart möglich ?	Ja, siehe Text Timer/Counter Betriebsmode 3	Ja, siehe Text Timer/Counter Betriebsmode 3
Maßgebliche SFR's:	TL0: Zählregister Low Byte TH0: Zählregister High Byte	TL1: Zählregister Low Byte TH1: Zählregister High Byte
	TCON: Kontroll Register, TMOD: Betriebsmode Register	

Tab.8.15.1: Die ON-Chip-Timer 0 und 1

Bis auf die zuletzt in dieser Tabelle genannten Mixed-Betriebsarten (Timer/Counter-Mode 3) haben beide Einheiten die gleiche Funktionalität.

Jede Timer/Counter-Einheit besitzt jeweils zwei getrennte 8-Bit-Zähl-SFR's (HIGH- und LOW-Byte) für die Timer- bzw. Counter-Funktion, die je nach Betriebsmodus unterschiedlich kombiniert werden können.

8.15 Lektion 15

TL0, TL1, TH0, TH1: Timer 0/1 Low/High Register, Registeradressen $8A_H$ - $8D_H$, nicht bitadressierbar

Name: TL0, Reg. Adr.: $8A_H$	2^7	2^6	2^5	2^4	2^3	2^2	2^1	2^0
Name: TL1, Reg. Adr.: $8B_H$	2^7	2^6	2^5	2^4	2^3	2^2	2^1	2^0
Name: TH0, Reg. Adr.: $8C_H$	2^7	2^6	2^5	2^4	2^3	2^2	2^1	2^0
Name: TH1, Reg. Adr.: $8D_H$	2^7	2^6	2^5	2^4	2^3	2^2	2^1	2^0
Nach Reset:	0	0	0	0	0	0	0	0

In den nachfolgenden Beschreibungen bedeutet: x ≡ 0 oder 1, also z.B.: TLx ≡ TL0 oder TL1 gleichbedeutend.

Der grundsätzliche Betrieb von Timer/Counter 0 und 1 wird über das SFR TCON eingestellt:

TCON: Timer Control Register 0, Registeradresse 88_H, bitadressierbar

Bitadresse:	$8F_H$	$8E_H$	$8D_H$	$8C_H$	$8B_H$	$8A_H$	89_H	88_H
Name:	TF1	TR1	TF0	TR0	IE1	IT1	IE0	IT0
Nach Reset:	0	0	0	0	0	0	0	0

IE1-
IT0: Diese Bits werden für die Timer/Counter nicht benötigt. Sie gehören zu anderen ON-Chip-Peripherie-Einheiten und werden dort erläutert.

TF1: Timer 1-Überlaufs-Interrupt-Request-Flag. Wird hardwaremäßig beim Überlauf (Overflow) des Timer/Counters 1 gesetzt. TF1 wird während der Bearbeitung der Interrupt-Service-Routine automatisch vom μC-Kern zurückgesetzt.

TR1: Timer/Counter 1-Einschalt(Run)-Bit:
    1 ≡ Timer/Counter 1 eingeschaltet
    0 ≡ Timer/Counter 1 ausgeschaltet

TF0: Timer 0-Überlaufs-Interrupt-Request-Flag. Wird hardwaremäßig beim Überlauf (Overflow) des Timer/Counters 0 gesetzt. TF0 wird während der Bearbeitung der Interrupt-Service-Routine automatisch vom μC-Kern zurückgesetzt.

TR0: Timer/Counter 0-Einschalt(Run)-Bit:
    1 ≡ Timer/Counter 0 eingeschaltet
    0 ≡ Timer/Counter 0 ausgeschaltet

8. Der Mikrocontroller-Kurs, Teil 1

Für beide Timer/Counter ergeben sich nun die insgesamt 4 *Timer/Counter-Betriebsmodi*:

TMOD: Timer Mode Register, Registeradresse 89_H, nicht bitadressierbar

Name:	GATE	C/T\	M1	M0	GATE	C/T\	M1	M0
	\multicolumn{4}{c}{Timer 1}				
Nach Reset:	0	0	0	0	0	0	0	0

(Die mittleren Spalten bilden "Timer 1", die rechten "Timer 0".)

GATE: Gate Control-Bit:
    Einstellung der Gated-Betriebsart für den Timer/Counter x.
    1 ≡ Gated-Betriebsart eingeschaltet: Der Timer/Counter x arbeitet jetzt nur dann, wenn neben dem Steuerbit TRx zur Timer/Counter-Inbetriebnahme auch der Hardwareanschluß INTx\ einen log.'1' Zustand (HIGH-Pegel) aufweist.
    0 ≡ Gated-Betriebsart ausgeschaltet: Der Timer/Counter x wird nun lediglich durch TRx gesteuert.

C/T\: Counter/Timer-Auswahlbit:
    1 ≡ Timer/Counter-Einheit x arbeitet als Counter: Eingangszählsignale werden über den Tx-Eingang von extern zugeführt.
    0 ≡ Timer/Counter-Einheit x arbeitet als Timer: Zählsignale werden vom internen Systemtakt abgeleitet ($f_{osz}/12$).

M1-M0: Betriebsartenwahlbits des Timers x

M1	M0	Betriebsmodus: Funktion
0	0	0: 8-Bit Timer/Counter mit Division durch 32 (5-Bit-Vorteiler)
0	1	1: 16-bit Timer/Counter
1	0	2: 8-bit Timer/Counter mit Auto-Reload Funktion
1	1	3: 2*8-Bit Timer/Counter für Timer 0, Timer 1 gestoppt

Betriebsmodus 0 (gilt für Timer/Counter 0 und für Timer/Counter 1)
Hierbei arbeitet THx als 8-Bit-Zählregister und TLx als 5-Bit-Vorteiler (Division durch $2^5=32$). Man erhält somit einen 13-Bit-Timer/Counter, bei dem die oberen 3 Bits von TLx unbestimmt sind und ignoriert werden können.

Wenn ein Overflow erfolgt, 1 1111 1111 1111$_B$ –> 0 0000 0000 0000$_B$, wird das Interrupt-Request-Flag TFx gesetzt und dieses kann, bei entsprechender Interrupt-Freigabe, die Verzweigung in eine Interrupt-Service-Routine auslösen.

Weiterhin ist in diesem Betriebsmodus der Gated-Betrieb möglich, und es gilt:

- Allgemeiner Einschalter für Timer/Counter x: TRx = 0 –> Timer/Counter x AUS
  TRx = 1 –> Timer/Counter x EIN

- Kein Gated-Betrieb: Gate = 0   Timer/Counter x startet sofort, sobald TRx = 1 wird, Timer/Counter x stoppt sofort, sobald TRx = 0 wird.

- Gated-Betrieb: Gate = 1   Start-Stop-Steuerung zusätzlich noch über INTx\:
  INTx\ = 1: Timer/Counter x Start
  INTx\ = 0: Timer/Counter x Stop
  (Zusätzlich muß natürlich TRx noch log.'1' sein)

Wird der Timer/Counter x durch TRx gestartet, so werden die Inhalte von TLx und THx *nicht* gelöscht, d.h. der Programmierer muß vor dem Timer/Counter-Start dafür sorgen, daß die gewünschten Anfangswerte in diesen SFR's stehen.

Betriebsmodus 1 (gilt für Timer/Counter 0 und für Timer/Counter 1)
Dieser Modus ist mit dem Modus 0 identisch mit dem einzigen Unterschied, daß TLx jetzt als 8-Bit-Vorteiler arbeitet, man also insgesamt einen 16-Bit-Timer/Counter erhält.

Betriebsmodus 2 (gilt für Timer/Counter 0 und für Timer/Counter 1)
In dieser Betriebsart wird ein Auto-Reload-Timer/Counter realisiert. Das eigentliche Zählregister ist das 8 Bit breite SFR TLx und das Auto-Reload-Register ist THx.
Bei einem Overflow von TLx (1111 1111$_B$ - 0000 0000$_B$) passieren die folgenden Dinge:

- Das Interrupt-Request-Flag TFx wird gesetzt und kann einen Interrupt auslösen.
- Das Zählregister TLx wird mit dem Reload-Wert aus THx (nach)geladen.
- Der Inhalt von THx (Reload-Wert) ändert sich durch das Nachladen nicht. Nur durch einen direkten Programm-Befehl des µC's kann der Inhalt dieses SFR's verändert werden (writereg()-Befehl).

8. Der Mikrocontroller-Kurs, Teil 1

Betriebsmodus 3 (unterschiedliche Auswirkungen auf Timer/Counter 0 und Timer/Counter 1)
Wählt man diesen Modus für den Timer/Counter 1 aus, so stoppt dieser (der Effekt ist identisch mit TR1=0).

Wählt man diese Betriebsart jedoch für den Timer/Counter 0, so wird folgendes eingestellt, *Abb.8.15.5*:

- Die Register TL0 und TH0 arbeiten als vollständig voneinander getrennte, unabhängige Zähler-Einheiten.

- TH0 arbeitet fest als 8-Bit-Timer, der über das Steuerbit TR1 (also über das EIN-AUS-Schaltbit von Timer/Counter 1) gestartet bzw. gestoppt werden kann. Ein Gated-Betrieb ist hierbei nicht möglich.

  Bei einem Überlauf von TH0 wird das Timer 1-Interrupt-Request-Flag TF1 gesetzt, TH0 kontrolliert nun also den Timer 1-Interrupt.

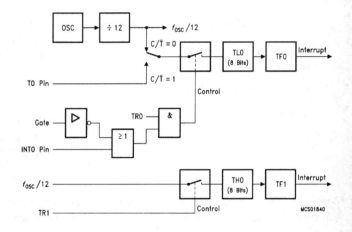

- TL0 kann dagegen als 8-Bit-Timer oder als 8-Bit-Counter

Abb.8.15.5: Der Timer/Counter 0 im Betriebsmodus 3

arbeiten, wobei auch ein Gated-Betrieb möglich ist. TL0 benutzt dabei die bekannten Timer 0-Steuer- und Kontroll-Bits: TR0, TF0, INT0\, C/T\(0) und Gate(0).

Durch Auswahl dieses Modus kann so ein zusätzlicher 8-Bit-Timer oder Counter geschaffen werden:

- Im Mode 3 "zerfällt" der 16-Bit-Timer/Counter 0 in zwei unabhängige 8-Bit-Zähleinheiten.
- Der Timer 1 kann in den Modi 0, 1 oder 2 betrieben werden (Mode 3 schaltet ihn aus).

Als Ergebnis erhält man daher aus zwei 16-Bit-Timern/Countern:

- einen 16-Bit-Timer/Counter (TL1, TH1),
- einen 8-Bit-Timer (TH0),
- einen 8-Bit-Timer/Counter (TL0).

8.15 Lektion 15

Diese Betriebsart 3 ist besonders für die kleinen 8051er sinnvoll, die zwar eine serielle Schnittstellenbaugruppe ON-Chip haben, aber keinen eigenen speziellen Baud-Rate-Generator dazu. Hier verwendet man dann den Timer 1 als Baud-Rate-Generator, und damit steht aber dieser Timer für alle anderen Timer/Counter-Aufgaben nicht mehr zur Verfügung.
Man kann in diesem Falle nur noch den Timer 0 einsetzen, und zwar entweder als 16-Bit-Timer/Counter oder durch Anwahl des Modus 3 als zwei voneinander unabhängige 8-Bit-Zähleinheiten.

Die einzige Einschränkung beim Betrieb vom Timer/Counter 0 im Mode 3 besteht darin, daß der Timer 1-Interrupt vom Zählregister TH0 ausgelöst wird, der Timer 1-Interrupt also für den Timer 1 selbst verloren ist.

Kommen wird, nun zu einigen praktischen Einsatz-Beispielen für die beiden Timer:

Beispiel:
Am externen Timer-0-Eingang (P3.4) wird ein Taster angeschlossen (*Schließer*, s. Abb.8.10.7 in Lektion 10). Die erfolgten Tastendrücke sollen mit dem Timer/Counter 0 (Betrieb als 16-Bit-Counter) gezählt und die Anzahl der Tastendrücke alle 0,5 s auf dem Terminal-Bildschirm ausgegeben werden (es soll ein "stehendes Bild" mit entsprechenden Kommentartexten erscheinen).
Das nachfolgende Programmlisting von *ti1.pas* zeigt eine mögliche Lösung des Problems:

```
(******************************************************************)
(*                                                                *)
(*            Das Arbeiten mit den ON-CHIP-Timer/Counter          *)
(*                                                                *)
(*                                                                *)
(*               Ermittlung der Tastendrücke                      *)
(*               ===========================                      *)
(*                                                                *)
(*                                                                *)
(*                                                                *)
(*                  Programm: ti1.pas                             *)
(*                                                                *)
(******************************************************************)

program ti1;
(******************************************************************)
(*** Definition der verwendeten Pascal-Konstanten ****************)
(******************************************************************)
const    TMOD = $89;       (* Betriebsmodus Register der Timer 0 und 1 *)
         TL0  = $8A;       (* Zählregister Low Byte des Timer 0 *)
         TH0  = $8C;       (* Zählregister High Byte des Timer 0 *)
         TR0  = $8C;       (* Timer 0 Einschaltbit *)
         P34  = $B4;       (* Externer Eingang des Timers 0 *)

(******************************************************************)
(*** Definition der verwendeten Pascal-Variablen *****************)
(******************************************************************)
```

8. Der Mikrocontroller-Kurs, Teil 1

```
var    a : byte;         (* Für allgemeine Zwecke *)

(***************************************************************)
(*** Definition der verwendeten Pascal-Prozeduren ***************)
(***************************************************************)

(*** Initialisierungsroutine für Timer 0 ***)

procedure init_TI0;
begin
  clearbit(TR0);          (* Timer 0 zur Initialisierung ausschalten *)
  writereg($00,TL0);      (* Timer 0 Zählregister auf 0 setzen (Low *)
  writereg($00,TH0);      (* und High Byte) *)
  a:=reg(TMOD);           (* SFR TMOD einlesen *)
  a:=a and %11110000;     (* Alle Einstellungen von Timer 0 auf log '0' *)
  a:=a or %00000101;      (* Kein Gate-Betrieb, Timer 0 arbeitet als 16-Bit *)
  writereg(a,TMOD);       (* Counter. Alle Timer 1 Parameter bleiben unverän. *)
  setbit(P34);            (* P34 (ex. Timer 0 Eingang) als Eing. freischalten *)
  setbit(TR0);            (* Timer 0 einschalten *)
end;

(***************************************************************)
(*** Start des eigentlichen Hauptprogramms **********************)
(***************************************************************)

begin
  write(chr($1A));                    (* Bildschirm löschen, Cursor auf (0,0) *)
  writeln;                            (* Leerzeile einfügen *)
  write('Anzahl der Tastendrücke beträgt: ');
  write(chr($1B),chr($6A));           (* Cursorpos. speichern, Terminalsteuerseq. *)
  init_TI0;                           (* Timer 0 Initialisierungsprozedur *)
  repeat                              (* Endlosschleife *)
    write((256*(reg(TH0))+reg(TL0))); (* Summe der Tastendrücke ausgeben *)
    write(chr($1B),chr($6B));         (* Cursorpos. wiederherstellen *)
  until false;
end.
```

Beispiel:

Am externen Eingang INT1\ (P3.3) wird ein Taster (*Öffner*) angeschlossen.
Nun soll mittels Timer 1 gemessen werden, wie lange die Taste jeweils gedrückt wurde, und das Zeitmeß-Ergebnis für jeden Tastendruck soll in Millisekunden auf dem Terminal-Bildschirm dargestellt werden.
Der Jumper J6 auf dem 80C537er-TFH-Board muß entfernt werden, da sonst neben dem Taster auch die RTC auf den externen Interrupt INT1\ wirkt.
Um mit dem Timer 1 Zeiten zu messen, muß natürlich die serielle Schnittstelle 0 uminitialisiert werden (Benutzung des besonderen Baud-Rate-Generators anstatt des Timers 1 zur Baud-Rate-Erzeugung).

8.15 Lektion 15

ti2.pas zeigt die Lösung:

```pascal
(************************************************************************)
(*                                                                      *)
(*              Das Arbeiten mit den ON-CHIP-Timer/Counter              *)
(*                                                                      *)
(*                                                                      *)
(*                   Ermittlung der Tastendruckzeit                     *)
(*                   ===============================                    *)
(*                                                                      *)
(*                                                                      *)
(*                                                                      *)
(*                       Programm:  ti2.pas                             *)
(*                                                                      *)
(************************************************************************)

program ti2;

(************************************************************************)
(*** Definition der verwendeten Pascal-Konstanten **********************)
(************************************************************************)

const      TMOD = $89;        (* Betriebsmodus Register der Timer 0 und 1 *)
           TL1  = $8B;        (* Zählregister Low Byte des Timers 1 *)
           TH1  = $8D;        (* Zählregister High Byte des Timers 1 *)
           TR1  = $8E;        (* Timer 1 Einschaltbit *)
           P33  = $B3;        (* Gate Eingang des Timer 1 *)
           EAL  = $AF;        (* Enable All Interrupts (Generalschalter) *)
           ET1  = $AB;        (* Enable Timer 1 Interrupt *)
           BD   = $DF;        (* Baudratengenerator für SS0 *)
           PCON = $87;        (* SFR beinhaltet das SMOD-Bit *)

(************************************************************************)
(*** Definition der verwendeten Pascal-Variablen **********************)
(************************************************************************)

var    a : byte;              (* Hilfsvariable *)
       zeit : integer;        (* 10ms Zählvariable *)

(************************************************************************)
(*** Definition der verwendeten Pascal-Prozeduren **********************)
(************************************************************************)

(*** Initialisierungsroutine für Timer 1 ***)

procedure init_TI1;

begin
  clearbit(TR1);        (* Timer 1 zur Initialisierung ausschalten *)
  a:=reg(TMOD);         (* SFR TMOD einlesen *)
  a:=a and %00001111;   (* Alle Einstellungen von Timer 1 auf log '0' *)
  a:=a or %10010000;    (* Gate-Betrieb, Timer 1 arbeitet als 16-Bit Timer *)
  writereg(a,TMOD);     (* Alle Timer 0 Parameter bleiben unverändert *)
  setbit(P33);          (* P33 (Gate Eingang) freischalten *)
  setbit(TR1);          (* Timer 1 einschalten *)
end;

(************************************************************************)
```

399

8. Der Mikrocontroller-Kurs, Teil 1

```
(*** Uminitialisierungsroutine für SS0 ***)

procedure uminit_SS0;

begin
  setbit(BD);              (* Baudratengenerator für SS0 eingeschaltet *)
  a:=reg(PCON);            (* SMOD-Bit zur Einstellung der Baudrate von *)
  a:=a or %10000000;       (* 9600Baud auf High setzen, ohne die anderen *)
  writereg(a,PCON);        (* Bits im SFR PCON zu ändern. *)
end;

(******************************************************************)

(*** Interuptbearbeitung ***)

procedure intr_handler;

begin;
  if interrupt = $1B then  (* Wenn Interrupt des Timers 1, *)
    begin                  (* dann: *)
      Zeit:=Zeit+1;        (* Zählvariable um 1 erhöhen und)
      writereg($F0,TL1);   (* Timer 1 Zählregister auf 55536 setzen, *)
      writereg($D8,TH1);   (* 10000 Zählimpulse 10ms vor Timerüberlauf *)
    end;
  ireturn;                 (* Interuptroutine beenden! *)
end;

(******************************************************************)
(*** Start des eigentlichen Hauptprogramms ************************)
(******************************************************************)

begin
  uminit_SS0;              (* Uminitialisierungsprozedur der SS0 *)
  init_TI1;                (* Timer 1 Initialisierungsprozedur *)
  setbit(EAL);             (* Alle Interrupts freigeben! *)
  setbit(ET1);             (* Interrupt des Timer 1 freigeben! *)
  write(chr($1A));         (* Bildschirm löschen, Cursor auf (0,0) *)
  zeit:=0;                 (* Zählvar. = 0, Taste wurde noch nicht gedrückt *)
  repeat                   (* Endlosschleife *)
    if bit(P33) then repeat until (not bit(P33));
    (* Wenn Taste gedrückt wird, warte bis Betätigung endet*)
    if zeit>0 then         (* Wenn zuvor eine Tastebetätigung vorlag *)
      begin                (* (10ms Zählvariable größer als 0), dann: *)
        writeln('Der Tastendruck dauerte ', zeit*10, ' Millisekunden: ');
        writereg($EF,TL1); (* Textausgabe, Zählregister wieder auf *)
        writereg($D8,TH1); (* 10000 Zählimpulse vor Timerüberlauf *)
        zeit:=0;           (* und Zählvariable auf 0 setzen *)
      end;
  until false;
end.
```

8.15 Lektion 15

0, 1, 0, 1, 0, 0, 0, 1, 0, ...

✎ Übungsaufgaben

1) Schreiben Sie einen Programmteil, der genau alle 25 ms einen Interrupt auslöst. In der zugehörigen Interrupt-Service-Routine wird der Zustand von Port-Pin P5.1 invertiert, so daß an diesem Pin ein Rechtecksignal mit der Periodendauer von 50 ms (f=20 Hz) entsteht.
Kontrollieren Sie Ihr Ergebnis mit einem Oszilloskop.

2) Schreiben Sie ein Programm, das eine Rechteckschwingung mit unterschiedlichem Puls-Pausen-Verhältnis erzeugt:

- HIGH-Dauer: 10 ms
- LOW-Dauer: 17 ms.

Kontrollieren Sie Ihr Ergebnis mit einem Oszilloskop.

8.16 Lektion 16: Die Zähler-, Vergleichs- und Einfangeinheit (CCU) des 80C537ers

> Lernziele:
>
> In dieser Lektion werden Sie die hohe Kunst des "Einfangens" und des "Vergleichens" von Zahlen kennenlernen.
>
> - Neu eingeführte Pascal51er-Befehle, Funktionen und Datentypen: *keine*
> - Behandelte interne ON-Chip-Peripherie-Einheiten: *Compare/Capture-Unit (CCU)*
> - Behandelte externe Peripherie-Einheiten: *keine*

Die Compare/Capture-Unit (CCU, Vergleichs- und Einfang-Einheit) des 80C537ers zählt zu den zur Zeit leistungsfähigsten und komplexesten µC-ON-Chip-Einheiten auf dem Gebiet des Zählens, des Vergleichens und des Einfangens von Zahlen. Sie macht diesen µC zu "dem Crack" auf den Gebieten der digitalen Signalerzeugung und Signalmessung (Puls-Erzeugung, Pulsweiten-Modulation, Pulsweiten-Messung). Dank der Eigenschaften dieser CCU wird der 80C537er in der Automobil-Technik (Zündung, Einspritzung, ABS, etc.) und in anderen Industriezweigen (Schrittmotor-Ansteuerung, Frequenzerzeugung, D/A-Wandlung, Prozeßkontrolle, etc.) verstärkt eingesetzt.
Aus der Vielseitigkeit dieser ON-Chip-Einheit resultiert aber leider auch ein großer Nachteil für Sie: Im Siemens-Handbuch umfaßt die Beschreibung zur CCU rund 34 Seiten "hochkonzentriertes Spezialwissen". Eine detaillierte Erläuterung aller Funktionen dieser Einheit würde die Seitenzahl dieses Buches erheblich vergrößern, so daß hier nur ein sehr kleiner Teil aller Möglichkeiten behandelt wird.
Aber Sie können *sich freuen*: Nach dem Durcharbeiten dieses Lehrbuches gibt es somit noch einige "weiße Flecken" auf der 80C537er-Landkarte, die Sie noch selber erforschen und sich so zum 80C537er-Spezialisten ausbilden können. Denn mittlerweile sollten Sie ja den wichtigsten µC-Wahlspruch kennen:

"Mit einem kleinen Grundwortschatz Englisch und dem Wissen über SFR's durchschaut man jeden µC !"

Bevor wir uns nun näher die CCU ansehen, müssen wir unsere "Timer/Counter-Begriffskunde" aus der letzten Lektion noch um drei weitere wichtige Begriffe ergänzen:

Die Compare (Vergleichs)-Funktion

In dieser Betriebsart wird ein sogenanntes *Compare(Vergleichs)-Register* mit einem 8- oder 16-Bit Vergleichswert (Compare-Value) geladen.

8.16 Lektion 16

Immer dann, wenn der Timer/Counter bis zu diesem Vergleichswert gezählt hat (Gleichheit: Zählregister-Inhalt = Compare-Register-Inhalt), *passiert etwas*:

- an einem bestimmten Ausgangs-Port-Anschluß des µC's findet ein Pegelwechsel statt: Von LOW nach HIGH oder umgekehrt,
- es kann ein Interrupt ausgelöst werden, d.h., ein entsprechendes Interrupt-Request-Flag wird gesetzt, und der µC kann so auf das "Gleichheits-Ereignis" der beiden Registerinhalte mit einer entsprechenden Interrupt-Service-Routine reagieren.

Mit dieser Betriebsart kann man z.B. sehr einfach Rechtecksignale mit unterschiedlichen Puls/Pausen-Verhältnissen erzeugen, indem man das Compare-Register mit verschiedenen Werten lädt.

> **! Merke: "Die Compare-Funktion"**
> *Außer dem Laden des Compare-Registers braucht sich der µC-Kern bei der Compare-Funktion um nichts zu kümmern, denn den Rest (Vergleichen, Pegelwechsel am Port-Pin, Interrupt-Auslösung) erledigt die entsprechende Timer/Counter-Einheit alleine. Der µC wird also von wesentlichen Arbeitsschritten entlastet und kann z.B. in seinem normalen Hauptprogramm fortfahren.*

Die Capture (Einfang)-Funktion

In der Betriebsart "Einfangen" zählt der Zähler "so vor sich hin", und sobald ein bestimmtes Ereignis auftritt, wird der gerade aktuelle Zählerinhalt "eingefangen", d.h., der gerade aktuelle Inhalt des Zählers wird in ein besonderes Zwischenregister *(Capture (Einfang)-Register)* umgespeichert. Danach kann dieser eingefangene Wert in Ruhe vom µC ausgewertet werden, während der eigentliche Zähler ohne Unterbrechung immer weiter zählt.
Das Ereignis zur Auslösung dieses Einfang-Vorganges kann von zwei verschiedenen Quellen erzeugt werden:

- Auslösung durch ein *externes* Ereignis: Pegelwechsel an einem I/O-Port-Pin des µC's.
So lassen sich z.B. Zeitdauer- bzw. Periodendauer-Messungen an externen Signalen durchführen: Der Timer wird gestartet (er zählt somit Impulse bekannter definierter Zeitdauer, z.B. 1 µs-Impulse), und durch das externe Ereignis wird der gerade aktuelle Timer-Inhalt eingefangen und im Capture-Register abgelegt. Danach kann der µC diesen Inhalt auslesen und analysieren: Erfolgte das Einfangen des Zählerstandes z.B. nach genau 23.758 Zählimpulsen, so beträgt die Zeitdauer des externen Ereignisses (seit dem Zählerstart) exakt 23.758 * 1 µs = 23,758 ms.
Der Timer selber läuft während dieser ganzen Zeit kontinuierlich weiter, und der fortgeschriebene Inhalt kann somit durch ein weiteres neues Ereignis wieder eingefangen werden.

8. Der Mikrocontroller-Kurs, Teil 1

- Auslösung durch ein *internes* Ereignis: hierbei schreibt der µC einen Wert in ein bestimmtes SFR, und dadurch wird das Einfangen des Zählerinhaltes ausgelöst.

Damit der µC über eine "Einfang-Aktion" informiert wird, kann noch ein Interrupt (Setzen eines Interrupt-Request-Flags) ausgelöst werden.

> **!** *Merke: "Die Capture (Einfang)-Funktion"*
> *Auch die komplette Abwicklung der Capture-Funktion wird von der Timer/Counter-Einheit selbständig durchgeführt. Der µC hat damit nichts zu tun. Er wird nur via Interrupt darüber informiert, daß ein "Einfang" stattgefunden hat, und erst dann muß er die entsprechende Auswertung des empfangenen Zahlenwertes vornehmen.*

Die Concurrent-Compare (gleichzeitige Vergleichs)-Funktion

Während bei der normalen Compare-Funktion im Vergleichsfall der Ausgangszustand von jeweils *nur einem* Ausgangspin verändert werden kann (HIGH - LOW oder umgekehrt), ändern sich im Concurrent-Compare-Betrieb bei Gleichheit des Zähler- und des Vergleichsregisters *gleichzeitig* die Zustände an bis zu 9 Port-Pins: entweder von HIGH nach LOW oder umgekehrt oder gemischt. Der Anwender gibt hierbei ein bestimmtes Ausgabemuster vor, das im Vergleichsfalle sofort und **schlagartig** an allen Pins erscheint.

Man erhält hierbei also eine **absolute Gleichzeitigkeit** der maximal 9 Ausgangssignale, anders als wenn man 9mal hintereinander den setbit()- bzw. clearbit()- bzw. invertbit()-Befehl auf die einzelnen Port-Pins anwenden würde.

Dieser Betriebsmodus wird hauptsächlich dann verwendet, wenn eine hohe Synchronisation (Gleichzeitigkeit) von Ausgangssignalen notwendig ist. Der Anwender lädt das gewünschte Ausgabemuster in ein spezielles SFR und im Vergleichsfall erscheint dieses gleichzeitig an den Ausgängen, z.B. absolute Gleichzeitigkeit von Zündimpulsen bei einem Verbrennungsmotor.

Natürlich kann auch in diesem Vergleichsfall ein Interrupt beim µC-Kern ausgelöst werden.

> **!** *Merke: "Die Concurrent-Compare-Funktion"*
> *Die gleichzeitige Ansteuerung von bis zu 9 verschiedenen Output-Port-Pins geschieht direkt hardwaremäßig von der CCU aus, d.h. ohne die softwaremäßige Abarbeitung von Programmbefehlen durch den µC-Kern. Man erreicht daher wieder eine erhebliche Entlastung des µC-Kerns von solchen Aufgaben.*

Nachdem Sie nun Ihr Basiswissen über Timer- und Counter-Einheiten erweitert haben, können wir uns die CCU des 80C537ers etwas näher ansehen.

8.16 Lektion 16

Um die Komplexität noch zu erhöhen, besitzt dieser µC in seiner CCU nicht nur einen, sondern gleich zwei Timer/Counter-Einheiten: den *Timer/Counter 2* und den *Compare-Timer*, deren Leistungsfähigkeiten die Tabellen *Tab.8.16.1*, *Tab.8.16.2* und *Tab.8.16.3* zeigen:

- 16-Bit-Zählregister
- 2-Bit-Vorteiler für die Timer-Funktion
  (4-Bit-Vorteiler bei 80C537er-µ'Cs mit dem Produktionscode "BB" oder höher, hierauf wird jedoch nicht näher eingegangen)
- Maximale Eingangsfrequenz im Timer-Mode: $f_{osz}/12$
- Maximale Eingangsfrequenz im Counter-Mode: $f_{osz}/24$
- Overflow-Interrupt-Auslösung
- Verfügbare Betriebsmodi:
  - Timer
  - Counter
  - 16-Bit-Auto-Reload
  - Capture
  - Compare
  - Concurrent-Compare
  - Gated-Timer-Mode

Tab.8.16.1: Die Leistungsfähigkeit des Timer/Counters 2 der CCU

Funktion:	Betrieb des Timers 2 als Timer	Betrieb des Timers 2 als Counter
Breite des Zählregisters	16 Bit	16 Bit
Maximale Eingangsfrequenz	1 MHz	500 kHz
Overflow-Interrupt-Auslösung	X	X
Einsatz des Vorteilers	X	–
16-Bit-Auto-Reload	X	X
Capture	X	X
Compare	X	X
Concurrent-Compare	X	X
Gated-Mode	X	–

Tab.8.16.2: Die unterschiedlichen Betriebsmodi des Timers 2

X ≡ möglich, – ≡ nicht möglich
Betrieb des 80C537ers mit 12 MHz-Taktfrequenz

- 16-Bit-Zählregister
- 8-Bit-Vorteiler
- Maximale Eingangsfrequenz für den Timer: $f_{osz}/2$ *("sehr schneller"* Timer)
- Overflow-Interrupt-Auslösung
- Verfügbare Betriebsmodi:
    - Timer
    - 16-Bit-Auto-Reload
    - Compare

Tab.8.16.3: Die Leistungsfähigkeit des Compare-Timers der CCU

Um all diese Funktionen zu erfüllen, besitzt die CCU neben den beiden Hauptzählregistern noch insgesamt 13 Compare/Reload/Capture-Register zur Zahlenspeicherung, 6 Steuer-SFR's zur Einstellung der jeweiligen Betriebsarten und sie kann 7 voneinander unabhängige Interrupts auslösen. Über insgesamt 21 I/O-Port-Pins kommuniziert die CCU mit ihrer digitalen Außenwelt (alternative Funktionen der 80C537er-I/O-Ports).

Die Abb.8.16.1 zeigt das Blockschaltbild der CCU:

Sie sehen, daß die "Zahlen-Register", die dem Timer 2 zugeordnet sind, teilweise Doppelfunktionen erfüllen: je nach programmiertem Betriebsmodus arbeiten sie als Compare- oder als Capture-Register, das SFR CRC sogar noch zusätzlich als Auto-Reload-Register für den Timer 2.

Die gesamten Port 4-, Port 5-, und 7 Port 1-Anschlüsse üben alternative Funktionen für den CCU-Betrieb aus, siehe *Tab.8.16.4*.

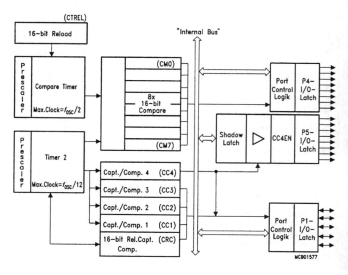

Abb.8.16.1: Das Blockschaltbild der CCU

Port	Pin	Alternative Funktion
P1.0	INT3/CC0	externer Interrupt 3, Capture Eing. bzw. Compare Ausg. des Reg. CRC
P1.1	INT4/CC1	externer Interrupt 4, Capture Eing. bzw. Compare Ausg. des Reg. CC1
P1.2	INT5/CC2	externer Interrupt 5, Capture Eing. bzw. Compare Ausg. des Reg. CC2
P1.3	INT6/CC3	externer Interrupt 6, Capture Eing. bzw. Compare Ausg. des Reg. CC3
P1.4	INT2/CC4	externer Interrupt 2, Capture Eing. bzw. Compare Ausg. des Reg. CC4
P1.5	T2EX	externer reload trigger Eingang des Timer 2
P1.7	T2	externer Zähl- oder Gate-Eingang des Timer 2
P4.0	CM0	Compare Ausgang des Compare Registerspaares CM0
P4.1	CM1	Compare Ausgang des Compare Registerspaares CM1
P4.2	CM2	Compare Ausgang des Compare Registerspaares CM2
P4.3	CM3	Compare Ausgang des Compare Registerspaares CM3
P4.4	CM4	Compare Ausgang des Compare Registerspaares CM4
P4.5	CM5	Compare Ausgang des Compare Registerspaares CM5
P4.6	CM6	Compare Ausgang des Compare Registerspaares CM6
P4.7	CM7	Compare Ausgang des Compare Registerspaares CM7
P5.0	CCM0	Concurrent Compare Ausgang 0
P5.1	CCM1	Concurrent Compare Ausgang 1
P5.2	CCM2	Concurrent Compare Ausgang 2
P5.3	CCM3	Concurrent Compare Ausgang 3
P5.4	CCM4	Concurrent Compare Ausgang 4
P5.5	CCM5	Concurrent Compare Ausgang 5
P5.6	CCM6	Concurrent Compare Ausgang 6
P5.7	CCM7	Concurrent Compare Ausgang 7

Tab.8.16.4: Die alternativen Port-Funktionen für die CCU

Normalerweise ist jedem Zahlen-Register genau ein I/O-Port-Pin zugeordnet, nur das SFR CC4 stellt eine Ausnahme dar: es ist unter anderem noch das Vergleichsregister für den Concurrent-Compare-Modus des Timers 2 und kontrolliert so in dieser Betriebsart bis zu 9 Port-Pins im Output-Modus (sämtliche Port 5-Pins und den Port-Pin P1.4).

All die erwähnten Port-Pins arbeiten in ihrer alternativen Funktion; d.h. für den Programmierer: vor Betrieb der Port-Pins in Verbindung mit der CCU ist eine log.'1' in die jeweilige Bitstelle des entsprechenden Port-SFR's zu schreiben (s. Lektion 10).

8. Der Mikrocontroller-Kurs, Teil 1

Eine Ausnahme hiervon bilden Port-Pins, die als Compare-Ausgänge verwendet werden (Pegelwechsel an diesen Pins beim Auftreten des Gleichheitsereignisses): hier steuert die CCU selbständig die Pegel an diesen Pins, und der Anwender hat hierauf keinen Einfluß (was ja auch nicht sinnvoll wäre, denn andernfalls würde die Compare-Funktion ja nicht einwandfrei funktionieren).

Wie bereits zu Anfang erwähnt, sprengt eine komplette Beschreibung der CCU-Funktionen dieses Buch (viele Informationen sind auch nur für "Spezialisten" interessant, die Sie natürlich nach dem Durcharbeiten dieses Lehrbuches sein werden), so daß wir hier nur einige Funktionen des Timers 2 der CCU näher betrachten werden:

- Timer 2: Timer-Mode
- Timer 2: Gated-Timer-Mode
- Timer 2: Counter-Mode
- Timer 2: Reload-Betrieb

Das eigentliche Zählregister des Timers 2 ist 16 Bit breit und aufgeteilt in die beiden 8-Bit SFR's TL2 und TH2:

TL2, TH2: Timer 2 Low/High Register, Registeradressen CC_H und CD_H, nicht bitadressierbar

Name: TL2, Reg. Adr.: CC_H	2^7	2^6	2^5	2^4	2^3	2^2	2^1	2^0
Name: TH2, Reg. Adr.: CD_H	2^7	2^6	2^5	2^4	2^3	2^2	2^1	2^0
Nach Reset:	0	0	0	0	0	0	0	0

Alle Funktionen des Timers 2 werden über das SFR *Timer 2 Control (T2CON)* gesteuert und eingestellt:

T2CON: Timer 2 Control Register, Registeradresse $C8_H$, bitadressierbar

Bitadresse:	CF_H	CE_H	CD_H	CC_H	CB_H	CA_H	$C9_H$	$C8_H$
Name:	T2PS	I3FR	I2FR	T2R1	T2R0	T2CM	T2I1	T2I0
Nach Reset:	0	0	0	0	0	0	0	0

I3FR
I2FR Diese Bits werden zur Steuerung von Timer 2 nicht benötigt. Sie gehören zu anderen ON-Chip-Peripherie-Einheiten und werden dort erläutert.

T2PS:

8.16 Lektion 16

Vorteiler-Auswahlbit für den Timer-Modus:
- 1 ≡ Vorteilung der Zählimpulse im Timer- bzw. im Gated-Timer-Modus durch den Faktor 2
- 0 ≡ Keine Vorteilung der Zählimpulse

Im Counter-Modus muß T2PS auf 0 gesetzt werden.

Ab der Prozessorversion "BB" ist zusätzlich im Special Function Register CTCON das T2PS1 Bit eingefügt worden. Die möglichen Vorteilungen in den zulässigen Betriebsarten ergeben sich dann gemäß der folgenden Tabelle:

T2PS1	T2PS	Vorteiler
0	0	Keine Vorteilung
0	1	Vorteilung durch 2
1	0	Vorteilung durch 4
1	1	Vorteilung durch 8

T2R1, Timer 2,
T2R0: Reload-Modus:

T2R1	T2R0	Timer 2, Reload-"Aktivierungs"-Modus
0	X	Automatisches Reload ausgeschlossen
1	0	Reload beim Überlauf des Timers 2
1	1	Reload bei fallender Flanke am µC-Pin T2EX

T2CM: Compare Mode Bit für die Register CRC, CC1 bis CC3:
- 1 ≡ Auswahl des Compare-Modus 1
- 0 ≡ Auswahl des Compare-Modus 0

T2I1, Timer 2,
T2I0: Betriebsartenwahl:

T2I1	T2I0	Timer 2, Betriebsarten
0	0	Timer 2 wird angehalten
0	1	Timer-Funktion gewählt
1	0	Counter-Funktion gewählt
1	1	Gated-Timer-Funktion gewählt

8. Der Mikrocontroller-Kurs, Teil 1

Die grundlegende Betriebsart des Timer2 (Timer, Counter, Gated-Timer) wird über die beiden Steuerbits T2I1 und T2I2 eingestellt. Die restlichen Bits des SFR's T2CON dienen zur Auswahl der erweiterten Timer 2- Funktionen: Auto-Reload-Modus, Compare-Modus, Einstellung des Vorteilers für den Timer-Modus.

Die "exquisiten"-Timer 2 Betriebsarten werden über

- das Steuer-SFR *CCEN (Compare/Capture-Enable)* für die Zahlen-SFR's CRC, CC1, CC2 und CC3 und über
- das Steuer-SFR *CC4EN (Compare/Capture/Concurrent-Compare-Enable)* für das SFR CC4

festgelegt (hierauf wird jedoch nicht weiter eingegangen).

Timer 2: Timer-Mode

In dieser Betriebsart zählt der Timer 2 die "genormten" Zeitimpulse, die von der Quarzfrequenz des µC's abgeleitet werden. Über einen einstellbaren Vorteiler kann festgelegt werden, ob die Zeitimpulse

- mit der Frequenz $(1/12) * f_{osz}$: 1 Impuls = 1 µs oder
- mit der Frequenz $(1/24) * f_{osz}$: 1 Impuls = 2 µs

gezählt werden (Betrieb des 80C537ers mit 12 MHz-Taktfrequenz).

Timer 2: Gated-Timer-Mode

Nun wird der Timer 2 durch die Logik-Pegel am externen Steueranschluß Port-Pin P1.7 ($\equiv$ T2 $\equiv$ Gate-Steuerung) ein- und ausgeschaltet:

- T2 = HIGH: die Zähltaktimpulse gelangen zum Timer 2 $\rightarrow$ Timer 2 läuft.
- T2 = LOW: die Zähltaktimpulse gelangen nicht zum Timer 2 $\rightarrow$ Timer 2 stoppt.

Timer 2: Counter-Mode

In dieser Counter-Betriebsart zählt der Timer 2 die externen fallenden Flanken am Zähleingang T2 (Port-Pin P1.7). Die maximale Zählrate beträgt hierbei $(1/24) * f_{osz}$ (beim 80C537er-TFH-Board also maximal 500 kHz). Die Impulsbreiten sollten dabei mindestens 1 µs groß sein.

8.16 Lektion 16

! *Merke: "Der Betrieb des Timers 2"*

- Beim Betrieb in der Counter-Betriebsart **muß** der Vorteiler des Timers 2 ausgeschaltet sein, d.h., T2PS muß 0 sein.
- Ein Überlauf des Timers 2, egal ob in der Timer, in der Gated-Timer- oder in der Counter-Betriebsart, setzt das Interrupt-Request-Flag TF2 und löst damit, wenn dieser enabled ist, einen Timer 2-Overflow-Interrupt aus. Dieses Interrupt-Request-Flag muß per Software, also durch Programm-Befehl, gelöscht werden. Weiterhin ist dieser Interrupt doppelt belegt: Auslösung durch den TF2- oder durch den EXF2-(Unter)Interrupt.

Timer 2: Die Reload-Funktion

Diese Funktion unterteilt sich noch einmal in zwei Unterfunktionen, die durch die Steuerbits T2R0 und T2R1 im SFR T2CON eingestellt werden, *Abb.8.16.2*:

Als *Reload-Register* arbeitet in dieser Betriebsart das *CRC (Compare/Reload/Capture)-SFR*, das aufgeteilt ist in zwei 8-Bit-SFR's: CRCL und CRCH.

Der Reload-Mode 0:
Bei einem Overflow des Timers 2 wird der 16-Bit-Reload-Wert aus dem Reload-Register CRC in das Zählregister des Timers 2 nachgeladen. Der nach einem Overflow vorliegende Zählerstand 0000_H wird also durch den Reload-Wert überschrieben. Gleichzeitig wird das Timer 2-Interrupt-Request-Flag TF2 gesetzt und kann so den bei Bedarf freigegebenen Timer 2-Interrupt auslösen.

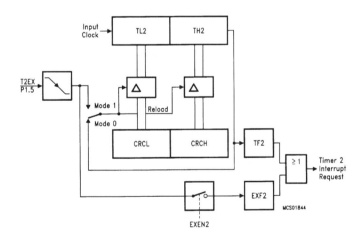

Abb.8.16.2: Der Timer 2-Reload-Betrieb

Der Reload-Mode 1:
In diesem Mode wird der Reload des Timers 2 durch ein externes Ereignis ausgelöst, nämlich durch eine fallende Flanke am *Reload-Eingang T2EX* (Port-Pin P1.5). Als Reload-Register arbeitet hierbei wieder das SFR CRC.

8. Der Mikrocontroller-Kurs, Teil 1

Zusätzlich wird noch das Interrupt-Request-Flag EXF2 gesetzt, aber nur dann, wenn dieses Setzen zuvor zugelassen worden war, d.h., wenn vorher das Steuerbit EXEN2 im SFR IEN1 auf log.'1' gesetzt war.

Wenn dann noch der Timer 2-Interrupt freigegeben ist, löst das Setzen von EXF2 den Timer 2-Interrupt aus.

Das große Timer-Finale
kommt diesmal von Ihnen selbst:

✎ Übungsaufgaben

Überlegen Sie sich selbst einige sinnvolle Timer/Counter"-Anwendungen und realisieren Sie diese.

8.17 Lektion 17: Der letzte Schliff

> Lernziele:
>
> Endlich einmal eine kurze Lektion, denn nun erhalten Sie
> **den letzten Schliff**
> des soliden 8051er-Programmierers und dazu ist nicht mehr allzuviel Wissen notwendig.
>
> Neu eingeführte Pascal51er-Befehle, Funktionen und Datentypen:
> *Einbinden von Assembler-Routinen, Stringverarbeitung, die restlichen Datentypen, etc.*
> Behandelte interne ON-Chip-Peripherie-Einheiten:
> *MDU, Fail-Safe-Einheiten Power-Safe-Einheit*
> Behandelte externe Peripherie-Einheiten:
> *externer µC-Überwachungsbaustein*

Zuerst sollen hier die restlichen ON-Chip-Peripherie-Einheiten des 80C537ers kurz mit ihren wichtigsten Eigenschaften vorgestellt werden und danach sind Sie aufgefordert, sich das 80C537er-Handbuch "zu schnappen", um sich dort detailliertere Einzelheiten zu diesen Funktionsbaugruppen zu erarbeiten, damit Sie diese sinnvoll einsetzten können.

Die restlichen ON-Chip-Peripherie-Einheiten des 80C537ers

Die MDU (Multiplication/Division-Unit) des 80C537ers

Diese ON-Chip-Peripherie-Einheit ist eine auf sehr schnelle vorzeichenlose Integer-32-Bit-Divisionen, 16-Bit-Multiplikationen, Normierungs- und Schiebeoperationen optimierte reine Recheneinheit. Sie entlastet den µC-Kern erheblich, wenn es darum geht, komplexe und aufwendige Echtzeitberechnungen durchzuführen.

Der µC-Kern übergibt die zu verknüpfenden Zahlen an die MDU und diese führt die gewünschten Berechnungen so schnell aus, daß der µC weder ein Busy-Bit von der MDU abfragen noch auf einen Fertig-Interrupt von der MDU warten muß. Er kann einfach ein paar Befehle aus seinem Hauptprogramm ausführen und danach bereits das Ergebnis aus den SFR's der MDU auslesen.

Mathematische Operation	Ergebnis	Rest	Bearbeitungszeit bei 12 MHz Taktfrequenz	Bearbeitungszeit in Maschinenzyklen
Integerdivision 32 Bit / 16 Bit	32 Bit	16 Bit	6 µs	6
Integerdivision 16 Bit / 16 Bit	16 Bit	16 Bit	4 µs	4
Integermultiplikation 16 Bit * 16 Bit	32 Bit	–	4 µs	4
32 Bit Normierungsvorgang	–	–	6 µs	6
32 Bit Schiebevorgang	–	–	6 µs	6

Tab.8.17.1: Die Ausführungszeiten der 80C537er MDU

8. Der Mikrocontroller-Kurs, Teil 1

Die Ausführungszeiten für die einzelnen Operationen zeigt die *Tab.8.17.1*.

Die in dieser Tabelle aufgeführten Operationen werden um den Faktor 5- bis 10 mal schneller ausgeführt, als wenn man sie durch entsprechende 8051er-Programmteile nachvollziehen würde.

> ***Die Experten-Ecke:***
> *Die längste Rechenzeit dauert 6 Maschinenzyklen und ein durchschnittlicher 8051er-Assembler-Befehl dauert 2 Maschinenzyklen. Also: nach Ausführung von 3 Assembler-Befehlen durch den µC-Kern ist die MDU bereits mit ihren Berechnungen fertig.*
> *So schnell kann man keine Rechenverknüpfungen, selbst in Assembler nicht, programmieren.*

Damit ergeben sich auch schon die Randbedingungen, unter denen die MDU sinnvoll eingesetzt werden sollte:

- Will man den Vorteil der sehr schnellen Berechnungen durch die MDU voll ausnutzen, so muß man den 80C537er vorzugsweise in Assembler programmieren, denn was nützen schnell errechnete Ergebnisse, wenn das restlichen Verarbeitungsprogramm "sehr langsam" (im Vergleich zur MDU) arbeitet.

- Viele Hochsprachen-Compiler benutzen die MDU nicht, wenn Rechenaufgaben durchgeführt werden. Für sie ist die MDU gar nicht vorhanden, und das hat auch einen sehr guten Grund: 8051er-Hochsprachen-Compiler (C, Pascal, Basic) sollen ja Programme für möglichst alle Mitglieder der 8051er-Familie erzeugen und nicht nur für einzelne Exemplare. Das bedeutet dann aber auch, daß nur diejenigen ON-Chip-Peripherie-Einheiten optimal unterstützt werden, die auf allen 8051er-µC's gemeinsam enthalten sind, z.B. die digitalen I/O-Ports 1 und 3, die serielle Schnittstelle 0 die Timer 1 und 2, etc.
Wenn also Berechnungen z.B. auf einem 80C51er durchgeführt werden müssen, z.B. b:=12786 * 35915, so gibt es dort ja keine MDU, die diese Berechnung sehr schnell ausführen könnte. Der Compiler muß daher bei der Übersetzung dieser Berechnung in ein Assembler-Programm die Multiplikation durch entsprechende 8051er-Assembler-Befehle realisieren. Das ist natürlich immer und bei jedem 8051er möglich, dauert aber wesentlich länger als beim Einsatz einer MDU.

- Der Pascal51er-Compiler benutzt für Berechnungen somit die MDU des 80C537ers gar nicht, da mit diesem Compiler Programme für alle 8051er-Familienmitglieder erzeugt werden können. Natürlich läßt sich die MDU in Pascal51 über die entsprechenden SFR's programmieren, doch der Vorteil der hohen Rechengeschwindigkeit geht dadurch teilweise verloren, daß das restliche Pascal51er-Programm langsamer ist als ein entsprechendes Assembler-Programm.

8.17 Lektion 17

> **! Merke: "Der Einsatz der MDU"**
> Der optimale Einsatz der 80C537er-MDU ist nur unter Verwendung eines gezielt auf den 80C537er zugeschnittenen Assembler-Programms möglich.

Die Fail-Safe(Überwachungs)-Einheiten des 80C537ers
Der 80C537er besitzt zwei ON-Chip-Baugruppen, die dafür sorgen, daß automatische Sicherungsfunktionen ausgeführt werden, wenn ein Hardware-Fehler auftritt oder in der Software eine Fehlfunktion eintritt.

1. Der programmierbare Watchdog-Timer
Wie in der Lektion 12 schon erläutert, sorgt ein Watchdog dafür, daß das Programm ordnungsgemäß ausgeführt wird. Kommt es durch eine Fehlfunktion zu einer unzulässigen Programmschleife oder zu einem unzulässigen Programm-Stop, und wird der Watchdog dadurch nicht mehr regelmäßig aufgefrischt (Zurücksetzten des Watchdogzählers auf 0000_H), so setzt er den µC, und damit das gesamte µC-System, automatisch zurück.
Die Wartezeit, nach der der Watchdog "zuschlägt", ist einstellbar (über den Vorladewert des Watchdogzählers) zwischen 512 µs und 1,1 s, d.h. innerhalb dieser Zeit muß eine Auffrischung (auf 0000_H) des permanent hochzählenden Watchdogzählers erfolgen, sonst löst der Watchdog einen Reset aus (beim 80C537er: Resetauslösung beim Erreichen des Zählerstandes $7ffc_H$).
Beim Betrieb des 80C537er-TFH-Boards ist noch ein Punkt zu beachten: der Watchdog ist hier nach einem Reset (nach dem Einschalten der Betriebsspannung) zunächst noch inaktiv (deshalb haben wir bei allen bisherigen Programmentwicklungen noch nie Probleme mit ihm gehabt). Für seine Aktivierung gibt es nun zwei Mögichkeiten:

- **Software-Aktivierung**: Durch das Setzen eines Bit im SFR IEN1 wird der Watchdog eingeschaltet. Nach dieser Aktivierung kann der Watchdog erst wieder durch einen Reset bzw. durch Ausschalten der Betriebsspannung angehalten werden. Im laufenden Betrieb muß jetzt das regelmäßige Nachladen des Watchdogzählers erfolgen.

- **Hardware-Aktivierung**: Wird der µC-Pin 4 (PEVSWD) auf HIGH-Pegel während eines Resets (während des Einschaltens der Betriebsspannung) gesetzt (also fester Anschluß an die +5V-Versorgung des Systems), so ist der Watchdog sofort, von Anfang an, aktiviert. Auf dem 80C537er-TFH-Board kann diese Einstellung über dem Jumper J5 vorgenommen werden:
    - J5 gesteckt: µC-Pin 4 liegt auf Masse, die Watchdog-Hardware-Aktivierung ist ausgeschaltet. Das sollte die Grundeinstellung auf dem Board sein.
    - J5 entfernt: ein offener µC-Eingangspin 4 entspricht nun einem HIGH-Pegel an diesem Pin und der Watchdog ist hardwaremäßig aktiviert. Nun müssen Sie den Watchdogzähler in Ihrem Programm regelmäßig auf 0000_H zurücksetzten, sonst setzt der Watchdog den µC zurück.

8. Der Mikrocontroller-Kurs, Teil 1

2) Der Oszillator-Watchdog

Ein sehr kritischer Hardware-Fehler kann ein µC-System in einen völlig unbestimmten Zustand bringen: wenn durch eine Erschütterung oder durch einen sonstigen Einfluß (Temperatur-Schock, etc.) der Schwingquarz des µC's zerstört wird (bricht) oder die Verbindung zwischen Quarz und µC unterbrochen wird, so erhält der µC keine Taktsignale mehr und stürzt ab. Welchen Zustand er dabei annimmt, ist völlig offen und unvorhersehbar und kann zu sehr kritischen Gesamtsystem-Zuständen führen.

Um diesen Fehlerzustand zu beherrschen, besitzt der 80C537er eine Oszillator-Watchdog-Einheit, die von außen, via Hardwareanschluß aktivierbar ist:

Der Oszillator-Watchdog ist aktiv, wenn der µC-Pin OWE (Oscillator Watchdog Enable, Pin 69) auf HIGH-Pegel liegt oder offen ist (interner Pull-Up-Widerstand). Ein fester LOW-Pegel schaltet diese Überwachungseinheit aus. Auf dem 80C537er-Board haben Sie die Möglichkeit, diese Einstellung über den Jumper J4 vorzunehmen:

- J4 gesteckt: µC-Pin 69 liegt auf Masse, die Oszillator-Watchdog-Aktivierung ist ausgeschaltet.
- J4 entfernt: ein offener µC-Eingangspin 69 entspricht nun einem HIGH-Pegel an diesem Pin, und der Oszillator-Watchdog ist aktiviert. Das sollte die Grundeinstellung auf dem Board sein.

Die ON-Chip-Oszillator-Überwachungsschaltung vergleicht permanent die Taktfrequenz des Haupttaktoszillators mit einer intern erzeugten unabhängigen Vergleichsfrequenz von ca. 300 kHz. Sinkt nun die µC-Taktfrequenz unter diese 300 kHz, so erkennt der Oszillator-Watchdog, daß mit der Haupttakterzeugung etwas nicht in Ordnung ist, und setzt den µC (das gesamte µC-System) automatisch zwangsweise zurück. Dieser Reset-Zustand hält solange an, bis der Hauptoszillator wieder einwandfrei arbeitet. Der µC läuft zwar nicht weiter, wenn der Hauptoszillator ausgefallen ist, aber durch den Oszillator-Watchdog wird das gesamte System in einen wohldefinierten Grundzustand, nämlich in den Reset-Zustand, gebracht.

Die 80C537er Power-Saving(Strom-Spar)-Modi

Sehr oft tritt in µC-Systemen der Zustand auf, daß der µC auf ein bestimmtes internes oder externes Ereignis wartet: einen Tastendruck, die Fertigmeldung von der seriellen Schnittstelle, Ablauf einer Timer Zeit, etc. bevor er mit seinem Programm fortfährt.

Während dieser Wartezeit macht der µC also nichts anderes, als "Strom (Energie) zu fressen". Solche untätigen Wartezustände können kritisch werden, wenn das µC-System z.B. aus einer Batterie oder über Solarzellen versorgt wird, denn dann ist ein sehr sparsamer Umgang mit der zur Verfügung stehenden Energie zwingend notwendig.

In solchen Fällen kann der µC-Kern sich selbst oder auch die ON-Chip-Peripherie-Einheiten "schlafen legen", d.h., in einen "Energieverbrauchs-minimalen" Zustand bringen und erst dann wieder "aufwecken", wenn das erwartete Ereignis (der erwartete Interrupt) auftritt.

8.17 Lektion 17

Der 80C537er kennt hierzu drei verschiedene "Schlafzustände"; er hat daher insgesamt vier unterschiedliche Stromaufnahmezustände, *Tab.8.17.2*:

Betriebszustand:	µC-Taktfrequenz:	max. Stromaufnahme:	Betriebsspannung:
Active Mode	12 MHz	40 mA	5 V
	16 MHz	50,3 mA	5 V
Idle-Mode	12 MHz	15 mA	5 V
	16 MHz	19 mA	5 V
Slow-Down-Mode	12 MHz	15 mA	5 V
	16 MHz	19 mA	5 V
Power-Down-Mode	—	0,05 mA	2...5,5 V

Tab.8.17.2: Der Energieverbrauch des 80C537ers in den verschiedenen Betriebszuständen

Alle drei Power-Saving-Modes lassen sich auf dem 80C537er-TFH-Board nur einschalten, wenn der µC-Pin 4 auf Masse liegt. Dies ist genau dann der Fall, wenn der bereits erwähnte Jumper J5 gesteckt ist (Grundeinstellung des Boards, der ON-Chip-Watchdog des 80C537ers ist dann allerdings permanent ausgeschaltet).

1. Der Idle(Untätigkeits)-Mode
In diesem Zustand, der durch Setzen eines Bits im SFR *PCON (Power-Control)* eingenommen wird, schaltet sich der µC-Kern selber vom Taktoszillator ab, er arbeitet also nicht mehr weiter. Alle anderen ON-Chip-Peripherie-Einheiten erhalten noch Taktsignale, sind somit noch voll funktionsfähig und können daher Interrupts zum µC-Kern hin auslösen.
Durch solch einen Interrupt (z.B. extern erzeugter Interrupt via "Tastendruck an einem µC-Port-Pin") oder durch einen von außen ausgelösten Hardware-Reset des µC's wird der µC-Kern aufgeweckt, er arbeitet weiter, d.h., er reagiert auf das jeweilige den Interrupt auslösende Ereignis (bzw. auf den Reset) und kann danach "wieder schlafen gelegt werden".
Durch dieses zeitweilige Abschalten des µC-Kerns sinkt der Energieverbrauch des Gesamt-µCs schon auf unter die Hälfte des Normalverbrauchs.

2. Der Power-Down(Abgeschaltete)-Mode
In dieser Betriebsart (eingenommen durch das Setzen eines Bits im SFR PCON) wird der Taktoszillator des µC's vollständig abgeschaltet, keine Einheit auf dem Chip erhält mehr Taktimpulse, alle ON-Chip-Funktionsbaugruppen und der µC-Kern selber sind somit inaktiv. Die Stromaufnahme des µC-Chips hat ihr absolutes Minimum erreicht.
Aus diesem Schlafzustand kann der µC nur durch einen externen Reset wieder aufgeweckt werden.

8. Der Mikrocontroller-Kurs, Teil 1

Durch diese "brutale Weckmethode" werden alle SFR's mit ihren Default(Start)-Werten überschrieben (≡ Daten- und Initialisierungsverlust!) und das Programm startet erneut vom Anfang. Lediglich die Inhalte der externen und des internen Datenspeicher-RAMs bleiben erhalten.

3. Der Slow-Down(Langsame)-Mode
Nun gibt es aber auch Situationen, in denen man Energie sparen möchte, nicht aber auf das Weiterarbeiten des µC-Kerns verzichten kann. Somit kommt der Idle- und der Power-Down-Modus nicht in Frage, da hierbei der µC-Kern ja immer abgeschaltet, die Abarbeitung des Programmes also gestoppt ist.
Zur Lösung dieses Problems gibt es nun den Slow-Down-Modus, bei dem durch Setzen eines Bits im SFR PCON die interne Taktfrequenz zusätzlich durch den Faktor 8 geteilt wird: der komplette µC arbeitet also noch weiter, aber nur achtmal so langsam. Auch diese reduzierte Arbeitsgeschwindigkeit spart sehr viel Energie.
Wenn im weiteren Verlauf des Programms dann wieder "die volle Power" des µC's benötigt wird, kann sich der µC selber wieder auf die hohe Taktgeschwindigkeit hochschalten: Löschen des entsprechenden Bits im SFR PCON.

Damit sind wir nun am Ende der Beschreibung des 80C537ers angekommen und was Ihnen jetzt noch fehlt, sind einige Zusatzinformationen über noch vorhandene Programmierungsmöglichkeiten mit dem Pascal51er-Compiler.

Die restlichen Pascal51er-Funktionen, Prozeduren und Datentypen

» **Wichtig: "Der komplette Funktionsumfang des Pascal51er-Compilers"**
Die vollständige, ohne Einschränkungen lauffähige, Version des Pascal51er-Compilers befindet sich auf der Diskette zum Buch:

"Pascal-Cross-Compiler für Mikrocontroller der 8031er-Familie"

von O'Niel V. Som, Elektor-Verlag, [6]

Dort sind ebenfalls die nachfolgend aufgeführten restlichen Befehle ausführlich erklärt (eine Kurzbeschreibung finden Sie im Anhang 11.4).
Um auch größere und komplexere Programme für die 8051er-µC's zu erstellen, ist der **Kauf** dieser Software **unumgänglich**, da die hier verwendete Compiler-Version nur eine "Schnupper-Version" ist und somit nur mit Beschränkungen läuft, s. Kap. 2.

8.17 Lektion 17

Weitere Datenstrukturen
Mit dem Befehlswort *array* sind in Pascal51 Felder definierbar, und mit *type* und *record* lassen sich eigene Datentypen und Datenstrukturen festlegen.

Das Einbinden von Assembler-Routinen
Wie schon mehrfach erwähnt, sind in Assembler geschriebene Programme am schnellsten ablauffähig. Sollen daher innerhalb von Pascal51 bestimmte Programmteile in Assembler geschrieben werden, so lassen sich solche Assembler-Routinen auch in das Pascal51er-Programm einbinden. Die dazu notwendigen Funktionen und Prozeduren sind *call, asm, usr* und *@*.

Das direkte Lesen und Beschreiben der (80C537er-)Systemspeicher
Mit den Funktionen *cby()* und *dby()* können einzelne Bytes aus dem (externen) Programmspeicher und aus dem internen Datenspeicher-RAM eines 8051ers ausgelesen werden. Mit *writedby()* können direkt Byte-Werte in das interne Datenspeicher-RAM geschrieben werden.

Die Stringverarbeitung
Die einfache Verarbeitung von Strings (Zeichenketten) ist mit den Prozeduren *readstring()* und *writestring()* möglich.
Die Prozedur *readln()* ist bei Pascal51 mit read() identisch.

Zahlenmanipulationen
sind mit den Funktionen *pred(), succ(), abs()* und *exponent()* und mit der Prozedur *setexponent()* möglich.

Programmablaufanweisungen
Durch Aufruf der Prozedur *halt* wird der Programmablauf sofort angehalten und kann erst durch einen Hardware-Reset wieder *von vorne* gestartet werden. Interrupts werden jedoch erkannt, und die zugehörige Interrupt-Service-Routine wird ausgeführt. Danach befindet sich der µC allerdings wieder im Halt-Zustand.

Die restlichen externen Peripherie-Einheiten auf dem 80C537er-TFH-Board

Der externe Mikrocontroller-Überwachungs-Chip Max 691

Der externe µC-Überwachungs-Chip, der MAX691 (IC10), ergänzt die beiden ON-Chip-Fail-Safe-Einheiten des 80C537ers um zwei weitere Funktionen:

- Bereitstellung eines (zusätzlichen) externen Watchdog-Timers
- Überwachung der Systemspannung

1. Der Watchdog-Timer des MAX691ers
Ähnlich dem beschriebenen On-Chip-Watchdog-Timer des 80C537ers überprüft der Watchdog des

8. Der Mikrocontroller-Kurs, Teil 1

MAX691ers die ordnungsgemäße Programmausführung. Damit dieser externe Watchdog-Timer das laufende Programm nicht via Reset abbricht, muß er alle 1,6 s aufgefrischt werden. Dies geschieht durch einen Pegelwechsel an seinem Hardware-Anschlußpin WDI. Ein Pegelwechsel an WDI wird durch einen Schreib- oder Lesebefehl unter der Watchdog-Adresse realisiert. Im 80C537er-TFH-System wurde dem MAX691er-Watchdog der externe Datenspeicherbereich ffe0$_H$ - ffef$_H$ zugewiesen. Einen Pegelwechsel am WDI Anschluß realisiert man somit durch die Pascal51er-Befehle:

```
            writexby(wdi,data);
oder
            a:=xby(wdi);
```

Hierbei ist zu beachten, daß wdi in der Konstantendefinition eine zwischen ffe0$_H$ und ffef$_H$ liegende Adresse zugewiesen bekommt, und daß data und a als Byte-Variablen deklariert werden, also:

```
const       wdi = $ffe5;
var         a, data : byte;
```

Da der MAX691er-Watchdog keine Register besitzt, in die etwas eingeschrieben oder aus denen etwas ausgelesen werden kann, ist der Inhalt von "data" bzw. von "a" völlig belanglos, denn mittels der beschriebenen Befehle soll ja lediglich ein Flankenwechsel am WDI-Anschluß generiert werden, der ein Auffrischen des Watchdog-Timers bewirkt (dieser Flankenwechsel kommt dadurch zustande, daß durch die beiden Pascal51er-Anweisungen jeweils ein CS\-Signal (Y15\) erzeugt wird, das an WDI angeschlossen ist).
Wird diese MAX691er-Watchdog-Funktion dagegen nicht benötigt, so kann sie auch deaktiviert werden, d.h., der alle 1,6 s vom MAX691er ausgelöste Reset kann mittels Jumper J2 unterbunden werden:

- J2 entfernt: der Watchdog-Timer ist deaktiviert und braucht somit nicht permanent aufgefrischt zu werden. Das sollte die Grundeinstellung auf dem Board sein.
- J2 gesteckt: der Watchdog-Timer ist aktiv und muß mindestens alle 1,6 s aufgefrischt werden, da sonst ein Reset generiert wird.

2. Die Überwachung der Systemspannung durch den MAX691

Der MAX691er führt zusätzlich noch drei Prüfungen der Systemspannung durch:

- **Vergleich der Systemspannung V$_{CC}$ mit einer Schwellenspannung von 4,65 V:**
  Sinkt die Versorgungsspannung unterhalb der Schwellenspannung von 4,65 V ab, so wird ein Reset-Signal generiert. Das Reset-Signal wird über eine monostabile Kippstufe gehalten und erst 50 ms nach Überschreiten der Schwellenspannung wieder zurückgenommen. Hieraus folgt, daß zum einem vor Erreichen der Minimalbetriebsspannung des µC's (4,5V) dieser abgeschaltet wird und daß zum anderen bei Einschalten des Systems zuerst ein (Power-On) Reset generiert wird. Zusätzlich werden über weitere Steuerleitungen des MAX691ers diejenigen IC's gesperrt (in den stromsparenden inaktiven Zustand versetzt), die über die Pufferbatterie versorgt werden, um

8.17 Lektion 17

ein zufälliges Einschreiben von ungültigen Daten beim Hochlaufen bzw. Absinken der Betriebsspannung zu verhindern und um die Pufferbatterie zu entlasten.

- **Prüfung der Power-Fail-Input Spannung**
  Bevor die Versorgungsspannung unterhalb der Schwellenspannung von 4,65 V absinkt, wird bei einem Spannungswert von 4,8V durch den MAX691er der externe Interrupt INT0\ des µC's ausgelöst. In der entsprechenden Interrupt Service Routine kann somit vor einem Datenverlust durch den bevorstehenden Reset (beim weiteren Absinken der Versorgungsspannung) eine softwaremäßige Datensicherungsroutine aktiviert und/oder der aktuelle Prozeß in einen sicheren Zustand gefahren werden (z.B. durch Schließen eines Ventils und Ausgabe einer Alarmmeldung). Um diese Überwachungseigenschaft des MAX691ers zu nutzen, muß mittels einer regulierbaren Betriebsspannungsquelle (Netzteil) für das 80C537er-TFH-Board und des auf dem Board vorhandenen Trimmpotentiometers POT1 die folgende Einstellung vorgenommen werden:

  o Betriebsspannung des Boards auf 4,8V einstellen, die Spannung am PFI Eingang des MAX691ers (Pin 9) messen und per Potentiometer POT1 auf 1,3 V einstellen. Das sollte die Grundeinstellung auf dem Board sein.

- **Vergleich der Betriebsspannung mit der Pufferbatteriespannung**
  Über einen Komparator werden die Versorgungs- und die Pufferbatteriespannung miteinander verglichen. Die jeweils höhere der beiden Spannungen wird als Ausgangsspannung zum V$_{OUT}$-Pin des MAX691ers durchgeschaltet. An V$_{OUT}$ sind dann diejenigen Bausteine angeschlossen, die über die Pufferbatterie weiterhin mit Spannung versorgt werden sollen und die somit ihre Daten auch noch bei einem totalen Ausfall der Betriebsspannung behalten.
  Sobald die Versorgungsspannung unterhalb der Pufferbatteriespannung absinkt, wird ebenfalls ein Reset-Signal zum µC hin generiert.
  Auf den 80C537er-TFH-Board versorgt die Pufferbatterie die zwei RAM Bausteine (IC4 und IC5) und die Real-Time-Clock (RTC, IC6). Wenn also die Versorgungsspannung auf dem 80C537er-TFH-Board unter 3,6V (Spannung der Pufferbatterie) absinkt oder einfach abgeschaltet wird, übernimmt die Batterie bei den genannten Komponenten die Spannungsversorgung zur Datensicherung.

> **! Merke:** *"Die Überwachung der Betriebsspannung durch den MAX691er"*
>
> - *Betriebsspannung < 4,8 V: Auslösung des Interrupts INT0\ beim µC !*
> - *Betriebsspannung < 4,65 V: Reset des µC's und Sicherung von RAM- und RTC-Inhalt durch Aktivierung des Schreibschutzes !*
> - *Betriebsspannung < 3,6 V: RAM's und RTC werden komplett über die Pufferbatterie versorgt !*

8. Der Mikrocontroller-Kurs, Teil 1

War's das schon ?

Nach dem Durcharbeiten dieser 17 Lektionen haben Sie

- ein fundamentales und gefestigtes Wissen über den Aufbau und die Funktion von Mikrocontrollern der 8051er-Familie erworben und
- Sie haben mit dem Pascal51er-Compiler ein leistungsfähiges Programmier-Handwerkszeug kennen- und schätzengelernt.

Damit können Sie nun Ihre vielfältigen Ideen, Wünsche und Vorstellungen auf dem Gebiet der µC-Programmierung in die Tat, d.h. in lauffähige Programme umsetzen.

Was Ihnen jetzt noch auf dem Weg zum *Profi-Programmierer* fehlt, ist
Praxis, Praxis, Praxis !
und einige Kenntnisse, wie man ein vorhandenes (80C537ers -TFH-) µC-System um weitere zusätzliche sinnvolle Funktionseinheiten erweitern kann.

Und genau mit diesem letzten Punkt werden wir uns in den nächsten Lektionen beschäftigen.

Bleiben Sie also am Ball, pardon: am Mikrocontroller !

9. Der Mikrocontroller-Kurs, Teil 2
Die Zusatzkarte 1
"Die Mensch-Maschine-Schnittstelle"

In diesem Kapitel begrüßen wir den frischgebackenen 8051er-Programmierer !

Da Sie bereits ein solides Grundwissen erworben haben, brauchen wir ab jetzt keine detaillierten Lernziele mehr zu definieren. Auch wird die Ausführlichkeit der Erklärungen ab jetzt "etwas leiden", denn Semi-Profis konzentrieren sich nur noch auf das Wesentliche.
Von dem "Los" der Übungsaufgaben sind Sie nun ebenfalls befreit, lassen Sie ab jetzt Ihre eigene Phantasie spielen.
Beginnen wir daher sofort mit einer Problemuntersuchung:
In Ihrer bisherigen Programmierpraxis haben Sie das Terminal (also Ihren PC) als sehr nützliches Entwicklungs- und Testwerkzeug kennen- und schätzengelernt. Wenn Sie aber nun ein komplexes Programm fertiggestellt, ausgetestet, es in ein EPROM gebrannt (s. Kap. 7.3), in das 80C537er-TFH-Board eingesetzt und dieses irgendwo installiert haben, so ist es sehr häufig äußerst umständlich oder gar unmöglich, immer den PC oder den Laptop mitzuschleppen, um Ihr Programm zu bedienen oder um sich beispielsweise vor Ort "mal schnell" einige Meßwerte oder Portzustände anzeigen zu lassen.

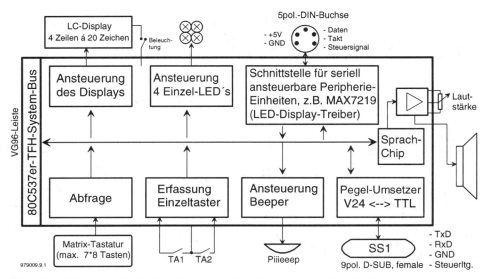

Abb.9.1: Das Blockschaltbild der "Mensch-Maschine-Schnittstellen"-Karte

9. Der Mikrocontroller-Kurs, Teil 2

Sie müssen sich also von den Anzeige- und Bedienfunktionen Ihres Terminals lösen und das µC-System selber vor Ort mit geeigneten Anzeige- und Bedieneinheiten ausstatten.

Hierzu gibt es eine Vielzahl von Möglichkeiten:

- Anschluß von Einzel-LEDs zur Sichtbarmachung von digitalen Signalzuständen.
- Anschluß von LED- oder LC-Displays zur Ausgabe von Texten und Zahlenwerten.

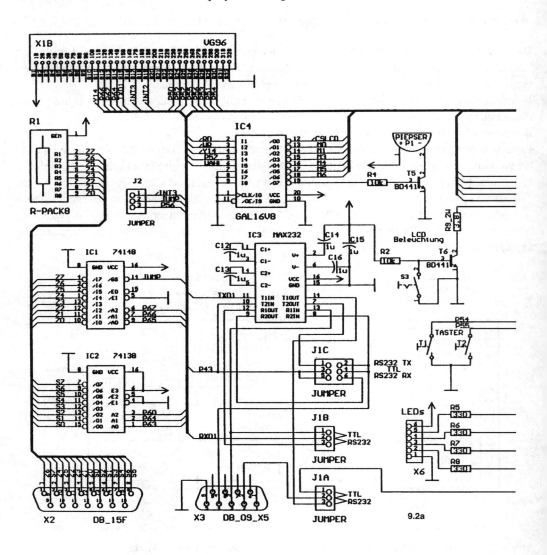

Die Mensch-Maschine-Schnittstelle

- Eingabe von einzelnen Zuständen über Tasten.
- Anschluß einer kompletten Tastatur mit 8, 16, 24, ... Tasten.
- Ausgabe von Signaltönen oder gar eine individuelle Sprachausgabe von Meldungen und Hinweisen.

Abb.9.2: Das Schaltbild der "Mensch-Maschine-Schnittstellen"-Karte

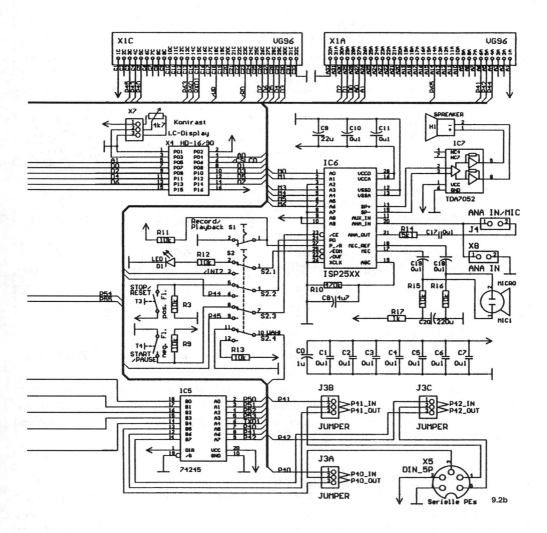

9. Der Mikrocontroller-Kurs, Teil 2

All solche Funktionen sind meistens auf Zusatzkarten zusammengefaßt, die zur eigentlichen µC-Karte zugesteckt werden, wobei die Verbindung aller Karten untereinander über ein geeignetes Bussystem erfolgt (s. Kap. 7).
Damit kommen wir auch schon zur ersten Zusatzkarte für das 80C537er-TFH-System, zur *"Mensch-Maschine-Schnittstelle"*, deren Blockschaltbild die *Abb.9.1* zeigt.
Nachfolgend zunächst einmal ein Überblick über die Leistungsdaten dieser Erweiterung, *Tab.9.1*:

- Einsatz von Matrix-Tastaturen bis zu einer Größe von 8 * 7 (=56) Tasten (Anschluß an der Frontplatte).
- Einsatz eines LC-Displays; 4 Zeilen à 20 Zeichen; Anschluß über Wannenstecker auf der Frontplatte; Kontrasteinstellung über Potentiometer auf der Frontplatte; Ausführungen mit LED-Hintergrundbeleuchtung können eingesetzt werden: Ein-/Ausschalten der Beleuchtung über Schalter auf der Frontplatte.
- Eingabe von Einzelbefehlen (z.B. "Start", "Stop", "Quittung", etc.) über zwei freiprogrammierbare Taster auf der Frontplatte.
- Sichtbarmachung von logischen Zuständen über 4 Einzel-LED's auf der Frontplatte, Ansteuerung über die Software.
- Universelle Schnittstelle für den Betrieb von seriell ansteuerbaren Peripherie-Einheiten vorhanden; 5polige DIN-Buchse auf der Frontplatte, z.B. für die Ansteuerung des seriellen LED-Display-Treiber-Bausteins MAX7219.
- Piezo-Summer zur Tonausgabe, Ansteuerung über die Software.
- Programmierbarer Sprach-Chip zur wahlfreien Ein- und Ausgabe beliebiger Texte, Lautstärkeregler, Mikrofon- und Lautsprecheranschluß auf der Frontplatte.
- Herausgeführte serielle Schnittstelle SS1 des 80C537ers; Pegelauswahl: V24 oder TTL; Anschluß über 9polige D-SUB-Buchse auf der Frontplatte; ein µC-Port-Pin liegt noch zusätzlich auf dem D-SUB-Stecker: z.B. als Steuereingang für einen seriell ansteuerbaren Protokolldrucker.

Tab.9.1: Die Leistungsdaten der "Mensch-Maschine-Schnittstellen"-Karte

Im Anhang 11.8 finden Sie detailliert die von dieser Zusatzkarte belegten I/O-Port-Pins des 80C537ers, die verwendeten CS\-Adressen und die benutzten Interrupts.
Der Schwerpunkt unserer weiteren Betrachtungen liegt auch hier wieder auf der *Programmierung dieser Karte* unter Pascal51. Der Hardwareaufbau, den die *Abb.9.2* zeigt, interessiert den Programmierer nur sekundär, solange er weiß, wie er die einzelnen Komponenten anzusprechen hat und welche Systemanschlüsse wie belegt sind.

> » **Wichtig: "Die Mikrocontroller-Hardware"**
> *Natürlich ist das Wissen über die µC-Hardware und über den Aufbau von Erweiterungen für einen Entwickler ebenso fundamental wie die Programmerstellung für das Gesamtsystem. Daher erfolgen die detaillierten Hardware-Betrachtungen zum Aufbau von 8051er-Systemen in der gleichen Ausführlichkeit in einem nachfolgenden Lehrbuch.*

9.1 Lektion 18: Der Anschluß und der Betrieb eines alphanumerischen LC-Displays

> » *Hinweis: "Das LC-Display"*
> In dieser Lektion werden nur einige wesentliche Leistungsmerkmale des eingesetzten LC-Displays näher beschrieben.
> Detailliertere Informationen finden Sie im ausführlichen, 30seitigen Datenblatt zu dieser Anzeigeeinheit [13].
> Als "Entschädigung" gibt es aber bereits fertige Pascal51er-LCD-Betriebssystem-Routinen im Anhang 11.7, die Sie sofort verwenden können.

Allgemeine Grundlagen

Die Leistungsdaten des hier verwendeten alphanumerischen LC-Displays zeigt die *Tab.9.1.1*:

- Punkt-Matrix-Display, d.h., die einzelnen Zeichen werden durch eine 5*7-Punkt-Matrix dargestellt.
- 4 Zeilen mit je 20 Zeichen, insgesamt also 80 Zeichen auf dem Display darstellbar.
- Interner Display-RAM-Speicher, 80 Byte groß; jedes darzustellende Zeichen wird durch ein Byte in diesem Speicher repräsentiert.
- Interner, fest eingebauter Zeichensatz für 192 Zeichen vorhanden:
  - ASCII-Zeichensatz von 20_H bis $7f_H$:
    - Buchstaben
    - Zahlen
    - Satzzeichen
  - Sonderzeichen: deutsche Umlaute, griechische Buchstaben
  - japanische Schriftzeichen
- Zusätzlicher interner RAM-Zeichenspeicher, in dem der Anwender bis zu 8 selbstdefinierte Zeichen ablegen und diese dann wahlfrei auf dem Display darstellen kann; Größe der Zeichen: max. 5*7 Punkte.
- Vielfältige Display-Funktionen:
  - Display löschen
  - Display Ein/Aus
  - Cursor Ein/Aus/Blinkend
  - Automatischer Cursor-Shift
  - etc.
- Bis auf das Kontrast-Regel-Poti und wenige Logik-Gatter sind keine externen Bausteine zum µC-gesteuerten Betrieb des Displays notwendig. Alle wesentlichen Funktionsbaugruppen befinden sich auf der Display-Platine.

9. Der Mikrocontroller-Kurs, Teil 2

- Automatischer Display-Reset beim Einschalten der Betriebsspannung (Power-ON-Reset).
- Einfache +5 V-Versorgung und geringste Leistungsaufnahme: max. 6 mA bei 5 V Betriebsspannung
- Arbeitstemperaturbereich: 0°C bis 50°C
- Display-Versionen mit LED-Hintergrundbeleuchtung verfügbar und hier einsetzbar (Beleuchtung über Schalter ein-/ausschaltbar).

Tab.9.1.1: Die Leistungsdaten des LC-Displays

Die Auswahl dieses Displays wird dadurch erleichtert, daß dieser Display-Typ von sehr vielen Herstellern gleichermaßen produziert wird, so z.B. von den Firmen Seiko/Epson (solch ein Fabrikat wird hier eingesetzt), Hitachi, Sharp, Philips, Toshiba, etc.

Weiterhin gibt es in dieser Familie von Displays noch verschiedene "kleinere Brüder" mit weniger Zeilen bzw. weniger Zeichen pro Zeile (z.B. 1 Zeile mit 16 Zeichen, 2 Zeilen mit 20 Zeichen, etc.), die aber alle den gleichen Hardwareanschluß und die gleiche Softwareansteuerung besitzen.

> **! Merke:** *"Der Einsatz von LC-Displays anderer Hersteller"*
> *Wenn Sie ein anderes Display auswählen, müssen Sie darauf achten, daß die Anschlußbelegung derjenigen aus der **Tab.9.1.2** entspricht und daß ein LC-Display-Controller vom Type HD44780 der Firma Hitachi oder ein baugleicher Baustein einer anderen Firma eingesetzt wird.*
> *Dann haben Sie mit fast 100%iger Sicherheit ein LC-Display, das Sie problemlos (d.h. ohne Hardwareänderungen) mit der "Mensch-Maschinen-Schnittstellen"-Karte ansteuern können.*

Beleuchtbare LC-Displays (LED-Hintergrundbeleuchtung) ergänzen das Einsatzspektrum, und mit der bereits vorhandenen Schaltung auf der "Mensch-Maschine-Schnittstellen"-Karte können Sie Beleuchtungsströme bis zu 500 mA (bei 5 V) ein- und ausschalten.
Die *Abb.9.1.1* zeigt das Blockschaltbild der verwendeten LC-Display-Einheit.

Die Kernfunktionsbaugruppe ist der LCD-Controller (meistens der HD44780 (o.ä.), der sich weltweit für diese Art von Displays durchgesetzt hat), der

- einerseits vom µC aus angesteuert wird: Übermittlung der auszuführenden Befehle und der darzustellenden Zeichen und der
- andererseits über die Segmenttreiber (Segment-Driver) die einzelnen Punkte zur Darstellung der Zeichen auf dem Display ansteuert und alle weiteren Funktionen des Displays realisiert.

9.1 Lektion 18

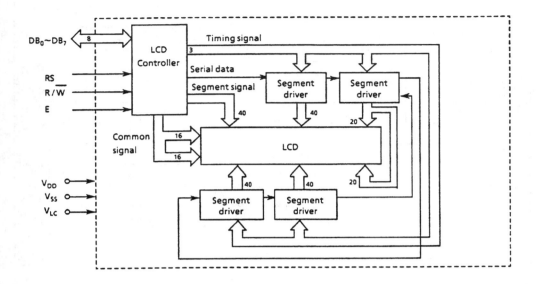

Abb.9.1.1: Das Blockschaltbild der verwendeten LC-Display-Einheit

Weiterhin befinden sich in diesem Controller noch

- der Zeichensatzgenerator (Character-ROM, Zeichentabelle), der die Darstellungsinformationen für die 192 fest vorgegebenen Zeichen enthält,
- der 8 * 8 Byte große Speicherbereich für die selbstdefinierten Zeichen,
- der 80 * 1 Byte große Display-Speicher für die aktuell auf dem Display darzustellenden Zeichen,
- die Ablaufsteuerung für die verschiedenen Betriebsfunktionen des Displays:
- Display löschen
- Cursor ein/aus/blinkend
- etc.

Die Verbindung der gesamten Displayplatine mit dem µC-System erfolgt über insgesamt 14 Anschluß-Pins, siehe *Tab.9.1.2*.

Die noch vorhandenen Pins 15 und 16 von X4 liefern die benötigte Ansteuerspannung für LC-Displays mit LED-Hintergrundbeleuchtung (max. Strom: 500 mA bei 5 V). Der notwendige Vorwiderstand für die LED's ist bereits auf der Platine enthalten (maximale Länge des Verbindungskabels zwischen X4 und dem LC-Display: 30 cm).

Auf der Frontplatte befindet sich ein Potentiometer zur Kontrasteinstellung.

9. Der Mikrocontroller-Kurs, Teil 2

LC-Display Modul L2014:		MMS-Karte, Wannenstecker X4:	
Pin - Nr.:	Symbol:	Symbol:	Pin - Nr.:
1	V_{SS}	GND	1
2	V_{DD}	VCC	2
3	V_{LC}	Kontrast-Poti	3
4	RS	A0	4
5	R/W\	A1	5
6	E	CSLCD\	6
7	DB_0	D0	7
8	DB_1	D1	8
9	DB_2	D2	9
10	DB_3	D3	10
11	DB_4	D4	11
12	DB_5	D5	12
13	DB_6	D6	13
14	DB_7	D7	14
		$V_{-Hintergrund}$	15
		$V_{+Hintergrund}$	16

(14polige Leitung)

Tab.9.1.2: Der Anschluß des LC-Displays an das µC-System

Erläuterungen:

- V_{SS} und V_{DD} bilden die Spannungsversorgung für das LC-Display (GND und VCC).
- V_{LC} ist der Kontrastregelungsanschluß. Die Spannung wird per Potentiometer auf der Frontplatte der MMS-Karte eingestellt.
- RS unterscheidet zwischen Instruction- und Data-SFR des LCD's. Bei RS (A0) = log. '0' ist das Intruction-SFR angewählt.
- R/W\ unterscheidet zwischen auslesen und einschreiben. Bei R/W\ (A1) = log. '0' werden Daten in das LCD eingeschrieben.
- E ist das Chip Select Signal des LC-Displays. Die Kodierung erfolgt mittels GAL-Baustein auf der MMS-Karte. Das LCD ist angewählt, wenn ein Schreib- oder Lesezugriff im externen Datenspeicherbereich von ffc0$_H$ bis ffdf$_H$ erfolgt.
- DB_0 - DB_7 Datenbusanschluß (D0 – D7).

Zum Anschluß des LC-Displays an die "Mensch-Maschinen-Schnittstellen"-Karte genügt also eine 1:1 Verbindung der 14 Anschluß-Pins.

9.1 Lektion 18

Für Sie als Anwendungsprogrammierer ist nun wichtig zu wissen, wie Sie das LC-Display "zum Leben" erwecken können.

> **! Merke: "Die Ansteuerung des LC-Displays"**
> Auch beim Betrieb des LC-Displays gilt die bekannte Tatsache:
> **Der Befehls- und Datentransfer zwischen µC und LC-Display geschieht über entsprechende SFR's !!**

Dazu gibt es genau zwei SFR's im LCD-Controller:

- **Das Befehls- bzw. Steuer-SFR (Instruction Register, Instruction-SFR)**
  Bei den bisher kennengelernten SFR's zur Ansteuerung von Peripherie-Einheiten hatten wir gesehen, daß einzelne Funktionen durch Setzen bzw. Rücksetzen von Bits aktiviert bzw. deaktiviert wurden. Dieses Verfahren hat allerdings einen Nachteil: Mit einem Steuer-SFR, das genau ein Byte (8 Bits) breit ist, lassen sich somit nur maximal 8 verschiedene Funktionen steuern.
  Das ist aber sehr oft nicht ausreichend, insbesondere bei komplexen Peripherie-Einheiten, die eine große Anzahl von Funktionen ausführen können.
  Man hat daher das Konzept der SFR's so erweitert, daß man in die SFR's ganze Befehlsworte einschreibt, die dann von der Peripherie-Einheit (hier: vom LCD-Controller) entsprechend interpretiert werden. Mit einem 8 Bit breiten Steuer-SFR (Instruktions-SFR) kann man somit maximal 256 verschiedene Befehle (Befehlsworte) übermitteln, also bis zu 256 verschiedene Funktionen ausführen lassen, und das ist in vielen Fällen mehr als ausreichend.
  Der hier verwendete LCD-Controller kann z.B. 11 verschiedene Anweisungen interpretieren.

> **! Merke: "Die Befehlsausführung durch den LCD-Controller"**
> Soll der LCD-Controller (also das LC-Display) eine bestimmte Funktion ausführen, so schreibt der µC das entsprechende Befehlswort in das Steuer-SFR (Instructions-SFR).

- **Das Daten-SFR (Data Register, Data-SFR)**
  Zusätzlich zu den Befehlen muß der µC dem Display ja auch noch die darzustellenden Zeichen übermitteln, und dieses geschieht über das zweite SFR des LCD-Controllers.
  Der Ablauf zur Darstellung eines Zeichens auf dem Display sieht somit wie in *Abb.9.1.2* gezeigt aus.

431

9. Der Mikrocontroller-Kurs, Teil 2

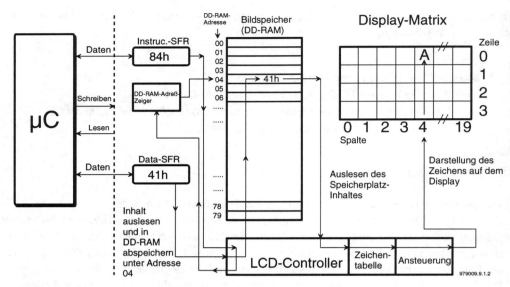

Abb.9.1.2: Die Darstellung eines Zeichens auf dem LC-Display

Beispiel:
Auf dem Display soll an der Displaystelle: Zeile 0, Spalte 4, das Zeichen 'A' erscheinen.

- Der µC übermittelt dem LCD-Controller als Erstes die Bildschirmadresse (die Bildschirmposition), an der das Zeichen dargestellt werden soll.
  Bei dem hier verwendeten LC-Display sind insgesamt 80 Bildschirmpositionen, also 80 verschiedene Adressen, vorhanden. Es gilt nun:
    o der Display(Bildschirm)Speicher wird als DD(Display Data)-RAM bezeichnet,
    o die Adressen dieser Speicherplätze sind somit die DD-RAM-Adressen und
    o die einzelnen Speicherbytes werden über den DD-RAM-Adreßzeiger adressiert, d.h. der Inhalt des DD-RAM-Adreßzeigers (die DD-RAM-Adresse) zeigt auf den entsprechenden DD-RAM-Speicherplatz.

Die hier gewünschte Bildschirmposition (0. Zeile, 4. Spalte) hat die Bildschirmspeicheradresse 04$_H$ (s. später).
Der erste Befehl des µC's an den LCD-Controller lautet also:

"Lade den DD-RAM-Adreßzeiger mit der Adresse 04$_H$"

≡ Übermittlung eines Befehls an den LCD-Controller (also Einschreiben eines Befehlswortes in das Instruktions-SFR des LCD-Controllers), durch den der Controller eine Adresse in den DD-RAM-Adreßzeiger einlädt.

9.1 Lektion 18

Das notwendige Befehlswort und die gewünschte Adresse werden hier in einem einzigen Byte verpackt, und das Ergebnis ist 84_H als Befehlswort für den LCD-Controller (s. Datenblatt zum LCD-Controller und Tab.9.1.5): der µC schreibt also 84_H in das Instruction-SFR.

Der LCD-Controller dekodiert diesen Befehl, schreibt in den DD-RAM-Adreßzeiger die gewünschte Adresse und weiß nun:

"Das nächste darzustellende Zeichen, das der µC in das Data-SFR einschreibt, wird in die Speicherstelle des DD-RAMs abgelegt auf die der DD-RAM-Adreßzeiger zeigt."

- Nun schreibt der µC den ASCII-Code des darzustellenden Zeichens ($41_H \equiv A$) in das Data-SFR.

Der LCD-Controller erkennt diese Schreibaktion in sein Data-SFR, er liest den Wert 41_H aus dem Data-SFR aus und schreibt diesen in das DD-RAM unter der Adresse 04_H.

Damit sind für den µC die Anweisungen zur Darstellung des Buchstabens 'A' an den LCD-Controller beendet, und der µC kann nun weitere Befehle seines Hauptprogramms bearbeiten.
Den Rest der "Darstellungsaufgaben" erledigt der LCD-Controller nun ganz alleine:

Er liest dazu den Inhalt des DD-RAM's aus und schaut in seiner internen Zeichentabelle (Character-ROM) nach, welche einzelnen Punkte auf dem LC-Display an der entsprechenden Bildschirmposition ein- bzw. ausgeschaltet werden müssen, damit das gewünschte Zeichen auch exakt "zusammengebaut" wird, hier also z.B.:

- o Entsprechende Bearbeitung der DD-RAM-Speicherplätze mit den Adressen 00_H bis 03_H ....
- o Hier nun als Beispiel die detaillierte Bearbeitung des Inhaltes des DD-RAM-Speicherplatzes mit der DD-RAM-Adresse 04_H:
- o Auslesen des Inhaltes der DD-RAM-Speicherstelle mit der Adresse 04_H:
  - dort steht der ASCII-Code des Buchstabens 'A',
  - in der internen Zeichentabelle steht, welche Punkte zur Darstellung des 'A'
  - auf dem Display aktiviert werden müssen (die einzelnen Punkte der 5*7-Zeichenmatrix),
- o Entsprechende Aktivierung der Displaypunkte an der Bildschirmposition mit der
- o Adresse 04_H (= Zeile 0, Spalte 4),
- o und somit erscheint dann letztendlich das gewünschte Zeichen an der richtigen Stelle auf dem Display.

- o Entsprechend gleiche Bearbeitung der restlichen DD-RAM-Speicherplätze mit den Adressen 05_H bis $4f_H$.

9. Der Mikrocontroller-Kurs, Teil 2

Man erkennt hier aber bereits schon das grundsätzliche Problem in der Arbeitsweise des LCD-Controllers. Er muß zwei Aufgaben nacheinander erfüllen:

- Übernahme der Anweisungen des µC's: Auslesen des Inhaltes von Instruktions- und Daten-SFR.

- Interpretation, d.h. Reaktion auf den übermittelten Befehl: Darstellung des Zeichens auf dem Display bzw. Ausführung der gewünschten Funktion (inverse Darstellung, Blinken, etc.). Hierbei darf der LCD-Controller jedoch nicht vom µC unterbrochen werden, d.h. keine Übermittlung eines neuen Befehls an den LCD-Controller während dieser noch den vorhergehenden Befehl ausführt.

Sie ahnen sicherlich schon, wie die Lösung dieses Problems aussieht:

Der LCD-Controller verfügt über ein BUSY-Flag (BF), das dem µC mit log.'1' anzeigt, daß der LCD-Controller beschäftigt ist und keine neuen Anweisungen entgegen nehmen kann. Erst wenn der Controller BF=log.'0' setzt, kann er wieder auf Befehle des µC's reagieren.
Somit betreibt der µC das LC-Display im *Polling-Betrieb*: vor der Übermittlung von Befehlen (und den danach folgenden Daten) muß der µC zunächst das BF abfragen, und erst bei BF=0 kann er eine neue Instruktion (einen Befehl und die zugehörigen Daten) an den LCD-Controller übermitteln.

Eine einfache Alternative zum Polling-Betrieb besteht darin, daß der µC einfach eine bestimmte Zeit nach der Übermittlung eines Befehls wartet, um dem LCD-Controller Gelegenheit zu geben, den Befehl auszuführen und die Zeichendarstellung zu realisieren.
Dieses Verfahren ist etwas einfacher, und die einzuhaltenden Wartezeiten sind im Datenblatt des LC-Displays angegeben. Um z.B. das Display komplett zu löschen, benötigt der LCD-Controller 1,64 ms, und während dieser Zeit darf er vom µC "nicht gestört" werden.

Pascal51er-Detaills

Kommen wir nun zur praktischen Ansteuerung des LC-Display durch Pascal51er-Prozeduren. Hierzu müssen Sie zunächst die von uns fest eingestellten Adressen der beiden SFR's des LCD-Controllers kennen (= Adressen im externen Daten-RAM-Bereich des 80C537ers), *Tab.9.1.3*:

• Basisadresse des LC-Displays (des LCD-Controllers):	ffc0$_H$ (CSLCD\ = Y14\)
• LCD-Controller-Instruction-SFR: Schreiben	ffc0$_H$
• LCD-Controller-Instruction-SFR: Lesen	ffc2$_H$
• LCD-Controller-Data-SFR: Schreiben	ffc1$_H$
• LCD-Controller-Data-SFR: Lesen	ffc3$_H$

Tab.9.1.3: Die SFR-Adressen des LCD-Controllers

9.1 Lektion 18

Sie sehen hier also, daß das Lesen und das Schreiben der SFR's unter verschiedenen Speicherplatzadressen stattfinden muß (das hat mit dem Aufbau der Hardware der "Mensch-Maschinen-Schnittstellen"-Karte zu tun).
Die darstellbaren Zeichen des LCD-Controllers zeigt die *Tab.9.1.4*:

Tab.9.1.4: Der Zeichensatz des LCD-Controllers

9. Der Mikrocontroller-Kurs, Teil 2

Zusätzlich können noch 8 eigene Zeichen selber definiert werden (hierauf wird jedoch nicht näher eingegangen).

Die 11 Befehle, die der LCD-Controller ausführen kann, sind in der **Tab.9.1.5** zusammengefaßt:

Befehl:	Adreßbus		Datenbus								Bearbe-itungszeit
	R/W\ (A1)	RS (A0)	DB$_7$	DB$_6$	DB$_5$	DB$_4$	DB$_3$	DB$_2$	DB$_1$	DB$_0$	
1. Display Clear	0	0	0	0	0	0	0	0	0	1	1,64 ms
2. Cursor Home	0	0	0	0	0	0	0	0	1	*	1,64 ms
3. Entry Mode Set	0	0	0	0	0	0	0	1	I/D	S	40 µs
4. Display ON/OFF Control	0	0	0	0	0	0	1	D	C	B	40 µs
5. Cursor/Display Shift	0	0	0	0	0	1	S/C	R/L	*	*	40 µs
6. Function Set	0	0	0	0	1	DL	N	F	*	*	40 µs
7. CG RAM Address Set	0	0	0	1	CG RAM Adresse						40 µs
8. DD RAM Address Set	0	0	1	DD RAM Adresse							40 µs
9. BF/Address Read	1	0	BF	Adreßzähler							0 µs
10. Data Write to CG or DD RAM	0	1	Datenbyte D7 - D0								40 µs
11. Data Read from CG or DD RAM	1	1	Datenbyte D7 - D0								40 µs

Tab.9.1.5: Der Befehlssatz des LCD-Controllers

Erläuterungen:
*   Bit braucht nicht beachtet werden, ist also beliebig auf '0' oder '1' zu setzen.
I/D = '0': Decrement Modus gewählt, CG oder DD RAM Adreßzähler werden bei jedem Schreib- oder Lesevorgang um eins erniedrigt.
I/D = '1':- Increment Modus gewählt, CG oder DD RAM Adreßzähler werden bei jedem Schreib- oder Lesevorgang um eins erhöht.
S = '0': Display wird nicht geshiftet.
S = '1': Display wird (ohne den Cursor) geshiftet. Wenn I/D = '0' ist die Shiftrichtung nach links, wenn I/D = '1' ist die Shiftrichtung nach rechts gewählt.

D = '0': Das Display ist ausgeschaltet.
D = '1': Das Display ist eingeschaltet.
C = '0': Der Cursor wird nicht auf dem Display dargestellt.
C = '1': Der Cursor wird auf dem Display dargestellt.
B = '0': Kein Blinkmodus.
B = '1': Das Zeichen an der aktuellen Cursorposition blinkt.

9.1 Lektion 18

Es bedeuten hierbei:

1. Display Clear

- Löschen des Displays: Einschreiben von 20_H in alle Stellen des Display-Speichers (DD-RAM).
- Cursor auf die *Home-Position* setzten (oben links auf dem Display, DD-RAM-Adresse 00_H).

2. Cursor Home

- Cursor auf die Home-Position setzen.
- Der Inhalt des Display-Speichers ändert sich dadurch nicht.

3. Entry Mode Set

- Festlegung der Bewegungsart des Cursors (nach rechts oder nach links) und der Shift-Art des Displays.

4. Display ON/OFF Control

- Ein-/Ausschalten des Displays, der Inhalt des Display-Speichers geht dabei nicht verloren.
- Cursor ein-/ausschalten, Cursor-Blinken ein-/ausschalten.

5. Cursor/Display Shift

- Bewegung des Cursors und Shift des Displays festlegen, ohne den Inhalt des Display-Speichers zu verändern.

6. Function Set

- Einstellung der Betriebsart des gesamten Displays:
    - 4 oder 8 Bit breiter Datenbus
    - Taktverhältnis
    - Zeichengröße

7. CG RAM Address Set

- Setzen der Adresse der Speicherstelle innerhalb des Character-RAM's (CG RAM), in die ein selbstdefiniertes Zeichen geschrieben werden soll, bzw., aus der ein selbstdefiniertes Zeichen ausgelesen werden soll (es sind ja insgesamt 8 eigene Zeichen definierbar, die jeweils einen eigenen Speicherplatzbereich der Größe 8 Byte belegen). Nach

diesem Setzen der Adresse können dann Schreib- bzw. Lese-Aktionen bezüglich dieser Adresse erfolgen.
Die gewünschte Speicherplatzadresse ist Teil des Befehlswortes.

8. DD RAM Address Set

- Setzen der Adresse der Speicherstelle innerhalb des Display-Speichers (DD RAM), in die das darzustellende Zeichen geschrieben werden soll, bzw., aus der das vorhandenen Zeichen ausgelesen werden soll. Danach können dann Schreib- bzw. Lese-Aktionen bezüglich dieser Adresse erfolgen.
Die gewünschte Speicherplatzadresse ist Teil des Befehlswortes.

9. BF\ Address Read

- Auslesen des BUSY-Flags des LCD-Controllers und der eingestellten Speicherplatzadresse entweder bezüglich des Display-Speichers (DD RAM) oder bezüglich des Character-RAM's (CG RAM), je nach dem mit welcher SFR-Adresse ausgelesen wird.
Die gewünschte Adresse ist Teil des Befehlswortes.

10. Data Write to CG RAM or DD RAM

- Einschreiben von Daten in das Charakter-RAM oder in den Display-Speicher (DD RAM).

11. Data Read from CG RAM or DD RAM

- Auslesen von Daten aus dem Charakter-RAM oder aus dem Display-Speicher (DD RAM).

Man erkennt hier gut, daß die Befehle 1 bis 9 auf das Instruktions-SFR und die "Befehle" 10 und 11 auf das Daten-SFR des LCD-Controllers wirken (nähere Informationen sind dem Datenblatt zum LC-Display zu entnehmen).
Wenn Sie nun Zeichen auf dem Display darstellen wollen, so müssen Sie noch die etwas seltsame Aufteilung der einzelnen Display-Adressen beachten, *Abb.9.1.3*:

	S0	S1	S2	S3	S4	S5	S6	S7	S8	S9	S10	S11	S12	S13	S14	S15	S16	S17	S18	S19
Z0	00H	01H	02H	03H	04H	05H	06H	07H	08H	09H	0aH	0bH	0cH	0dH	0eH	0fH	10H	11H	12H	13H
Z1	40H	41H	42H	43H	44H	45H	46H	47H	48H	49H	4aH	4bH	4cH	4dH	4eH	4fH	50H	51H	52H	53H
Z2	14H	15H	16H	17H	18H	19H	1aH	1bH	1cH	1dH	1eH	1fH	20H	21H	22H	23H	24H	25H	26H	27H
Z3	54H	55H	56H	57H	58H	59H	5aH	5bH	5cH	5dH	5eH	5fH	60H	61H	62H	63H	64H	65H	66H	67H

Abb.9.1.3: Die Aufteilung der Display-Adressen

9.1 Lektion 18

Sie sehen hier, daß die Zeile 0 mit der Displayadresse 13_H aufhört und die Zeile 1 mit der Adresse 40_H beginnt. Dafür beginnt die Zeile 2 mit der Adresse 14_H (eigentlich die Fortsetzung von Zeile 0), und die Zeile 3 beginnt mit der Adresse 54_H (eigentlich die Fortsetzung von Zeile 1).

Nachdem nun der Zeichensatz und die Befehle des LCD-Controllers bekannt sind, können wir ein erstes "Darstellungsbeispiel" in Pascal51 programmieren. Da sich die SFR's des Controllers im externen Datenspeicherbereich des µC-Systems befinden, muß man hier die writexby()-Prozedur bzw. die xby()-Funktion verwenden.
Betrachten wir dazu das vorherige

Beispiel:
"Ausgabe des Buchstabens 'A' in der 0. Zeile und in der 4. Spalte."

Bei der nachfolgenden Realisierung dieses Programmteils wird vorausgesetzt, daß das LC-Display bereits initialisiert ist, d.h. daß die Grundeinstellungen schon vorgenommen worden sind (s. Betriebssystem-Routinen für das LC-Display). Weiterhin wird angenommen, daß das Display bereit ist, einen Befehl entgegenzunehmen.

- Die Adresse im Display-Speicher (DD-RAM) für die gewünschte Displaystelle ist 04h, d.h., der µC muß in die Speicherstelle 04_H des DD RAM's die Zahl 41_H (= ASCII-Code von 'A') einschreiben.
- Dazu wird dem LCD-Controller zuerst per Befehl die DD-RAM-Ziel-Adresse entsprechend mitgeteilt: Verwendung des Befehls Nr. 8 mit dem Befehlswort:

$$1 \quad\quad 000\ 0100_B \quad = \quad 84_H$$

    Kennzeichen des   Adresse der
    Befehls Nr. 8   DD RAM Speicherstelle (04_H)

Dieser Wert ist nun in das Instruktions-SFR des LCD-Controllers einzuschreiben:

```
writexby($84,$ffc0);
```

($ffc0_H$ = Schreibadresse für das Instruktions-SFR)

- Nun muß der µC noch das darzustellende Zeichen an den LCD-Controller übergeben, und dieses geschieht mit dem Befehl Nr. 10:

    zu übergebendes Datum: 41h   = ASCII-Code von 'A'

9. Der Mikrocontroller-Kurs, Teil 2

Die Zieladresse des Befehls ist jetzt das Daten-SFR des LCD-Controllers, also muß man programmieren:

```
writexby($41,$ffc1);
```

(ffc1$_H$ = Schreibadresse für das Daten-SFR)

- Den Rest macht dann der LCD-Controller ganz alleine, und "schwupp-di-wupp" erscheint das 'A' an der gewünschten Stelle auf dem Display.
Mehr als zwei Pascal51er-Befehle sind hier also nicht notwendig.

Damit beenden wir die Beispiele zur LC-Display-Programmierung, aber keine Angst:

> **! Merke: "Die LC-Display-Programmierung**
> *Anhand der Befehlstabelle Tab.9.1.5 und mit Hilfe des Zeichensatzes Tab.9.1.4 können Sie nun beliebige Darstellungen auf dem LC-Display erzeugen.*
> *Damit Sie aber nicht bei "Adam und Eva" anfangen müssen, haben wir Ihnen bereits eine Vielzahl von fertigen 80C537er-TFH-Betriebssystem-Routinen für das LC-Display mitgegeben, mit denen Sie sich über 90% aller vorkommenden Darstellungswünsche erfüllen können.*
> *Sie finden das komplette Betriebssystem für das 80C37er-TFH-Board auf der beiliegenden CD (Subdirectory **besys**, File **betr.pas/hex**) und eine ausführliche Beschreibung aller Prozeduren im Anhang 11.7.*

Wichtig:
Sie sollten allerdings diese Routinen nicht so einfach hinnehmen, sondern sich deren Programmierung sehr gut ansehen, damit Sie sie verstehen, nachvollziehen und dann eigene Routinen schreiben können !

Nachfolgend ist eine kurze Übersicht der vorhandenen LCD-Unterprogramme aufgeführt:

Die 80C537er-TFH-Betriebssystem-Routinen für das alphanumerische LC-Display

dis_ready;
Abfrage, ob das Display bereit ist, neue Befehle entgegenzunehmen.

dis_init;
Initialisiert das Display nach dem Power-On.

dis_off;
Schaltet das Display, d.h. die Anzeige auf dem Display, aus.

9.1 Lektion 18

dis_on(n);
Schaltet das Display, d.h. die Anzeige auf den Display, ein. Durch Angabe von n wird festgelegt, wie der Cursor auf dem Display dargestellt wird.

dis_clear;
Löscht das Display, d.h. den Displayspeicher.

dis_csr_set(z,s);
Setzt den Cursor auf dem Display auf die Stelle z,s.

dis_char(z,s,c);
Darstellung des alphanumerischen Zeichens c an der Stelle z,s auf dem Display.

dis_zahl(csr,z,s,zahl);
Darstellung der Byte-Zahl zahl (0 .. 255) an der Stelle z,s auf dem Display.

dis_txt(csr,z,s,txt);
Darstellung des Festtextes txt an der Stelle z,s auf dem Display.

dis_zei(c);
Darstellung des alphanumerischen Zeichens c an der aktuellen Cursorposition.

dis_uhr_set(rtc,csr,z,s);
Stellt die aus der RTC ausgelesene Uhrzeit an der Stelle z,s auf dem Display dar.

dis_datum_set(rtc,csr,wota,z,s);
Stellt das aus der RTC ausgelesene Datum an der Stelle z,s auf dem Display dar.

9. Der Mikrocontroller-Kurs, Teil 2

9.2 Lektion 19: Die Abfrage der Matrix-Tastatur, der Betrieb der Einzel-Taster, der Einzel-LED's, des Summers und der Erweiterungsmöglichkeiten

Die Abfrage der Matrix-Tastatur

Um die Funktionsweise der Tastaturabfrage zu verstehen, sind an dieser Stelle einige Hardware-Kenntnisse erforderlich, die zuerst vermittelt werden sollen.

Grundsätzlich unterscheidet man zwei Arten von Tastaturen, *Abb.9.2.1*:

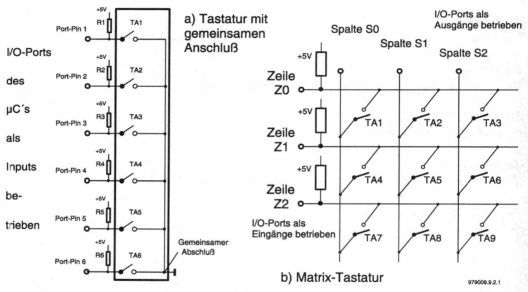

Abb.9.2.1: Die zwei verschiedenen Arten von Tastaturen

Im Teilbild a) ist eine Tastatur mit einem gemeinsamen Anschluß für alle Tasten dargestellt. Dieser wird meistens auf Masse gelegt, und wenn dann eine Taste betätigt wird, erscheint das 0 V-Potential am entsprechenden Port-Pin.
Die Pull-Up-Widerstände R1 bis R6 haben alle den gleichen Wert, z.B. 100 k, und sorgen dafür, daß bei geöffneten Tastern ein definiertes HIGH-Potential an den I/O-Port-Pins des µC's anliegt (bei den I/O-Ports des 80C537ers sind diese Widerstände bereits auf dem Chip enthalten, sie können hier also entfallen).
Wenn man im Ruhezustand (keine Taste gedrückt), die Zustände an den 6 Port-Pins einliest, so erhält man sechsmal eine log.'1'. Wird nun aber eine Taste gedrückt, so liest man am entsprechenden Port-Pin eine log.'0' ein und kann damit die betätigte Taste identifizieren.

9.2 Lektion 19

Dieser Tastaturaufbau ist sehr einfach und preiswert zu realisieren. Er eignet sich aber nur für eine kleine Anzahl von Tasten, denn bei großen Tastaturen ergibt sich ein schwerwiegender Nachteil: jeder Taste muß ein I/O-Port-Pin des µCs zur Verfügung gestellt werden, also werden z.B. bei 40 Tasten auch 40 I/O-Port-Pins benötigt, die dann im allgemeinen für andere Aufgaben wegfallen. Das ist eine Verschwendung der µC-Ressourcen.
Daher hat man die zweite Art von Tastenanordnungen geschaffen, die *Matrix-Tastatur, Abb.9.2.1b*.

Die zwei Anschlüsse jeder Taste werden hierbei matrixförmig verbunden. So entsteht eine Zeilen- und Spaltenstruktur, und jede Taste hat daher ihre eigenen eindeutigen "Koordinaten": die Zeilen- und die Spaltennummer. So hat z.B. die Taste 7 die Koordinaten: Spalte 0 und Zeile 2.
Die Spalten- und Zeilenanschlüse werden nun mit µC-Port-Pins verbunden: die *Zeilen-Pins* werden als Eingang betrieben und die *Spalten-Pins* als Ausgang. Zusätzlich liegen die Zeilenanschlüsse noch über Pull-Up-Widerständen in der Ruhephase auf festem HIGH-Potential.
Um nun zu ermitteln, ob eine Taste gedrückt worden ist, schiebt der µC einen LOW-Pegel entlang der Spaltenanschlüsse, also zuerst gibt er aus: S0=0, S1=1, S2=1. Danach liest er die Zustände an den Zeilenanschlüssen ein. Wenn eine Taste aus der Spalte 0 gedrückt wird, so erscheint am entsprechenden Zeilenanschluß eine log.'0' und der µC kann damit die betätigte Taste identifizieren.

Beispiel:
Schließen der Taste 7:
Der µC legt an S0 eine log.'0'. In den Zeilen 0 und 1 wird über die Pull-Up-Widerstände ein HIGH-Pegel eingelesen. Die gedrückte Taste 7 bewirkt, daß der über die Spalte 0 ausgegebene LOW-Pegel direkt in der Zeile 2 wieder eingelesen wird.
Die gedrückte Taste hat also die Koordinaten: Z=2, S=0.
Entsprechendes gilt z.B. bei der Betätigung der Taste 1: Z=0, S=0.
Betätigungen von Tasten aus der Spalte 1 oder aus der Spalte 2 führen zu keinem LOW-Pegel an einem der Zeilenanschlüsse.

Wenn daher keine der Zeilenleitungen einen LOW-Pegel führt, wurde keine Taste aus der Spalte 0 gedrückt und der µC wählt die nächste Spalte an, er gibt also aus: S0=1, S1=0, S2=1.
Jetzt führen nur Betätigungen der Tasten aus der Spalte S1 zu einem entsprechenden LOW-Pegel an einem Zeilenanschluß (z.B. Taste 5: Z=1, S=1). Tastendrücke auf Tasten aus der Spalte 0 oder aus der Spalte 2 dagegen erzeugen jetzt keinen LOW-Pegel an den Zeilen-Port-Pins.
Ergibt die Auswertung der Zeilenpegel wieder kein LOW-Signal, so wurde keine Taste aus der Spalte S1 betätigt.
Als letztes wählt der µC nun die Spalte S2 an: S0=1, S1=1, S2=0 und kann somit Betätigungen der Tasten 3, 6 oder 9 erkennen.
Dieses Auswählen der Spalten und das Abfragen der Zeilen geht so blitzschnell vonstatten (mit der dem µC eigenen Geschwindigkeit), daß der Anwender dieses gar nicht merkt, d.h. der µC erfaßt sofort eine betätigte Taste.

9. Der Mikrocontroller-Kurs, Teil 2

Auch mehrere *gleichzeitig* betätigte Tasten werden erkannt:

    a) Mehrere Tasten in einer Spalte werden gedrückt, z.B. Taste 3 und Taste 9. Dann sind mehrere Zeilen gleichzeitig auf log.'0', hier dann Z0 und Z2.

    b) Mehrere Tasten in verschiedenen Spalten werden gedrückt: diese Betätigungen werden dann zwar nacheinander erfaßt, aber wiederum so schnell, daß der Anwender davon nichts merkt, für ihn läuft die Erfassung quasi gleichzeitig ab.

Bei diesem Beispiel benötigt man ebenfalls 6 I/O-Port-Leitungen, kann aber damit bis zu 9 Tasten erfassen.

Ganz allgemein gilt: bei s Spaltenleitungen und z Zeilenleitungen können bis zu s * z Tasten verwaltet werden. Teilt man daher einen 8 Bit I/O-Port in 4 Spalten- und in 4 Zeilenleitungen auf, so können Sie hieran eine Tastatur mit maximal 16 Tasten anschließen.

Dies ist schon eine wesentliche Verbesserung gegenüber den Tasten mit gemeinsamem Anschluß. Aber es geht noch besser und noch effektiver wenn man sogenannte *Decoder- und Encoder-Bausteine* einsetzt.

> **! Merke: "Der Decoder-Baustein (Entschlüsselungs-Baustein)"**
> *Ein Decoder ist ein Halbleiterbaustein, der entsprechend einer anliegenden digitalen Eingangszahl ganz genau nur eine bestimmte Ausgangsleitung auf log.'0' (LOW-Pegel) setzt und die anderen Ausgangsleitungen auf log.'1' (HIGH-Pegel) festhält.*
>
> *Also: ein Decoder dekodiert (entschlüsselt) eine komplexe Eingangsinformation (hier: eine Eingangszahl) in eine einzige Ausgangsinformation (hier: Ansteuerung der der Zahl entsprechenden Ausgangsleitung auf log.'0').*

Beispiel:
Sie haben einen Decoder-Baustein mit drei Eingangsleitungen, d.h. mit drei Eingangsbits. Mit diesen drei Bits können Sie genau acht Ausgangsleitungen (2^3) ansteuern. Wenn Sie nun z.B. die Bitkombination für die Zahl 4 (100_B) an den Eingang des Decoders legen, so wird genau nur die Ausgangsleitung 4 auf log.'0' (LOW-Pegel) gesetzt und alle anderen sieben Ausgangsleitungen bleiben auf log.'1' (HIGH-Pegel).

Ein solcher Decoder-Baustein ist z.B. der 74HCT138 [14], der genau drei Eingangsleitungen und acht Ausgangsleitungen besitzt. Hiermit kann man daher sehr einfach die Spaltenansteuerung einer Matrix-Tastatur realisieren, siehe *Abb.9.2.2*.

Die Spaltenanschlüsse der Matrix werden mit den Decoderausgängen verbunden. An den Decodereingängen werden dann nacheinander vom µC aus die Zahlen 0 bis 7 angelegt; dadurch erfolgt die konkrete Ansteuerung der Spaltenleitungen mit den jeweiligen LOW-Pegeln:

9.2 Lektion 19

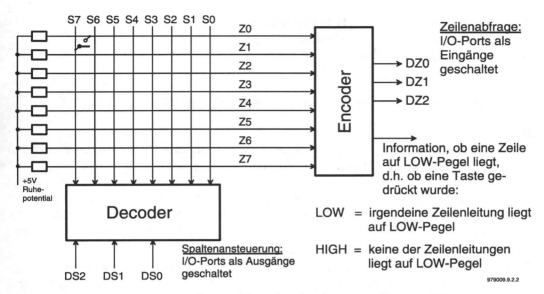

Abb.9.2.2: *Der Einsatz von Decodern und Encodern bei der Matrix-Tastatur-Abfrage*

DS2	DS1	DS0	Spaltenleitungen
0	0	0	S0=0, die restlichen Spaltenleitungen liegen auf 1
0	0	1	S1=0, die restlichen Spaltenleitungen liegen auf 1
...	...	...	....
1	1	1	S7=0, die restlichen Spaltenleitungen liegen auf 1

Sie erhalten auf diese Weise einen entlang der Spaltenleitungen wandernden LOW-Pegel, und daher lassen sich mit nur drei Portleitungen bereits acht Spalten ansteuern.

Zur Abfrage der Zeilen-Information wird ein *Encoder-Baustein* verwendet.

! **Merke: "Der Encoder-Baustein (Verschlüsselungs-Baustein)"**
Ein Encoder ist ein Halbleiter-Baustein, der eine einfache Eingangsinformation (z.B. ein LOW-Pegel an einer seiner Eingangsleitungen) in eine komplexe digitale Ausgangsinformation (z.B. in eine Digitalzahl) umsetzt (verschlüsselt).

445

9. Der Mikrocontroller-Kurs, Teil 2

Ein solcher Baustein ist z.B. der 74HCT148 [14]: Er besitzt im wesentlichen acht Eingangsleitungen und drei Ausgangsleitungen. Wenn nun eine der Eingangsleitungen einen LOW-Pegel aufweist, so erscheint am Ausgang des Bausteins die Nummer der entsprechenden Leitung, die diesen LOW-Pegel führt.

Beachten: Diese Nummer erscheint jedoch in negierter (invertierter Form).

Beispiel:
An der Eingangsleitung 6 des Encoders wird ein LOW-Pegel angelegt. Daher wird an seinen drei Ausgangsleitungen die Bitkombination 001_B ausgegeben ($6_D = 110_B = 001_B$ invertiert).

Mit solch einer Decoder/Encoder-Kombination ist die Realisierung einer Matrix-Tastatur-Abfrage ein "Kinderspiel": Der Decoder steuert regelmäßig (zyklisch) die Spaltenleitungen mit LOW-Pegeln an, der Encoder erkennt die jeweils auf LOW-Pegel liegende Zeilenleitung und gibt deren Nummer aus, die dann über I/O-Ports in den µC eingelesen wird.

Somit läßt sich die betätigte Taste einwandfrei identifizieren: Der µC weiß ja, welche Spaltenleitung er gerade auf LOW-Pegel gelegt hat (= Spaltenkoordinate der betätigten Taste), und liest ja weiterhin vom Encoder die Nummer der Zeilenleitung ein, die auf LOW-Pegel liegt (= Zeilenkoordinate der betätigten Taste).

Allerdings gibt es hierbei leider zwei kleine Nachteile:

- Werden am Encoder gleichzeitig zwei oder mehr Eingangsleitungen auf LOW-Pegel gelegt, so erscheint an seinem Ausgang grundsätzlich immer nur die Nummer der höchsten Leitung, die LOW-Pegel führt.

Beispiel:
Sie legen die Encoder-Eingangsleitungen 7, 5 und 2 auf LOW-Pegel. Am Ausgang des Encoders erscheint die Nummer 000_B: die höchstwertige Leitung, die auf LOW liegt, ist die Leitung 7 111_B und das invertiert ergibt 000_B.

Das hat eine wichtige Konsequenz für die hier realisierte Tastaturabfrage zur Folge: Werden mehrere Tasten in einer Spalte gleichzeitig betätigt, so wird immer nur eine Taste erkannt und zwar diejenige, die der Zeilenleitung mit der höchsten Nummer zugeordnet ist.

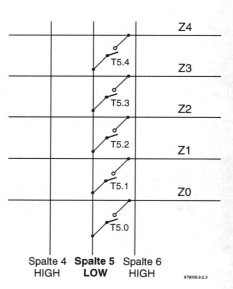

Abb.9.2.3: Die Betätigungen mehrerer Tasten in einer Spalte

9.2 Lektion 19

Beispiel, Abb.9.2.3.
In der Spalte 5 betätigen Sie die Tasten T5.1, T5.3 und T5.4. Wenn nun die Spaltenleitung 5 auf LOW-Pegel gelegt wird, so erhalten die Zeilenleitungen Z1, Z3 und Z4 jeweils LOW-Pegel, und der Encoder gibt die höchste Nummer, also 011_B (inverse 4) aus. Es wird somit nur die gedrückte Taste T5.4 erkannt, die Betätigungen von T5.3 und T5.1 werden unterdrückt.

Betätigen Sie dagegen gleichzeitig Tasten, die in verschiedenen Spalten liegen, so ergeben sich keine Probleme mit der Tastenidentifizierung: die Spaltenleitungen werden ja nacheinander auf LOW-Pegel gelegt, und so können Sie die Zeileninformationen auch nacheinander problemlos einlesen.

Da Sie den Tasten einer Matrix-Tastatur von außen aber im allgemeinen nicht ansehen können, welche Tasten gemeinsam in einer Spalte oder in verschiedenen Spalten liegen, gilt bei der hier verwendeten Methode der Tastaturabfrage:

Es kann immer nur eine gedrückte Taste gleichzeitig erkannt werden. Die Betätigung mehrerer Tasten der Tastatur auf einmal ist nicht zulässig.

- Im "Ruhezustand", wenn also keine Zeilenleitung auf LOW-Pegel liegt, gibt der Encoder den Bitzustand 111_B aus und das wäre ja unter Berücksichtigung der bisherigen Aussagen identisch mit der Feststellung, daß die Zeilenleitung 0 einen LOW-Pegel führt.

Um hier wieder eine Eindeutigkeit herbeizuführen, besitzt der Encoder einen zusätzlichen Steuerausgang, der angibt, daß irgendeine Eingangsleitung (Zeilenleitung) auf LOW-Pegel liegt und es gilt:

Steuerausgang = HIGH = keine Zeilenleitung liegt auf LOW, d.h., es wurde keine Taste gedrückt.

Steuerausgang = LOW = irgendeine (genauer gesagt: mindestens eine) der acht Zeilenleitungen liegt auf LOW, d.h., mindestens eine Taste wurde gedrückt.

Mit anderen Worten: solange der Steuerausgang auf HIGH liegt, wurde keine Taste gedrückt, und der Ausgangswert des Encoders muß ignoriert werden. Erst wenn der Steuerausgang auf LOW liegt, geben die Encoderausgänge die korrekte Nummer der Zeilenleitung an, die auf LOW-Pegel liegt.

Zusammengefaßt sieht die Abfrage einer Matrix-Tastatur mit Hilfe von Decoder- und Encoder-Bausteinen wie folgt aus:

1. Sie geben über 3 I/O-Port-Leitungen (als Ausgänge betrieben) die erste Spalten-Nummer, nämlich 000_B, an den Decoder-Baustein aus.

2. Der Decoder wählt daraufhin automatisch die Spalte 0 aus, d.h., er setzt die Spaltenleitung 0 auf 0 V (LOW-Pegel).

3. Sie fragen nun als nächstes den Steuerausgang ab:

9. Der Mikrocontroller-Kurs, Teil 2

- bei einem HIGH-Pegel wird gerade *keine* Taste aus der Spalte 0 betätigt –> weiter mit Punkt 5.
- bei einem LOW-Pegel wird gerade eine Taste aus der Spalte 0 betätigt –> weiter mit Punkt 4.

4. Sie kennen nun die Spaltennummer der betätigten Taste, nämlich 0, und die Zeilennummer, die sich aus den Ausgangsbits des Encoders ergibt. Somit läßt sich die gedrückte Taste einwandfrei identifizieren, und Sie können diesen Tastendruck entsprechend auswerten, z.B. Aufruf einer Prozedur als Reaktion auf genau diesen Tastendruck. Danach: weiter mit Punkt 5.
5. Wurde keine Taste aus der Spalte 0 betätigt bzw. wurde der Tastendruck einer Taste aus Spalte 0 bereits ausgewertet, so steuern Sie die nächste Spalte an, d.h. Sie geben die Bitkombination 001_B an den Decoder aus, und dieser setzt dann genau die Spaltenleitung 1 auf LOW-Pegel.
6. Nun geht es mit Punkt 3 weiter.
7. Dieses Verfahren wiederholen Sie solange, bis Sie alle Spalten abgefragt haben, d.h., solange bis Sie die Bitkombination 111_B an den Decoder ausgegeben haben. Damit ist dann die gesamte Tastatur einmal abgefragt worden.

Vergleicht man nun die unterschiedlichen Verfahren zu Tastaturabfrage und setzt man voraus, daß man einen kompletten I/O-Port mit 8 Bits zur Tastaturabfrage zur Verfügung stellt, so erkennt man:

- Bei der Verwendung einer Tastatur mit einem gemeinsamen Anschluß: je Port-Leitung ist eine Taste anschließbar, insgesamt sind also maximal 8 Tasten beherrschbar.
- Bei der Verwendung einer Matrix-Tastatur ohne Decoder-/Encoder-Bausteine: vier Port-Leitungen als Zeilenleitungen und vier Port-Leitungen als Spaltenleitungen, insgesamt sind also maximal 4 * 4 = 16 Tasten anschließbar.
- Bei der Verwendung einer Matrix-Tastatur mit Decoder-/Encoder-Bausteinen:
    4 Port-Leitungen für den Decoder = 16 Spaltenleitungen
    4 Port-Leitungen für den Encoder = 16 Zeilenleitungen

Damit kann man nun 16 * 16 = 256 Tasten an einem einzigen I/O-Port des µC's betreiben. Jedoch ist hier noch ein zusätzlicher Port-Pin als Eingang für das Encoder-Steuerausgangssignal notwendig (oder man verzichtet auf eine Zeile und kann so nur 15 * 16 = 240 Tasten anschließen).

Auf der "Mensch-Maschinen-Schnittstellen"-Karte wurde nun die letzte Version der Tastaturabfrage realisiert:
Benutzt werden der Port 6 und wahlweise (über Jumper einstellbar), entweder der Port-Pin P5.6 oder der externe Interrupt INT3\ (P1.0).

- P6.5 -P6.7: Anschluß des Zeilen-Encoders: 8 Zeilenanschlüsse sind erfaßbar,
- wahlweise P5.6 oder INT3\ (P1.0): Anschluß des Steuerausganges vom Encoder ("Taste gedrückt/ Taste nicht gedrückt")
- P6.3, P6.4 und P6.0: Anschluß des Spalten-Decoders: 8 Spaltenanschlüsse sind ansteuerbar.

9.2 Lektion 19

Insgesamt ist die "Tastatur-Erfassungs-Logik" also für Tastaturen mit bis zu 8 * 8 = 64 Tasten ausgelegt.
Der Anschluß der Tastatur erfolgt hier jedoch über eine 15polige D-SUB-Buchse, so daß eine Leitung, die 8. Zeilenleitung, nicht herausgeführt werden kann. Das bedeutet, daß hier nur Tastaturen bis zu einer maximalen Größe von 7 * 8 = 56 Tasten angeschlossen werden können.

Ein Beispiel für den Anschluß einer gängigen *Folien-Tastatur* (6 * 4-Matrix) zeigt die *Abb.9.2.4*:

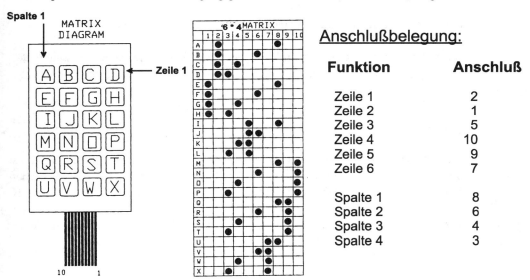

Abb.9.2.4: Anschluß einer Folien-Matrix-Tastatur an die "Mensch-Maschinen-Schnittstellen"-Karte

Die entsprechende Ansteuersoftware finden Sie als Prozedur *ta_abfrage* in der Sammlung der Betriebssystem-Unterprogramme für das 80C537er-TFH-System, und hier gilt nun:

selbst anschauen, nachvollziehen und verstehen !!

Zwei Tips hierzu sollen Sie dennoch erhalten:

- Die Prozedur ta_abfrage verändert zwei globale Variablen:

    ta_aktiv: Boolesche Variable
    taste: Byte-Variable

Wenn nach der Rückkehr aus der Prozedur ta_abfrage die Variable ta_aktiv=true ist, so wurde eine gedrückte Taste erkannt, und der Tastencode der entsprechenden Taste ist unter der Variablen taste abgelegt.

9. Der Mikrocontroller-Kurs, Teil 2

Hat nach der Beendigung der Prozedur ta_abfrage die Variable ta_aktiv jedoch den Wert false, so wurde keine Taste gedrückt, und der Wert von taste ist zu ignorieren.

- Der jeweilige Tastencode einer gedrückten Taste (der Wert der Variablen taste) setzt sich hierbei zusammen aus:

    taste=Zeilennummer + 6 * Spaltennummer,

    und so kann jeder Taste der Tastatur ein eindeutiger Tastencode zugeordnet werden.

    Bei der unter Abb.9.2.4 gezeigten Tastatur beinhaltet die Variable taste bei der Betätigung einer Taste also eine Zahl zwischen 0 und 23, wobei z.B. 0 der Taste A und 23 der Taste X entspricht.

Die Abfrage von Einzeltastern

Benötigen Sie in Ihrem System nur eine oder zwei einzelne Taster (z.B. nur eine Start-/Stop-Taste, nur eine Quittungs-Taste, etc.), so brauchen Sie natürlich keine komplette Tastatur anzuschließen. In diesem Fall können Sie Einzel-Taster direkt an I/O-Port-Pins anschließen (s. Lektion 10, Abb.8.10.7).
Auf der "Mensch-Maschinen-Schnittstellen"-Karte sind daher zwei solcher Eingabemöglichkeiten vorgesehen:

        Taste 1:   Anschluß an Port-Pin P5.4
        Taste 2:   Anschluß an Port-Pin P5.5

Bei der Abfrage dieser, sich auf der Frontplatte befindenden Taster, müssen Sie nur darauf achten, daß ein nicht betätigter Taster einen HIGH-Pegel am entsprechenden Port-Pin erzeugt und ein betätigter Taster einen LOW-Pegel.

Die Ansteuerung von Einzel-LEDs

Vier einzeln ansteuerbare LEDs stehen dem Anwender zur Sichtbarmachung von rein binären Zuständen zur Verfügung, z.B. zur Darstellung von Ein-/Ausschaltzuständen, etc.
Die LEDs werden auf der "Mensch-Maschinen-Schnittstellen"-Karte über Leistungsgatter angesteuert und zwar gilt hier:

        LED 1:   Ansteuerung über Port-Pin P5.0
        LED 2:   Ansteuerung über Port-Pin P5.1
        LED 3:   Ansteuerung über Port-Pin P5.2
        LED 4:   Ansteuerung über Port-Pin P5.3

9.2 Lektion 19

Der Ansteuerstrom ist auf maximal 10 mA begrenzt und für die Ansteuerung gilt:

        LED Ein: mit log.'0' (LOW-Pegel) am Port-Pin
        LED Aus: mit log.'1' (HIGH-Pegel) am Port-Pin

Die Ansteuerung des Piezo-Summers

Zur Ausgabe von akustischen Signalen ("Piep-Töne") dient ein lautstarker Piezo-Summer, der ebenfalls über einen I/O-Port-Pin und eine nachgeschaltete Transistorstufe angesteuert wird:

        P5.7 = 0   Summer ein
        P5.7 = 1   Summer aus

Dieser Summer kann z.B. sehr sinnvoll in Verbindung mit der Tastatur verwendet werden, um eine gedrückte und dann auch erfaßte Taste durch einen kurzen Piep zu bestätigen.

Die Erweiterungsmöglichkeit 1: Die serielle Schnittstelle 1 (SS1) des 80C537ers
Weiterhin steht auf der Frontplatte der "Mensch-Maschinen-Schnittstellen"-Karte die zweite serielle Schnittstelle des 80C537ers (SS1) an einer 9poligen D-SUB-Buchse zur Verfügung. Auf der Zusatzkarte selber kann durch Umstecken von Jumpern gewählt werden, ob die Schnittstellenpegel der TTL- oder der RS232(V24)-Festlegung entsprechen sollen (s. Anhang 11.9).
Ein zusätzlicher Port-Pin (P4.3) steht am D-SUB-Stecker für weitere Steueraufgaben zur Verfügung. Der Schnittstellenpegel ist hier ebenfalls per Jumper auf TTL- oder RS232-Pegel einstellbar.

Die Erweiterungsmöglichkeit 2: Die Schnittstelle für seriell ansteuerbare Peripherie-Bausteine
Eine große Gruppe von Peripherie-Einheiten für µC-Systeme (LED-Display-Treiber, A/D- und D/A-Wandler, Speicherchips, etc.) läßt sich heutzutage auch *seriell ansteuern* [15].
Hierzu werden neben den Spannungsversorgungsleitungen (+5V, GND) im allgemeinen nur noch drei weitere Leitungen benötigt:

- eine Datentransfer-Leitung
- eine (Steuer)Takt-Leitung
- eine Steuerleitung

Eine solch universelle serielle Peripherie-Schnittstelle ist ebenfalls auf der "Mensch-Maschinen-Schnittstellen"-Karte vorhanden, und deren Anschlüsse sind auf eine 5polige DIN-Buchse auf der Frontplatte geführt. Hierbei dienen die Port-Pins P4.0, P4.1 und P4.2 als Steuer- und Datenanschlüsse für die serielle Kommunikation.
Bei Benutzung der Schnittstelle ist darauf zu achten, daß die Datentransfer-Richtung per Jumper eingestellt werden muß.
Auf dieses sehr interessante Thema der seriell ansteuerbaren Peripherie-Einheiten kann an dieser Stelle leider nicht weiter eingegangen werden.

9. Der Mikrocontroller-Kurs, Teil 2

Dem interessierten Leser sei aber z.B. eine Beschäftigung mit dem seriell ansteuerbaren LED-Treiber-Baustein MAX7219 [16] empfohlen, der bis zu acht 7-Segment-LED-Anzeigen ansteuern kann.

Und hier ist doch noch eine

✎ Übungsaufgabe

Um Ihr Entwicklungslabor vor Einbrechern, Agenten und staubputzenden Wesen zu schützen, haben Sie eine Matrix-Tastatur mit 6 Zeilen und 4 Spalten gemäß der Abb.9.2.4 an der Eingangstür angebracht.
Wenn nun 5 Tasten in der richtigen Reihenfolge betätigt werden, soll sich die Tür öffnen lassen (hier simuliert durch die vier LEDs auf der Frontplatte der "Mensch-Maschine-Schnittstellen"-Karte), andernfalls solle eine, durch Mark und Bein gehende, akustische Alarmmeldung mittels des Piezo-Summers alle Eindringlinge in die Flucht schlagen.

9.3 Lektion 20: Die Audio-Ausgabe

Endlich: **Der uralte Traum der Menschheit wird Wirklichkeit**:

Der µC lernt sprechen !

Als kleines "Sahnehäubchen" der "Mensch-Maschine-Schnittstellen"-Karte kommt zur Realisierung einer Sprachausgabe ein Sprach-Speicher und Wiedergabe-Chip zum Einsatz, den Sie mit beliebigen Meldungen, Hinweisen und Texten besprechen können und die der µC dann in beliebiger Reihenfolge auswählen und abspielen kann. So erhält der 80C537er den letzten Schliff für die Kommunikation mit seiner menschlichen Umwelt.

Als sogenannter *Single-Chip Voice Record/Playback-IC* (also *Sprachaufzeichnung und Wiedergabe-IC*) wird ein Baustein der Firma ISD (Information Storage Devices) verwendet, der aufgrund einer neuartigen Speichertechnologie bis zu 90 Sekunden Sprache aufzeichnen (speichern) und wiedergeben kann.

Die *Tab.9.3.1* zeigt die typischen Kenndaten des Chips ISD 2590:

- Maximale Aufzeichnungsdauer: 90 Sekunden
- beliebige Anzahl von verschiedenen Texten abspeicherbar (Gesamtdauer = Aufzeichnungsdauer)
- Hohe und natürliche Qualität der Sprachwiedergabe
- Einfache Ansteuerung durch den µC
- Kaskadierbar für längere Aufzeichnungsdauern
- Der Chip behält den Speicherinhalt beim Abschalten der Betriebsspannung bis zu 100 Jahre lang
- Der Chip ist bis zu 100.000mal wieder- bzw. umprogrammierbar
- Einfache 5 V-Stromversorgung
- Stromsparender Stand-By-Modus (Stromaufnahme: 1 µA)
- "Kleinere" Brüder mit 60 Sekunden bzw. 75 Sekunden Aufzeichnungsdauer sind ebenfalls verfügbar (ISD 2560, ISD 2575)
- Preis für den ISD 2590: ca. 46 DM

Tab.9.3.1: Die Kenndaten des Chips ISD 2590

Da dieser Chip ein *Multi-Funktions-Talent* in Sachen Sprachaufzeichnung und Sprachwiedergabe ist, werden wir uns hier wieder nur auf zwei wichtigen Betriebsarten beschränken:

- Die Programmierung des Bausteins mit beliebigen Texten;
- die wahlfreie Wiedergabe der gespeicherten Texte durch den µC

und Ihnen ansonsten das Datenblatt der ISD 25er-Familie wärmstens ans Herz legen [17].

9. Der Mikrocontroller-Kurs, Teil 2

Alle nachfolgend aufgeführten Komponenten (Schalter, Taster, etc.) finden Sie auf der Frontplatte der "Mensch-Maschine-Schnittstellen"-Karte.

Die Programmierung des Bausteins mit beliebigen Texten im Push Bottom Mode

- Schalter S2 in Stellung 1 (Push Bottom Mode) bringen !
- Schalter S1 in Stellung 1 (Record Mode) bringen !
- Taster T4 erstes Mal betätigen (muß nicht gedrückt bleiben, da die negative Flanke maßgebend ist) und aufzunehmendes Signal in das Mikrophon sprechen, singen oder säuseln ! Der Aufnahmevorgang wird durch die LED D1 angezeigt.
- Taster T4 ein zweites Mal betätigen, um die Aufnahme der 1. Nachricht abzuschließen. Die LED D1 erlischt und der Adreßzähler wird um 1 erhöht, um die nächste Nachricht aufzunehmen.
- Für weitere Aufnahmen die Schritte 3 und 4 wiederholen !
- Durch Betätigen des Tasters T3 wird ein laufender Aufnahmevorgang abgebrochen und der Adreßzähler auf 0 gesetzt. Ein Überschreiben der zuvor eingegebenen Nachrichten, angefangen mit der ersten Nachricht, ist nun möglich !
- Wird der Schalter S1 in Stellung 2 (Playback Mode) gebracht, so bleibt der Adreßzählerinhalt erhalten, wenn Sie also die 3. Nachricht aufgenommen haben, zeigt der Adreßzähler im Playback Mode auf die vierte Nachricht.

Wichtig ist hierbei, daß Sie sich einen Punkt merken:

! **Merke: "Die Ablage der Texte im ISD 2590er"**
Ihre aufgesprochenen Texte werden im Sprachspeicher des Chips nacheinander abgelegt. Als Trennzeichen zwischen den einzelnen Texten, die natürlich unterschiedlich lang sein können, fügt der Chip automatisch sogenannte **EOM (End of Message)-Marken** ein, **Abb.9.3.1.**
Wenn nun ein bestimmter Text wiedergegeben werden soll, so gibt der Chip alle Speicherinformationen, d.h. den gesamten Speicherinhalt, zwischen jeweils zwei EOM-Marken aus.

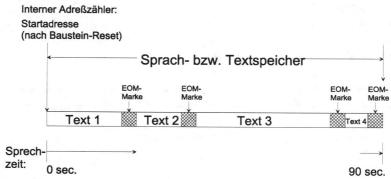

Abb.9.3.1: Die Ablage von Texten im Sprachspeicher des ISD 2590ers

9.3 Lektion 20

Die Wiedergabe der zuvor eingegebenen Texte kann nun auf zwei verschiedene Arten erfolgen:

Die Wiedergabe im Push Bottom Mode:

- Schalter S2 in Stellung 1 (Push Bottom Mode) bringen !
- Schalter S1 in Stellung 2 (Playback Mode) bringen !
- Taster T4 erstes Mal betätigen (muß nicht gedrückt bleiben, da die negative Flanke maßgebend ist) bewirkt, daß das erste Signal wiedergegeben wird ! Der Wiedergabevorgang wird durch die LED D1 angezeigt.
- Wird der Taster T4 vor Ende der Wiedergabe ein zweites Mal betätigt, so wird die Wiedergabe unterbrochen (Pause). Ein weiteres Betätigen startet das Abspielen der Restwiedergabe. Ist die Wiedergabe der Nachricht beendet, so erlischt die LED D1 und der Adreßzähler wird um 1 erhöht.
- Für weitere Wiedergaben die Schritte 3 und 4 wiederholen !
- Durch Betätigen des Tasters T3 wird ein laufender Wiedergabevorgang abgebrochen und der Adreßzähler auf 0 gesetzt. Ein erneutes Abhören der eingegebenen Nachrichten, angefangen mit der ersten Nachricht ist nun möglich !
- Wird der Schalter S1 in Stellung 1 (Record Mode) gebracht, so bleibt der Adreßzählerinhalt erhalten, wenn Sie also die 3. Nachricht abgehört haben, zeigt der Adreßzähler auf die vierte Nachricht, die sie nun gezielt ändern können.

Kommen wir nun zum interessantesten Punkt des Einsatzes dieses Chips:

Die wahlfreie Wiedergabe der gespeicherten Texte durch den µC im Message Cueing Mode

Um die im Chip abgelegten Texte wahlfrei, d.h. in beliebiger Reihenfolge, ausgeben zu können, stehen dem µC die folgenden Steueranschlüsse am Sprach-Chip zur Verfügung:

PD (Power-Down Input), angeschlossen am Port-Pin P4.4
Wird an diesem Eingang ein HIGH-Pegel angeschlossen, so wird der ISD 2950er in den stromsparenden Stand-By-Modus geschaltet und gleichzeitig wird der interne Textspeicher-Adreßzähler zurückgesetzt. Beim Anlegen eines LOW-Pegels wird der Baustein aktiviert.

CE\ (Chip-Enable-Input), angeschlossen am Port-Pin P4.5
Über diesen Eingang wird der Baustein angesprochen, d.h. durch LOW-Impulse oder durch einen LOW-Pegel werden die einzelnen Funktionen ausgelöst.

P/ R\ (Playback/Record Input), angeschlossen am Schalter S1
Hierüber wird die grundlegende Betriebsart des Chips festgelegt:

S1 in Stellung PLAYBACK: Chip ist im Playback (also Wiedergabe)-Modus
S1 in Stellung RECORD: Chip ist im Record (also Aufnahme)-Modus

9. Der Mikrocontroller-Kurs, Teil 2

EOM\ (End of Message-Output), angeschlossen am Port-Pin P1.4 (= INT2\)
Dieser Ausgang führt normalerweise HIGH-Pegel; nur wenn der Chip beim Auslesen der Sprach-Infos an einer EOM-Marke angekommen ist, d.h., wenn der gerade ausgegebene Text zu Ende ist, wird ein LOW-Impuls der Breite 18,75 ms ausgegeben. Diese fallende Flanke kann dann z.B. einen Interrupt beim µC auslösen (hier: externer Interrupt 2), und der µC erkennt daran, daß der ISD 2590er seine Textausgabe beendet hat und nun z.B. eine neue Textausgabe gestartet werden kann.

Die Wiedergabe im Message Cueing Mode:

- Schalter S2 in Stellung 2 (Message Cueing Mode) bringen !
- Schalter S1 in Stellung 2 (Playback Mode) bringen !
- Der Portpin P4.4 ist auf LOW zu setzen, um das Sprach-IC in den aktiven Modus zu bringen !
- Per Portpin P4.5 die wiederzugebende Nachricht wählen ! Soll die vierte Nachricht abgespielt werden, so muß am Portpin P4.5 viermal eine negative Flanke erzeugt werden, um den Adreßzähler (von 0 aus gezählt) viermal um eins zu erhöhen.
- Wenn die Nachricht komplett wiedergegeben wurde, wird der externe Interrupt 2 ausgelöst.
- Der Portpin P4.4 ist auf HIGH zu setzen, um den Adreßzähler des Sprach-Chips auf 0 zu setzen und das IC in den inaktiven Stromsparmodus zu überführen!

Dieser Steuerablauf kann jetzt einfach in eine Pascal51er-Routine umgesetzt werden; man erhält so die Prozedur *message_out(m_nr)*; aus der Sammlung der Betriebssystem-Routinen.
Übergeben wird hierbei die Nummer des auszulesenden Textes; und den Rest der Ansteuerung wickelt die Prozedur selbständig ab.

Programmieren Sie nun einen ISD 2590er mit beliebigen Texten, und lassen Sie den µC sprechen und das noch mit Ihrer eigenen unverwechselbaren Stimme !

10. Der Mikrocontroller-Kurs, Teil 3: Die Zusatzkarte 2: "Die digitale I/O-Erweiterung"

Die Zusatzkarte 2: "Die digitale I/O-Erweiterung" wurde speziell dazu entwickelt, um eine Vielzahl von digitalen Ein-/Ausgängen zusätzlich zu den µC-ON-Chip-Port-Einheiten mit dem 80C537er-TFH-System zu handhaben.
Die *Tab.10.1* zeigt die Leistungsdaten dieser Zusatzkarte:

- 4 potentialfreie Schaltausgänge:
  6 A, 250V~ (Leistungsschaltrelais), Anschluß über X4 - X7, Reihenklemmen auf der Platine
- 8 potentialfreie Schaltausgänge:
  1 A, 200V~ (Schaltrelais), Anschluß über X3, HD16-Stecker auf der Frontplatte der Platine
- 12 digitale Eingänge:
  TTL-kompatibel, *geschützt* über Treiber-ICs, Anschluß über X2, D-SUB-15-Buchse auf der Frontplatte der Platine
- Bis zu acht solcher Zusatzkarten sind unter einer Chip-Select-Adresse ansprechbar. Damit ergibt sich ein Maximalausbau von bis zu:
  - 32 Leistungsschaltausgängen
  - 64 Schaltausgängen
  - 96 Eingängen

Tab.10.1: Die Leistungsdaten der digitalen I/O-Erweiterung

Da Sie bis zu acht solcher Karten unter einer Chip-Select-Adresse ansprechen können, haben Sie jetzt vielfältige Möglichkeiten, digital ansteuerbare Verbraucher ein- und auszuschalten bzw. digitale Sensoren (Schalter, Taster, Kontakte, etc.) zu erfassen.
Die Einsatzgebiete dieser Karten reichen von der Steuerung einer Modelleisenbahn über den Aufbau von Alarmzentralen bis hin zur Realisierung komplexer Steuer- und Regelsysteme. Ihrer "Einsatzphantasie" sind fast keine Grenzen mehr gesetzt.

Den detaillierten Schaltplan, die Belegung der einzelnen Steckverbinder und die Einstellung der individuellen Kartenadressen finden Sie im Anhang 11.9 aufgeführt und erläutert.
Der zentrale Baustein der Karte ist ein sogenannter *PPI (Programmable Peripheral Interface)-Chip*, der ein µC-System um insgesamt 24 digitale I/O-Leitungen erweitert.

10. Der Mikrocontroller-Kurs, Teil 3

Hier wird der 8255A-Baustein (IC5) eingesetzt. Dieser "Opa" der externen Peripherie-Bausteine (entwickelt Ende der 70er-Jahre) wird einfach an die Bussysteme des µC's angeschlossen, und über eine entsprechende Programmierung seiner SFR's können die Portleitungen *gruppenweise* als digitale Ein- oder als digitale Ausgänge definiert werden, *Tab.10.2*:

Port A: 8 Bit breit, einstellbare Betriebsmodi:
- 8 * Input oder
- 8 * Output oder
- 8 * Bidirektional

Port B: 8 Bit breit, einstellbare Betriebsmodi:
- 8 * Input oder
- 8 * Output

Port C: 8 Bit breit, unterteilbar in 2 * 4 Bit-Ports: Upper-Port: PC4-PC7, Lower-Port: PC0-PC3, einstellbare Betriebsarten:
- 8 * Input oder
- 8 * Output oder
- 4 * Input und 4 * Output oder
- Aufteilung in einzelne Steuersignalein- und -ausgänge zur Realisierung von Hand-Shake-Betriebsarten

---

Tab.10.2: Die möglichen I/O-Konfigurationen des 8255Aers

Die Abb.10.1 zeigt die Anwendungsmöglichkeiten in den drei verschiedenen Betriebsmodi.

Obwohl die Port-Anschlüsse des 8255ers nur gruppenweise organisiert sind und die I/O-Eigenschaften somit auch nur gruppenweise und nicht port-pin-weise eingestellt werden können, besitzt dieser PPI-Baustein eine große Vielfalt einstellbarer Modi:
Allein das kompakte Datenblatt ist über 20 Seiten stark [18], und daher werden wir uns hier nur (wie immer) auf bestimmte Betriebsarten konzentrieren, siehe *Tab.10.3*.

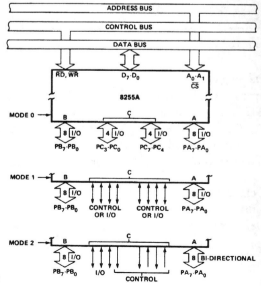

Abb.10.1: Die drei Grundbetriebsmodi des 8255Aers

Die digitale I/O-Erweiterung

- Port A: 8 Output-Ports
- Port B: 8 Input-Ports
- Port C: Lower-Port (PC0-PC3): 4 Input-Ports
  Upper-Port (PC4-PC7): 4 Output-Ports

- Die Ausgänge sind gelatched, die Eingänge nicht !

Damit ergibt sich:

  o Betriebsmodus des 8255Aers: Mode 0
  o Gewähltes Control-Wort für den 8255Aer: Nr. #3
  o **Einzuschreibendes Control-Wort in den 8255Aer: 83_H**

Tab.10.3: Die verwendete 8255Aer-Betriebsart bei der Zusatzkarte 2

Die *Abb.10.2* zeigt die "Port-Verteilung" in dieser Betriebsart #3.

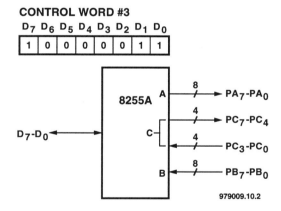

Abb.10.2: Die Port-Verteilung im Betriebsmodus 0, Control-Word #3

Die weiteren möglichen Betriebsarten finden Sie ausführlich im Datenblatt des 8255Aers erläutert.

Die Ansteuerung der Schaltrelais erfolgt nicht direkt vom 8255Aer aus (Stichwort: max. FAN-Out, s. Lektion 10), sondern über entsprechende Schaltverstärker-Stufen:

a) Zur Ansteuerung der acht "kleinen" Schaltrelais wird ein Treiber-IC (74244, IC2) verwendet.
b) Die "großen" Leistungsrelais werden über Transistorschaltstufen angesteuert, die dem Treiber-IC (74244, IC1) nachgeschaltet sind.

10. Der Mikrocontroller-Kurs, Teil 3

Die Ausgänge der Relais schalten *potentialfrei*, d.h., es sind echte Schließer, die kein festes Potential (z.B. 5 V) aus dem System nach außen schalten.

> » ***Wichtig: "Die Beschaltung der Eingänge"***
> *Die digitalen Eingänge der PPI sind gegen Über- oder Unterspannungen durch Treiber-ICs geschützt, d.h. angelegte Eingangsspannungen außerhalb des zulässigen Spannungsbereiches zwischen 0 V und +5 V führen mit Sicherheit zur Zerstörung der Treiber-ICs, der PPI-Baustein nimmt wahrscheinlich keinen Schaden. Um den Geldbeutel zu schonen*
>
> ***ist also besondere Sorgfalt beim Anschluß externer Signalquellen notwendig !***

Mehr zum Betrieb dieser Karte erfahren Sie in der nächsten und gleichzeitig letzten Lektion dieses Buches.

10.1 Lektion 21: Der Betrieb der digitalen I/O-Erweiterungskarte

Eine Besonderheit dieser digitalen I/O-Karten ist deren Adressierung. Durch eine zusätzliche Vergleichslogik im IC4 ist es möglich, mit *einer einzigen* CS\-Haupt-Adresse bis zu acht solcher Karten im 80C537er-TFH-System zu betreiben.

Die CS\-Haupt-Adresse einer solchen Karten-Gruppe kann durch den Jumper JP1 aus der Gruppe der CS\-Adressen Y8\ bis Y11\ des CS\-Decoders ausgewählt werden, s. auch Anhang 11.9.
Beispielhaft verwenden wir hier für alle acht möglichen Karten die CS\-Haupt-Adresse Y10\, durch die der zugehörige CS\-Adreßbereich auf $ff40_H$ bis $ff5f_H$ festgelegt wird, s. Anhang 6.
Spricht man nun eine dieser 32 Adressen mit einem Pascal51er-writexby()- oder einem xby()-Befehl an, so führt das CS\-Signal Y10\ einen LOW-Pegel und die Karte, d.h. der 8255Aer auf der Karte, fühlt sich "auserwählt".
Der hier verwendete PPI-Baustein 8255A benötigt nun aber nur 4 eigene Adressen zur Adressierung seiner internen SFR's, d.h. die restlichen 28 Adressen des gesamten CS\-Bereiches sind eigentlich verschwendet, sie werden also gar nicht benötigt.
Benutzt man jedoch zur CS\-Decodierung noch die Adreßbits A2, A3 und A4 des 80C537er-Adreßbusses, so kann man insgesamt zwischen $ff40_H$ und $ff5f_H$ acht unterschiedliche Adreßbereiche zu je vier Adressen schaffen und damit insgesamt acht 8255Aer-Chips adressieren, also insgesamt bis zu acht digitale I/O-Karten gleichzeitig betreiben.

Die CS\-Adreßerzeugung sieht damit wie folgt aus:

CS\-Haupt-Adresse: Y10\.

```
Adresse: A 15 14 13 12   11 10 9  8    7  6  5! 4    3  2! 1  0
           x  x  x  x    x  x  x  x    x  x  x! x    x  x! x  x
           1  1  1  1    1  1  1  1    0  1  0! 0    0  0!
           1  1  1  1    1  1  1  1    0  1  0! 1    1  1!
                                                 !         !
           CS\-Haupt-Adresse Y10\ aller acht    !Untertei- !Adres-
           digitalen I/O-Karten:                !lung      !sierung
           Adreß-Bereich:   ff40h bis ff5fh     !des 32    !der
                                                !Byte      !vier
                                                !Adreß-Be- !inter-
                                                !reiches in!nen
                                                !acht Un-  !SFR's
                                                !terberei- !eines
                                                !reiche zu !8255A
                                                !je vier   !
                                                !Adressen  !
```

Somit wird der 32 Byte breite Adreßbereich von Y10\, also der Bereich 40_H bis $5f_H$, noch weiter unterteilt in 8 einzelne Bereiche zu je 4 Byte. Daraus erhält man für die insgesamt 8 Karten die folgenden Karten-Basis-CS\-Adressen:

10. Der Mikrocontroller-Kurs, Teil 3

Karten-Nr.	Karten-Basis-CS\-Adresse
0	$ff40_H$
1	$ff44_H$
2	$ff48_H$
3	$ff4c_H$
4	$ff50_H$
5	$ff54_H$
6	$ff58_H$
7	$ff5c_H$

Diese Karten-Nummer wird mittels des DIP-Switches DIP1 eingestellt.

Zu diesen Karten-Basis-CS\-Adressen werden jetzt jeweils die Offset-Adressen der gewünschten SFR's des entsprechenden 8255Aer-Chips addiert, und man erhält damit die Endadresse des gewünschten SFR's auf der entsprechenden digitalen I/O-Karte.

Für die Adressierung der SFR's eines 8255Aers gilt nun:

gewünschte Funktion	SFR-Offset-Adresse
Daten an Port A ausgeben	00
Daten an Port B ausgeben	01
Daten an Port C ausgeben	02
Daten von Port A einlesen	00
Daten von Port B einlesen	01
Daten von Port C einlesen	02
Daten in das Control-Register einschreiben	03

Beachten:
Das Control-Register kann nur beschrieben werden, Leseoperationen unter dieser Adresse (03) sind nicht zulässig!

Die SFR-Adressen kommen hier zwar doppelt vor, aber durch die unterschiedliche Transfer-Richtung (Lesen oder Schreiben) kann der 8255Aer die gewünschte Aktion eindeutig unterscheiden und intern die korrekten Register auswählen.

» *Wichtig: "Die Daten-Transferrichtungen bei der digitalen I/O-Karte"*
Die Daten-Transferrichtungen bei der digitalen I/O-Karte sind durch den hardwaremäßigen Aufbau der Karte (Treiber-IC's, Relais, etc.) fest vorgegeben und dürfen keinesfalls geändert werden, d.h. eine Umprogrammierung der Ein-/Ausgaberichtungen ist nicht zulässig und kann zur Zerstörung der gesamten I/O-Karte führen.
Es gilt hier (s. Tab.10.3):

    Port A: ist immer auf AUSGANG geschaltet, d.h., am Port A können nur Daten ausgegeben werden.
    Port B: ist immer nur auf EINGANG geschaltet, d.h., von Port B können nur Daten eingelesen werden.

10.1 Lektion 21

Port C: Betrieb in der **gesplitteten Betriebsart**:
Lower-Port (PC0-P3) ist immer auf EINGANG geschaltet, d.h., vom Lower-Port C können nur Daten eingelesen werden.

Upper-Port (PC4-PC7) ist immer auf AUSGANG geschaltet, d.h., am Upper-Port C können nur Daten ausgegeben werden.

Einige Beispiele sollen das Arbeiten mit diesen I/O-Karten verdeutlichen:

Das Bitmuster 1010 1110$_B$ = ae$_H$ soll am Port A der digitalen I/O-Karte Nr. 5 ausgegeben werden.
Ermittlung der Zieladresse für den Zugriff auf das benötigte SFR des Ports A:

Zieladresse = Karten-Basis-CS\-Adresse von Karte Nr. 5 + SFR-Adresse für: Daten an Port A ausgeben
$$\text{Zieladresse} = \text{ff54}_H + \text{00}_H = \text{ff54}_H$$

Somit lautet dann der Ausgabe-Befehl in Pascal51:

```
writexby($ae,$ff54);
```

- Der Zustand des Ports B der digitalen I/O-Karte 7 soll eingelesen werden:

```
Zieladresse = ff5ch + 01h = ff5dh
```
Lesebefehl in Pascal51:
```
b:=xby($ff5d); (* b = Byte-Variable*)
```

- Der I/O-Karte 0 soll das Control-Wort aah übergeben werden:

```
writexby($aa,$ff43);
```

Und nun das unwideruflich allerletzte Programm in diesem Lehrbuch, aber keine Angst:

Wir arbeiten schon an der Fortsetzung !

```
(*********************************************************************)
(*                                                                   *)
(*                 Das Arbeiten mit der I/O-Karte                    *)
(*                                                                   *)
(*                                                                   *)
(*         Betriebssystemprozeduren und -funktionen der I/O-Karte    *)
(*         ======================================================    *)
(*                                                                   *)
(*                                                                   *)
(*                                                                   *)
(*                      Programm: io1.pas                            *)
(*                                                                   *)
(*********************************************************************)
```

10. Der Mikrocontroller-Kurs, Teil 3

```pascal
program io1;

(*************************************************************************)
(*** Definition der verwendeten Pascal-Konstanten ***********************)
(*************************************************************************)

const        (* Y_CS = $FF00 (Y8\), $FF20 (Y9\), $FF40 (Y10\) oder $FF60 (Y11)! *)
             (* Karten-Nr. = 0, 1, 2, 3, 4, 5, 6 oder 7 *)
             (* BASIS = Y_CS + (4*Karten_Nr), also bei Y10\ und Karten-Nr. 0: *)
             (* BASIS = $FF40 + (4*0) = $FF40 *)

    PPI_Port_A  = $FF40;     (* Adresse des PPI Port A (BASIS) *)
    PPI_Port_B  = $FF41;     (* Adresse des PPI Port B (BASIS+1) *)
    PPI_Port_C  = $FF42;     (* Adresse des PPI Port C (BASIS+2) *)
    PPI_Control = $FF43;     (* Adresse des PPI Control Reg. (BASIS+3) *)

(*************************************************************************)
(*** Definition der verwendeten Pascal-Prozeduren u. Funktionen *********)
(*************************************************************************)

procedure init_ppi;          (* PPI Initialisierungsprozedur *)

const   INIT = $83;          (* PPI Control-Wort, hardwarebed. *)

begin;                                  (* Betrieb der PPI im Mode 0, Eing.: B[0. *)
  writexby(INIT, PPI_Control);          (* .7], C[0..3]; Ausg.: A[0..7], C[4..7] *)
  writexby($00, PPI_Port_A);            (* Alle 8 potentialfr. Kontak. Port A öffn. *)
  writexby($00, PPI_Port_C);            (* Alle 4 potentialfr. Kontak. Port C öffn. *)
end;

(*************************************************************************)

procedure a(adr:byte; val:boolean);     (* Ausgänge setzen bzw. rücksetzen *)
                                        (* adr: 0=A0..7=A7, 8=C4..11=C7 *)
var por : byte;

begin;
  if ((adr>=0) and (adr<=11)) then      (* Gültige Ausgangsadresse? *)
    begin                               (* Ja, alte Portinfo einlesen *)
      if (adr<8) then por:=xby(PPI_Port_A) else por:=xby(PPI_Port_C);
      if (val = true)                   (* Ausgang setzen? *)
        then                            (* Ja, also *)
          case adr of                   (* entsprechendes Bit *)
            0 : por:=por or %00000001;  (* mittels Maske setzen! *)
            1 : por:=por or %00000010;
            2 : por:=por or %00000100;
            3 : por:=por or %00001000;
            4,8 : por:=por or %00010000;
            5,9 : por:=por or %00100000;
            6,10 : por:=por or %01000000;
            7,11 : por:=por or %10000000;
          end
        else                            (* Nein, also *)
          case adr of                   (* entsprechendes Bit mit- *)
            0 : por:=por and %11111110; (* tels Maske zurücksetzen! *)
            1 : por:=por and %11111101;
            2 : por:=por and %11111011;
            3 : por:=por and %11110111;
```

```
           4,8 : por:=por and %11101111;
           5,9 : por:=por and %11011111;
           6,10 : por:=por and %10111111;
           7,11 : por:=por and %01111111;
           end;
      if (adr<8) then writexby(por,PPI_Port_A)(* Neue Port-Ausgangs- *)

         else writexby(por,PPI_Port_C);      (* zustände schreiben *)
    end;
end;

(*********************************************************************)

function e(adr:byte):boolean;          (* Eingänge abfragen *)
                                       (* adr: 0=B0..7=B7, 8=C0..11=C3 *)
  var por : byte;

begin;
  if ((adr>=0) and (adr<=11)) then     (* Gültige Eingangsadresse? *)
    begin                              (* Ja, Portinfo einlesen *)
      if (adr<8) then por:=xby(PPI_Port_B) else por:=xby(PPI_Port_C);
         case adr of                   (* Entsprechendes Eingangs- *)
           0,8 : por:=por and %00000001; (* bit mittels Maske *)
           1,9 : por:=por and %00000010; (* isolieren! *)
           2,10 : por:=por and %00000100; (* Wenn por=(1, 2, 4, 8, *)
           3,11 : por:=por and %00001000; (* 16, 32, 64 oder 128), *)
           4 : por:=por and %00010000;   (* dann führt der Eingang *)
           5 : por:=por and %00100000;   (* HIGH-Pegel, sonst LOW! *)
           6 : por:=por and %01000000;
           7 : por:=por and %10000000;
           end;
      if (por<>0)
         then e:=true else e:=false;   (* Funktionswert setzen *)
    end;
end;

(*********************************************************************)
(*** Start des eigentlichen Hauptprogramms****************************)
(*********************************************************************)
begin
  init_ppi;
  repeat
    if e(2) then a(3,true) else a(11,true);
    if (not e(4)) then a(10,true) else a(10,false);
    writexby(xby(PPI_Port_B),PPI_Port_A);
  until false
end.
```

Erläuterungen:
- Die globalen Konstanten PPI_Port_A, PPI_Port_B, PPI_Port_C und PPI_Control ergeben sich aus der CS\-Hauptadresse, die mittels Jumper JP1 eingestellt wird, und der Karten-Nr., die per Dip-Switch DIP1 festgelegt ist gemäß der Formeln:
  PPI_Port_A:= CS\-Hauptadresse + (4*Karten_Nr.),
  PPI_Port_B:= CS\-Hauptadresse + (4*Karten_Nr.)+1,

10. Der Mikrocontroller-Kurs, Teil 3

PPI_Port_C:= CS\-Hauptadresse + (4*Karten_Nr.)+2 und
PPI_Control:= CS\-Hauptadresse + (4*Karten_Nr.)+3

Beispiel: CS\-Hauptadresse Y10\ und Karten-Nr. 0:
PPI_Port_A:= ff40$_H$ + (4*0)   = ff40$_H$
PPI_Port_B:= ff40$_H$ + (4*0)+1   = ff41$_H$
PPI_Port_C:= ff40$_H$ + (4*0)+2   = ff42$_H$
PPI_Control:= ff40$_H$ + (4*0)+3   = ff43$_H$

- Die Prozedur init_ppi initialisiert die PPI. Sie setzt den 8255Aer in den Betriebsmodus 0, sorgt dafür, daß die Ports A, B und C gemäß den Hardwarevoraussetzungen der I/O-Karte als Ein- bzw. als Ausgänge definiert werden, und öffnet alle potentialfreien Ausgänge.
  Diese Prozedur darf keinesfalls geändert werden und muß vor Benutzung der I/O-Karte einmalig aufgerufen werden.

- Die Prozedur a(adr:byte; val:boolean) ermöglicht das Setzen bzw. Rücksetzen der Ausgänge. Der Parameter adr selektiert den Ausgang (0=A0 .. 7=A7, 8=C4 ..11=C7), val beschreibt den Ausgangszustand (true=setzen, false=rücksetzen).

- Die Funktion e(adr:byte):boolean ermöglicht das Abfragen der Eingänge. Der Parameter adr selektiert den Eingang (0=B0 .. 7=B7, 8=C0 ..11=C3), der Funktionswert ist true, wenn am Eingang ein HIGH-Potential anliegt, bzw. false, wenn am Eingang ein LOW-Potential erkannt wird.

- Das Hauptprogramm ...... Sie sollten es sofort überschauen !

Literaturverzeichnis und Bezugsquellen

Weiterführende Literatur

[1] „ST62 Mikrocontroller Familie"
     Bernd vom Berg
     Franzis-Verlag GmbH, 1994

[2] „8051 Mikrocontroller erfolgreich anwenden"
     Jürgen Maier-Wolf
     Franzis-Verlag GmbH, 1994

[3] „SAB 80C517/80C537 User's Manual"
     Siemens AG, München
     Neueste Ausgabe

[4] „SAB 80C517A/83C517A-5"
     „Addendum to User's Manual SAB 80C517/80C537"
     Siemens AG, München
     Neueste Ausgabe

[5] „PASCAL und PASCAL-Systeme"
     R. Herschel, F. Pieper
     Oldenbourg-Verlag, 1983

[6] „Pascal-Cross-Compiler für Mikrocontroller der 8031-Familie"
     O'Niel V. Som
     Elektor-Verlag GmbH, 1995

[7] „Digitaltechnik"
     Klaus Beuth
     Vogel Buchverlag, 1993

[8] „Real Time Clock Module RTC-72421/72423, Application Manual"
     Seiko EPSON Corp.
     Düsseldorf

Literaturverzeichnis und Bezugsquellen

[9] „Datenwandler A/D- und D/A-Wandler"
Horst Zander
Vogel Buchverlag, 1990

[10] „Mikroprozessortechnik"
Helmut Müller, Lothar Walz
Vogel Buchverlag, 1992

[11] „Computer-Schnittstellen"
Lothar Preuß, Harald Musa
Carl Hanser Verlag, 1989

[12] „Elektronik III - Digitale Schaltungen und Systeme"
Bodo Morgenstern
Vieweg, 1992

[13] „Liquid Crystal Display Module L2014 User's Manual"
Seiko Instruments Inc., 1990
(s. Bezugsquellen)

[14] „TTL Logic Series"
Datenbuch
Philips Semiconductors, 1992

[15] „Geschlossene Mikrocontroller zugänglich gemacht"
Frank Theiner, Carsten Trapp, Bernd vom Berg
Elektronik 22/1995
Franzis-Verlag GmbH, 1995

[16] „Datenblatt zum Baustein MAX7219"
MAXIM GmbH, München, 1995

[17] „Datenblätter zu den Sprachchips der ISD2500-Serie"
Information Storage Devices, Inc., 1996
(s. Bezugsquellen)

[18] „8255A / 8255a-5 Programmable Peripheral Interface"
Datenblatt
INTEL Semiconductor GmbH
München

Bezugsquellen

Das 80C537er-TFH-System

    Prof. Dr. Bernd vom Berg
    Dipl.-Ing. Peter Groppe
    Technische Fachhochschule „Georg Agricola"
    Fachbereich Elektrotechnik

    Herner Straße 45
    44787 Bochum
    Tel.: 0234/968-3399
    FAX: 0234/968-3346
    Internet: http://home.t-online.de/home/dr_bernd_vom_berg

Siehe auch:
Elektor, Heft Juni 1997, Seite 20: „80C537-Einplatinencomputer" mit Platine 970048 und Software 976008-1

19"-Aufbausysteme, EPROM-Löschgerät, elektronische Bauteile

    Conrad Electronic GmbH
    Klaus-Conrad-Straße 1
    92240 Hirschau
    Ladenfilialen in vielen deutschen Großstädten

19"-Aufbausysteme, Back-Plane-Platinen

    Trenew Electronic GmbH
    Storchenweg 1
    75180 Pforzheim-Büchenbronn

EPROM-Programmiergerät

    „Elektor"
    Heft 3/1997
    (Bausatz)

Literaturverzeichnis und Bezugsquellen

ELV-Elektronik GmbH
26787 Leer
(Bausatz und Fertiggerät)

Folien-Matrix-Tastatur (6 * 4), elektronische Bauteile

RS Components GmbH
Nordenstraße 72-76
64546 Mörfelden-Walldorf

LC-Display L2014

GLYN
Am Wörtzgarten 8
65510 Idstein/Ts.

Sprachchip ISD2590

AVNET setron Elektronik Vertrieb GmbH
Postfach 4263
38032 Braunschweig
Tel.: 0531/8098-0
Ansprechpartner: Herr Dittmar Schwarz, -328

Stichwortverzeichnis

!
(Auto-Reload)-Funktion 390
(logische) Bedingungen 180
8-Bit-Controller 83
8051er-Assembler-Code 73
8051er-Familien-Stammbaum 31
8051er-Mikrocontroller-Familie . . . . 25 ff
80C537er-TFH-Board 39
80C537er-TFH-System 39

A
Adreßbus 346
Aktivierung eines Interrupts 322
alternativen Port-Funktionen 258
Analog-Digital-Wandler (A/D-Wandler) 211
analoge Eingänge 224
Antivalenz-Verknüpfung 190
ASCII-Code 123
Assembler 73
Assembler-Code 73
Assembler-Datei 73
Assembler-Sprache 32
Auflösung eines A/D-Wandlers 215
Ausgangslastfaktor 245
Auto-Relaod-Timer 388

B
Basis 93
Basisadresse 149
Baud 357
Baud-Rate-Generator 350, 368
Baud-Raten-Konverter 384
Baudrate 358
BCD-Code 89
BCD-Zahlencodierung 97
BCD-Zahlensystem 89
Befehlssatz des LCD-Controllers 436
Betriebsarten von Peripherie-Einheiten 166
Betriebssystem 288
Betriebssystems für das 80C537er-TFH-Board 288
Bezeichner 98
Binäres Zahlensystem 83

Stichwortverzeichnis

Binärsystem 97
Binärzahl 83
Bit 81, 211
Bit-Adresse 206
bitadressierbar 206
bitadressierbaren SFRs 206
Bitmaske 196
blitzschnellen Erfolgserlebnisse 19
Blockschaltbild des 8051ers 28
boolean 201
Booleschen Algebra 185
Booleschen-Variabeln 201
Bus 345
Byte 81, 99
Byte-Adresse 206
Byte-Variable 99

C

C51 33
case 175
char 131
Charakter-Konstanten 134
Charakter-Variable 131
Chip-Auswahl-Adresse 148
Chip-Select-Adresse 148
Chip-Select-Decoder 148
Chip-Select-Signale 148
chr( ) 128
clearbit 210
Compare/Capture-Unit 402
Compiler 33
Concurrent-Compare (gleichzeitige Vergleichs) 404
const 118
Counter 388
Cross-Compiler 73

D

Data Memory 138
Daten-SFR 146
Datenbus 346
Datenspeicher 47
Datenspeicherbereich 138
Datentypen 99
Debug-Funktionen 135
Decoder-Baustein 444

Stichwortverzeichnis

Demo-Programm 19
Der 8051er-Weltmarkt 23
dezimale Zahlensystem 83
Dezimalsystem 97
Dezimalzahl 83
Die Interrupt-Vektor-Adresse 314
digitaler I/O-Port 241
Display-RAM-Speicher 427
Dokumentation 72
Download 54
Dual Purpose Input Ports 224
Dualen Zahlensystem 83
Dualzahl 83

E

Echo-Betrieb 126
Echobetrieb 67
Ein-Bit-Fehler 361
Eingangslastfaktor 244
Eingangspegel bei logischen Eingangssignalen 211
Endlosschleife 200, 266
Entscheidungen 175, 180
EPROM 56
EPROM-Löschgerät 56
EPROM-Programmiergerät 56
Erzeugung von Wartezeiten 165
EVEN-Parity 359
Exclusiv-ODER 189
exit 306
Exponent 93
externen Peripherie-Einheiten 141
externer Interrupt 334

F

Fail-Safe(Überwachungs)-Einheiten 415
falsch 180
false 180, 193
FAN-IN 243
FAN-OUT 243
Fehlererkennung 358
Fehlersuche 71
Fließkomma-Zahlen 91
Floating-Point-Darstellung 90
Floating-Point-Zahlen 91
Flußdiagramm 72

Stichwortverzeichnis

for-Schleife 167
Formal-Parameter 283
Freigabe des Interrupts 322
function 270
Funktionen 270, 301
Funktionswert 301

G

Gated Timer/Counter-Funktion 389
geraden Parität 359
Globale Variable 291
Grundinstallationen . . . . 13 ff
Grundrechenarten für Integer-Variablen 111, 112
Grundrechenarten für Real-Variablen 113

H

Halbbyte-SFRs 154
halbduplex 367
halt 419
Herunterladen 54
HEX-Code 73
HEX-Datei 53
HEX-Zahl 86
Hexadezimale Zahlensystem 86
Hexadezimalsystem 97
Hochsprachen 32

I

Idle(Untätigkeits)-Mode 417
integer 99
Integer-Darstellung 90
Integer-Variable 99
Integer-Zahlen 97
intelligenten Terminal 127
interne Speicherbereich 139
interner Interrupt 331
Interrupt-Auslöser 313
Interrupt-Bearbeitung 309
Interrupt-Bedingungen 313
Interrupt-Betrieb 166
Interrupt-Betriebsart 340
Interrupt-Maskierung 322
Interrupt-Prioritäten 326, 337
Interrupt-Prioritätsstufen 337
Interrupt-Quellen 312

Interrupt-Request-Flags 324
intr_handler 317
invertbit 210
Invertierung 192
ireturn 318

K

Kenndaten des 8051ers 26
Kommentarkennzeichnung 80
Kommentierung 78
Konstante 116

L

Lastfaktoren 243
LC-Display-Controller 428
Least Significant Bit LSB 84
Leistungsdaten des LC-Displays 428
Library 77
logische Verknüpfungsalgebra 186
Lokale Variable 291

M

Mantisse 93
Maschinensprache 32
maskieren 196
mathematischen Vergleichsoperatoren 184
Matrix-Tastatur 443
MDU (Multiplication/Division-Unit) 413
Mehr-Bit-Fehler 361
Mensch-Maschine-Schnittstelle 423
Mikroprozessor 22
Modem 354
Modulare Programmierung 273
Modularisierung 78
Monitor-Betrieb 46
Monitorprogramm 64
Most Significant Bit MSB 84

N

Nassi-Shneidermann-Diagramm 77
Nibble 82
nicht maskierbare Interrupts 325

Stichwortverzeichnis

Nili-Editor 61
nilied.exe 61
NMI 325
None Maskable Interrupts 325
normierte Fließkommadarstellung 93, 106
NOT 192
Nutzdatenbits 356

O

ODD-Parity 359
ODER-Verknüpfung 188
Oktalsystem 88, 97
ON-Chip-Peripherie-Einheiten 29, 141, 205
ON-Chip-Schnittstelleneinheiten 366
ord 135
Oszillator-Watchdog 416

P

parallele Datenübertragung 345
Parameter-Übergaben 280
Paritäts-Bit 356, 358
Pascal-Compiler 73
Pascal-Konstanten 117
Pascal-Source-File 63
Pascal51 34
PL/M51 33
Platzhalter 283
Polling-Betrieb 166, 223, 340
port 256
Power-Down(Abgeschaltete)-Mode 417
Power-Saving(Strom-Spar)-Modi 416
procedure 270
Program Memory 138
Program-Down-Load 135
Program-Up-Load 135
Programm-Module 77, 273
Programmblock 167
Programmcode 47, 63
Programmcode-Zeile 55
Programmiergeräte 54
Programmiersprachen 32
Programmname 70
Programmspeicher 47
Programmspeicherbereich 138
Prozeduren 270

Stichwortverzeichnis

Q
Quell-Text 61

R
Rahmenbits 356
read 67, 101, 132
real 99
Real-Time-Clock 142, 150
Real-Variable 99
Real-Zahlen 91, 98
Rechengenauigkeit 90
Rechengeschwindigkeit 90
Rechnen in Pascal51 113
Referenzspannung 226
reg 210
Register 146
Rekursion 300
repeat-Schleife 199
repeat...until 199
RS232-Schnittstelle 363
RTC 142, 150

S
Schachtelung von Interrupts 318
Schaltalgebra 186
Schleifen 167
Schleifenkonstruktion 265
Schleifenkonstruktionen 167
Schnittstellen-Parameter 362
Sedezimales Zahlensystem 86
serielle asynchrone Datenübertragung 350
serielle asynchrone Datenübetragung 357
serielle Datenübertragung 347
serielle Schnittstelle 63, 67
serielle Schnittstelle 0 (SS0) 371
serielle Schnittstelle 1 (SS1) 377
serielle synchrone Datenübertragung 348
setbit 210
SFR 146
SFRs der RTC 151
shared memory 141
Single-Chip-Mikrocontroller 22
Slow-Down(Langsame)-Mode 418
Software-Interrupts 324, 336
Software-Kompatibilität 224

477

Stichwortverzeichnis

Source-File 61
Source-Text 63
Special Function Register 146
Speicheraufteilung im Monitor-Betrieb 46
Sprach-Speicher und Wiedergabe-Chip 453
Stand-Alone-Betrieb 51
Standard-Funktionen 307
Standard-Prozeduren 307
Start-Bit 350
Steuer-SFRs 146
Stop-Bits 356
String-Konstanten 286
Strings 286
Struktogramme 77
strukturierte Programme 280
strukturierte Programmierung 72, 77
symbolische Adressierung 208
symbolischen Adressierung 162
symbolischen Namen 163
synchrone parallele Datenübertragung 345
Synchronisationssignal 349
Syntaktische Fehler 72
Syntax-Fehler 73

T

Taktgenerator 368
Taktsignal 349
Terminal 121
Terminal-Steuersequenzen 127
Terminal-Steuerzeichen 127
Timer 386
Timer-Betrieb 386
Timer/Counter 0 385
Timer/Counter-Betriebsmodi 394
true   ..   180, 193
trunc 117

U

UART-Baustein 355
UART-Zeichenformat 355
UASRT-Baustein 355
Übertragungswirkungsgrad 357
ungerade Parität 359
Unterprogramm 270

Stichwortverzeichnis

Unterprogramm-Schachtelung 299
Unterprogramm-Technik 269

V

V24-Schnittstelle 363
var 98
Variablen 98
Variablendefinition 99
Variablennamen 99
vollduplex 367
Vorteiler 389

W

wahr 180
wait 165
wait_25ms 165
Watchdog 325
Watchdog-Timer 415
while-Schleife 265
write 67, 132
writeln 101, 132
writeport 255
writereg 208
writexby 163

X

xby 164

Z

Zahlensysteme 81
Zahlentypen 99
Zähler-, Vergleichs- und Einfangeinheit (CCU) 402
Zählregister 385
Zeichenketten 286
Zeichensatz des LCD-Controllers 435
Zugriffszeit 140

... wenn Sie schnelle Ergebnisse wollen!

Unsere Starterkits

- Microcontrollerboards mit 8- und 16-Bit Controllern (8032/51-kompatibel, SAB C5XX, SAB C16X u.a.)
- Im Streichholzschachtel-, Scheckkarten- oder Europakarten-Format
- Komplett ausgestattet mit RAM, FLASH-Eprom und Schnittstellen
- On board FLASH-Programmierung für einfachen Programmdownload und/oder Software-Update
- Per Software konfigurierbares Speichermodell
- Monitorprogramm mit FLASH-Tools
- KEIL Professional Developers Kit (Evaluation-Version) mit C-Compiler, Assembler, Debugger, Utilities und Beispielprogrammen
- Komplettdokumentation mit Hardwaremanual, Schaltplan, Controllerhandbuch und Quick Start-Instructions

Ihr Einstieg ab DM 218,50 (incl. MwSt.)

Und das bieten wir Ihnen außerdem

- Weitere Microcontroller-Boards mit verschiedenen Controllern (z.B. ISDN, PC-kompatibel, DSP u.a.)
- Module für die Betriebsdatenerfassung (BDE, GPS und Telematik)
- Industrie-PCs und Add On-Karten für PC/104-, AT96- und ISA-Bus
- Hard- & Software für die industrielle Bildverarbeitung und Videotechnik
- Produkte für die Automatisierungstechnik
- Microcontroller-Vernetzung über CAN, RS485, ARCnet und Ethernet
- Kundenspezifische Entwicklung & Produktion

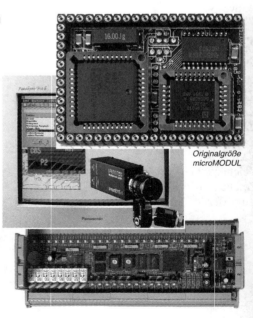

Originalgröße microMODUL

PHYTEC Meßtechnik GmbH • Robert-Koch-Straße 39 • D-55129 Mainz
Telefon: +49-6131-9221-0 • Telefax: +49-6131-9221-33
Internet: http://www.phytec.de • E-Mail: info@phytec.de